CONFÉDÉRATION GÉNÉRALE DU TRAVAIL

XIIIe Congrès National Corporatif

TENU A MONTPELLIER

Les 22, 23, 24, 25, 26 et 27 Septembre 1902

DANS LA SALLE DES CONCERTS DU GRAND THÉATRE

Sous les Auspices de la Bourse du Travail de Montpellier

COMPTE RENDU OFFICIEL

DES

TRAVAUX DU CONGRÈS

Travail exécuté par des ouvriers syndiqués

(Décision des Congrès ouvriers)

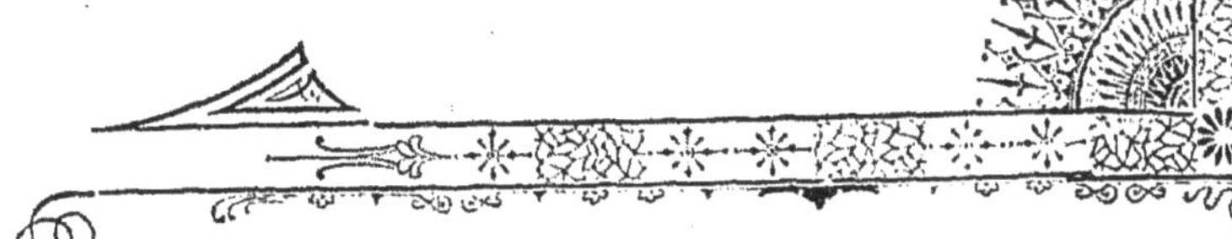

CONFÉDÉRATION GÉNÉRALE DU TRAVAIL

XIIIe CONGRÈS NATIONAL CORPORATIF

TENU A MONTPELLIER

Les 22, 23, 24, 25, 26 et 27 Septembre 1902

DANS LA SALLE DES CONCERTS DU GRAND THÉATRE

SOUS LES AUSPICES DE LA BOURSE DU TRAVAIL DE MONTPELLIER

COMPTE RENDU OFFICIEL DES TRAVAUX DU CONGRÈS

Publié par les soins de la Commission d'organisation

MONTPELLIER
IMPRIMERIE DELORD-BOEHM ET MARTIAL
10, rue d'Alger, 10

1902

Travail exécuté par des ouvriers syndiqués
(Décision des Congrès ouvriers)

AVANT-PROPOS

Aux travailleurs organisés

CAMARADES,

La Commission d'organisation du XIIIe Congrès national corporatif arrive aujourd'hui au terme de ses travaux. Sans fausse modestie, elle croit pouvoir affirmer que l'œuvre du Congrès de Montpellier, à laquelle elle a voué tout son dévouement et toute sa sincérité, sera féconde en résultats et marquera pour ainsi dire le point de départ d'une nouvelle activité syndicale et révolutionnaire.

Nous vous livrons aujourd'hui, le compte rendu complet des assises prolétariennes de 1902.

En parcourant ces pages écrites pour ainsi dire sous la dictée des congressistes, vous vous rendrez, dans le silence d'une lecture attentive, plus exactement compte de la valeur des travaux du Congrès, vous trouverez la notion plus exacte des discussions qui furent parfois passionnées, mais toujours franches, dignes et courtoises, en un mot vous apercevrez plus distinctement la route que, de plus en plus, les esclaves du salariat veulent suivre pour arriver plus rapidement à leur intégrale émancipation.

L'œuvre des Congrès ouvriers se précise chaque jour davantage, parce que chaque jour, grâce à l'impulsion de tous les dévouements, grâce à l'énergie de tous les militants, mais surtout sous la poussée des événements économiques et sociaux, se développe et s'éclaire la conscience du prolétariat organisé.

Aussi, est-ce une joie et une satisfaction générales que de

constater dans chaque Congrès du Travail une étape nouvelle franchie, un degré supérieur atteint aussi bien dans le domaine de l'organisation que dans celui de l'éducation ouvrière.

Et le Congrès de Montpellier est bien à sa place dans ce processus naturel du prolétariat en marche vers l'idéal de justice et de solidarité.

On trouvera, un peu plus loin, la nomenclature des organisations, qui furent représentées au Congrès, ainsi que l'effectif de travailleurs organisés au nom desquels elles parlaient ; et l'on verra alors que notre optimisme est bien légitime et que nous avons le droit de nous réjouir des résultats obtenus au Congrès de Montpellier.

Que cela donc soit notre seule récompense et notre stimulant pour poursuivre sans relâche l'œuvre à laquelle nous consacrons notre vie. Faisons maintenant notre possible, chacun avec son tempérament, chacun avec ses moyens, chacun dans sa sphère d'action, pour que les résolutions librement prises dans ce Congrès passent bientôt du domaine du désir dans celui de la réalisation, et que ceux qui se sentiraient l'âme trop faible pour nous suivre jusqu'au bout, que ceux qui redouteraient les dangers de la lutte ou les épines du chemin, veuillent bien s'effacer pour laisser passer l'armée révolutionnaire du prolétariat qui veut quand même s'émanciper.

Montpellier, le 10 octobre 1902.

Pour la Commission d'organisation,

Le Secrétaire : **L. NIEL.**

AVIS

On trouvera à la fin de la brochure, aux *Pièces annexes*, les divers rapports déposés sur l'organisation de la Société au lendemain de la grève générale sur le Prolétariat agricole, le Rapport sur la gestion du Comité central de grève générale, et le résultat détaillé des divers votes qui furent émis par mandats.

LISTES DES ORGANISATIONS

AYANT ADHÉRÉ AU CONGRÈS ET DE LEURS REPRÉSENTANTS

SYNDICATS

Villes	Professions.	Représentants
Alger-Mustapha.	Typographes,	MESSIET.
Agde.	*Tailleurs de pierre,*	PARROUTY (André).
Avignon.	Coupeurs-Tailleurs,	FAURE (François).
Amiens.	Travailleurs du textile,	DESJARDINS.
Autun.	Ameublement,	LAPORTE.
Amiens.	Cuirs et Peaux,	MOREL (Georges).
Arnay-le-Duc.	Ouvriers en limes,	GUEUNEAU.
Asnières.	Maçons,	JARRIGEON.
Amiens.	Métallurgistes,	CHEVALIER.
Angoulême.	Tisseurs en métaux,	GÉNIE.
Argenteuil.	*Métallurgistes,*	LATAPIE.
Alais.	Ajusteurs,	DUVAL.
Auxerre.	Métallurgistes,	PERRIN (Joanny).
Auxerre.	Travailleurs du cuir,	GRIFFUELHES (Henri).
Amiens.	Cuirs et Peaux,	MOREL.
Albert.	Mécaniciens,	LAUCHE.
Angers.	Mécaniciens,	LAUCHE.
Aix.	Chapeliers,	PINATEL.
Avignon.	Cordonniers,	FAURE.
Arles.	Maçons, Tailleurs de pierre, Plâtriers,	CHRISTINE.
Auxerre.	Maçons, Plâtriers,	PAROUTY.
Armentières.	Mouleurs,	AUZER.
Abbeville.	Association des Employés,	AUBRIOL.
Alençon.	Typographes,	PÉREL.
Aix.	Chapeliers-Fouleurs,	ALIBERT.
Albi.	Typographes,	RIVELLI.
Bordeaux.	Mouleurs,	AUJALEU.
Bessèges.	Mouleurs,	KOPP (Aug.).
Bessèges.	Laminoirs et Forges,	REBET (Alban).
Béziers.	Tailleurs d'habits,	PEYRE (Aug.).
Béziers.	Bourreliers,	SÉGUY (Louis).
Béziers.	Chaix et Entonneurs,	JULIEN (Jacques).
Béziers.	Coiffeurs,	DUMAS.
Badevel.	Horlogers,	DUVAL.
Blois.	Ouvriers en chaussures,	GRIFFUELHES (Victor).
Brienon.	Galochiers,	MAUREL.
Bordeaux.	Mécaniciens,	
Bordeaux.	Ajusteurs-Tourneurs,	LELORRAIN.
Bessèges.	Mécaniciens,	LELORRAIN.
Bourges.	Tailleurs de pierre,	PITET.
Bordeaux.	Maçons, Tailleurs de pierre,	PITET.

Villes	Professions	Représentants
Bourges.	Ameublement,	Jamet.
Béziers.	Ferblantiers-Plombiers-Zingueurs,	Cluzel.
Béziers.	Peintres en bâtiment,	Ségoy (Louis).
Bordeaux.	Typographes,	Deslandres.
Bourges.	Typographes,	Raymond.
Boulogne.	Boulangers,	Pomès.
Bourges.	Ouvriers en toile cirée,	Hervier.
Bourges.	Ouvriers municipaux,	Hervier.
Béziers.	Tonneliers,	Julian.
Châlon-sur-Saône.	Métallurgistes,	David (Claude).
Châlon-sur-Saône.	Mariniers,	David (Claude).
Châlon-sur-Saône.	Saboliers,	David (Claude).
Cuffy.	Bûcherons,	Jamet.
Carcassonne.	Cuisiniers,	Théroud.
Chauny.	Mouleurs,	Kopp.
Cette.	Cuisiniers, Pâtissiers, Confiseurs,	Guirand.
Châlon-sur-Saône.	Maçons,	Niel.
Châlon-sur-Saône.	Menuisiers,	Niel.
Clermont-Ferrand.	Métallurgistes,	Ferrier.
Chambon.	Métallurgistes,	Gallet.
Calais.	Ouvriers en métaux,	Delesalle.
Castres.	Métallurgistes,	Ferrandy.
Clermont-Ferrand.	Cuirs et Peaux,	Griffuelhes (Victor).
Châteaurenard.	Tanneurs-Corroyeurs,	Maurel.
Château-du-Loir.	Tanneurs,	Maurel.
Chartres.	Mécaniciens.	Lauche.
Calais.	Mécaniciens,	Coupat.
Chauny.	Mécaniciens,	Coupat.
Cannes.	Maçons-Cimentiers,	Parrouty.
Cette.	Maçons-Plâtriers,	Serre.
Châteauroux.	Métallurgistes,	Marraton.
Cette.	Charbonniers,	Renaud.
Cette.	Typographes,	Guirand.
Caen.	Mécaniciens,	
Cette.	Bois du Nord et Sapin,	Morano.
Constantine.	Typographes,	Auzer.
Clermont-Ferrand,	Mouleurs,	Girard.
Caen.	Mécaniciens,	Chazelle.
Dunkerque.	Métallurgistes,	Gallet
Deville-les-Rouen.	Métallurgistes,	Gallet.
Decazeville.	Métallurgistes,	Latapie.
Dreux.	Chaussure,	Griffuelhes (Henri).
Decazeville.	Mineurs,	Pouget.
Dreux.	Mécaniciens,	Lelorrain.
Denain.	Mécaniciens,	Hardy.
Draguignan.	Maçons.	Pitet.
Dunkerque.	Ports et Docks,	Sauvage.
Dunkerque.	Typographes,	Sauvage.
Evreux.	Typographes,	Paul (Albert).
Epinac.	Mineurs,	Merzet,
Essonnes.	Papetiers,	Woillot.
Etampes.	Mouleurs,	Velter.
Essonnes.	Mouleurs,	Velter.
Escarbotin.	Cuivre du Vimeu,	Mathieu
Evreux.	Mécaniciens,	Raymond.
Firminy.	Métallurgistes,	Chaffangeon.
Firminy.	Mouleurs,	Velter.
Fumay.	Mouleurs,	Richard.
Fumel.	Métallurgistes,	Surnom.
Flers.	Mécaniciens,	Coupat.

Villes	Professions	Représentants
Grenoble.	Peintres en bâtiments,	FERRIÈRE.
Grenoble.	Métallurgistes,	FERRIÈRE.
Grenoble.	Maçons et similaires,	FERRIÈRE.
Grenoble.	Employés de l'Etoile,	ROZIER.
Hennebeau.	Métallurgistes,	GALLET.
Ivry.	Métallurgistes,	PERRIN (Joanny).
Issoudun.	Cuirs et Peaux,	PACAUD.
Lyon.	Coupeurs-Tailleurs,	PUECH (Pierre).
Id.	Travailleurs du cuivre,	BOURCHET.
Id.	Tramways-omnibus.	GOIRAND.
Id.	Tramways Cie Lyonnaise,	DARME.
La Chapelle-s.-Dun.	Mineurs et similaires,	LAPORTE.
Lyon.	Ebénistes,	JUTHY.
Id.	Mécaniciens,	CHAZELLES.
Limoges.	Coupeurs-brocheurs en chaussures,	LAMANDE.
Lyon.	Chapeliers,	JUTHY.
Id.	Ouvriers de la navigation,	DARME.
Le Mans.	Métallurgistes,	SAVARD.
Lyon.	Ferblantiers-Lampistes,	SAVARD.
La Rochelle.	Métallurgistes,	REISZ.
Le Hâvre.	Métallurgistes,	REISZ.
Lyon.	Chaudronniers en fer,	LATAPIE.
Lure.	Mécaniciens,	GALANTUS.
Le Boucau.	Métallurgistes,	PERRIN (Joanny).
Lyon.	Coupeurs-Estampeurs,	PERRIN (Joanny).
Id.	Coupeurs et Cambreurs,	LAMANDE.
Limoges.	Céramistes,	TILLET.
Id.	Maçons,	RAYMOND.
Id.	Mécaniciens	LELORRAIN.
Lyon.	Teinturiers,	FROMAGE (Alexis).
Id.	Apprêteurs d'étoffes.	FROMAGE (Alexis).
Id.	Imprimeurs sur étoffes,	FROMAGE (Alexis).
Id.	Manœuvres,	FROMAGE (Alexis).
Id.	Couturières,	FROMAGE (Alexis).
Id.	Mouleurs-Fondeurs sur cuivre,	COUTEAU.
Id.	Cordonniers,	BESSET.
Id.	Chocolatiers,	BESSET.
Id.	Chevriers-Maroquiniers,	BESSET.
Id.	Employés de commerce,	BOURCHET.
Le Hâvre.	Chaudronniers sur cuivre,	BOURCHET.
Lyon.	Instruments de musique,	MATHIEU.
Id.	Chaudronniers sur cuivre,	MATHIEU.
Id.	Tailleurs d'habits,	BOISSON.
Id.	Brodeuses et similaires,	BOISSON.
Id.	Service général des Dames,	BOISSON.
Id.	Chauffeurs-Mécaniciens, Electriciens,	BOISSON.
Id.	Maçons,	BOISSON.
La Guerche.	Chaufourniers,	NIEL.
Lyon.	Coupeurs-Chemisiers,	JUTHY.
Id.	Passementiers à la barre,	JUTHY.
Id.	Ouvriers en voitures,	JUTHY.
Id.	Ouvriers balanciers,	CHAZELLE.
Id.	Potiers et similaires,	TILLET.
Le Hâvre.	Typographes,	DESLANDRES.
Lille.	Mouleurs en fer,	VANCENBROUCK.
Laval.	Typographes,	FALANDRY.
Le Hâvre.	Fondeurs.	VANCENBROUCK.
Montpellier.	Coiffeurs,	RIGAUD,
Montpellier.	Typographes,	MESSIET,
Montpellier.	Cuisiniers,	THÉROND,

Villes	Professions	Représentants
Mèze.	Agriculteurs,	Milhaud.
Monthermé-Laval-Dieu	Mouleurs et similaires,	Aujaleu,
Montpellier.	Menuisiers.	Lacombe,
Montpellier.	Sculpteurs,	Bosc (Lucien),
Montpellier.	Jardiniers-Fleuristes	Mazas, Bestiou, Brunel,
Marseille.	Chemins de fer,	
Montpellier.	Tailleurs d'habits,	Puech (Pierre);
Mâcon.	Mouleurs en fer,	Sauge,
Montpellier.	Limonadiers-Restaurateurs,	Cadrol,
Montpellier.	Boulangers,	Trial,
Montceau-les-Mines.	Maçons et similaires,	Laporte.
Montceau-les-Mines.	Bateliers du Centre,	Laporte.
Montceau-les-Mines.	Menuisiers,	Merzet.
Montceau-les-Mines.	Mineurs,	Merzet.
Montceau-les-Mines.	Mineurs et similaires,	Merzet.
Montpellier.	Serruriers,	Tournier.
Montpellier.	Bourreliers-Selliers,	Nestor.
Mâcon.	Ouvriers réunis du bâtiment.	Talpin.
Mâcon.	Travailleurs du cuivre,	Talpin.
Mâcon.	Syndicat de la Sparterie,	Sauge.
Mont-de-Marsan.	Mouleurs,	Kopp.
Montluçon.	Mouleurs,	Kopp.
Montpellier.	Carriers-Casseurs de pierres.	Fauquier.
Montpellier.	Tailleurs de pierres et Maçons,	Vincelot.
Montpellier.	Ebénistes,	Rolland,
Mâcon.	Chemins de fer,	Sauge.
Marseille.	Ebénistes,	Pottigny.
Montataire.	Métallurgistes de l'Oise,	Génie.
Moulins.	*Métallurgistes*,	Génie.
Marseille.	Forgerons,	Savard.
Monthermé Laval-Dieu.	Métallurgistes,	Perrin (Joanny)
Montluçon.	*Métallurgistes*,	Ferrandy.
Mehun-sur-Yèvre.	Céramistes,	Tillet.
Meaux.	Mécaniciens,	Coupat.
Marseille.	*Terrassiers*,	Christine.
Marseille.	International des Maçons,	Serre.
Moulins.	Zingueurs,	Chaffangeon.
Marseille.	*Typographes*,	Maille.
Montpellier.	Baladeurs et Baladeuses,	Fauquier Veuve Blaquières,
Marquise.	Mouleurs,	Girard.
Meaux.	Typographes,	Pérel.
Mehun-sur-Yèvre	Ouvriers en bâtiment,	Hervier.
Meaux.	Mouleurs,	Aujaleu.
Noisy-le-Sec.	Bâtiment,	Victor (Marius).
Nouzon.	Mouleurs,	Aujaleu.
Noyon.	Mouleurs,	Dugas.
Neuville-sur-Saône.	*Manouvriers*,	Lacombe.
Nantes.	Chaudronniers,	Génie.
Nancy.	Ouvriers en limes,	Savard.
Nantes.	*Tanneurs-Corroyeurs*,	Le Mao.
Nouzon.	Mécaniciens,	Laucre.
Nevers.	Maçons,	Serre.
Nantes.	Tourneurs robinetiers.	Couteau.
Nantes.	Employés des deux sexes,	Augé.
Nice.	Typographes,	
Nevers.	Typographes,	Pérel.
Narbonne.	Cultivateurs,	Cournut.
Narbonne.	Bâtiment,	Auzer.

Villes	Professions	Représentants
Nice.	Coiffeurs,	Luquet.
Orléans.	Typographes,	Bertrand.
Orléans.	Employés,	Bertrand.
Orléans.	Ouvriers en voitures,	Bertrand.
Orléans.	Métallurgistes,	Bertrand.
Orléans.	Tolliers-fumistes,	Surnom.
Ourscamp.	Tisseurs-Fileurs,	Bourguer.
Paris.	Bijouterie dorée,	Noyon.
Paris.	Limonadiers-Restaurateurs,	Pomès.
Paris.	Instruments de précision,	C' evalier.
Paris.	Bijoutiers or doublé et argent,	Noyon.
Paris.	Tourneurs robinetiers,	Couteau.
Paris.	Sculpteurs du bâtiment,	Bosc (Lucien).
Paris.	Coiffeurs,	Luquet.
Paris.	Union du bronze,	Savard.
Paris.	Ouvriers de l'orfèvrerie,	Noyon.
Paris.	Maçons limousinants et aides,	Jarrigeon.
Paris.	Union ouvrière de l'ameublement,	Galtier (J).
Paris.	Garçons de magasins, Cochers, Livreurs,	Lacombe (Elie).
Paris.	Cantonniers, Ouvrières et Ouvriers,	Batias.
Paris.	Biscuitiers,	Amélio (J.).
Paris.	Ateliers et Chantiers municipaux,	Dutreil.
Paris.	Indépendant des tailleurs d'habits,	Pouget.
Paris.	Monnaies et Médailles,	Girard.
Paris.	Coupeurs-Brocheurs en chaussures,	Lamandé.
Paris.	Reliure dorée,	Woillot.
Paris.	Papeterie et similaires,	Woillot.
Paris.	Cartonnages en tous genres,	Woillot.
Paris.	Mouleurs en cuivre,	Velter.
Paris.	Fondeurs en fer de la Seine,	Richard.
Paris.	Jardiniers de la ville,	Duteil.
Paris.	Tailleurs de pierre,	Victor.
Paris.	Union syndicale des tailleurs de pierre,	Victor.
Paris.	L'Amical des Maçons et connexes,	Victor.
Paris.	Les Egaux maçons et aides,	Victor.
Paris.	Mécaniciens en outils à découper et Estampeurs.	Reisz.
Paris.	Balanciers de la Seine,	Surnom.
Pau.	Ferblantiers.	Surnom.
Paris.	Ferblantiers et Ornemanistes,	Surnom.
Paris.	Métallurgistes et similaires,	Galantus.
Paris.	Ouvriers en limes,	Galantus.
Paris.	Ouvriers en scies de la Seine,	Duval.
Paris.	Mégissiers-Palissonneurs,	Griffuelhes (Henri).
Paris.	Cordonnerie parisienne,	Griffuelhes (Henri).
Paris.	Chèvre maroquin,	*Griffuelhes (Victor).*
Paris.	Cuir noir,	Pascaud.
Paris.	Chevreau glacé,	Pascaud.
Paris.	Tanneurs,	Le Mao.
Paris.	Mégissiers du mouton,	Le Mao.
Paris.	Hongroyeurs,	Le Mao.
Paris.	Céramistes,	Tillet.
Paris.	Mécaniciens,	Lauche.
Persan.	Mouleurs,	Dugas.
Paris.	*Professeurs libres,*	Pouget.
Paris.	Employés épicerie et coopératives,	Pouget.
Persan.	Mécaniciens,	Lelorrain.
Paris.	Maçons scieurs de pierres,	Christine.
Paris.	Maréchaux-ferrants,	Hardy.
Paris.	Ouvriers en coffre-forts,	Hardy.

Villes	Professions	Représentants
Paris.	Tourneurs-décolleteurs,	Hardy.
Paris.	Cochers de la Seine,	Mazeau.
Paris.	Ouvriers de la voiture,	Renaudin.
Paris.	Typographes,	Paillot.
Paris.	Fondeurs-Typographes,	Paillot.
Paris.	Courtiers et représentants de commerce,	Pomès.
Paris.	Papiers peints mécaniques,	Mme Jacoby.
Paris.	Chiffonniers,	Mme Jacoby.
Paris.	Chaudronniers en cuivre,	Mathieu.
Paris.	Chaudronniers en fer,	Delesalle.
Paris.	Cercle amical des Employés.	Schneider.
Paris.	Chambre syndicale des Employés,	Aubriol.
Paris.	Femmes Sténographes-Dactylographes,	Augé.
Paris.	Clercs d'huissiers,	Augé.
Paris.	Imprimeurs-Conducteurs,	Deslandres.
Paris.	Passementiers à la barre,	Bourguer.
Paris.	Boucherie,	Pottigny.
Paris.	Ouvriers en salaisons,	Pomès.
Paris.	Charcuterie Parisienne,	Pomès.
Paris.	Confiseurs,	Pottigny.
Paris.	Boulangers de la Seine,	Bousquet.
Paris.	Gainiers,	Noyon.
Paris.	Casquetiers,	Alibert.
Paris.	Chapeliers fantaisistes,	Alibert.
Paris.	Chapeliers, ouvriers et ouvrières,	Alibert.
Port-de-Bouc.	Métallurgistes,	Chevalier.
Paris.	Doreurs sur cuivre,	Mme Jacoby.
Rouen.	Employés de commerce et d'industrie,	Pouget.
Rennes.	Mouleurs,	Sauvage.
Roubaix-Tourcoing	Chaudronniers sur cuivre,	Mathieu.
Rochefort-sur-Mer.	Typographes,	Roux (Léon).
Roanne.	Mouleurs,	Velter.
Rouen.	Constructeurs-Mécaniciens,	Duval.
Rochefort-sur-Mer.	Métallurgistes,	Ferrandy.
Rennes.	Cuirs et peaux,	Griffuelhes (Victor).
Roanne.	Tanneurs,	Maurel.
Romans.	Mouleurs,	Dugas.
Reims.	Maçons et similaires,	Christine.
Rochefort-sur-Mer.	Tailleurs de pierres,	Parouty.
Roubaix.	Chaudronniers en fer,	Chevalier.
Reims.	Typographes,	Deslandres.
Rouen.	Typographes,	Deslandres.
Roubaix.	Mouleurs,	Vancenbrouck.
Reims.	Lithographes,	Bourguer.
Saint-Etienne.	Ameublement,	Galtier (J.).
Saint-Etienne.	Boulangers,	Charton.
Saint-Gilles.	Agriculteurs Vignerons,	David.
St-Emiliant-Pont-d'Argent	Piqueurs de grès,	Niel.
St-Gengoux-le-National.	Piqueurs de grès,	David.
St-Léger-sur-Dheuse.	Manouvriers,	Luquet.
Sylla.	Piqueurs de grès,	Merzet.
Saint-Etienne.	Métallurgistes,	Pérel.
Saint-Chamond.	Mouleurs,	Kopp.
Saint-Etienne.	Armuriers de la Loire,	Galet.
Saint-Quentin.	Chaudronniers,	Nicolas.
Saint-Nazaire.	Forgerons et aides,	Reisz.
Saint-Use.	Métallurgistes,	Latapie.
Sens.	Métallurgistes,	Delesalle.
Saint-Junien.	Peaux et cuirs,	Pascaud.
Sens.	Tanneurs-Corroyeurs,	Le Mao.

Villes	Professions	Représentants
Saint-Etienne,	Syndicat du Textile,	Villard (Paul).
Saint-Nazaire.	Mouleurs,	Dugas.
Savonnière-en-Pertois.	Carriers,	Poitigny.
Saint-Quentin.	Typographes,	Albert (Paul).
Saint-Nicolas.	Horlogers,	Couteau.
Saint-Etienne.	Employés de Commerce,	Rozier.
Saint-Quentin.	Mécaniciens,	Nicolas.
Saint-Quentin.	Ebarbeurs-Manouvriers,	Nicolas.
Saumur.	Champagniseurs,	Bousquet.
Saumur.	Chapeletiers,	Bousquet.
Saint-Chamond.	Métallurgistes,	Perrin.
Saint-Quentin.	Mouleurs,	Dugas.
Saint-Nazaire.	Chaudronniers fer et cuivre,	Gauthier.
Saint-Michel.	Mouleurs,	Vangenbrouck.
Saint-Junien.	Papetiers,	Ferranty.
Saint-Nazaire.	Ajusteurs-Serruriers,	Gauthier.
Toulouse.	Typographes,	Falandry.
Toulouse.	Maçons,	Pitet.
Toulouse.	Métallurgistes,	Raynaud.
Thiers.	Polisseurs en couteaux,	Chevalier.
Thiers.	Façonneurs de manches et similaires,	Galantus.
Thiers.	Mouleurs et Polisseurs en ciseaux.	Galantus.
Toulouse.	Menuisiers en bâtiment,	Branque.
Troyes.	Tailleurs de pierre,	Pitet.
Tourcoing.	Mouleurs,	Vangenbrouck.
Tarbes.	Mécaniciens,	Raymond.
Thiers.	Papetiers,	Niel.
Troyes.	Employés de Commerce,	Augé.
Vrigne-aux-Bois.	Mouleurs,	Richard.
Vivier-au-Court.	Mouleurs en métaux,	Richard.
Vimeu.	Métallurgistes,	Reisz.
Vierzon.	Métallurgistes,	Duval.
Valence.	Typographes,	Paul (Albert).
Villefranche.	Filatures,	Besset.
Vierzon.	Mouleurs,	Girard.

Fédérations d'Industries et de Métiers et Syndicats nationaux

Villes	Organisations	Représentants
Creil.	Fédération nationale des Carriers,	Génie.
Limoges.	Fédération nationale de la Céramique,	Tillet.
La Guerche.	Fédération nationale des bûcherons,	Griffuelhes (V.).
Marseille.	Fédération nationale des Maçons-Plâtriers, etc ,	Christine.
Paris.	Fédération de la Bijouterie-Orfèvrerie, etc.,	Noyon.
Paris.	Syndicat national des Chemins de fer,	Guérard.
Paris.	Fédération nationale des Coiffeurs,	Luquet.
Paris.	Fédération des Travailleurs municipaux,	Duteil.
Paris.	Fédération culinaire de France et des Colonies,	Thérond.

Villes	Organisations	Représentants
Paris.	Fédération nationale des Syndicats de la Bourrellerie-Sellerie,	Lacombe.
Id.	Fédération nationale des Industries du Papier,	Woillot.
Id.	Fédération nationale des Mouleurs en métaux,	Richard.
Id.	Syndicat général des Tailleurs de pierre et Maçons de France,	Trottebas.
Id.	Fédération nationale des Tabacs,	Mme Jacoby Lelorrain
Id.	Fédération nationale des Cuirs et Peaux,	Griffuelhes (Henri).
Id.	Fédération des Coupeurs et Brocheurs, de la Seine,	Lamande.
Id.	Fédération nationale des Mécaniciens,	Coupat.
Id.	Fédération nationale de la Maréchalerie,	Hardy.
Id.	Fédération nationale des Syndicats et Groupes de la Voiture,	Renaudin.
Id.	Fédération nationale du Livre,	Paillot.
Id.	Fédération nationale Lithographique,	Paillot.
Id.	Syndicat national des Postes, Télégraphes, Téléphones,	Girard (Léon).
Id.	Fédération nationale des Métallurgistes,	Latapie.
Id.	Fédération du Gaz,	Verdier.
Id.	Fédération nationale de l'Alimentation,	Bousquet.
Id.	Fédération nationale des Employés,	Rozier.
Id.	Fédération nationale des Peintres,	Bousquet.
Id.	Fédération du Textile,	Bourguer.
Id.	Fédération des Chapeliers de France,	Alibert.

Bourses du Travail ou Unions de Syndicats divers

Villes	Organisations	Représentants
Arles.	Bourse du Travail,	Camy (Louis).
Amiens.	Bourse du Travail,	Malbranque.
Agde.	Bourse du Travail,	Farras (Charles).
Alais.	Bourse du Travail,	Peyre (Ernest).
Angoulême.	Bourse du Travail,	Estor.
Alençon.	Bourse du Travail,	Paillot.
Agen.	Bourse du Travail,	Boissezon.
Angers.	Bourse du Travail,	Le Meunier.
Aix.	Bourse du Travail,	Maille.
Avignon.	Union des Syndicats de Vaucluse,	Auzer.
Bourges.	Bourse du Travail,	Hervier.
Bourges.	Fédération du Syndicat du Cher,	Jamet.
Béziers.	Bourse du Travail,	Cluzel.
Bourg.	Fédération des Syndicats ouvriers,	Darme.
Bagnères de Bigorre.	Bourse du Travail,	Hervier.
Carcassonne.	Bourse du Travail,	Portal (Antoine).
Cette.	Bourse du Travail,	Juniard-Marty.
Cognac.	Bourse du Travail,	Roux.
Châteauroux.	Bourse du Travail,	Maraton.
Clermont-Ferrand.	Bourse du Travail,	Gangloff.
Chôlet.	Bourse du Travail,	Le Meunier.
Grenoble.	Bourse du Travail,	Ferrière.

Villes	Organisations	Représentants
Limoges.	Bourse du Travail,	Raymond (Jules).
La Rochelle.	Bourse du Travail,	Roux.
Lyon.	Bourse du Travail,	Giray.
Limoges.	Fédération des Syndicats du Centre,	Raymond.
Lyon.	Fédération des Syndicats du Sud-Est,	Besset.
Levallois-Perret.	Bourse du Travail,	Dulucq.
Le Hâvre.	Bourse du Travail,	Le Meunier.
Montpellier.	Bourse du Travail,	Boissezon-Niel.
Mâcon.	Bourse du Travail,	Sauge.
Marseille.	Bourse du Travail,	Maille.
Mans (le)	Bourse du Travail,	Richer.
Nimes.	Bourse du Travail,	Anastasy (Michel).
Narbonne.	Bourse du Travail,	Grandjean (Antoine).
Orléans.	Bourse du Travail,	Bertrand.
Paris.	Union des Syndicats de la Seine,	Bourderon-Tabard.
Perpignan.	Bourse du Travail,	Bertrand.
Roanne.	Bourse du Travail,	Boissezon (Roger).
Reims.	Bourse du Travail,	Bourguer.
Rouen.	Bourse du Travail,	Alleaume.
Rochefort-sur Mer.	Bourse du Travail,	Roux.
Romans.	Bourse du Travail,	Paul (Albert).
Rennes.	Bourse du Travail,	Richer.
Saint-Etienne.	Bourse du Travail,	Dumas (Et.).
Saint-Quentin.	Bourse du Travail,	Nicolas (Albert).
Saintes.	Bourse du Travail,	Roux.
Saumur.	Bourse du Travail,	Maurice.
Saint-Nazaire.	Bourse du Travail,	Gauthier.
Thiers.	Bourse du Travail,	Auzer.
Toulouse.	Bourse du Travail,	Falandry.
Tours.	Fédération des Syndicats d'Indre-et-Loire,	Fleury.
Tours.	Bourse du Travail,	Fleury.
Versailles.	Bourse du Travail,	Maurice.
Valence.	Bourse du Travail,	Paul (Albert).
Vichy.	Fédération des Syndicats ouvriers,	Serre.

Soit : 373 Syndicats, 29 Fédérations d'industries ou de métiers et 56 Bourses du Travail ou Unions de Syndicats divers.

Au total, 458 organisations, représentées par 165 délégués, parlant au nom de 122,067 ouvriers confédérés.

Si l'on veut bien tenir compte de ce que le Congrès de Montpellier est le premier Congrès où n'ont été admises que des organisations confédérées par application de l'article 14 des statuts votés à Lyon, et de ce que Montpellier est loin d'être un point central de France, on conviendra que nous soyons fiers d'un si éclatant succès et que nous soyons en droit de classer ce Congrès au premier rang des Congrès ouvriers.

Cette nomenclature des organisations est forcément incomplète et présentera quelques lacunes. Certains mandats ne sont pas passés entre nos mains ; d'autres ont été mal transcrits. La Commission s'excuse d'avance de toutes les erreurs commises et tient à faire observer que la faute en est moins à elle, qui a été débordée au dernier moment, qu'aux organisations elles-mêmes qui s'obstinent, nous ne savons trop pourquoi, à envoyer le plus grand nombre de mandats à l'ouverture même du Congrès.

Nous persistons à croire que, pour une plus parfaite régularité, il serait utile que tous les mandats fussent envoyés à la Commission d'organisation quelques jours avant l'ouverture du Congrès.

CONGRÈS NATIONAL CORPORATIF

DE 1902

Tenu à Montpellier les 22, 23, 24, 25, 26 et 27 Septembre

COMPTE RENDU DES TRAVAUX

Séance d'ouverture du 22 septembre matin

La Commission d'organisation du XIIIe Congrès prend place au bureau, ayant pour président Niel, et comme assesseurs Auzer et Amélio, membres de la Commission d'organisation.

Le **Président** ouvre la séance à 10 h. 1/4 et prononce l'allocution suivante :

Camarades,

Ce n'est pas sans une profonde joie ni sans une certaine émotion que m'incombe le soin de vous adresser les souhaits de bienvenue, au nom de la Commission d'organisation.

C'est avec joie, parce qu'ici on a le plaisir de retrouver des anciens camarades, presque tous vieux militants, toujours prêts à lutter. Mais c'est aussi avec l'émotion provoquée par cette sensation que nos assises ouvrières devenant de plus en plus imposantes, l'œuvre d'émancipation sociale à laquelle nous collaborons tous avec la même sincérité se précise chaque jour davantage dans sa grandeur et sa pureté.

Les assises ouvrières qui commencent aujourd'hui, laisseront je n'en doute pas, une date mémorable dans notre organisation, et il en sortira une nouvelle forme, une nouvelle action, qui nous achemineront plus sûrement vers la victoire.

Pour cela, il est indispensable que tous les camarades réunis ici, quelles que soient leurs pensées, leurs opinions, et, si je puis m'expliquer ainsi, pour si conservatrices ou anarchistes que soient leurs idées, il faut que chacun puisse s'exprimer ici librement et sans opposition de qui que ce soit. La discussion large, courtoise, a toujours été et restera toujours la meilleure méthode de travail pour des personnes qui se réunissent en Congrès dans l'intention de faire de la bonne besogne.

Il est évident que si nous n'avions qu'à nous occuper d'organisation l'accord serait vite fait. Mais nous avons devant nous la préoccupation de l'idéal qu'il faut sauvegarder à tout prix et ce sont précisément les moyens d'atteindre plus vite cet idéal qui peuvent parfois nous diviser légèrement — sans jamais nous brouiller. Cet idéal, camarades, vous le connaissez, c'est la substitution, à la société patronale et capitaliste d'aujourd'hui, de la société de justice et de liberté de demain ; c'est le remplacement d'une société dans laquelle le travailleur est affamé par les privilégiés, par cette nouvelle société du travail dans laquelle le producteur vivra.

Voilà, camarades, l'idéal qu'en dépit de la diversité d'opinions qui peuvent être représentées ici, vous allez défendre avec la même passion ; voilà l'idéal que vous entreverrez dans toutes vos discussions et pour lequel le respect mutuel de toutes les opinions sincères est indispensable. J'ai la croyance que le Congrès de Montpellier portera ses fruits et marquera une date dans l'histoire syndicale.

Vous pouvez maintenant vous livrer à vos travaux avec confiance, car, en orientant de plus en plus le prolétariat vers la voie corporative et révolutionnaire dans laquelle nous marchons nous-mêmes, et en créant par votre cohésion toujours plus étroite la force qui renversera la forteresse capitaliste, vous préparerez une nouvelle société de bonheur et d'harmonie.

De nombreux applaudissements saluent ce discours.

Le citoyen **Niel** propose alors la nomination de la Commission de vérification des mandats qui se réunira de suite après la séance.

Le citoyen **Faure** d'Avignon demande que l'on procède comme l'année dernière à Lyon, en nommant pour cette Commission un délégué de chaque région.

Niel. — Je suis de l'avis du camarade Faure, mais je demanderai que l'on joigne à cette Commission, le bureau du Comité confédéral et des membres du Comité d'organisation du Congrès, qui pourront donner des renseignements très précis, relativement à l'application de la décision du dernier Congrès, en ce qui concerne les Syndicats confédérés.

Cette proposition, mise aux voix, est adoptée à l'unanimité.

Les noms suivants sont proposés pour faire partie de ladite Commission :

Région de l'Ouest ; Fallandry de Toulouse.
Région du Sud-Est ; Bourchet de Lyon.
Région du Midi : Meissier ;
Région du Centre : Raymond ;
Région de l'Est : Bourguer ;
Région de Paris : Paillot ;
Région du Nord : Génie.

Mise aux voix, cette liste est adoptée pour être adjointe au Comité du bureau confédéral.

Le Président donne lecture de la communication suivante qui vient de lui parvenir :

Les délégués de la fédération de Saône-et-Loire demandent au Congrès de se prononcer sur la question de faire une quête à la sortie de chaque séance en faveur de l'œuvre de *la mine ouvrière des Petits Châteaux* et des grèves des Syndicats adhérents à la confédération générale du travail.

Signé : Daniel, Laporte et Merzet

Le citoyen **Bourguet** demande que cette proposition s'étende proportionnellement à tous les camarades actuellement en grève.

Lelorrain dit que cette proposition devrait être transmise à chaque groupement représenté et qu'elle ne doit pas être tranchée par les délégués

Le citoyen **Niel** met aux voix la proposition des délégués de Saône-et-Loire.

Le président constate que le résultat du vote est douteux.

Le citoyen **Giraud** propose qu'il ne soit fait qu'une seule quête en faveur des grèves.

Bastias de Paris se rallie à la proposition de Lelorrain.

Le citoyen **Niel** donne lecture de la proposition suivante qui vient de lui parvenir :

Il est décidé que tous les délégués s'imposeront d'une somme de 0 fr. 50 c. pour les camarades confédérés actuellement en grève.

Le délégué de la fédération des maçons.

Signé : Christines Henri.

Diverses protestations se produisent. Le citoyen Niel met alors la première proposition aux voix. 31 délégués votent pour et 27 contre. La proposition Christines n'obtient que 2 voix.

Le Président donne lecture d'une lettre qui devait être lue aux congrès des bourses du travail, à Alger, mais qui est parvenue trop tard. Il croit devoir la communiquer au Congrès.

Aux citoyens délégués au Xe Congrès des Bourses du Travail à Alger.

Camarades et frères de misère,

Quarante ouvrières grévistes en lutte depuis un mois pour défendre leur maigre salaire vous adressent un appel à la solidarité pour les aider à vaincre leurs exploiteurs.

Ayant épuisé nos faibles ressources, nous serions obligées de réintégrer notre bagne si le prolétariat ne nous vient pas en aide.

Nous sommes cependant résolues à lutter jusqu'au bout. C'est du fond

2

des montagnes de l'Ardèche que quarante victimes vous crient « au secours ». Nous espérons que notre appel trouvera un écho parmi vous, et votre obole, si faible soit-elle, sera la bienvenue.

Nous avons du courage, mais il faut du secours, notre victoire est à ce prix.

Salut et merci à tous les congressistes et vive la solidarité ouvrière.

Le Comité de la grève

Le Syndicat des ouvrières mégissières d'Annonay recommande chaleureusement cet appel.

Le Secrétaire, PLENET.

Le citoyen **Griffuelhes**, qui vient de faire distribuer le rapport du Comité confédéral pour l'année 1901-1902, recommande aux délégués de vouloir bien lire attentivement ce rapport, dont la lecture exigerait au moins une heure, afin de pouvoir présenter en connaissance de cause les observations qu'ils jugeraient nécessaires.

Il fait aussi connaître que le Comité a organisé, afin de faciliter le travail du Président et pour éclairer les délégués sur leurs votes, le système suivant : à l'aide de la machine à écrire et d'un appareil de reproduction, toutes les propositions seront mises entre les mains des délégués et pourvues d'un numéro d'ordre. Il engage les camarades qui en ont à formuler de vouloir bien les déposer au bureau, afin que ce travail puisse être fait en temps utile. Il pourra dans la discussion s'en produire d'autres, mais ce sera un perfectionnement considérable, car les présidents de séances n'auront pas à relire plusieurs fois les mêmes textes et les délégués en connaîtront aussi bien l'esprit que la lettre.

Le citoyen **Niel** lève la séance en priant la Commission de vérification des mandats de se réunir aussitôt.

Il fait également connaître aux délégués du Congrès qu'un vin d'honneur leur sera offert ce soir, à 8 heures, au café de l'Esplanade, boulevard de l'Esplanade.

Conformément à la décision du Congrès de Lyon, les séances sont fixées de 9 heures du matin à midi et le soir de 2 à 6 heures.

Le bureau, pour la séance de ce soir, est constitué comme suit :

Présidente, citoyenne Jacoby, de la fédération des tabacs.

Assesseurs, Dumas, de Béziers, et Alleaume, de Rouen.

Séance du 22 septembre soir

Présidente citoyenne Jacoby de la fédération des Tabacs;

Assesseurs Dumas et Alleaume.

La Présidente. — Je remercie très sincèrement le Congrès de la faveur qu'il m'a faite en m'accordant la présidence. J'espère que ma tâche ne me sera pas rendue difficile et que l'unité qui ressortira de ces assises sera un grand résultat. Je compte que les camarades qui sont venus dans ce but auront toute liberté et la discussion sera, je n'en doute pas, très courtoise.

Je regrette d'être la seule femme présente à ce Congrès et je souhaite qu'à l'avenir un plus grand nombre y figure. Puisque les Syndicats nous ont admises dans leur sein pour réclamer les revendications de la classe féminine et soutenir cette lutte pour la vie je compte qu'à l'avenir nous serons parmi vous plus nombreuses (*Applaudissements*).

Le citoyen **Bourchet** a la parole pour une motion d'ordre.

Je signale aux membres du Congrès qu'à la porte d'entrée se trouvent des uniformes qui n'ont rien à faire ici, j'espère que la Commission d'organisation est étrangère à cet état de choses et qu'elle prendra des mesures pour que nos délibérations ne s'opèrent pas sous les yeux de la police.

Amélio. — La salle a été accordée sans aucune condition de surveillance policière et je trouve étrange qu'il y ait des agents à la porte.

Niel. — Lorsque nous avons été autorisés à tenir le Congrès ici, la lettre de la mairie indiquait que le service de garde était à notre charge. Ayant demandé des explications au Secrétaire de la mairie à ce sujet, il a été convenu avec ce dernier qu'il y aurait un pompier pour le service, et s'il y a ici des agents, au nom du maire dont j'ai la promesse écrite, je les prie de se retirer.

(Les agents se retirent et sont remplacés par deux pompiers).

La Présidente donne lecture de la communication suivante que lui fait parvenir le délégué de Clermont-Ferrand :

Pour inaugurer ces assises, à son ouverture, le XIIIe Congrès national corporatif siégeant à Montpellier adresse ses plus sincères félicitations aux prolétaires espagnols pour leur énergie devant les baïonnettes des soldats au service du capital lors de leur dernière tentative de Grève Générale dans la Catalogne, ainsi que son salut fraternel au Prolétariat International et son encouragement dans la lutte constante qu'il soutient pour son émancipation.

F. Gangloff
Bourse du Travail, Clermont-Ferrand.

Mis aux voix, cet ordre du jour a été adopté à l'unanimité.

La Présidente. — La parole est au citoyen **Paillot** rapporteur de la commission de vérification des mandats : Deux organisations ont envoyé des mandats irréguliers ne portant pas de timbre de leur organisation. Ce sont : Les maçons de Draguignan et le Syndicat des tailleurs de pierres de cimetières et similaires du département de la Seine. Ils sont simplement revêtus du timbre confédéral sans timbre des organisations respectives. Ces deux groupements étant confédérés la Commission pense que c'est un oubli du secrétaire et propose de les admettre tout de même.

Victor, au nom des tailleurs de pierres de la Seine, déclare que le mandat a été établi par le Secrétaire-adjoint en l'absence du Secrétaire malade à l'hôpital, et que le timbre du Syndicat n'a pu être retrouvé par le Secrétaire-adjoint.

Pitel, au nom des maçons de Draguignan, déclare que c'est par oubli que le timbre a été omis mais que ce Syndicat figure sur le répertoire des organisations adhérentes à la Confédération générale du travail.

Paillot signale aussi comme ayant adhéré tardivement, la Chambre syndicale des tonneliers et foudriers de Montpellier, et la Fédération des Syndicats de Vichy. D'autres Syndicats n'adhèrent à aucune Bourse du travail ni Fédération. Ce sont : La mine ouvrière des Petits-Châteaux (coopérative), Fédération des Syndicats des Alpes-Maritimes, Union des Chambres syndicales des Bouches-du-Rhône, Fédération des Syndicats de Limoges et la Chambre syndicale des menuisiers en bâtiment de Toulouse.

La Présidente. — En vertu des décisions prises au Congrès de Lyon ces groupements ne peuvent être admis.

Merzet. — Je ferai remarquer que tous les mandats de la Fédération régionale de Saône-et-Loire, au nombre de 19, ont été renvoyés au Secrétaire du Comité d'organisation, qu'il n'y a pas eu contestation et qu'il doit y avoir probablement quelque erreur.

Griffuelles. — Puisque Merzet soulève la question de la mine ouvrière des Petits-Châteaux, je lui ferai remarquer que le timbre qui apostille la demande de la mine ouvrière porte simplement la mention : mine ouvrière. C'est une coopérative de production et si nous acceptons celle-là nous devons accepter toutes les autres ; et si ce groupement n'est pas porté dans notre répertoire, c'est que ce n'est pas un syndicat.

Il est donc naturel qu'il ne soit pas admis ni par le Comité confédéral ni par le Congrès. Ce serait ouvrir la porte à toutes les coopératives de production. Quant à la Fédération des Chambres syndicales des Bouches-du-Rhône je crois qu'une erreur a dû être commise. L'Union des Chambres syndicales n'est ni une Bourse ni une Fédération, et comme telle elle ne peut être admise au Congrès. Seules cette année-ci par exception, les Bourses ont le droit d'assister au Congrès pour la discussion de l'Unité ; il en est de même pour la Fédération des Syndicats de Vichy dont l'adhésion est arrivée trop tard.

Sur la demande de Merzet, la présidente met aux voix la question suivante: Les mines des Petits-Châteaux peuvent-elles assister au Congrès ? L'Assemblée se prononce contre.

Bourchet. — Nous avons à la Confédération du travail des statuts qui, tant qu'ils ne seront pas révisés, devront être respectés. Je e regrette pour les camarades qu'atteint cette mesure, mais nous ne devons faire aucune exception.

Moulins des tonneliers de Montpellier. On a écrit pour savoir si nous étions Confédérés, au bout de 2 mois n'ayant obtenu aucune réponse, nous avons écrit à nouveau, et alors seulement on nous a fait connaître que notre adhésion arrivait trop tard. Je demande que le Congrès admette le Syndicat comme ayant fait sa demande en temps voulu.

Niel. — Il y a trois mois, à Béziers, les tonneliers ont fait une fédération qui, malgré le mandat qu'elle avait reçu, n'a engagé aucun pourparler pour être confédérée. Les Syndicats de cette fédération croyant être confédérés, et celui de Montpellier s'étant aperçu qu'il ne l'était pas, a fait sa demande pour être admis comme syndicat isolé.

Le Comité Confédéral a répondu, le 13 septembre, que les demandes d'adhésion faites passé cette date étaient trop tardives. Cependant, j'avais écrit, à la date du 28 juillet, la lettre suivante, au Comité Confédéral :

Y a-t-il une limite fixée au-delà de laquelle vous ne recevrez plus d'adhésion pour le Congrès de cette année ?

Si oui, veuillez nous l'indiquer, sinon il y a à craindre qu'il arrive des adhésions à la Confédération jusqu'au dernier moment et que nous, Commission du Congrès, nous ne puissions prendre nos dispositions pour les inviter au Congrès.

Il y a bien quelque part un article de la Confédération qui dit que seules les organisations qui auront rempli leur obligation financière 3 mois avant pourront assister au Congrès. Il est possible que cette année, en raison des circonstances exceptionnelles dans lesquelles se fait le Congrès de Montpellier, c'est-à-dire étant donné que c'est la première fois qu'il n'y aura que des Organisations confédérées et qu'on a invité les autres à se confédérer, on ne puisse pas appliquer cet article. Mais d'un autre côté, il est utile, croyons-nous, de fixer une date après laquelle on ne recevra plus d'adhésion à la Confédération donnant droit au Congrès de Montpellier. Pour cela nous pensons que le 1er septembre serait la meilleure date, car nous connaissons quelques Syndicats qui ont encore l'intention de se confédérer pour pouvoir prendre part au Congrès. Il n'y aurait pour cela qu'à prévenir tout le monde en ce sens par la *Voix du Peuple* en une note bien voyante.

Vous devez avoir cependant reçu l'adhésion de quelques Syndicats isolés; ce sont ces adresses-là que nous voudrions et que nous ne voyons jamais venir. Par exemple, nous savons que le Syndicat des jardiniers-fleuristes de Montpellier vous a écrit pour vous envoyer officiellement son adhésion, il n'a reçu aucune réponse de vous et nous-mêmes n'avons pas été avisés de cette adhésion. Si ce Syndicat nous envoyait son adhésion au Congrès sans que nous ayons été avisé par vous de son admission à la Confédération que ferions-nous? Il y aurait peut-être là l'occasion d'un conflit et le cas peut se répéter pour d'autres Syndicats. Il est donc indispensable que vous nous avisiez, au fur et à mesure que vous les recevez, des adhésions isolées.

Or, ce n'est que par une note parue le 13 septembre dans la *Voix du Peuple*, que le Comité Confédéral a fait connaître qu'à partir du 1er septembre il ne recevrait plus d'adhésion. Il me semble que, logiquement, la note informant les Organisations qu'à partir du 1er septembre il ne serait plus reçu d'adhésion à la Confédération donnant droit d'adhésion au Congrès, aurait dû et pu paraître au moins 10 ou 15 jours avant le 1er septembre, d'autant plus que le Comité Confédéral avait été prévenu par la lettre dont je viens de vous donner lecture, à la date du 29 juillet. En tous cas les tonneliers de Montpellier ayant fait une demande avant cette date, je propose de les admettre.

Griffuelhes. — Il est certain qu'au nom du Comité Confédéral, je dois les explications sur les motifs qui ont fait prendre le 1er septembre comme date de clôture des inscriptions. Il est facile de dire : pourquoi fait-on ceci ou cela? Mais vous conviendrez qu'un Syndicat ne devrait pas attendre à la veille d'un Congrès pour y adhérer. Un organisme central ne vit pas que d'adhésions morales, il lui faut pour soutenir les sacrifices qu'il s'impose des adhésions matérielles qui lui permettent de vivre. Il ne faut pas croire que l'on fait tout ce que l'on veut, et, que le Comité qui est souvent en présence de nombreuses difficultés et a de longues discussions, a bien d'autres choses à faire, et s'il n'a pas examiné à fond la demande de Niel, c'est que probablement il y avait d'autres questions plus pressantes, plus importantes. Ce reproche est d'autant moins justifié que l'organisation en cause est de Montpellier, et qu'elle savait que le Congrès aurait lieu à Montpellier. Qu'attendait-elle donc pour adhérer ?

Le Congrès de Lyon a décidé l'an dernier que l'action des Congrès serait plus organique et que le Comité confédéral devait décider s'il y aurait lieu de fixer une date comme délai pour pouvoir adhérer à la Confédération et pouvoir prendre part au Congrès, nous nous sommes conformés à cette décision. Enfin, je dois ajouter que la faute n'est pas du Comité, mais elle est à Poujet et à moi.

La décision concernant les délais d'inscription n'a été prise que le 2 septembre, car il y avait d'autres questions posées auparavant, qu'il a fallu solutionner et résoudre. Nous les avons tranchées au fur et à mesure. Il faut le reconnaître, cette résolution a été tardive, mais de ce qu'une résolution a été tardive, il ne s'en suit pas pour cela qu'elle soit mauvaise, et le Congrès décidera si cette décision a été bonne ou mauvaise. C'est le 2 septembre que cette résolution a été prise à 11 h. 1/2 du soir, et le lendemain matin j'étais à Bourges, pour assister au Congrès des peintres. Lorsque je revins, le journal était tiré, ce qui occasionna encore un retard de huit jours. Voilà le véritable motif de ce retard qui, tout en étant de ma faute ne l'est pas cependant. Si nous prenons pour un Syndicat, d'après ces raisons, une décision semblable, nous devons aussi admettre tous les autres. De plus, le Syndicat de Montpellier bénéficierait d'une situation exceptionnelle, car étant sur place, il serait possible pour lui d'assister tout de suite au Congrès, tandis que ceux de Paris, de Béziers, de Narbonne, ne pourraient plus à l'heure actuelle arriver à temps. Si vous en acceptez un, il vous faut accepter tous les autres et vous vous mettriez dans le cas de vous faire dire que vous travaillez à la légère, car ils ne pourraient profiter de cette admission. Je demande donc au Congrès de se prononcer comme il le jugera à propos, mais non contre le Comite confédéral, car celui-ci a agi correctement, et si les Syndicats veulent faire preuve qu'ils sont militants, il ne faut pas qu'ils attendent au dernier moment pour adhérer.

Niel. — Je reconnais que les raisons de Greffuelhes sont bonnes, mais néanmoins je rappelle que c'est le 29 juillet que j'ai informé Paris, et que ce n'est que le 13 septembre qu'on m'a répondu. J'ai déjà fait connaître pourquoi le Syndicat des tonneliers de Montpellier n'a pas adhéré plus tôt. Nous sommes partisans d'une décision fixant une limite pour l'inscription, mais on devrait prévenir de la date de cette limite en temps voulu, c'est-à-dire avant et non quand elle est passée. Enfin, répondant à l'objection que les organisations adhérentes au dernier moment ne peuvent être qu'un appui moral, je dis que vous n'avez pas le droit de préjuger de l'avenir en disant cela, car ces organisations seront peut-être un bon appui matériel pour l'avenir. Je demande qu'on étende la mesure que je réclame pour le Syndicat de Montpellier aux groupements qui sont dans le même cas, mais à ceux-là seulement.

Rivelli. — Au nom de l'Union des chambres syndicales des Bouches-du-Rhône, j'appuie la proposition Niel et je demande que le Congrès admette les organisations qui ont fait leur demande avant l'apparition du numéro 96 de la *Voix du Peuple.*

Griffuelhes. — La Fédération des chambres syndicales des Bouches-du-Rhône n'a pas fait de demande d'adhésion à la Commission et je demande que l'on sépare le vote pour savoir si les seuls Syndicats ayant fait leur demande en temps voulu doivent assister au Congrès.

La Présidente. — Il faut préciser la situation du vote : 1° les Syndicats qui avaient adhéré avant le 13 septembre seront admis et devrons-nous rejeter tous ceux qui ont demandé après cette date ?

Le citoyen **Jeannot** de Cette proteste violemment en disant que la Fédération des tonneliers a été attaquée et qu'il a droit à se défendre.

De nombreux congressistes discutent entre eux et la citoyenne

Jacoby doit les rappeler à l'ordre. Elle donne lecture de la proposition suivante :

« Seuls les syndicats adhérant directement ou par l'organe d'une fédération, seront admis au Congrès.

Signé : Lauche, des mécaniciens de Paris ».

Lauche.— Je crois ma proposition excellente et ainsi les décisions prises par le Congrès auront plus de force si elles sont prises par les Syndicats confédérés.

Jeannot, des tonneliers de Cette. — Il y a eu des erreurs commises de part et d'autre, et ceux qui doivent en supporter les conséquences, ce n'est pas le Comité confédéral, mais ce sont les pauvres travailleurs qui ont payé et qu'on renvoie ensuite. Ne décimez pas nos forces, nous sommes prêts à marcher avec vous, et vous nous recevrez parmi vous.

Niel.— La question est plus simple qu'on ne paraît le croire. Sans haine et sans passion on peut la résoudre. Nous demandons simplement que les Syndicats isolés qui avaient fait leur demande avant la note parue dans la *Voix du Peuple* soient admis ; je regrette, ici, de n'être pas d'accord avec mon excellent ami Jeannot, de Cette, mais je dois déclarer que ma proposition ne s'étend pas aux Syndicats dont il demande l'adhésion, si ces Syndicats ne sont pas dans le cas des tonneliers de Montpellier ; quant à la proposition faite par le camarade Lauche, si elle était admise, elle maintiendrait le *statu quo*.

Plusieurs congressistes : aux voix ! la clôture ! La Présidente met la clôture aux voix. Celle-ci est adoptée.

Niel donne lecture de la proposition ci-après :

Considérant que la note parue dans la *Voix du Peuple* à la date du 13 septembre indiquant que les demandes d'adhésion à la confédération qui seraient parvenues après le 1er septembre, seraient considérées comme nulles, a paru trop tard ;

Considérant que pour que cette décision pût être valable, elle aurait dû être prise avant le 1er septembre ; le Congrès décide que les organisations qui ont demandé leur admission avant l'apparition de la note du 13 septembre, seront admises à la confédération et au Congrès.

L. Niel.

Reisz.— Je proteste ; au Congrès de Lyon des décisions ont été prises et l'on doit les respecter.

La proposition Niel mise aux voix est adoptée.

Le citoyen **Paillot** déclare qu'en conséquence du vote qui vient d'être émis, 5 groupements nouveaux sont admis. Ce sont : 1° le Syndicat des tonneliers de Montpellier ; 2° les balladeurs et balladeuses de Montpellier ; 3° les ouvriers en chaix de Béziers ; 4° la Fédération des Syndicats de Vichy ; 5° la Fédération des transports parisiens.

Luquet, représentant de la Fédération des Chambres Syndicales ouvrières des Alpes-Maritimes. — Il existe, à Nice, un conflit provoqué par la mairie entre différents Syndicats; dix-huit d'entr'eux ont quitté la Bourse du Travail, six à sept seulement sont restés. Nous pouvons dire que le véritable élément rouge est dans la Fédération des Chambres Syndicales des Alpes-Maritimes et non dans ceux qui sont restés dans le local municipal au nombre de 2 ou 300 seulement, alors que nous sommes 1.800 à 2 000. La Fédération des Bourses du Travail ayant la certitude de ces faits, par avance avait accepté la Fédération des Chambres Syndicales des Alpes-Maritimes. Je demande que le Congrès se prononce pour l'admission de la Bourse indépendante de Nice et qu'il rejette les Syndicats jaunes logés par la municipalité.

Lelorrain.— Il existe, à Nice, une manufacture de tabacs où il a été créé un Syndicat. Un nommé Fransa, à la suite des menées politiques, a provoqué une scission. Sur 500 syndiqués, 230 ou 240 ouvriers se sont retirés et ont adhéré à la Fédération des tabacs. L'autre partie n'a plus payé depuis aucune cotisation ni adhéré à aucun groupement ; par conséquent, il faut accepter la Fédération des travailleurs des Alpes-Maritimes et rejeter les autres.

Pouget. — Le camarade Lelorrain a donné d'utiles renseignements sur la Bourse du travail municipale de Nice, mais après ce qui s'est passé à Alger, le Congrès ne peut admettre que les Bourses fédérées, si nous admettions la Bourse autonome, nous serions obligés d'admettre d'autres Bourses. Ce serait pour nous une fausse situation, et malgré que le camarade Lelorrain ait dévoilé cette Bourse à demi jaune, nous serions obligés de l'admettre.

De nombreuses protestations accueillent ces paroles.

Luquet.— Malheureusement, en effet, le camarade Pouget pourrait avoir raison si l'on veut tenir compte de la décision prise à Alger. En effet, au Congrès d'Alger nous n'avons pu avoir une solution nette de ce conflit. Le Congrès a invité les deux éléments à s'entendre entr'eux. Cela veut-il dire que l'on excluait l'un ou l'autre des deux éléments. Non, au contraire, il faut que ces éléments soient acceptés, car, d'après la décision d'Alger, la Fédération des Alpes-Maritimes est aussi qualifiée que la Bourse du travail de Nice pour ne pas dire plus.

Maille de Marseille. — Il a été décidé à Alger que la Fédération des Alpes-Maritimes rentrerait à la Bourse à la condition que la Bourse du travail de Nice reviendrait à son ancien règlement. Voilà pourquoi nous avons décidé que la Fédération nouvelle serait admise en acceptant ce règlement.

Griffuelhes. — Nous n'avons à la Confédération aucun droit de contrôle sur les Bourses, et nous ne pouvons en accepter qu'une seule pour Nice. Laquelle devons-nous accepter ? C'est là le point. En tout cas, nous ne pouvons admettre une Fédération départementale, et je crois que la Fédération des Alpes-Maritimes ne peut pas participer au Congrès. Je propose donc que les Bourses elles-mêmes se prononcent, et disent quelle organisation elles acceptent dans leur propre sein. C'est aux délégués des Bourses à le dire, nous ne pouvons trancher cela nous-mêmes.

Normand. — A Alger, tous nos efforts ont été faits pour obtenir la conciliation entre les deux Bourses, nous avons proposé à leurs délégués un moyen transitoire : C'était de reprendre l'ancien règlement pour le moment, avec le droit de le réviser dans le délai d'un an. La Bourse municipale de Nice a refusé toute conciliation, tandis que la Fédération des Alpes-Maritimes a accepté, c'est ce qui ressort des télégrammes produits à Alger.

Olivier. — Je ne croyais pas avoir à rentrer dans des détails et j'ignore ce qui a pu être fait à Alger n'y étant pas allé. Je demanderai seulement au Congrès de Montpellier de faire une contre-enquête, car personne n'a fait quitter la Bourse à aucun Syndicat et je m'étonne de cette division. Nos adversaires ont demandé de retourner à la Bourse. On leur a dit qu'elle était toujours ouverte ne l'ayant jamais fait fermer.

Le camarade Yvetot qui, de passage à Nice, a vu le maire, a reconnu que celui-ci était dans son droit, car le conflit se résume simplement à ceci, c'est que l'on avait voulu prêter des salles à des travailleurs non syndiqués, alors que les règlements s'y opposent.

La citoyenne **Jacoby** donne lecture de l'ordre du jour ci-après :

—

Je propose que le choix de la Bourse de Nice qui doit participer au Congrès, soit laissé aux délégués des Bourses du travail siégeant au Congrès de Montpellier.

Signé : Griffuelhes.

Le citoyen **Luquet** : j'appuie la proposition.

Niel. Je trouve que la proposition Griffuelhes est la plus logique et nous n'avons qu'à nous y rallier. Nous devons accepter les résolutions du Congrès des Bourses et les considérer comme conclusion logique de la motion Griffuelhes. Il faut que la décision prise soit d'envoyer une invitation aux deux fractions dissidentes et de faire l'accord sur l'ancien règlement, mais avec facilité de le modifier. Les groupements qui accepteront cette proposition, seront reçus parmi nous et si l'un d'eux refuse, il sera rejeté.

Griffuelhes me fait signe et me dit qu'il n'accepte pas cette proposition sous ce point de vue. Il ne veut pas que les représentants des fédérations aient à liquider les affaires des Bourses, ce n'est pas à eux de les trancher. Les Bourses du travail ont à juger leurs différends entre elles comme les fédérations jugeront les leurs, mais moi je maintiens que nous n'avons qu'à nous conformer à la décision qui a été prise à Alger et qui est exactement ce que demande Griffuelhes.

Plusieurs voix demandent la clôture.

Bousquet. Je proteste et demande la clôture, mais après les orateurs inscrits.

Rivelli de Marseille, fait connaître que la fédération des chambres syndicales de Marseille, a nommé un camarade pour enquêter sur ce sujet et que la conclusion avait été que la Bourse du travail municipale de Nice avait tort.

Guérard. — Je pense que le Congrès ne voudra pas se prononcer sur le conflit lui-même. Je ne veux retenir que ceci, c'est que la fédération qui n'accepterait pas la solution amiable serait rejetée. En attendant la solution de ce conflit, nous devons faire comme à Alger, c'est-à-dire accepter les deux Bourses, jusqu'à ce que la fédération des Bourses se soit prononcée.

Gallet. — Je demande qu'on lise mon rapport sur le cas de la Bourse du travail de St-Etienne où il s'est produit un cas analogue.

Griffuelhes. — Je retire ma motion pour me rallier à celle de Guérard.

Bousquet. — Je rappelle ce qu'a dit le délégué de la fédération des tabacs. Il a été reconnu que les camarades de la fédération desA lpes-Maritimes étaient des rouges tandis que ceux restés à la Bourse municipaledevaient être considérés comme jaunes. On n'a pas voulu se méfier des jaunes et aujourd'hui malgré tout il faut s'occuper d'eux. Nous ne devons pas ici admettre des jaunes, et en conscience je demande au camarade Niel de nous dire si ceux qui sont restés à la Bourse du travail de Nice ne sont pas des renégats et je termine en demandant l'admission de la fédération des Alpes-Maritimes et le rejet de la Bourse du travail de Nice.

Niel. — J'ai suffisamment prouvé combien est vivace la haine que je porte aux jaunes et je ne crois pas qu'il me soit nécessaire d'en donner de nouvelles preuves.

Mais c'est dans l'intérêt du prolétariat tout entier et surtout afin de ne pas émietter davantage nos forces, hélas ! trop morcelées, qu'avant de prononcer aucune exclusion, je demande qu'il soit usé de toute la force morale d'un Congrès tel que le nôtre, pour tenter une dernière fois la conciliation.

La présidente. L'on devrait les admettre au même titre qu'elles ont figuré à Alger c'est-à-dire à titre consultatif.

Mise aux voix, cette proposition est adoptée.

Paillot. La Commission de vérification des mandats doit faire connaître qu'une protestation concernant la Bourse du travail de St-Etienne lui est parvenue.

Bourchet. — La protestation est du même genre et de la même forme que celle de Nice.

La Commission a jugé de ne pas invalider cette Bourse mais elle a tenu à déclarer qu'il y aurait danger à écrire comme celle-ci l'a fait aux ouvriers armuriers qu'elle était aux ordres de la municipalité et non à ceux des syndiqués.

Gallet. — Je demande que ma protestation remise à la Commission de vérification des mandats soit reproduite au compte rendu du Congrès.

Perrel. — Je m'oppose à toute reproduction de ce rapport, en tout cas il est étrange que l'on trouve à redire à une Bourse lorsqu'on habite encore chez elle.

Bourchet. — Je ne veux pas viser spécialement la Bourse du Travail de St-Etienne. Je tiens surtout à ce que mon avis soit généralisé, car il peut s'adresser à d'autres Bourses.

Gallet proteste contre quelques expressions un peu vives à son encontre du camarade Perrel.

Coupat. — Si l'on déclare l'incident clos, je ne dirai rien. Ce rapport sera-t-il imprimé oui ou non. Nous n'avons pas à nous occuper des affaires des Bourses, et ce serait aller trop loin que de vouloir entrer dans tous ces détails. Pourquoi protester, alors que d'un autre côté vous acceptez de ces mêmes Bourses des indemnités pour venir ici. Je prierai les Délégués de ne pas être par trop intolérants pour leurs collègues; si le prolétariat stéphanois se trouve attaqué, il saura se défendre. Je demande le rejet de la proposition Gallet, tendant à l'insertion dans le compte-rendu du rapport qu'il a fait contre la Bourse de St-Etienne.

La Présidente donne connaissance de l'ordre du jour suivant :

Le délégué de la Bourse de Nimes proteste contre le débat que soulèvent quelques camarades au sujet des Bourses du Travail.

Appelés ici pour faire, s'il est possible, l'Unité Ouvrière et non pour y entendre discuter des choses désagréables sur les Bourses du Travail je propose que rien ne visant les Bourses du Travail ne soit inséré dans les procès-verbaux.

Signé : Michel.

Mise aux voix, cette proposition est adoptée à l'unanimité.

Paillot déclare qu'à l'heure actuelle 320 Syndicats et Fédérations et 21 Bourses ont été admis par la Commission. Il reste encore 150 mandats environ à examiner. Demain matin la Commission donnera les résultats complets de cette vérification. Les mandats non contestés sont mis aux voix. (Adoptés à l'unanimité.)

Chevalier. — Je demande que la Commission de vérification des pouvoirs s'enquière que chaque délégué ait un livret de Syndiqué et soit à jour de ses cotisations.

Griffuelhes. — En effet, pour représenter un Syndicat confédéré il a été décidé antérieurement qu'il fallait être confédéré soi-même, mais pour cela, il fallait qu'une pièce soit exigée des Délégués, prouvant cette identité ; c'est une chose facile à faire.

La proposition Chevalier n'est pas prise en considération.

La Présidente donne la parole au camarade Niel pour la lecture du rapport du Comité d'organisation.

RAPPORT

DE LA

COMMISSION D'ORGANISATION

Camarades,

Au moment où le Congrès va commencer ses passionnants débats, il n'est pas inutile, avons-nous pensé, d'exposer à tous ceux qui auront le plaisir d'y prendre part les divers travaux auxquels s'est livrée la Commission d'organisation pour assurer au Congrès de Montpellier le plus éclatant succès.

Mais d'abord, nous avons à nous acquitter d'une dette de reconnaissance envers le Prolétariat organisé de France, qui voulut bien, l'an dernier, à Lyon, confier aux Syndicats montpelliérains groupés dans leur Bourse du Travail la pénible mais honorable charge d'organiser son XIIIme Congrès national.

Cet honneur nous imposait une obligation : celle de ne rien négliger pour assurer la complète réussite du Congrès et arriver coûte que coûte à faire de nos assises prolétariennes une imposante manifestation du Travail. Il fallait donc se mettre résolument à l'œuvre pour ne rien négliger et, de bonne heure, prévoir toutes les difficultés pour les surmonter.

C'est ainsi que, dès le mois de février, les Syndicats de Montpellier représentés par le Comité général de la Bourse du Travail nommaient une Commission de neuf camarades, chargée d'organiser le Congrès de septembre et prenaient l'engagement de faire tous les sacrifices pour accomplir jusqu'au bout la lourde tâche qui leur était confiée.

La Commission se réunit pour la première fois le 8 mars. Elle nomma son bureau et jeta les grandes lignes de la marche à suivre.

Naturellement, il fallait d'abord songer à se procurer l'élément sans lequel rien n'est possible dans notre société capitaliste : l'argent. Ceux qui ont eu déjà l'occasion d'organiser des congrès nationaux savent combien cette préoccupation est grande et connaissent les difficultés nombreuses qui empêchent toujours de faire appel aux maigres ressources des pauvres Organisations syndicales françaises. Notre tempérament, primesautier et frondeur, ne se prête pas aux fortes cotisations, et si nous sommes toujours prêts à de douloureux sacrifices d'une autre nature, nous n'avons pas encore su comprendre les avantages énormes qui découleraient de la puissance de nos caisses syndicales alimentées par des cotisations plus fortes.

Mais les circonstances sont ce qu'elles sont et nous n'avons pas le pouvoir de les modifier à notre gré. Il nous faut les subir.

Aussi, la Commission n'hésita-t-elle pas une seconde pour se décider à adresser des demandes de subvention à ceux qui peuvent et doivent nous en donner, aux pouvoirs publics. Du reste, quel scrupule eût pu nous retenir ? Est-ce que l'argent déposé dans les caisses municipales ou gouvernementales ne nous appartient pas ? Est-ce que l'argent, tout l'argent, n'est pas le fruit du travail ? Et qui travaille ? qui produit ? Sinon nous tous qui sommes ici précisément au nom des travailleurs pour étudier et résoudre le problème de la spoliation capitaliste ? Les subventions que nous accordent les pouvoirs publics ne sont en somme que de légitimes restitutions, et nous n'éprouvons aucune honte à les demander quand nous savons que nous les obtiendrons sans abdication.

Nous décidâmes donc d'adresser une demande de subvention au conseil municipal et une au conseil général, qui ne firent aucune difficulté pour nous accorder des subventions suffisantes pour assurer le succès du Congrès.

Cette préoccupation dissipée, il ne nous restait plus qu'à nous mettre résolument à l'œuvre et à lancer le premier appel au prolétariat syndiqué. Mais ici surgit un petit incident, vite effacé du reste, mais qu'il n'est pas inutile de signaler.

Surpris par le grand nombre de délégués que nous avions vus au Congrès de Lyon et frappés par la propagande qui en résultait au point de vue moral, nous voulions nous aussi faire du Congrès de Montpellier une imposante manifestation syndicale, tant par la valeur des discussions que par le nombre des délégués.

Au moment où nous allions lancer la première circulaire, nous reçûmes une lettre du Comité Confédéral nous prévenant qu'en vertu de l'article 14 des statuts votés à Lyon, seules, les organisations confédérées pouvaient prendre part aux travaux du Congrès de Montpellier, à l'exception des Bourses du Travail admises à cause de l'Unité. Et l'Unité n'étant pas encore faite, on entendait par organisations confédérées celles qui, soit directement, soit par l'intermédiaire d'une fédération de métier ou d'industrie étaient adhérentes à la Confédération.

Cette décision maintenue, c'était réduire à peu près au tiers le nombre présumé de délégués.

La Commission fit part au Comité confédéral de la surprise que lui causait cette décision et elle fondait sa surprise sur des raisons non sans valeur. Elle prétendait que la discussion de l'article 14 des statuts avait été assez confuse à Lyon pour que nous puissions supposer qu'à cause de cette confusion même le statu quo devait subsister. Elle disait que puisqu'on admettait exceptionnellement les Bourses, par voie de conséquence les syndicats dont sont formées ces Bourses, devaient être admis aussi. Elle faisait remarquer l'inconséquence qu'il y avait à faire organiser un Congrès où seules des organisations confédérées pourraient assister, par des syndicats non confédérés, et elle prétendait avec juste raison que la conséquence directe de la thèse soutenue par le Comité confédéral devait être que, désormais, les Congrès de la confédération devaient être organisés par le Comité confédéral lui-même, dans une ville où *toutes* les organisations seraient confédérées. Enfin, la Commission demandait si le fait pour un syndicat d'adhérer au Comité central de grève générale, qui est un organisme de la Confédération, n'était pas suffisant pour permettre à ce syndicat d'assister au Congrès, et elle prétendait que le Congrès de Montpellier, devant être, pour ainsi dire, la suite de la discussion du Congrès de Lyon, toutes les organisations qui avaient été admises à Lyon devaient logiquement être admises à Montpellier. Rien n'y fit.

Le Comité confédéral nous répondit qu'il n'avait pas mandat pour passer outre une décision de Congrès et que, du reste, rien n'empêchait les organisations qui ne l'étaient pas encore, de se confédérer.

La Commission, qui a montré à plusieurs reprises son esprit de conciliation, se laissa convaincre par ces arguments assez plausibles, et, ne voulant pas retarder davantage l'envoi du 1er appel, se rangea à l'avis du Comité Confédéral, persuadée du reste qu'elle était, qu'avec l'Unité ouvrière, toutes ces zizanies et tous ces tiraillements inutiles disparaîtraient.

A la date du 25 avril, l'accord étant fait, nous lancions au prolétariat le 1er appel suivant :

APPEL

DE LA COMMISSION D'ORGANISATION

Aux Syndicats ouvriers,

Aux Fédérations corporatives,

Aux Bourses du Travail,

A tous les Travailleurs

CAMARADES,

Ce n'est pas sans une fierté légitime que nous venons aujourd'hui, vous adresser cet appel. Lorsqu'au dernier Congrès de Lyon, le prolétariat syndiqué de France nous confia la pénible mais honorable charge d'organiser le CONGRÈS DU TRAVAIL pour 1902, nous sentions tout le poids d'une si lourde tâche, mais nous ressentions surtout l'ultime joie que procurent toujours les nobles actions. Dès lors, notre besogne n'était plus qu'un plaisir.

L'œuvre du Congrès de Montpellier sera peut-être la plus féconde des assises du travail. Loin de nous, cependant, la pensée de vouloir méconnaître les services immenses rendus par ceux qui nous précèdèrent ; ils nous montrèrent la voie dans laquelle nous n'avons que le mérite de les suivre, et nous pouvons les assurer que c'est *jusqu'au bout* que nous les suivrons.

Mais les évènements — que nous ne créons pas — et qui se précipitent avec une rapidité effrayante, donnent à la situation actuelle un caractère de gravité tel, qu'il faudrait vouloir fermer les yeux pour ne point voir combien il est urgent de prendre les dispositions qu'ils nous dictent,

Jamais, peut-être, le conflit fatal qui existe entre le Travail et le Capital n'a atteint le degré d'acuité où il est aujourd'hui. Jamais, peut-être, la nécessité d'une défense ouvrière concertée et universelle ne fut plus impérieuse. Dans les pays du monde entier, les travailleurs de plus en plus écrasés par l'exploitation capitaliste, la cupidité des riches et la puissance des maîtres, se méfient de plus en plus des réformes illusoires et mesquines du parlementarisme, et se préparent enfin à se sauver *eux-nêmes*, par une solide organisation économique et révolutionnaire. En Espagne, en Belgique, en Italie, en Allemagne, en Angleterre, en Danemarck, en Autriche, en Russie, aux Etats-Unis, au Japon même, partout l'on sent chez les ouvriers cette même fièvre qui agite nos organisations syndicales, et voilà pourquoi nous sommes autorisés à dire que le Congrès de Montpellier marquera sa date dans les annales du Prolétariat en puissance d'émancipation.

TRAVAILLEURS,

Il importe de donner au monde entier le spectacle grandiose de la force et de l'intelligence des travailleurs organisés. Notre appel sera entendu, et nous avons la ferme conviction que pas un Syndicat, pas une Fédération, pas une Bourse du Travail, pas une organisation de travailleurs ne manquera d'envoyer un délégué au grand Congrès du Travail, qui tiendra ses assises à Montpellier, en septembre prochain.

Préparons-nous, camarades, pour les luttes prochaines ; formons cette gigantesque UNITÉ OUVRIÈRE qui terrorisera l'UNITÉ CAPITALISTE, en attendant qu'elle la tue.

Vive la Confédération générale du Travail !

Vive la Révolution par la grève générale !

La Commission d'organisation :
AUZER, BOISSEZON, POURQUIER, GALTIER, LACOMBE,
AUJALEU, ESTOR, AMÉLIO.
Le Secrétaire, L. NIEL.

Pour la Confédération générale du Travail,
Le Secrétaire, Victor GRIFFUELHES.

AVIS TRÈS IMPORTANT

Pour pouvoir prendre part aux travaux du Congrès, ou s'y faire représenter, il faut être adhérent à la Confédération générale du Travail.

Pour être adhérent à la Confédération, il suffit de remplir les conditions ou de se conformer aux prescriptions suivantes :

1° *Les* FÉDÉRATIONS *de métiers ou d'industries, qui ne l'auraient pas encore fait, doivent envoyer* sans retard *leur adhésion à la Confédération* ;

2° *Les* SYNDICATS, *fédérés par métier ou industrie, dont la Fédération adhère à la Confédération, sont admis au Congrès;*

3° *Les* SYNDICATS, *fédérés par métier ou industrie, dont la Fédération n'adhère pas à la Confédération, peuvent et doivent envoyer isolément leur adhésion à la Confédération;*

4° *Les* SYNDICATS *pour lesquels il n'existe aucune Fédération, peuvent et doivent envoyer directement leur adhésion à la Confédération;*

5° *Les* BOURSES DU TRAVAIL, *conformément aux décisions du Congrès de Lyon, et afin qu'elles puissent prendre part aux discussions sur l'Unité Ouvrière, seront admises au Congrès.*

La prochaine circulaire (qui paraîtra en juin) et les suivantes ne seront plus adressées qu'aux organisations confédérées.

Dans l'intérêt même des travailleurs, et pour le triomphe de nos si justes aspirations, nous engageons vivement toutes les organisations syndicales de France à se conformer TOUT DE SUITE aux indications ci-dessus, afin que le prochain Congrès de Montpellier soit la preuve la plus éclatante de la force indomptable des travailleurs syndiqués.

Pour la Commission d'organisation,
Le Secrétaire, L. NIEL.

Pour la Confédération générale du Travail,
Le Secrétaire, Victor GRIFFUELHES.

Nous pensions que cette circulaire, qui indiquait aux organisations les moyens simples d'adhérer à la confédération, amènerait un grand nombre de Syndicats retardataires à se fédérer et à se confédérer. Nous fûmes un peu déçus. Et si nous nous en rapportons au répertoire publié récemment par la confédération, nous ne trouvons pas à la rubrique: *nouvelles adhésions*, le nombre que nous étions en droit d'escompter.

Il fallait maintenant songer à la deuxième circulaire qui devait contenir l'ordre du jour provisoire du Congrès.

D'accord avec le Comité confédéral, nous décidâmes que seules les questions arrêtées pour ainsi dire par le Congrès de Lyon, c'est-à-dire l'*Unité ouvrière*, le *lendemain de la grève générale* et le *Prolétariat agricole* figureraient sur cette circulaire et qu'il serait laissé aux organisations confédérées un délai déterminé pour nous communiquer les questions qu'elles désireraient voir figurer à l'ordre du jour définitif.

Cette deuxième circulaire, dont voici le texte, fut expédiée sans encombre à la date du 30 juin.

Aux Fédérations ouvrières et aux Syndicats confédérés,
Aux Bourses du Travail,
Aux Travailleurs conscients.

CAMARADES,

Dans notre première circulaire nous vous faisions part du plaisir sincère que nous éprouvions d'avoir été choisis pour organiser les grandes assises ouvrières de septembre prochain. Aujourd'hui, c'est la joie profonde que nous procure l'accueil enthousiaste réservé partout à notre premier appel, que nous venons vous communiquer.

De tous côtés il nous arrive des félicitations, mais surtout des encouragements, et nous puisons, dans ce concert unanime d'approbation, de nouvelles forces et une énergique volonté. Déjà, par de nombreuses lettres que nous avons reçues de tous les points de la France, nous annonçant l'adhésion probable d'un grand nombre d'organisations, nous pouvons présumer de la grandeur et de l'importance de notre prochain Congrès National. Mais ce que surtout ces lettres et ces adhésions veulent dire, c'est que le Prolétariat de plus en plus conscient, esclave du Passé, des Préjugés et du Capital, veut briser *par un noble geste de révolte* les chaines du salariat qui brisent ses membres et tuent sa dignité.

TRAVAILLEURS ORGANISÉS,

C'est de vous, *et de vous seuls*, que dépend le suprême salut. Ils l'ont bien compris les bourgeois qui, apeurés par l'approche de l'heure fatale, se sont réfugiés dans la plus hypocrite des tactiques en tentant — en vain ! — d'empoisonner *par le virus jaune*, nos organisations ouvrières tous les jours plus unies sur le terrain de la lutte économique.

Ils l'ont bien compris, les maîtres du jour, qui pour enrayer la marche désormais progressive du syndicalisme vers la Grève Générale, ont essayé de nous accabler d'une prodigieuse quantité de projets de lois plus ou moins de *protection ouvrière*, mais surtout de *défense capitaliste*.

Ils l'ont bien compris, les patrons, qui connaissant la puissance de nos syndicats n'ont pas hésité, eux aussi, à grouper leurs forces en de vastes associations, et n'ont pas craint, surtout, de jeter à la rue et à la mort quiconque d'entre nous se permettait d'affirmer trop haut sa confiance *légale* en l'action syndicale.

Oui, travailleurs syndiqués, le Salut, la Justice et la Liberté sont entre nos mains ; nous les aurons quand nous *voudrons* les prendre.

Mais l'heure n'est ni aux phrases ni aux discours. Elle est à l'action et à l'organisation.

OUVRIERS CONFÉDÉRÉS,

C'est donc à vous que nous nous adressons avec le plus de confiance pour vous engager à venir à Montpellier étudier en commun les meilleurs moyens de cette action, les plus solides bases de cette organisation. C'est à vous surtout, parce que les premiers, vous avez prouvé par votre adhésion à la Confédération une conscience nette du devoir syndical, parce que les premiers, vous avez pris la route qui doit conduire le Prolétariat à l'*Unité ouvrière* pour sa complète émancipation. Vous aurez toujours cet honneur, mais vous aurez aussi celui, peut-être bien plus grand, de compléter cette Unité indispensable pour abattre l'*Unité Patronale*, en entraînant à votre suite, vers cette immense et puissante *Confédération de travailleurs,* les traînards et les indécis.

Venez donc nombreux, camarades, nous apporter l'appui de vos conseils et de vos études. Le Congrès de Lyon décida que, désormais, seules les organisations confédérées pourraient se faire représenter ou envoyer des délégués aux congrès futurs. C'est, sans aucun doute, une sage mesure. Mais il importe que la confiance que le Congrès plaçait ainsi en vous soit justifiée par l'empressement que vous mettrez à envoyer de nombreux délégués à nos travaux, et nous avons la ferme croyance que vous n'y faillirez pas.

Le Congrès sera laborieux, mais il sera surtout intéressant. A côté de la **Question d'Unité** dont vous connaissez maintenant tout l'intérêt et appréciez toute l'importance, vous aurez sans doute, conformément aux décisions du dernier Congrès, à étudier les meilleurs moyens de **Production**, de **Consommation** et d'**Echange** dans la future Société que pourra nous amener la grève générale. En outre, vous savez que l'année dernière, quand nous revendiquâmes l'honneur d'organiser ce Congrès, nous désirions surtout profiter de ce puissant moyen de propagande syndicale pour encourager et éclairer *nos frères les paysans*, et nous serons heureux d'ouvrir à ce propos une large discussion sur **Le Prolétariat Agricole.** Enfin, vous voudrez bien vous-mêmes nous indiquer les questions spéciales que vous désireriez voir traiter par le Congrès, *tout en tenant compte que les ordres du jour les moins chargés sont les mieux discutés.*

A l'œuvre donc, camarades, et dès maintenant. Que vos efforts viennent seconder notre action pour faire du Congrès de Montpellier la plus imposante preuve de notre conscience éclairée et de nos viriles volontés.

Vive l'Emancipation intégrale des travailleurs !
Vive la Grève générale !

La Commission d'organisation :
AUZER, BOISSEZON, GALTIER, LACOMBE, POURQUIER, AUJALEU, ESTOR, AMÉLIO.

Le Secrétaire, L. NIEL.

Pour la Confédération générale du Travail,
Le Secrétaire : Victor GRIFFUELHES.

AVIS DIVERS

1° Les organisations pourront dès maintenant nous envoyer leurs adhésions ; elles n'auront pour cela qu'à remplir le bulletin ci-inclus et le retourner à la Commission d'organisation.

2° Les organisations qui désireraient soumettre quelque question au Congrès sont invitées à nous en informer avant le 1er Août dernier délai.

3° La prochaine circulaire indiquera l'ordre du jour et le programme définitifs du Congrès. Si après l'envoi de la troisième circulaire nous avions à communiquer quelque nouvelle information aux organisations, nous le ferions par le canal de la *VOIX DU PEUPLE*.

4° Pour chaque organisation qui enverra un délégué ou se fera représenter au Congrès, il sera perçu une cotisation fixe de **trois** francs.

5° Chaque délégué ne pourra avoir qu'un maximum de 5 mandats.

Après l'envoi de cette circulaire, nous commençâmes de recevoir quelques adhésions, mais nous reçûmes surtout des questions que diverses organisations voulaient faire discuter par le Congrès. Nous avions eu beau prendre la précaution d'indiquer que les ordres du jour les moins chargés étaient les mieux discutés et indiquer par là qu'il serait fastidieux de surcharger les séances du Congrès par des questions plusieurs fois traitées, les organisations ne s'empressèrent pas moins de nous envoyer des questions en si grand nombre qu'au moment où expirait le délai que nous leur avions accordé nous n'en comptions pas moins de quarante.

Néanmoins, notre rôle sur ce point n'étant qu'un rôle d'intermédiaire, nous nous bornâmes à transmettre toutes ces questions au Comité confédéral, chargé d'arrêter l'ordre du jour définitif, et nous le priâmes de vouloir bien nous le retourner sans retard pour l'insérer sur la troisième et dernière circulaire, que nous étions impatients de lancer.

Ici alors, surgit un nouvel incident, bien plus sérieux que le premier, mais que la Commission parvint à surmonter et qu'il est indispensable de faire connaître.

Après avoir décidé dans les précédentes circulaires que seules les organisations confédérées, *à l'exception des Bourses du Travail*, pourraient prendre part aux travaux du Congrès, nous eûmes la douleur d'apprendre par une note qui ne nous fut pas communiquée, parue dans la *Voix du Peuple* pour faire connaître l'ordre du jour définitif, que le Comité confédéral avait décidé que les Bourses du Travail ne seraient autorisées à discuter et à délibérer que sur la seule question de l'Unité ouvrière.

Si cette dangereuse décision, que rien n'autorisait, ni les statuts de la Confédération, ni la discussion du Congrès de Lyon, avait dû être maintenue, c'était purement et simplement exclure les Bourses du Travail du Congrès, après les y avoir invitées, car il était pour ainsi dire inadmissible qu'une Bourse se décidât à envoyer un délégué qui n'aurait pu assister qu'à une séance du Congrès.

La Commission écrivit immédiatement à la Confédération pour protester contre une si extraordinaire décision et demanda l'insertion d'une note rectificative invitant au contraire les Bourses du Travail à tous les travaux du Congrès. Nous ne voulions pas, les camarades le comprendront facilement, mentir à la parole que nous avions donnée — et la Confédération avec nous — aux Bourses du Travail en les invitant dans la première circulaire au Congrès et non à une séance du Congrès, et nous ne tenions pas à voir éliminer ainsi successivement diverses organisations susceptibles de nous envoyer des délégués.

Nos arguments écrits ne parvinrent pas à vaincre la résistance du Comité confédéral.

Il était tellement dans la lettre et dans l'esprit des statuts votés à Lyon, que les Bourses du Travail seraient exceptionnellement invitées au Congrès de Montpellier et non à une seule de ses séances, qu'après avoir essayé en vain de trancher ce différend par correspondance, la Commission décida d'envoyer son secrétaire à Paris, fournir de vive voix nos explications à une réunion du Comité confédéral,

La réunion eut lieu. Le secrétaire de la Commission d'organisation fournit ses explications et un grand nombre de membres du Comité confédéral prirent part à la discussion.

Des explications et de la discussion, il ressortit clairement qu'il n'était pas possible de ne pas admettre les Bourses à tout le Congrès. Mais il ressortit également que dans l'esprit des résolutions du Congrès de Lyon il était convenu que le Congrès de Montpellier serait uniquement consacré à la discussion des questions indiquées par le Congrès de Lyon lui-même, c'est-à-dire l'*Unité ouvrière* et l'*Enquête sur la grève générale*, celle-ci étant née de celle-là, et que, conséquemment, les Bourses du Travail, en vertu de l'exception votée pour elles, devaient prendre part à toutes les questions et résolutions du Congrès.

Sur la proposition du camarade qui fut précisément rapporteur de la Commission des statuts à Lyon, le Comité Confédéral décidait alors à l'unanimité de rentrer dans l'esprit même des décisions souveraines du Congrès de Lyon, d'élaguer par conséquent toutes les questions qui n'avaient pas été posées par ce Congrès et d'admettre les Bourses du Travail à toutes les discussions et résolutions du Congrès de Montpellier, sauf, bien entendu, à celles ayant trait au rapport même du Comité Confédéral.

Dès lors, la Commission avait satisfaction, puisqu'on décidait de ne pas sortir des limites tracées par le Congrès de Lyon.

Nous sommes contents, et nous devons tous nous réjouir de cette heureuse solution, car si le Comité Confédéral s'était obstiné sur sa première décision, un incident fort regrettable pour le prolétariat organisé se serait fatalement produit, que n'auraient pas manqué d'exploiter nos dénigreurs systématiques.

Une note — que nous aurions aimée moins ambiguë — parut ensuite dans la *Voix du Peuple* pour faire connaître cette nouvelle décision et les modifications apportées à l'ordre du jour définitif.

Mais ne revenons pas sur le passé. Le présent est là qui nous talonne et nous captive trop pour que nous nous attardions sur des questions qui se sont heureusement solutionnées.

Cependant, qu'il nous soit permis encore une fois de faire remarquer combien est néfaste cette séparation des deux organismes centraux et combien vite disparaîtront tous ces inconvénients quand vous aurez décidé que grâce à l'Unité ouvrière il n'y aura plus désormais qu'un seul Congrès national du Travail, auquel pourront assister toutes les Organisations qui ne veulent pas aller se noyer dans la marée jaune des renégats.

Nous devions ces explications à tous, d'abord pour excuser le retard qui fut apporté à l'expédition de la 3me circulaire — expédition qui ne pouvait se faire sans que l'accord fût intervenu sur cette question — et ensuite pour montrer aux Organisations qui nous avaient envoyé des questions, comment fatalement, mais de très bonne foi, nous fûmes les uns et les autres amenés à les supprimer de l'ordre du jour définitif. Personne, croyons-nous, ne s'en plaindra ; les questions qui restent sont assez importantes par elles-mêmes pour remplir laborieusement les séances du Congrès, et nous aurons ainsi la faculté de mieux les approfondir. Pourtant qu'il nous soit permis de formuler ici un vœu, que le Congrès pourra transformer en proposition ferme s'il le croit possible. Nous voudrions que, si les questions de l'ordre du jour n'étaient pas suffisantes pour occuper nos dix séances, le Congrès décidât qu'après épuisement de l'ordre du jour officiel, il sera statué sur le point de savoir laquelle ou lesquelles des questions posées primitivement pourront être discutées jusqu'à la fin du Congrès.

Les questions de l'admission des Bourses du Travail au Congrès et de l'ordre du jour définitif étant tranchées, nous expédiâmes la troisième et dernière circulaire ci-dessous, à la date du 25 août :

Aux Fédérations ouvrières et aux Syndicats confédérés,

Aux Bourses du Travail, Aux Travailleurs organisés,

CAMARADES,

Encore quelques jours, et les délégués de tous les points de la France se trouveront réunis à Montpelier pour donner au monde du Travail le spectacle d'un des plus beaux et des plus intéressants Congrès ouvriers.

La Commission d'organisation, dont le rôle de préparation du Congrès est des plus pénibles en même temps que des plus délicats, n'aura rien négligé pour qu'à tous les points de vue le Congrès se traduise par un succès complet, et, puissamment aidée par le Comité Confédéral, elle espère avoir donné aux assises ouvrières de septembre prochain toute l'importance et tout l'intérêt dont est digne notre syndicalisme conscient et révolutionnaire. Aussi est-ce avec confiance et satisfaction que nous attendons l'ouverture de nos séances, et sera-ce avec joie et avec plaisir que nous enregistrerons durant nos délibérations les progrès accomplis par le Prolétariat organisé dans son évolution syndicale.

TRAVAILLEURS,

L'ordre du jour, modifié en vertu des décisions souveraines du Congrès de Lyon et fixé par le Comité Confédéral chargé d'exécuter les décisions des Congrès, mérite toute votre attention.

Les questions ne sont pas nombreuses, mais vous apprécierez tout de suite leur intérêt et leur importance, et nous sommes persuadés que les discussions profondes qu'elles entraîneront montreront à tous la force sans cesse grandissante du syndicalisme révolutionnaire et la conscience de plus en plus éclairée de la légitimité des revendications ouvrières.

L'*Unité ouvrière* avec ses heureuses conséquences ; l'organisation du Prolétariat, aussi bien du *Prolétariat agricole* que du *Prolétariat industriel*, en Syndicats, Fédérations, Bourses du Travail, pour renverser et remplacer la classe capitaliste ; l'examen du rôle de ces organisations chargées d'assurer la *Production*, l'*Echange* et la *Consommation* au lendemain du triomphe de la grève générale, sont autant de questions sur lesquelles il n'est pas besoin de s'attarder pour en montrer toute la gravité et toute la valeur.

Mais gardons-nous bien d'anticiper. Nous avons trop confiance en votre intelligence éclairée par l'éducation syndicale, et en votre clairvoyance avivée par les injustices sociales de chaque jour, pour ne pas connaître d'ores et déjà l'orientation que vous donnerez à votre action future.

Trompés, trop souvent, par des promesses intéressées : découragés, quelquefois, par des faiblesses inévitables, vous retrouverez, camarades, dans le sein de notre famille syndicale unie par le lien d'une étroite solidarité ouvrière, la force, le courage et la confiance nécessaires pour obtenir toutes vos légitimes revendications et pour réaliser enfin cette sublime devise ;

**L'Émancipation des Travailleurs se fera
par les Travailleurs eux-mêmes !**

ORDRE DU JOUR DEFINITIF :

1° *a)* Rapport de la Commission d'organisation. — *b)* Rapport du Comité confédéral et de la “ Voix du Peuple ”.

2° L'Unité ouvrière.

3° Enquête sur la grève générale. — *a)* Quel est le meilleur moyen d'organiser les *Syndicats*, les *Fédérations* et les *Bourses du Travail* pour renverser et remplacer la classe capitaliste ? — *b)* Comment assurer la *Production*, l'*Echange* et la *Consommation ?*

Voilà, Camarades, l'ordre du jour sur lequel vous aller vous livrer à des études approfondies afin de rendre les discussions du Congrès encore plus retentissantes.

Et maintenant, à l'œuvre et à bientôt !

Vive l'organisation syndicale !
Pour la Confédération,
Le Secrétaire, Griffuelhes.

Vive la Révolution sociale !
La Commission d'organisation,
Auzer, Boissezon, Galtier, Lacombe, Pourquier, Aujaleu, Estor, Amélio.
Le Secrétaire,
L. Niel.

AVIS DIVERS

1° Le Congrès commencera le lundi 22 septembre à 8 heures 1/2 précises du matin, et se clôturera le samedi 27 à 8 h. 1/2 du soir par une grande réunion publique ;

2° Les délégués seront reçus à la gare par des membres de la Commission d'organisation ; ils sont priés de se faire reconnaître en tenant à la main la *Voix du Peuple* ou tout autre organe corporatif. La Commission a pris toutes ses dispositions pour que les frais de séjour ne dépassent pas cinq francs par jour ;

3° Contrairement à ce qui se faisait d'habitude, les délégués sont informés qu'il ne leur sera pas distribué des comptes rendus journaliers des séances. La traduction sténographique des séances de la veile sera chaque jour à leur disposition et ils auront 24 heures pour la consulter et y apporter les modifications qu'ils jugeraient nécessaires ;

4° Conformément à la décision du Congrès de Lyon, les Bourses du Travail pourront prendre part à toutes les discussions et résolutions du Congrès de Montpellier ;

5° Pour faciliter le travail de la Commission nous engageons les organisations à nous envoyer leurs adhésions trois jours au moins avant l'ouverture du Congrès, dernier délai ;

6° Les organisations qui n'auraient pas effectué le paiement de la cotisation de *trois francs*, pourront la faire verser par leurs délégués à l'arrivée ;

7° Pour les adhésions, les organisations sont invitées à se servir du bulletin ci-inclus.

Comme on le voit, cette circulaire contenait un avis assez important que nous tenons à expliquer rapidement. C'est celui relatif aux épreuves journalières des séances. La Commission aurait bien voulu pouvoir continuer la tradition qui consiste à distribuer chaque jour aux délégués une épreuve des séances de la veille. Mais, obligée de compter avec ses ressources mesurées, elle a jugé que ces épreuves ne rentraient pas dans ce qu'on pourrait appeler le cadre des dépenses indispensables, et a décidé de les supprimer. Toutefois, de concert avec la Confédération et le sténographe, la Commission a pris ses mesures pour que la traduction sténographique reproduise le plus fidèlement possible la lettre et l'esprit des discussions, ainsi que la physionomie des séances, et pour permettre aux délégués de se rendre compte si leur pensée a été bien traduite.

Chaque matin, la traduction complète des séances de la veille sera terminée. Les camarades qui auront pris la parole et voudront s'assurer s'ils ont été compris, n'auront qu'à se rendre dans le local que désignera la Commission, et là, ils trouveront sous la garde d'un membre de la Commission les feuilles de traduction. Ils pourront les consulter et faire sur la marge les rectifications qu'ils jugeraient nécessaires.

Maintenant, camarades, que nous vous avons indiqué à peu près toutes les mesures que nous avons prises pour assurer la partie du Congrès consacrée à l'étude et au travail, il n'est pas inutile, croyons-nous, de vous indiquer aussi celles que nous avons arrêtées pour assurer celle du repos et de l'agrément.

Après le travail, le repos Après la peine, la distraction.

Le lundi 22 septembre, c'est-à-dire le premier jour du Congrès, la Commission offre à tous les délégués un vin d'honneur qui sera servi dans les salons du café de l'Esplanade, boulevard de l'Esplanade. Nous engageons instamment tous les camarades à assister à cette soirée familiale dans laquelle sera jouée, par trois amis, une belle pièce de propagande sociale.

Le samedi 27, dernier jour du Congrès, les délégués sont invités à des visites des divers musées et monuments de la ville. Ces visites, qui se feront le matin, seront très intéressantes, mais elles seront surtout instructives, car elles se feront avec l'aide de professeurs dont nous nous sommes assuré le précieux concours et qui se feront un plaisir de nous fournir des explications sur les objets que nous visiterons.

A midi précis, un banquet offert par la Commission d'organisation sera servi dans les salons du restaurant Delmas, rue de la République. Après le banquet, la Commission conduira les délégués en excursion par train spécial, sur les bords de la mer, à Palavas les-Flots.

Enfin, le soir à 8 heures 1/2, aura lieu dans la salle même du Congrès, une grande réunion publique qui clôturera les assises ouvrières de 1902.

Voilà, camarades, notre besogne d'organisation terminée. Nous nous sommes efforcés de mettre entre vos mains tous les éléments indispensables à la bonne marche du Congrès. Nous vous laissons maintenant à vos travaux, persuadés que la bonne camaraderie ne cessera de régner dans toutes nos passionnantes discussions et nous nous retirons avec la conviction d'avoir bien travaillé pour le Peuple et pour la Révolution.

Le Secrétaire de la Commission d'organisation,

L. Niel.

De nombreux applaudissements accueillent la lecture de ce rapport qui, mis aux voix, est adopté à l'unanimité.

La citoyenne **Jacoby** dit que l'ordre du jour appelle la discussion sur le rapport du Comité Confédéral.

RAPPORT

PRÉSENTÉ PAR LE

COMITÉ CONFÉDÉRAL

Au Congrès national corporatif de Montpellier 1902

CAMARADES,

Dix mois se sont écoulés depuis que le Comité confédéral, formé dans les conditions déterminées par le Congrès dernier, a repris sa marche normale. Sans prétention aucune de sa part, il a le droit de dire que, durant cette période, trop courte dès qu'il s'agit de faire de l'organisation, de réels progrès ont été accomplis.

On dira peut-être que davantage eut pu être fait, mais tous ceux qui se représentent la Confédération d'il y a quelques mois, pour se rendre compte combien, parfois, il est difficile de donner à l'action ouvrière la précision qui l'a fait s'imposer et la clarté qui en fait saisir les effets, reconnaîtront qu'il a été fait ce qu'il était possible de réaliser dans un temps aussi court.

Comme le disait le rapport soumis au Congrès de Lyon, il avait été impossible à la Confédération de faire œuvre utile, les moyens d'action ne lui ayant pas été donnés.

Dans les Congrès précédant celui de Lyon, on avait cru qu'il était suffisant de créer un organisme nominalement, pour lui assurer la vie. Chaque délégué, se faisait un devoir de se porter garant de la bonne volonté de ses mandants, dans l'œuvre confédérale ; mais là s'arrêtait l'effort de chacun d'eux. C'était insuffisant !

Et cette faiblesse s'explique pour tout observateur, car il ressort d'un simple examen qu'il eût été difficile de créer une Confédération puissante et forte avec des Fédérations nées d'hier à la vie syndicale. Le nombre de celles qui avaient pu se constituer et étendre leur champ d'action, était trop faible et l'esprit syndical trop peu développé pour qu'à elles seules elles puissent donner la vie au lien qui les réunissait.

Peu nombreuses, ayant besoin de se fortifier elles-mêmes, elles ne pouvaient pas venir en aide aux Syndicats dans la formation d'organismes aux attributions semblables aux leurs, ni s'occuper de façon suffisante des questions générales.

Et c'est ainsi que, durant six ans, la Confédération a mené une vie irrégulière, incertaine, ballottée par les circonstances et les hasards, et ne donnant pas l'impression de force qui se dégage d'un organisme vivant et agissant.

Ç'a été le début! Début trop long, sans doute, mais qu'il ne faut pas déplorer, car il ne pouvait y avoir croissance là où la vie syndicale était anémiée par la grande indifférence d'une partie de la classe ouvrière et par les déchirements qu'introduisait dans les Syndicats toute politique.

Aujourd'hui, les militants qui, obéissant à une loi naturelle, ne s'étaient préoccupés, d'une part, que des Syndicats et, d'autre part, de leur Fédération, ont permis, par leur propagande, de donner à la Confédération une extension inconnue à ce jour. Pour que celle-ci fût forte et puissante, il était indispensable que les éléments la constituant eussent acquis plus de force et plus de puissance.

La situation importante prise par les Fédérations n'est plus discutée, même par nos adversaires. Pour s'en convaincre, il suffit de se rendre compte de l'attention avec laquelle nos travaux sont suivis par eux. Alors que le Syndicat n'était que l'expression de desiderata formulés par les camarades d'une localité, la Fédération est devenue l'expression de ceux formulés par des camarades nés sous différents climats et qui, malgré la diversité de leurs tempéraments et de leurs caractères, obéissent aux mêmes sentiments et luttent pour le même idéal.

Il y a donc progrès syndical d'abord, progrès fédéral ensuite, et le progrès de ces deux formes de groupement, dont la vie de l'une est faite de la vie de l'autre, et réciproquement, doit donner la vie et la force au groupement qui exprime ce que chacune d'elles représente.

La croissance du nombre des Syndicats, le besoin éprouvé par eux de réunir leurs efforts pour de plus grands résultats ont rendu la base de la Confédération solide et c'est ce qui explique la situation qu'elle occupe.

Le Congrès de Lyon, qui manifestait d'une si évidente façon le progrès de la conscience syndicale, faisait sienne les observations du rapport. Par de sages et de meilleures dispositions, il donnait corps à l'organisme syndical en consolidant l'organe qui est au mouvement ouvrier, ce que le cœur est à l'homme, c'est-à-dire le centre vers lequel converge toutes les pensées et les manifestations syndicales, pour, de là, se répandre à travers les Fédérations chez tous ceux que la lutte dresse contre le patronat.

Le Congrès, en n'admettant plus pour délibérer d'elle que les éléments la faisant vivre, en augmentant les charges de chacun d'eux, assurait la vie à la Confédération et lui donnait les moyens de s'étendre en les fortifiant et en augmentant leur nombre.

En effet, un organisme, quelle que soit la cause qui l'engendre et le fait vivre, doit être la représentation fidèle de ceux qu'il représente. C'est pour ne pas avoir compris cela plus tôt que les travailleurs ont pu constater l'impuissance de leur œuvre.

Comme il est dit plus haut, la situation est changée, le terrain déblayé. La base, plus solide, plus stable, permet de l'étendre à toutes les branches de l'activité humaine. Il est devenu possible, pour certains éléments, de les appeler à la vie fédérale; pour d'autres, il est devenu possible de la stimuler ou de la fortifier. Par le nombre de

Fédérations nouvelles, il sera facile de constater que, sur ce point de vue, nous n'avons pas perdu notre temps.

Mais ce nombre, quoique satisfaisant, ne doit pas se limiter, L'œuvre des futurs Comités sera d'appeler d'autres corporations à la vie fédérative, car il faut que, dans un temps rapproché, tout travailleur puisse, par sa Fédération, être rattaché à la Confédération.

Ainsi, par l'action fédérale, le travailleur rattache sa vie à celle de ses camarades des autres centres ; par l'action confédérale, la lutte ouvrière se précise et se clarifie pour se traduire par des manifestations générales de plus grande portée.

Nous avons tenu à dire, avant d'aborder le détail des travaux accomplis, que la Confédération existait et agissait, et cela grâce aux Fédérations, à ses militants et à son journal la *Voix du Peuple*, qui, par sa publication régulière, a fait connaître partout nos efforts et notre action.

Armé, le Comité confédéral n'a fait qu'utiliser les éléments pour le bien de tous. Et si son œuvre annuelle est déclarée incomplète, nous demandons qu'il soit tenu compte de la situation dans laquelle se trouvait l'organisation et de reconnaître que le Comité s'est efforcé de donner à l'action une activité plus grande.

Constitution du Comité Confédéral et désignation du Bureau

Le Congrès de Lyon avait dit, dans les statuts de la Confédération, élaborés par lui, que le taux de la cotisation serait porté à quarante centimes par cent membres et par mois. Il avait également décidé que ,pour la nomination du bureau, les organisations seraient invitées, avant sa désignation, à donner le nom de leur candidat aux diverses fonctions. Tout cela, afin que les organisations pussent connaître les noms des candidats et donner un mandat à leur délégué.

Le Comité invita donc, au lendemain du Congrès, les groupements adhérents à donner le nom de leurs délégués et de leurs candidats aux diverses fonctions du bureau, et à nous adresser une acceptation de la nouvelle cotisation et le chiffre de leur effectif. Il fixa le point de départ de la nouvelle cotisation au 1er novembre 1901.

Ces formalités remplies, le Bureau fut désigné, le 26 novembre 1901, dans les conditions publiées par la *Voix du Peuple*, nos 57 et 55, et que nous reproduisons.

Élection du Bureau

Avant de procéder à la nomination des membres du bureau, une discussion s'engagea sur le mode de votation ; il fut décidé que chaque organisation disposerait d'un nombre de voix égal à celui des délégués, le vote s'étant fait à bulletins ouverts.

Nomination du secrétaire

Le camarade Griffuelhes, des Cuirs et Peaux, dont la candidature était présentée par sa Fédération, était le seul candidat pour la fonction de secrétaire. Le scrutin donna les résultats suivants :

Ont voté pour Griffuelhes :

Ameublement	3 voix
Bijouterie	3 —
Boulangers	3 —
Bourrellerie-Sellerie	3 —
Chapeliers	3 —
Chemins de fer	3 —
Fédération du Cher	3 —
Coupeurs-Brocheurs	2 —
Cuirs et Peaux	3 —
Cuivre	3 —
Culinaire	3 —
Lithographie	3 —
Livre	3 —
Fédération de la Loire	3 —
Maçons et Tailleurs de pierre	2 —
Maréchalerie	3 —
Mécaniciens	3 —
Métallurgie	3 —
Mouleurs en métaux	3 —
Papier	3 —
Peintres	3 —
Fédération du Sud-Est	2 —
Tabacs	3 —
Tailleurs de la Seine	1 —
Textile	2 —
Travailleurs agricoles des Pyrénées-Orientales.	2 —
Travailleurs municipaux	2 —
Voiture	3 —
Total	76 voix

A voté pour Hardy :

Ouvriers des Postes, Télégraphes et Téléphones...	3 voix

A voté « contre »

Employés	3 voix

En conséquence, la majorité étant de 42 voix, et le camarade Griffuelhes, en ayant obtenu 76, fut élu secrétaire de la Confédération.

Nomination du secrétaire adjoint

Le secrétaire adjoint de la Confédération était chargé de la *Voix du Peuple*. Furent présentés à cette fonction : Lenoir, des Mouleurs en Métaux (présenté par la Fédération des Mouleurs) et Pouget, des Employés (présenté par la Fédération du Sud-Est).

Ont voté pour Pouget :

Ameublement	3 voix
Bijouterie	3 —
Boulangers	3 —
Chapeliers	3 —
Chemins de fer	3 —
Fédération du Cher	2 —
Coupeurs-Brocheurs	3 —
Cuirs et Peaux	3 —
Cuivre	3 —
Culinaire	3 —
Fédération de la Loire	2 —
Maçons et Tailleurs de pierre	3 —
Métallurgie	3 —
Papier	3 —
Peintres (Robert)	1 —
Ouvriers des Postes, Télégraphes et Téléphones.	2 —
Tailleurs de la Seine	1 —
Textile	1 —
Travailleurs agricoles des Pyrénées-Orientales.	2 —
Fédération du Sud-Est	2 —
Voiture	3 —
Total	52 voix

Ont voté pour Lenoir :

Bourrellerie-Sellerie	3 voix
Employés	3 —
Lithographie	3 —
Livre	3 —
Maréchalerie	3 —
Mécaniciens	3 —
Mouleurs en métaux	3 —
Travailleurs municipaux	2 —
Peintres (Bidault et Craissac)	2 —
Ouvriers des Postes, Télégraphes et Téléphones	1 —
Tabacs	3 —
Textile	1 —
Total	30 voix

En conséquence, la majorité étant de 42 voix, et le camarade Pouget, en ayant obtenu 52 au premier tour, contre 30 au camarade Lenoir, fut proclamé élu.

Nomination des trésorier, trésorier adjoint et archiviste

Etaient candidats pour la fonction de trésorier, les camarades Allibert, présenté par la Fédération des Chapeliers, et Guilhem, présenté par la Fédération de la Loire ; pour la fonction de trésorier adjoint, le camarade Siffait, présenté par la Fédération du cuivre ; pour la fonction d'archiviste, le camarade Gérard, présenté par la Fédération de la Voiture.

Il fut procédé à l'appel nominal des organisations adhérentes et le vote donna les résultats suivants :

Guilhem, *trésorier*	69 voix
Allibert	7 —
Siffait, *trésorier adjoint*	70 —
Allibert	3 —
Latapie	3 —
Gérard, *archiviste*	80 —

En conséquence, les camarades Guilhem, Siffait et Gérard furent élus comme trésorier, trésorier adjoint et archiviste.

Les Commissions

Les commissions statutaires furent constituées et en ont fait partie, durant l'exercice écoulé, les camarades dont les noms suivent :

1° *Commission du journal :* Les camarades Bousquet, Espanet, Girard Léon, Girard Henri, Griffuelhes Victor, Guérard, Latapie, Laroche, Laporte, Lenoir, Marmonnier, Péchard, Pouget, Oriot, Robert, Siffait, et un délégué de la Fédération des Bourses du Travail.

2° *Commission des grèves :* Les camarades Craissac, Girard Henri, Jeanpierre, Latapie, Noyon, Reisz, Sadier.

3° *Commission du contrôle :* Andrieux, Cury, Desjardins, Garnery, Griffuelhes Henri, Guilhem, Maison, Majot.

Le Fonctionnement

Le Comité se préoccupa ensuite de son fonctionnement et, après avoir établi le budget de la Confédération, en se basant sur les rentrées des cotisations, il détermina les conditions de la permanence en la mettant journalière et tenue par le secrétaire. Puis, il établit le budget du journal, qui, par suite du vote du Congrès de Lyon, devenait partie intégrande de la Confédération, dans les conditions contenues dans le rapport spécial du journal que l'on trouvera plus loin. Les appointements du secrétaire chargé de la rédaction et de l'administration du journal seraient pris sur la caisse confédérale, les bénéfices du journal devant rentrer dans ladite caisse.

Les appointements du secrétaire et du secrétaire adjoint, chargé du journal, étaient fixés à 250 francs par mois. Ceux du trésorier, à 200 francs par an.

Adhésions

Le fonctionnement assuré, il fut adressé aux Fédérations restées en dehors une circulaire à laquelle étaient joints les statuts.

Plusieurs Fédérations répondirent à cet appel par la suite ; et, pour indiquer plus clairement les progrès réalisés par la Confédération, nous publions, en un tableau comparé, arrêté au 20 août, la liste des organisations qui étaient adhérentes au moment du Congrès de Lyon et de celles qui le sont aujourd'hui. Ce sera le meilleur moyen d'apprécier.

Organisations adhérentes au 1er septembre 1901

Féd. nat. de l'Ameublement.
Féd. nat. des Corp. ouv. du Bâtiment.
Féd. de la 5e cat. du Bâtiment.
Féd. des Synd. ouv. Blanchisseurs de France.
Féd. des Synd. de la Bourrellerie-Sellerie de la Seine.
Un. synd. des ouv. Carriers et Mineurs de la Meuse.
Féd. nat. des Chauffeurs, Conducteurs, Mécaniciens et Automobilistes.
Synd. nat. des trav. des Chemins de fer de France et des colonies.
Féd. des Synd. du Cher.
Féd. des Ch. synd. des Coupeurs-Brocheurs en chaussures de France.
Féd. nat. des Cuirs et Peaux.
Féd. nat. des Synd. du Cuivre.
Féd. Culinaire de France et des colonies.
Féd. nat. des Employés.
Féd. Lithographique française.
Féd. franç. des travailleurs du Livre.
Féd. des ouv. Mécaniciens de France.
Un. féd. des ouv. Métallurgistes de France.
Ch. synd. des ouv. Mineurs de Faymoreau.
Féd. des Mouleurs en métaux de France.

Organisations adhérentes au 20 août 1902

Féd. nat. des trav. de l'Alimentation.
Féd. nat. de l'Ameublement.
Féd. de la Bijouterie, Orfèvrerie et professions s'y rattachant.
Féd. des Synd. ouv. Blanchisseurs de France.
Féd. des Synd. de la Bourrellerie-Sellerie et parties similaires.
Féd. nat. des Synd. de Bûcherons de France et des colonies.
Féd. nat. de la Céramique.
Féd. des Synd. ouv. de la Chapellerie française.
Synd. nat. des trav. des Chemins de fer de France et des colonies.
Féd. nat. des Synd. des Coiffeurs de France et des colonies.
Féd. des Ch. synd. des Coupeurs-Brocheurs en chaussures de France.
Féd. Culinaire de France et des colonies.
Féd. nat. des Cuirs et Peaux et parties s'y rattachant.
Féd. nat. du Cuivre et similaires.
Féd. nat. des Employés.
Féd. Lithographique française et parties similaires.
Féd. franç. des travailleurs du Livre.
Féd. nat. des ouv. Maçons, Tailleurs de pierre, Plâtriers, Cimentiers, Carreleurs, Terrassiers et Aides de ces professions.
Féd. de la Maréchalerie.

Féd. des trav. Municipaux de la Ville de Paris.
Féd. franç. des industr. du Papier.
Féd. nat. des Synd. de Peintres en bâtiment.
Synd. nat. des ouv. des Postes, Télégraphes et Téléphones.
Féd. nat. des ouv. et ouv. des Manufactures de Tabacs de France.
Gr. corp. ind. des ouv. Tailleurs de la Seine.
Un. des Tailleurs de pierre de la Seine.
Féd. des trav. de Terre des Pyrénées-Orientales.
Féd. nat. de l'indust. Textile de France.
Un. synd. des trav. de Verdon et de Soulac.
Féd. nat. des Synd. ouv. de la Voiture.

Féd. des ouv. Mécaniciens de France.
Un. féd. des ouv. Métallurgistes de France.
Féd. des Mouleurs en métaux de France.
Féd. franç. des industr. du Papier.
Féd. nat. des Synd. de Peinture et parties assimilées de France et des colonies.
Féd. nat. des ouv. des Ports, Docks et Fleuves de France et d'Algérie.
Synd. nat. des ouv. des Postes, Télégraphes et Téléphones.
Féd. nat. des ouv. et ouv. des Manufactures de Tabacs de France.
Féd. nat. de l'indust. Textile.
Féd. nat. des Synd. et Gr. des ouv. de la Voiture.
Féd. des trav. Agricoles des Pyrénées-Orientales.
Féd. des Ch. synd. prof. du dép. du Cher.
Féd. des Synd. de la Gironde.
Féd. des trav. Municipaux de la Ville de Paris.
Féd. des Synd. ouv. du dép. de Saône-et-Loire.
Féd. des Synd. ouv. du Sud-Est.
Un. des Ch. synd. ouv. du dép. de Vaucluse.
Féd. des Verriers à bouteilles du Nord.
Synd. des Agriculteurs de Mèze.
Un. synd. des ouv. Carriers et Mineurs de la Meuse.
Ch. synd. des Cochers de la Seine.
Ch. synd. des Cultivateurs de Narbonne.
Synd. gén. des Garçons de magasin, Cochers-Livreurs et parties similaires de Paris.
Ch. synd. des Jardiniers-Fleuristes de Montpellier.
Ch. synd. des ouv. Menuisiers en bâtiment de Montpellier.
Ch. synd. des ouv. Mineurs de Faymoreau.
Synd. des ouv. en Monnaies et Médailles de Paris.
Ass. synd. des Professeurs de l'enseignement libre de France et de l'étranger.
Gr. corp. des Tailleurs de la Seine.
Ch. synd. des ouv. Tailleurs d'habit de Montpellier.

Il doit être fait remarquer que la Fédération des Boulangers, qui adhéra au lendemain du Congrès de Lyon, s'est fondue dans la Fédération de l'Alimentation, constituée au mois de mai dernier.

La Fédération des Chauffeurs-Mécaniciens, etc., fut radiée par le Congrès de Lyon, pour avoir contribué à la formation de la Bourse jaune de Paris. Celle des Syndicats de la Loire qui adhéra après le dernier Congrès, a été radiée pour non-paiement.

A partir du 1er septembre, de nouvelles Fédérations seront constituées, ce sont :

La Fédération du Bâtiment, disparue il y a quelques mois ;

La Fédération des ouvriers Carriers et des matières extractives du Bâtiment, dont le siège sera à Creil (Oise) ;

La Section de l'Habillement, qui restera comme telle jusqu'au moment où elle pourra devenir une Fédération nationale.

A ces trois organisations nouvelles, il faut ajouter la Fédération des Syndicats de Bûcherons, qui, sur notre initiative et avec notre appui, fut constituée au Congrès tenu à Bourges le 29 juin dernier, et dont l'admission a été soumise au Comité confédéral dans sa séance du 19 août et acceptée.

La Fédération de la Céramique, qui a son siège à Limoges, et dont les bases furent jetées dans un Congrès, au mois d'août 1901, était définitivement constituée dans son Congrès d'avril de l'année courante. La Confédération y était représentée par son secrétaire, qui obtint l'adhésion.

Les Fédérations suivantes ont cru, malgré nos appels, devoir rester en dehors de la Confédération, ce sont :

Fédération nationale des Mineurs ;
Fédération nationale des Allumetiers de France ;
Fédération des travailleurs de la Marine de l'Etat ;
Fédération des ouvriers des Poudreries et Raffineries ;
Fédération des Transports maritimes ;
Fédération des ouvriers Gantiers.

Cette dernière a mis dans l'ordre du jour de son Congrès, qui doit se tenir à Millau, dans le courant de septembre, la question de l'adhésion à la Confédération.

De nombreux Syndicats possédant une Fédération adhérente nous adressèrent une demande d'adhésion, qui, toutes, furent adressées à chacune des Fédérations intéressées.

Demandes d'adhésion repoussées

Plusieurs Syndicats, s'inspirant de l'article 2, paragraphe 5, demandèrent leur adhésion directement ; c'étaient le Syndicat des Correcteurs et celui des Conducteurs-Pointeurs-Margeurs-Minervistes de Paris. Tous deux furent renvoyés à la Fédération du Livre, dont ils étaient démissionnaires.

La Fédération des Syndicats de Chauny (Aisne), qui comprend cinq Syndicats, dont trois sont adhérents à leurs Fédérations confédérées, — le quatrième, celui du Bâtiment, va posséder une Fédération —, ayant demandé son adhésion, le Comité pensa qu'il était inutile d'accepter une Fédération dont un seul Syndicat compterait dans l'effectif. Il lui fut répondu, en lui expliquant la situation, qu'il était préférable que le cinquième Syndicat, qui est celui des Produits chimiques, adhérât directement. De cette façon, tous les Syndicats de Chauny seraient confédérés.

Propagande

Les Congrès

La Fédération de la Céramique, comme il est dit plus haut, tint son Congrès en avril dernier, à Limoges. Le Comité y délégua son secrétaire, tant pour donner des indications sur la marche d'une organisation centrale aux camarades de cette nouvelle Fédération, que pour les inviter à se confédérer. Le délégué y fut bien reçu et obtint l'adhésion sans difficulté.

Au 15 août dernier, la Fédération nationale du Textile, tenant son Congrès à Amiens, invita un membre du bureau de la Confédération à assister à la discussion ayant trait à sa fusion avec celle du Nord.

Cette fusion, désirable pour tous, s'est réalisée, et nul doute que cette Fédération, qui compte d'excellents éléments, ne prenne une grande extension que le Comité devra encourager et aider; cette Fédération étant appelée à devenir une des plus fortes.

Le 31 août, la Confédération sera également représentée au Congrès des Syndicats de Peinture, qui se tient à Bourges.

Le Comité eut également à répondre à de nombreuses demandes d'orateurs pour des réunions syndicales. A toutes ces demandes satisfaction fut donnée.

Nous espérons qu'avec le développement de nos forces, il sera possible de provoquer les réunions en organisant des tournées de propagande, soit pour former de nouvelles Fédérations, soit pour fortifier celles existant déjà.

Décision renvoyée au Congrès

Au sujet des Congrès, le Comité fut saisi, par un de ses membres, d'une proposition tendant à ce que les Fédérations invitent un délégué du Comité à assister à leur Congrès. Le Comité ne pouvait décider, et la proposition vous est soumise pour lui donner une solution. Le Congrès de Montpellier aura donc à se prononcer sur ce point.

Agitation

Les Bureaux de Placement

Au lendemain du refus du Sénat, d'accord avec le Gouvernement, de supprimer les bureaux de placement payant, dont se plaignent, avec tant de raison, les travailleurs qui en sont victimes; le Comité, sur la demande de la Fédération des Coiffeurs, lança le manifeste suivant, afin d'entretenir l'agitation nécessaire :

GUERRE AUX BUREAUX DE PLACEMENT

Le Comité Confédéral à tous les Travailleurs

CAMARADES,

Depuis vingt ans, les travailleurs, victimes de l'exploitation honteuse et dégradante des bureaux de placement, s'agitent et réclament en vain la disparition de ces officines dont le procès n'est plus à faire.

Cependant, chaque fois que les organisations intéressées se soulevaient contre ces agences, les Pouvoirs Publics leur emboîtaient le pas, et semblaient s'intéresser à cette question. Mais l'expérience a démontré que Gouvernement et Parlement n'avaient d'autre but que d'endormir l'ardeur de ceux qui se révoltaient et, ce but atteint, ces mêmes Pouvoirs reprenaient leur besogne de défense des intérêts capitalistes.

Pourtant, sous la pression des événements et l'action plus forte des travailleurs intéressés, la Chambre des députés semblait reconnaître enfin que le « droit au travail » ne doit pas se vendre : en novembre 1900, elle votait une loi supprimant les bureaux de placement... dans un délai de cinq ans, à dater de sa promulgation.

Devant ce résultat, qui n'était pourtant qu'illusoire, l'agitation ouvrière se calma et le Sénat défit, sans désinvolture, l'œuvre de la Chambre : quand cette loi vint à son ordre du jour, il s'ingénia à en ajourner la discussion. Si bien que les bureaux de placement sont plus florissants que jamais, et ils continuent leur infâme besogne contre toute justice, contre tout droit humain.

Une fois de plus, il est ainsi démontré que les travailleurs n'auront que ce qu'ils sauront arracher, n'obtiendront que ce que, par leur force, ils sauront imposer.

Que partout donc l'agitation batte son plein. Que pas un travailleur ne manque à son devoir. La question n'intéresse pas que l'Alimentation : tous, directement ou indirectement, par soi-même ou par les siens, nous subissons le joug des marchands de chair humaine.

Arrachons nos sœurs, nos femmes, nos filles à l'influence démoralisante de leurs louches officines !

Que partout le prolétariat fasse bloc contre les bureaux de placement !

Nous engageons nos camarades des Syndicats, des Bourses du Travail, à entrer en lutte contre eux ; qu'aucune forme de propagande ne soit négligée : réunions, affiches, manifestes !

Ce n'est que grâce à une agitation vigoureuse, à une action directe et consciente, que nous ferons disparaître cette odieuse exploitation. Et cette première victoire sera pour nous un encouragement à redoubler d'ardeur pour conquérir notre intégrale émancipation.

Le Comité Confédéral.

De leur côté, les travailleurs de l'Alimentation décidaient la tenue d'un Congrès en vue d'examiner la marche à suivre pour obtenir cette suppression.

Ce Congrès, qui se tint du 17 au 20 mai, donna naissance, comme on l'a vu plus haut, à la Fédération de l'Alimentation.

Le Chômage

Chacun connaît le dur chômage qui sévit depuis deux années avec une effroyable intensité. Mais ce qu'il importait de connaître, c'était son degré et sa généralité. C'est en vue de ce résultat que, sur la proposition de la Fédération de l'Ameublement, le Comité projeta une grande manifestation des chômeurs, dans chaque ville, le même jour et à la même heure.

A cet effet, le manifeste suivant fut lancé et envoyé aux organisations centrales :

POUR LES SANS-TRAVAIL

Aux Fédérations Nationales, Départementales et aux Bourses du Travail

Sur l'initiative de la Fédération de l'Ameublement, le Comité confédéral a compris qu'il y avait lieu de faire, relativement à la crise de chômage, qui sévit dans les milieux ouvriers, une grande agitation, afin d'en indiquer toute l'intensité.

Il est aisé de reconnaître que, jamais à ce jour, aussi intense arrêt du travail ne s'était produit. De toutes parts, arrivent de pessimistes nouvelles : on apprend que nul milieu n'échappe à cette crise, dont les effets se font durement sentir chez le travailleur.

C'est qu'en effet, le chômage frappe indistinctement tous les ouvriers ; le nombre de ceux qui en sont atteints augmente dans d'inquiétantes proportions qui exigent l'attention des militants.

Aussi, est-il du devoir des organisations syndicales de prendre la tête du mouvement, en organisant, dans leurs sphères, des manifestations, et leur donner le caractère économique qu'elles doivent revêtir.

Ces manifestations, pour avoir leur plein effet, doivent se produire le même jour et à la même heure, comme pour mieux démontrer la généralité de la crise et l'état d'esprit de la classe ouvrière devant une situation si pénible.

Pour donner plus de force et d'étendue à la protestation ouvrière, qui, en se répercutant partout, se dressera vivante, en face de l'opulence bourgeoise, il convient que, dans chaque centre, il y ait une levée de travailleurs pour manifester leur désir de bien-être et de liberté.

Nous invitons donc les Fédérations nationales et départementales et les Bourses du Travail à bien vouloir organiser, par tous les moyens en leur pouvoir, la *Manifestation des Sans-Travail* pour le dimanche 2 mars prochain, à neuf heures du matin, en appelant dans des meetings et réunions les camarades chômeurs.

Nous espérons que nulle organisation ne faillira à son devoir, et profitera de la crise pour dire à ceux qui souffrent où réside la véritable cause du chômage et quel est son véritable remède.

Le devoir des organisations est de saisir toute occasion qui permet d'agiter la classe ouvrière pour l'amener à une claire notion sur l'état de servitude qui l'accable.

Certain que chaque chômeur voudra manifester, ce qui permettra de compter les forces dont disposent les syndicats, nous donnons rendez-vous au 2 mars prochain.

Le Comité Confédéral.

Des circulaires, d'accord avec la Fédération des Bourses du Travail, furent adressées aux Bourses pour que, dans leur sphère, le nécessaire fût fait.

Il faut reconnaître que, malgré l'acuité de la crise, cette manifestation de sans-travail n'eut pas l'ampleur désirable. Alors que des milliers d'êtres humains auraient dû se dresser pour proclamer leur droit à l'existence et lutter en vue de l'obtenir, on assista à une manifestation sans vie, qui dénotait chez les travailleurs une grande indifférence, que notre propagande, seule peut vaincre. On serait aussi en droit de dire que le nécessaire ne fut pas fait par les organisations.

Le nombre des villes qui virent une manifestation n'est pas élevé, et, cependant, ce nombre trop faible sans doute, n'est pas décourageant si l'on tient compte que c'était pour la première fois que de partout on était appelé à étaler, aux yeux des dirigeants, toute l'étendue du mal dont souffre la classe ouvrière.

Espérons qu'une autre fois les organisations et les militants apporteront dans leurs manifestations cet esprit de suite qui les rend imposantes et que, de leur côté, les travailleurs, secouant leur apathie, répondront aux appels.

Les Evénements de Belgique

Les événements de Belgique, qui se sont déroulés ces mois de mars et d'avril, ayant pour objet de faire donner au peuple le suffrage universel, a donné au Comité l'occasion d'affirmer l'efficacité de la grève générale, acceptée par tous nos Congrès. On connaît les faits. Depuis de longues années, les travailleurs belges luttaient pour l'obtention du suffrage universel : manifestations, réunions, meetings, mises en demeure, pressions n'avaient pu vaincre l'obstination des dirigeants. Tous les moyens légaux avaient été employés, sans résultat. C'est alors que les Belges sentirent la nécessité d'employer l'action révolutionnaire de la grève générale. Par deux fois déjà, en 1893 et en 1899, la grève générale déclarée par les travailleurs avaient eu raison des pouvoirs bourgeois et, cette fois encore, nos camarades escomptaient le même résultat.

La grève générale, reconnue nécessaire comme dernier moyen, fut déclarée et nombreux furent les travailleurs qui y prirent part. Pour des raisons que nous n'avons pas à examiner, la grève fut arrêtée et le travail repris sans avoir satisfaction. Mais il n'en demeurait pas moins acquis pour l'histoire et l'enseignement des hommes que, pour obtenir une réforme politique, il fallait avoir recours à la grève générale, arme essentiellement prolétarienne, puisqu'elle met aux prises les employés et les employeurs.

Voulant profiter de l'enseignement qui s'en dégage, le Comité, qui a pour rôle de saisir toutes les manifestations humaines, dont l'esprit et le caractère répondent aux décisions de nos Congrès pour en faire comprendre le sens et la portée, essaya de démontrer par un manifeste adressé aux travailleurs de chaque pays, qui, pour la plupart, sont hostiles à la grève générale, que ce mouvement était l'arme moderne de la classe ouvrière et que de négliger d'en faire comprendre l'efficacité par une propagande suivie était méconnaître les faits qui éloquemment en justifie la nécessité.

Le manifeste suivant fut donc lancé au nom de la Confédération et du Comité de propagande de la grève générale :

Aux Travailleurs de tous Pays

LA GRÈVE GÉNÉRALE ! L'ACTION ÉCONOMIQUE !

Une fois de plus, en Belgique comme en Catalogne, la poussée des événements est venue sanctionner les résolutions de nos Congrès ouvriers corporatifs.

A chacun d'eux, la grève générale a été préconisée et proclamée comme le plus efficace des moyens d'action dont dispose, sur le terrain économique, la classe ouvrière en travail d'émancipation.

Sans examiner le caractère donné et la portée qui leur était assignée, on constate que, depuis longtemps déjà, des mouvements ouvriers ont prouvé qu'il fallait avoir recours à elle, pour obtenir la moindre des libertés ou des améliorations, tant sur le terrain politique que sur le terrain économique.

Après qu'en mai 1886, les travailleurs américains eurent donné l'exemple d'un mouvement d'ensemble, aboutissant à l'application partielle de la journée de huit heures, cette tactique se vulgarisait en Europe et s'y implantait.

C'est ainsi que nous avons eu à enregistrer, en 1893, le mouvement de grève générale qui, sur le terrain politique, donna à la Belgique la représentation proportionnelle; plus tard, en 1898, nous avons eu, en France, la grève des terrassiers, à tendance générale, qui, visant l'obtention des revendications économiques, apeura la bourgeoisie au point qu'une mobilisation militaire, telle qu'on n'en avait vue depuis 1871, fut opérée.

A partir de cette époque, chaque mouvement de grève a manifesté un développement de solidarité qui n'a été que l'expression de l'idée de grève générale. Nous avons vu les grèves, non plus se restreindre à une localité ou à une corporation, mais bien étendre rapidement le champ de lutte et unir les travailleurs aux intérêts particuliers et divers dans une commune pensée revendicatrice.

Tour à tour, une action s'est produite dans différentes corporations qui faisait se généraliser les solutions à intervenir et la lutte elle-même. L'an dernier, dans les divers ports de France, notamment Le Havre, Marseille, etc., une agitation générale, prête à s'exercer, donna d'immédiats résultats, qui se sont matérialisés en diminutions d'heures de travail et en augmentations de salaires.

Puis, c'est le tour des mineurs de tenir en éveil le Gouvernement et les Compagnies et, par leurs menaces de grève générale corporative, de hâter la mise en discussion de projets de lois inspirés de leurs revendications. Durant des jours, dont le souvenir est présent à tous, les classes dirigeantes, anxieuses, redoutaient que le signal de cesser le travail ne vînt précipiter un conflit dont l'issue était inquiétante pour leurs privilèges.

A l'extérieur, deux tentatives récentes de grève générale nous donnent une indication nouvelle de la puissance de ce moyen d'action : l'une, purement économique, le soulèvement de la Catalogne, nous a montré l'Espagne monarchique et capitaliste mise en péril par les révoltés.

Mais ce mouvement, malgré l'indomptable énergie déployée par les révolutionnaires, fut étouffé parce qu'une propagande suffisante n'avait pas été faite auprès des soldats. Or il est un fait incontestable, c'est que, tant que l'armée prêtera son appui et son concours actif aux classes dirigeantes, le peuple, malgré son héroïsme, sera vaincu.

L'histoire est là, qui nous démontre que, chaque fois qu'un peuple s'est soulevé, il n'a triomphé que parce que l'armée a refusé son appui au gouvernement ou est restée indifférente.

L'autre, suscitée en Belgique pour une fin politique — l'obtention du suffrage universel — a été reconnue comme seul moyen capable de donner la réforme attendue. Les différents moyens employés précédemment par les travailleurs belges étaient restés sans résultats : des mises en demeure nombreuses, des interventions parlementaires, des pourparlers et des alliances étaient restés sans effet. Le gouvernement, représentant de la classe capitaliste, insensible à tout ce qui ne met pas son existence en péril, résistait aux objurgations pacifiques et aux réclamations légales.

Tout fut mis en œuvre! Et c'est lorsqu'ils eurent été obligés de constater l'insuffisance des moyens employés et lorsqu'ils furent persuadés que, seule, une action plus énergique ferait capituler le pouvoir, que la grève générale apparut comme la dernière et unique ressource.

Et, se rendant compte que toute mesure préliminaire ne pouvait aboutir, les travailleurs belges, dans leur Congrès, disaient, par un vote, qu'il en faudrait venir à la grève générale; et, dans leurs organisations ouvrières, préparaient ce soulèvement. Cette décision, prise tandis que leurs représentants discutaient, est symptomatique; elle prouve que, sans l'affirmer clairement, les travailleurs avaient l'intime conviction qu'il leur faudrait utiliser ce moyen d'action.

La préparation pour l'effort reconnu nécessaire fut telle, qu'au jour dit, dès le signal lancé, trois cent mille hommes cessaient le travail.

L'heure semblait d'autant plus propice qu'à l'encontre de l'Espagne la Belgique a été travaillée par une ardente propagande antimilitariste, de sorte que le gouvernement n'était pas sûr de l'armée, qui, ne cachant pas ses sympathies pour le peuple, aux premiers jours de la grève, levait déjà la crosse en l'air.

Ainsi, la lutte prenait un caractère prolétarien, puisqu'elle appelait à elle tous les travailleurs. Par là, les Belges réalisaient ce que, dans nos Congrès, nous n'avons cessé de dire, c'est que la grève générale est un moyen d'action révolutionnaire auquel est fatalement acculée la classe ouvrière.

La grève générale était proclamée. Elle dura plusieurs jours. Il y eut des victimes. La tuerie de Louvain est trop récente pour qu'il soit utile d'insister. Le crime ne fut pas l'œuvre des fils du peuple; il fut commis par les gardes civiques, qui sont la bourgeoisie armée.

Pour des raisons que nous n'avons pas à examiner, au plus fort de la lutte, alors que le sang ouvrier, ayant coulé, demandait qu'il n'eût pas été versé en vain, les travailleurs, obéissant à un mot d'ordre, réintégrèrent les ateliers et abandonnèrent la bataille sans avoir conquis le suffrage universel, pour lequel ils s'étaient soulevés.

Eurent-ils raison de cesser la lutte? Il ne nous appartient pas de prononcer. Ce que nous avons voulu, en nous adressant aux travailleurs de tous les pays, c'est mettre en lumière une constatation toujours plus évidente, c'est que, de plus en plus, l'action ouvrière trouve davantage son axe dans l'action économique, dont la grève générale est la seule arme.

Et n'est-ce pas caractéristique, de voir les Belges — qui, dans les Congrès, se sont prononcés théoriquement contre la grève générale — être acculés à la mettre en pratique pour une réforme purement politique.

C'est là la manifestation de la prédominance de l'élément économique sur l'élément politique; tandis que celui-ci appelle à lui des éléments hétérogènes, le premier n'accepte que des éléments ouvriers, et c'est ce qui fait sa force.

Or, nous voudrions que cette nécessité fût comprise de tous : que les éléments politiques, au lieu de prétendre guider les travailleurs, se subordonnent aux éléments économiques. C'est de ceux-ci que dépend l'avenir!

Travailleurs de tous pays, si vous voulez que vos efforts émancipateurs ne soient pas vains, méditez les événements et préparez la grève générale!

Pour la Confédération générale du Travail :

Fédération nationale des travailleurs de l'Ameublement. — Fédération des Boulangers. — Fédération de la Bijouterie-Orfèvrerie. — Fédération de la Bourrellerie-Sellerie. — Fédération des Blanchisseurs. — Fédération Culinaire. — Fédération des Cuirs et Peaux. — Fédération de la Chapellerie. — Fédération des travailleurs du Cuivre. — Fédération des Coupeurs en chaussures. — Fédération des Coiffeurs. — Fédération de la Céramique. — Fédération des Employés. — Fédération des travailleurs du Livre. — Fédération Lithographique. — Fédération des Mouleurs. — Union fédérale de la Métallurgie. — Fédération des Mécaniciens. — Fédération de la Maréchallerie. — Fédération des Maçons et Tailleurs de pierre. — Fédération du papier. — Fédération des ouvriers en Peinture. — Fédération des ouvriers en Tabacs. — Fédération du Textile. — Fédération de la Voiture.

Syndicat national des travailleurs des Chemins de fer.

Fédération des travailleurs Agricoles des Pyrénées-Orientales. — Fédération des travailleurs du Cher. — Fédération des Syndicats de la Loire. — Fédération des Syndicats du Sud-Est. — Union des Syndicats du Vaucluse.

Fédération des travailleurs Municipaux de la Seine.

Syndicat des Carriers et Mineurs de Savonnières-en-Perthois (Meuse). — Groupe corporatif des ouvriers Tailleurs de la Seine. — Syndicat des Mineurs de Faymoreau (Vendée).

Pour le Comité de la Grève générale :
Fédérations de l'Industrie textile, de l'Ameublement, de la Chapellerie, de la Voiture, des Cuirs et Peaux, Culinaire, des Employés, du Cuivre, de la Métallurgie, des Mouleurs. — Unions des Syndicats de la Seine, des Maçons, du Bronze, — Syndicats des ouvriers en Instruments de précision, des Mouleurs en cuivre, des Cordonniers cousu-main, des Ferblantiers, des Garçons de magasin et Cochers livreurs, des Correcteurs.

On pourra essayer de démontrer que l'insuccès de l'agitation belge indique l'inefficacité de la grève générale. Nous pourrions répondre en donnant les véritables raisons de l'insuccès, non imputable à la forme et au caractère de l'agitation. Mais ce serait sortir du cadre syndical qui est le nôtre et nous ne pouvons que dire que bien léger est le jugement qui condamne un moyen d'action, en s'appuyant sur les résultats, que dans un moment il a pu donner, au lieu de rechercher les causes de son inefficacité accidentelle.

La Lutte antimilitariste

Tous les travailleurs ont constaté que, lorsque leur pénible situation les accule à la grève, l'arrogance patronale se mesure au nombre de baïonnettes mises à sa disposition par le pouvoir. Et comme ces baïonnettes sont tenues par des fils de travailleurs et travailleurs eux-mêmes,il est juste que les Syndicats cherchent à inculquer à l'ouvrier le sentiment qui fera que, mis en face des grévistes, il n'oubliera pas qu'il est un travailleur et qu'il serait lâche de frapper ceux qui, en luttant pour eux, luttent pour lui, quoique soldat. Ouvrier avant de porter la casaque, le soldat redevient ouvrier dès qu'il la quitte. Son intérêt est donc d'aider la résistance ouvrière pour que de meilleures conditions de travail lui soient applicables.

Les Congrès de Paris et de Lyon se sont affirmés pour une campagne auprès des jeunes gens et la Confédération n'a rien négligé de ce qui était en son pouvoir pour créer et encourager cette propagande.

La *Voix du Peuple*, organe de la Confédération, publia, à l'occasion du tirage au sort, un numéro exceptionnel, tiré sur papier rouge, contenant des gravures et des écrits susceptibles de donner au peuple la saine notion de ses devoirs et de ses intérêts. 20.000 exemplaires furent vendus. C'est insuffisant ! Les Syndicats devraient répandre ces numéros, et, en faisant cela, ils aident à la propagande et se garantissent des conditions de victoire dans les grèves qu'ils auront à engager.

Espérons que les prochains numéros publiés dans le même ordre d'idées seront l'objet de demandes plus nombreuses, afin que, partout, dans chaque hameau, la *Voix du Peuple* aille dire aux producteurs qu'ils se doivent aide et appui pour mettre fin aux iniquités dont l'armée est la sauvegarde.

Agissant pour les mêmes fins, à l'occasion des vacances de Pâques, d'accord avec la Fédération des Bourses du Travail, la circulaire qui suit fut tirée à 50.000 exemplaires et adressée aux organisations pour être distribuée.

Aux Camarades de la Caserne,

Au moment où la plupart d'entre vous, en se retrempant dans l'affection de ceux qui leur sont chers, viennent d'y puiser courage et consolation pour achever leur temps de service militaire, nous nous faisons un devoir de leur rappeler qu'ils peuvent se trouver encore en famille dans leur ville de garnison.

Qu'ils viennent aussi souvent que possible dans nos organisations ouvrières, ils y trouveront l'affection vraiment sincère et fraternelle, en même temps que la plus franche cordialité, le plus désintéressé dévouement, la plus pure solidarité.

Il sera mis à leur disposition : papier à lettre et timbres-poste ; ils auront libre accès à nos cours professionnels, réunions récréatives ou corporatives, conférences littéraires, artistiques, scientifiques ou sociales, ainsi qu'à nos bibliothèques, etc., etc.

Au milieu de nous, ils seront chez eux.

Nous nous ingénierons à leur procurer plaisirs et distractions, en organisant, exprès pour eux, des matinées artistiques dont les programmes auront l'attrait que ne peuvent avoir pour les hommes intelligents les concerts ou beuglants ordinaires.

En un mot, nous souvenant du temps où, comme vous, nous subissions la vie triste et déprimante du soldat, nous voulons faire pour vous ce qu'on ne fit pas pour nous.

Nous voulons vous arracher pendant quelques moments — autant que vous le voudrez — aux amères songeries, autrement que par les libations abrutissantes et les fréquentations qui aveulissent.

Par les distractions saines et fortes que vous trouverez parmi nous, vous ne pourrez oublier qu'avant tout vous êtes des hommes !

Par le chaud et réconfortant accueil que nous vous ferons, vous ne pourrez oublier qu'avant tout vous êtes nos frères !

CAMARADES,

Souvenez-vous de ce que vous étiez avant d'être au régiment.

Songez à ce que vous serez lorsque vous le quitterez.

Syndiqués ou non, amenez-nous de vos camarades de la caserne. Ils seront bien reçus et voudront revenir.

Les camarades soldats qui craignent en venant à nous d'être signalés ou remarqués par leurs chefs sont peu confiants en nous et en eux.

Qu'ils sachent qu'il ne leur sera rien fait s'ils n'ont pas peur, et que nous saurons créer l'agitation nécessaire si l'on interdisait aux soldats l'accès de nos Bourses du Travail, Syndicats et réunions amicales, alors qu'on encourage l'accès des églises, presbytères et offices religieux.

Vous êtes invités à venir à l'adresse ci-dessous :

Enquête sur la Grève générale

Afin de préparer la discussion portée à l'ordre du jour du Congrès de Montpellier sur le lendemain de la grève générale, en conformité du vote de Lyon sur la proposition Liénard, le questionnaire suivant fut envoyé :

Jusqu'ici, la grève générale n'a été examinée qu'au point de vue combatif, et c'est surtout l'action dissolvante qu'elle exercera sur la société capitaliste qui a été le but des préoccupations ouvrières.

Il serait exagéré d'affirmer que, sur ce point, tout a été dit, que plus rien ne peut être ajouté.

Mais un côté trop négligé, trop laissé dans l'ombre et sur lequel il est surtout indispensable d'attirer l'attention des travailleurs, c'est la question de savoir quelle sera l'attitude du prolétariat au lendemain d'un mouvement triomphant de grève générale.

Il est d'autant plus nécessaire d'y songer que, des conceptions dont la classe ouvrière sera imprégnée, dépendra, pour elle, le succès définitif : si elle a des idées nettes, précises, elle pourra passer de suite à leur réalisation et n'aura pas à craindre un retour en arrière; si, au contraire, elle n'a que des notions vagues, confuses, et qu'elle attende pour agir un mot d'ordre qui, forcément, viendra trop tard — ou qui ne viendra pas — elle se préparera de nouvelles et cruelles déceptions.

Cette question, d'importance capitale : *Que faire au cas de grève générale triomphante?* sera examinée au prochain Congrès corporatif de Montpellier.

Le Comité confédéral a cru nécessaire de préluder à cette discussion par une enquête faite près de toutes les organisations ouvrières.

Au lieu de procéder, pour répondre à cette interrogation, par une étude qui risquerait d'être le reflet d'idées personnelles, le Comité confédéral a cru préférable de soumettre la question à l'étude des organisations elles-mêmes, afin qu'elle soit discutée et largement étudiée et mûrie par les intéressés, qui, au jour voulu, auront justement à passer de la théorie à la pratique.

Il a donc décidé de soumettre la question aux organisations, en les priant de la discuter et de lui faire connaître leurs réponses, non point en se bornant à émettre des généralités et des abstractions, mais en se plaçant sur le terre-à-terre de leur corporation, afin d'avoir, autant que faire se pourra, la facilité de dégager de l'ensemble des réponses qu'il recevra la tendance qui présidera à la réorganisation sociale.

CAMARADES,

Nous vous prions donc (sans vous étendre sur les moyens propres à donner la victoire au peuple) de nous faire connaître, *en supposant le peuple maître de la situation*, comment vous pratiqueriez pour réorganiser la production dans votre corporation et comment vous concevez que pourrait s'assurer la circulation et la répartition des produits?

QUESTIONNAIRE

1° Comment agirait votre Syndicat pour se transformer de groupement de lutte en groupement de production?

2° Comment opéreriez-vous pour prendre possession de l'outillage vous afférant?

3° Comment concevez-vous le fonctionnement des usines et ateliers réorganisés?

4° Si votre Syndicat est un groupement de voirie, de transport de produits, de transport de voyageurs, de répartition de produits, etc., comment concevez-vous son fonctionnement?

5° Quelles seraient, une fois la réorganisation accomplie, vos relations avec votre Fédération de métier ou d'industrie?

6° Sur quelles bases s'opérerait la distribution des produits et comment les groupes productifs se procureraient-ils les matières premières?

7° Quel rôle joueraient les Bourses du Travail dans la société transformée et quelle serait leur besogne au point de vue de la statistique et de la répartition des produits?

Pour le Comité confédéral :
Le secrétaire, VICTOR GRIFFUELHES.

L'enquête qu'ouvre le Questionnaire ci-dessus a été décidée, après sérieuse discussion, par le Comité confédéral. Elle n'est, d'ailleurs, que la préparation à la discussion approfondie d'un des points mis à l'ordre du jour du Congrès corporatif de Montpellier.

Les réponses au Questionnaire seront, sinon publiées *in extenso*, du moins résumées, dans la *Voix du Peuple*, de façon à refléter exactement les opinions exprimées. Pour cette publication, ce sera le plus ou moins grand afflux de réponses qui nous guidera; nous serons évidemment limités par le cadre du journal. Notre désir serait de publier toutes les réponses *in extenso*; seulement, il est bien évident que cela ne nous sera pas possible, faute de place suffisante.

Adresser toutes les réponses à la Confédération générale du Travail Bourse du Travail, 3, rue du Château-d'Eau, Paris (X^e^)

Le Label ou Marque confédérale

L'effectif des Fédérations, qui atteint aujourd'hui près de 120.000 cotisants, est comparativement faible, si l'on tient compte du nombre de Syndicats relatés sur l'annuaire du ministère du commerce.

Soit négligence, soit ignorance ou pour tout autre motif, nombreux sont les Syndicats qui restent en dehors de l'action confédérale. Cependant, l'utilité des Fédérations n'est pas contestable. La facilité que l'on rencontre pour leur formation indique qu'elles répondent à un besoin, d'autant plus urgent que l'action syndicale, résidant dans la lutte contre le patronat par un effort constant, doit comprendre des éléments de lutte et d'action, qui, tenant compte des contingences et des lois humaines, attirent les travailleurs, fortifient leur effort et les dirigent vers leur émancipation.

Les Fédérations sont ces éléments de lutte et d'action. Etant mieux à même de discuter des intérêts qui les préoccupent, elles traduisent les faits à travers les circonstances afin d'en tirer le plus d'avantage possible pour la classe ouvrière. Dans tous les pays leur force s'accroît et en France il en est de même. Mais les progrès réalisés ne sont pas suffisants et, en établissant le *Label* ou *Marque confédérale*, le Comité a voulu accélérer ces progrès en donnant à l'action ouvrière une marche plus normale, plus assise, reposant, non sur des impressions de colère ou d'indignation mais sur un sentiment conscient qui fait que l'organisation ouvrière marche vers le but qu'elle se trace, en utilisant tout ce qui la fortifie et en combattant ce qui la frappe ou la gêne.

Le *Label* est une arme ayant pour objet de mieux utiliser les secours de grève en n'éparpillant pas les ressources, déjà faibles, dont on dispose.

Un Syndicat inspiré de l'esprit de revendication est exposé à la grève et il y a nécessité pour lui de se rattacher à d'autres Syndicats, afin que, dans le besoin, l'aide se produise. Car, si l'on reconnaît que le travailleur isolé n'est rien, le Syndicat isolé n'est qu'une force égarée, à l'influence relative sur les conditions d'existence de ses membres.

Les Syndicats groupent des hommes aux intérêts immédiats semblables, pour la discussion et la défense de ces intérêts. La défense de ces intérêts étant nécessaire, la lutte devient indispensable, d'où obligation de créer d'abord, de développer ensuite les organes de lutte et d'action.

La Confédération, ayant pour but de créer et de développer les unités de lutte, n'a rien négligé de ce qui était possible. Appeler les Syndicats à la vie fédérale, fortifier celle qui s'exerce : telle a été l'œuvre confédérale. On a vu plus haut que l'œuvre de création de Fédérations a été remplie, le *Label* vient la compléter ; il fortifie les Fédérations.

Le *Label*, étant une marque conditionnelle de grève, doit être la propriété de tous les Syndicats animés de l'esprit de revendication.

Pour cela, il suffit que l'esprit fédéral se développant et se fortifiant, il n'y ait bientôt aucun Syndicat restant en dehors de notre action de lutte. Le Syndicat dont la corporation n'a pas de Fédération doit, en se faisant connaître, nous indiquer qu'il y a une Fédération à créer et le Comité ne manquera pas d'agir en conséquence.

Ainsi, chaque Syndicat possédant sa Fédération, il y aura la cohésion, l'unité d'effort subordonnées à la libre acceptation de chacun, afin que, dans l'œuvre de lutte et de transformation sociale, les Fédérations dans la Confédération puissent accomplir leur besogne.

Voilà quelle devait être la préoccupation du Comité. Il a donné aux Fédérations le moyen de se développer ; à elles d'en comprendre la portée pour que le *Label* donne son maximum d'effet. C'est là notre désir !

Ainsi le *Label* devient le signe de reconnaissance des éléments actifs. Il distingue les éléments de lutte pour laquelle ils sont créés et sans laquelle ils n'existent pas, des Syndicats créés pour maintenir et prolonger l'oppression patronale. La lutte ouvrière doit s'étendre, se fortifier et s'exercer ; le *Label* l'agrandit et la stimule.

Pour compléter le *Label*, la Confédération, dont l'influence grandit, avait pour intérêt de connaître ceux qui lui sont rattachés en même temps que de faciliter les rapports entre eux. C'est pourquoi le *Répertoire-Contrôle* que chaque Syndicat a reçu par l'intermédiaire de sa Fédération a été publié. Il contient la liste des Syndicats confédérés avec leurs adresses.

Renouvelé chaque trimestre, il sera tenu à jour en indiquant les nouveaux admis et les démissionnaires. Nous ne doutons pas que chaque trimestre ne contienne une augmentation de l'effetif confédéral, car un Syndicat doit avoir à cœur de participer à une action fédérale, ce qui lui donnera le droit au *Label* et d'être porté sur le Répertoire-Contrôle.

Le Label commercial et industriel

Sur la proposition de la Fédération du Livre, le *Label* a été mis plusieurs fois à l'ordre du jour des Congrès. Le *Label* ou *Marque de connaissement*, comme l'appelle les camarades du Livre, a pour but de dire aux consommateurs les produits qu'il doit consommer, ces produits étant faits par des ouvriers jouissant des conditions déterminées par les Syndicats ouvriers. Autrement dire : Un Syndicat formule les revendications de sa corporation, les soumet aux patrons et, s'il en est qui acceptent, le Syndicat fait savoir aux autres Syndicats que dans ces maisons les produits sont fabriqués dans les conditions déterminées par lui et que, par suite, les travailleurs doivent s'y approvisionner.

Les Syndicats du Livre disent aux autres Syndicats, aux partisans du progrès social, que tel imprimeur mérite leur clientèle et que leur devoir de solidarité est d'y aller.

Les coiffeurs font connaître par le *Label* commercial que tel patron accorde à ses ouvriers les conditions de travail établis par le Syndicat et que les travailleurs doivent également, par esprit de solidarité, aller chez ce patron. Il en est de même des autres corporations. En Amérique, où le *Label* a pris naissance, son application est presque générale et les résultats en sont satisfaisants.

Le *Label* oblige à n'occuper que des ouvriers syndiqués, d'où croissance des Syndicats ; il assure aux travailleurs des conditions de travail à l'établissement desquelles ils ont collaboré.

Les Congrès de Rennes en 1898, de Paris en 1900, de Lyon en 1901 ont adopté le principe du *Label*. Il restait à l'appliquer. C'est ce qu'a voulu faire le Comité confédéral en établissant l'*Affiche-Label* ci-dessous.

Cette *Affiche-Label*, apposée à la boutique des commerçants et des patrons acceptant les conditions syndicales, fait connaître à la clientèle ouvrière que, de préférence, elle doit aller dans ces maisons. Le *Label* établi dans plusieurs corporations demande la réciprocité. Ainsi, un coiffeur va chez un restaurateur ayant l'affiche et le garçon restaurateur va chez le coiffeur l'ayant également.

L'*Affiche-Label*, nouvellement créée, n'a pas donné de grands résultats à ce jour. Aussi, il importe que les Syndicats qui ont imposé l'affiche aux patrons, fassent connaître ceux qui l'ont acceptée à la classe ouvrière, et cela fait, chaque syndiqué a pour devoir d'aller là où l'affiche l'appelle.

Le travailleur aura, par l'application du *Label commercial et industriel*, exercer une action directe dont les résultats se traduiront par des conditions de travail meilleures.

C'est donc au Syndicat d'établir ces conditions: c'est ensuite au travailleur d'imposer au patron qu'il fait travailler l'affiche comme condition d'une clientèle suivie et, le Syndicat ne donnant l'affiche qu'aux patrons respectant les tarifs syndicaux, il y aura avantage pour les ouvriers. C'est le but de l'*Affiche-Label!*

L'usage de l'affiche par un patron devant être régulier, et pour éviter des erreurs, l'affiche sera renouvelée chaque trimestre et imprimée sur papier de couleur différente. Elle mentionnera l'année et le trimestre.

Ces explications étaient nécessaires pour que, profitant de la publication de ce rapport, les Syndicats sachent ce qu'est le *Label* pour l'usage syndical et l'*Affiche-Label* pour l'usage commercial et industriel.

Nous comptons sur chacun pour leur application.

Les Relations internationales

L'année syndicale qui vient de s'écouler n'aura pas vu de manifestation internationale, qui trop souvent ne laisse pas de trace, mais elle aura réalisé ce que nous demandions au Congrès de Paris en 1900.

Jusqu'à ce jour, on n'avait pas eu le soin d'établir un rapport constant pour relier l'organisation syndicale de chaque pays, on s'était contenté de faire des déclarations internationalistes se produisant à des moments passagers et qui, si elles avaient le mérite de traduire les sentiments nouveaux de la classe ouvrière, manquaient de précision et de sens pratique nécessaires pour créer une action internationale.

Aujourd'hui, le vide est comblé. Un organisme international vient de se créer, mettant en rapport permanent les grandes organisations de chaque pays.

C'est à Stuttgard, au mois de juin dernier, que, sur la convocation de la Commission générale des Syndicats allemands, formée, comme la Confédération, de Fédérations nationales, que des délégués de plusieurs pays étaient réunis. Douze puissances avaient répondu à l'appel par l'envoi de leurs secrétaires nationaux; c'étaient l'Allemagne, l'Angleterre, l'Autriche, la Bohême, le Danemark, l'Espagne, la France, la Hollande, l'Italie, la Norvège, la Suède et la Suisse. Là, furent jetées les bases de l'entente internationale se matérialisant par la création d'un bureau international dont le siège a été fixé à Berlin.

L'importance de cet événement n'échappera pas aux Syndicats, car il est le signe du développement croissant du mouvement ouvrier dans chaque pays.

Sur l'invitation des camarades allemands, la tenue de la Conférence ne fut pas rendue publique.

Notre délégué expliqua, à l'ouverture de la Conférence, que la France, ignorant l'ordre du jour, n'avait pu lui donner de mandat et que, durant la discussion, il n'apporterait que des avis et des indications sur le sentiment de ses mandants.

L'ordre du jour portait: Création d'un bureau international; le secours de grève ; la publication de statistiques sur la situation des Fédérations de chaque pays et la publication des lois ouvrières avec leur application.

Le bureau international fut résolu sans difficulté. Notre délégué n'eut qu'à s'inspirer d'un vote du Congrès de Paris 1900, tendant à demander cette création. Il fut établi que ce bureau serait un canal de transmission ayant charge de recueillir les éléments adressés par chaque organisation centrale pour être traduits en trois langues et communiqués à chacune d'elle. Il fut stipulé que, pour les rapports internationaux, les langues employées seraient l'allemand, l'anglais et le français.

Le secours de grève, tel qu'il fut proposé et adopté, réglemente le secours. Pour avoir, à l'occasion d'une grève, l'aide des autres pays, la demande devra en être faite par le bureau national du pays où se produit la grève, transmise au bureau international, qui, lui, aura charge de la traduire pour l'adresser aux organisations des autres pays. Pour être plus clair disons qu'une grève, en France, n'obtiendra l'appui des pays étrangers que sur la demande de la Confédération et celle-ci, selon la décision prise dans sa réunion du 8 juillet, ne l'adressera que pour un Syndicat confédéré.

Sur ce point, notre délégué n'eut qu'à voter ce fonctionnement du secours de grève, en s'inspirant du *Label* ou *Marque confédérale*, qui est pour la France le signe du secours conditionnel de grève.

L'obligation de transmettre au bureau international une demande de secours de grève, pour être prise en considération par les Syndicats des autres pays, constitue une mesure conditionnelle de grève. Aussi, la Confédération, en prenant la décision de n'accorder son appui à une demande de secours qu'à un Syndicat confédéré, a complété le *Label*. Pour la France, la mesure conditionnelle du secours de grève est dans le droit d'user du *Label;* pour les rapports internationaux, elle est dans l'obligation de faire partie de l'organisme national du pays.

Disons que le secours de grève consiste à inviter les corporations à voter des sommes pour la grève, objet de la demande. Chacun sait qu'à l'étranger les Syndicats ne donnent de secours que sur l'invitation de l'organisme national. La Confédération a voulu, pour la France, par le *Label*, sans donner d'invitation, donner le signe qui dirait aux Syndicats de voter des secours, afin d'habituer les travailleurs à une discipline morale et une pratique de solidarité effective.

Nous sommes convaincus que les Syndicats, ayant bien vite compris l'esprit du *Label*, feront tout leur devoir dans le cas où un appel du Comité confédéral les inviterait à venir en aide à des camarades étrangers, en lutte contre leurs patrons.

Par ces mesures organiques, tous les avantages du *Label* apparaissent. Il est l'élément de progrès des Fédérations et, par conséquent, de l'organisme syndical. En fortifiant la lutte, la Confédération n'a fait que remplir une mission qui lui incombe.

Pour terminer sur ce point, il nous faut ajouter que les corporations fédérées internationalement conservent leur droit au secours de la

Fédération internationale de leur corporation. L'aide des autres corporations ne leur sera donnée que dans les conditions stipulées plus haut.

La deuxième question examinée par la Conférence fut la publication annuelle de la situation des Fédérations, quant à leur budget de dépenses et de recettes et leur effectif. Comme exemple, l'Allemagne, dont l'organisation syndicale est très développée, va faire traduire en trois langues ses travaux. Ces travaux serviront de base pour les autres pays.

Sur le dernier point concernant les lois ouvrières, il fut décidé de publier les textes de toutes ces lois avec commentaires, de façon que chaque pays puisse mettre en parallèle sa situation avec celle des pays voisins et s'en inspirer.

Un autre point fut examiné, celui de savoir si les relations internationales corporatives se traiteraient par Congrès ou Conférences.

L'Allemagne, sous le prétexte qu'il se tient des Congrès socialistes internationaux où s'élaborent les idées générales, opina pour des Conférences, disant que faire des Congrès syndicaux ce serait faire un double emploi.

La France et la Hollande objectèrent que, chez eux, il y a une situation particulière : les syndicats vivent d'une vie propre, indépendante, ont une théorie, des idées générales et ne sont inféodés à aucune école socialiste politique ; par cela même leur opinion fut pour des Congrès internationaux syndicaux.

L'opinion de l'Allemagne prévalut par dix voix contre deux ; c'est donc par des *Conférences* que se traiteront les relations syndicales internationales.

Au sujet des frais que nécessitera le fonctionnement du *Bureau international* l'Allemagne s'offrit de payer les frais jusqu'à l'an prochain. Son offre fut acceptée. Avec l'Italie, la France se prononça contre, considérant que les frais du *Bureau international* devraient être déterminés dès sa création, afin que chaque pays sache les charges qui lui incomberont de par son adhésion.

La prochaine Conférence aura lieu en 1903 en Angleterre et sera appelée à compléter les rouages du bureau.

En terminant sur ce point, nous devons ajouter que le Comité confédéral accepta les résolutions de la Conférence de Stuttgard, et de ce fait, la France fait partie du bureau international.

Pour donner à ces résolutions une mise en application, nous comptons sur les camarades pour nous donner les renseignements que nous serons appelés à leur demander pour répondre aux demandes du bureau.

Questions diverses

Les Associations ouvrières

La Mine ouvrière des Petits-Châteaux (Saône-et-Loire) ayant demandé à la Confédération de désigner deux camarades comme contrôleurs, le Comité envisagea les éventualités possibles en face de nombreuses dispositions de statuts d'associations ouvrières, faisant des demandes semblables. Ce grand nombre de demandes rendrait difficile le choix de camarades contrôleurs. Il décida de soumettre le cas au Congrès.

La Représentation proportionnelle

Dans le cours de son exercice, le Comité fut saisi d'une proposition de représentation proportionnelle au sein du Comité. Cette proposition est également soumise à l'appréciation des organisations qui auront à donner mandat à leur délégué sur ce point, comme sur celui concernant les associations, pour que des solutions interviennent.

Nous rappelons la question, indiquée plus haut, au sujet des Congrès de Fédérations et sur laquelle il y aura à prendre une décision.

L'Œuvre confédérale

Le Comité confédéral, chargé d'interpréter les décisions des Congrès, ne pouvait laisser passer des critiques présentées sous une forme peu courtoise et dirigées contre ces décisions.

Ses actes, tout en s'inspirant des votes des Congrès, ne sont pas au-dessus de toute critique et il n'entend nullement limiter à personne, amis ou adversaires ce droit de critique. Mais il a le devoir de défendre son œuvre, lorsqu'elle est dénaturée et faussée, en prévenant les camarades à qui le temps ne permet pas d'apprécier de près, son action que les critiques répandues ne doivent trouver crédit auprès d'eux que sous de fortes réserves. Ce qu'il demande, c'est que toute critique laisse aux résolutions des Congrès et à nos décisions leur caractère et leur esprit.

Il n'en a pas été ainsi ; des hommes, parce que possédant une presse quotidienne, obéissant à des préoccupations qu'il nous importe peu de connaître, mènent une campagne contre la Confédération, qu'on laissait isolée tout le temps que son influence a été faible, mais qui, en progressant, suscite leur dépit et leur haine.

C'est ainsi que, dans le numéro du journal la *Petite République* du 14 juin, un de ses rédacteurs accuse le Comité confédéral « de se livrer, dans l'organe de la Confédération, à une campagne stérile, à une œuvre de dénigrement systématique et de politique malsaine ». Dans d'autres numéros suivants, il dénature le vote du Congrès de Lyon sur la proposition Liénard, tout en accablant les membres du Comité d'épithètes, telles que « malades, illuminés, affligeants de naïveté », etc., etc. Le Comité ne pouvait laisser passer de telles attaques, que nous n'essayerons pas de qualifier, et, ne voulant pas polémiquer avec des éléments qui lui sont étrangers, il entendait, en votant un ordre du jour, indiquer aux organisations qui, au Congrès, auront à dire si le Comité a respecté les décisions précédentes, que fausses étaient les critiques, tronqués étaient les votes, et peu dignes les expressions, venant de la part de ceux qui reprochent aux membres du Comité d'être des négateurs.

Sans nous étendre davantage sur ces questions pour lesquelles nous n'avons pas à arrêter notre besogne, voici l'ordre du jour :

AUX TRAVAILLEURS ORGANISÉS

Lorsque, à Limoges, au Congrès corporatif de 1895, fut fondée la Confédération générale du Travail, c'est après une longue et sérieuse discussion que 142 organisations (contre 14, plus 6 abstentions et 5 absences) se prononçaient pour l'adoption du paragraphe constitutif suivant :

« Les éléments constituant la Confédération générale du Travail devront se tenir en dehors de toutes les écoles politiques. »

Cette décision était le résultat de douloureuses expériences et, depuis lors, la Confédération n'a eu qu'à se louer d'être restée fidèle à son esprit. Cela lui a suscité bien des critiques — surtout de la part de ceux qui regrettent le temps où les Syndicats étaient plus préoccupés de visées électorales que de leurs intérêts économiques.

La plus récente campagne qu'a suscitée l'orientation logique de la Confédération est l'œuvre de la *Petite République*, qui, en une série d'articles, a pris à partie tous les éléments du Comité confédéral.

Le Comité confédéral s'est ému et, dans sa dernière séance, il a, *à l'unanimité*, voté l'ordre du jour suivant :

« Les membres du Comité confédéral, dans la séance du 22 juillet 1902, se déclarent *à l'unanimité* solidaires des résolutions prises par le Comité confédéral, sur les points qu'il a eu à examiner, soit que ces décisions aient été prises à l'unanimité, soit qu'elles l'aient été à la majorité ;

« Considérant que les actes du Comité confédéral ne relèvent que des organisations confédérées et du Congrès corporatif, ils affirment leur ferme dessein de rester en dehors de toute campagne ou polémique, poursuivie ou entamée par des éléments étrangers et contraires.

« Le Comité confédéral, convaincu d'avoir fait son devoir, attend avec confiance le Congrès de Montpellier, qui aura à se prononcer, en toute connaissance de cause, sur ses actes et ses travaux, résumés en un rapport, qui, sous peu, sera soumis aux organisations adhérentes ;

« D'ici là, il affirme sa volonté de continuer son action dans les conditions qu'il jugera les meilleures pour les intérêts de la classe ouvrière organisée, dont ses membres font partie et dont il est le représentant.

« Le Comité confédéral n'entend pas se mettre au-dessus de tout examen ; il reconnaît à tous, quels qu'ils soient, amis ou adversaires, le droit de critique sur ses décisions et ses actes, et désire simplement que cette critique s'exerce en des formes loyales ; mais, ne voulant pas se laisser entraîner à des polémiques recherchées dans un but de désorganisation ouvrière, il se borne à mettre les travailleurs en garde contre la campagne de désunion syndicale à laquelle se livre le journal la *Petite République*.

« Président : Robert.

« Secrétaire de séance: Emile Pouget (Fédération du Sud-Est).

« Secrétaire du Comité confédéral : Victor Griffuelhes. »

« Allibert (Chapellerie) ; Antourville (Alimentation) ; Bardou (Travailleurs municipaux) ; Bidault (Peintres) ; Boudios (Bijouterie) ; Bousquet (Alimentation) ; Cury (Culinaire) ; Dellesalle (Verriers du Nord) ; Desjardins (Textile) ; Dubéros (Coiffeurs) ; Espanet (Chapellerie) ; Galantus (Verriers du Nord) ; Garnery (Bijouterie) ; Guénard (Livre) ; Guilhem (Carriers de la Meuse) ; Henri Griffuelhes (Cuirs et Peaux) ; Jeanpierre (Tailleurs d'habits) · Jusserand (Livre) ; Laroche (Métallurgie) ; Latapie (Métallurgie) ; Lefèvre (Textile) ; Luquet (Coiffeurs) ; Majot (Fédération du Cher) ; Martin (Céramique) ; Meyer (Culinaire) ; Noyon (Bijouterie) ; Pennellier (Travailleurs agricoles des Pyrénées-Orientales) ; Picard (Maçons) ; Prost (Mécaniciens) ; Raybois (Ouvriers des Postes, Télégraphes et Téléphones) ; Sadier (Travailleurs agricoles des Pyrénées-Orientales) ; Soulier (Livre) ; Tabard (Ports et Docks). »

Après avoir adopté, *à l'unanimité* des membres présents, l'ordre du jour ci-dessus, le Comité confédéral décide, *à l'unanimité* :

1° Que cet ordre du jour sera envoyé à tous les journaux corporatifs avec prière de le reproduire ;

2° Qu'il sera adressé, en circulaires, à tous les Syndicats confédérés, en les engageant à les répandre dans leur milieu ;

3° Qu'il en sera fait un tirage, sous forme d'affiches, qui seront expédiées aux Bourses du Travail, en les invitant à les placarder à demeure dans leurs locaux.

Travailleurs !

En conformité avec le paragraphe 2 ci-dessus, lisez et faites circuler !

CONCLUSION

Il serait fastidieux de vouloir s'attarder à tirer de longgues conclusions.Pour chaque Syndicat,il ressortira clairement,de cet exposé,que le Comité confédéral s'est préoccupé de répondre à sa fonction.

Aussi, demande-t-il que, des Congrès, il sorte des résolutions venant accélérer la marche de la Confédération, et qui feront d'elle un organisme puissant, reflétant la pensée ouvrière, pour ensuite dresser les travailleurs en face de l'omnipotence patronale et capitaliste.

Mais, pour que ce résultat soit atteint, il faut des résolutions claires, nettes, évitant l'équivoque, afin que le futur Comité ne soit pas obligé, comme celui qui vous présente ce rapport, de passer une partie de son temps à interpréter les votes du Congrès.

L'organisme confédéral ne peut se développer que grâce à l'expérience que l'on acquiert par la lutte journalière, et cette expérience doit apporter, au fur et à mesure du développement, des perfectionnements qui assurent une marche plus rapide.

Dans nos Congrès, sous l'inspiration de sentiments louables en eux-mêmes, mais insuffisants pour la bonne marche de l'organisation qui doit les appliquer, nous prenons telles décisions, répondant à l'état d'esprit du moment, et cela sans rechercher si leurs effets seront avantageux ou funestes ou, tout au moins, s'ils n'apporteront pas une gêne dans cette marche.

C'est pourquoi nous demandons au Congrès, qui va s'ouvrir, des résolutions tellement claires que l'interprétation en soit facile, afin d'éviter tout conflit et tout froissement. C'est l'essence même de notre groupement d'aller au devant, par des décisions réfléchies, de tout ce qui peut provoquer un différent.

Durant l'année qui vient de s'écouler, plusieurs fois, le Comité, dont le légitime souci a été de respecter les votes des Congrès, s'est heurté à une autre interprétation des textes, et si tout a pu marcher à souhait, c'est grâce à la souplesse et à l'esprit de conciliation apportés dans les rapports.

Aussi y a-t-il utilité à ce que, chacun rentrant dans son rôle, les statuts soient bien l'élément qui détermine les attributions de chacun, et que toute la responsabilité de l'application en remonte à ceux qui en ont la charge. Il y aura donc lieu, dans l'avenir, de s'en rapporter aux statuts dans tout ce qui est du cadre confédéral, et les statuts étant respectés, bien des heurts seront évités.

Le Comité demande également au Congrès de bien déterminer les éléments qui doivent constituer la Confédération, en faisant que chacun d'eux soit à même de s'acquitter des charges, qui doivent être égales. En s'inspirant du besoin de matériaux pour assurer son existence, le Comité se heurta, à plusieurs reprises, à des difficultés motivées par l'adhésion des Fédérations départementales. Le Congrès de Lyon, hâtivement, les accepta, sans envisager toutes les éventualités possibles et sans attenter à leur existence, dont l'utilité se manifeste par la nécessité de développer l'esprit combatif de la classe ouvrière ; le Comité pense qu'il y aura lieu, pour le Congrès, à présent que le principe de leur adhésion est admis, de prendre des mesures qui, en fortifiant l'action des groupements, sauvegardent la force de chacun d'eux.

Nous ne pouvons, en terminant, que répéter ce qui souvent a été dit, c'est que la classe ouvrière ne s'émancipera que par ses efforts. Pour cela, elle doit se grouper en Syndicats, se rattacher aux Fédérations, pour former un contrepoids à l'exploitation patronale, jusqu'au moment où des circonstances lui permettront de faire siennes les richesses sociales qu'elle crée.

Se grouper, pour se replier sur elle-même, former une force à opposer à la force capitaliste ; tel doit être l'objectif des Syndicats. Sans cela, il n'y a qu'impuissance et que faiblesse.

C'est donc avec la satisfaction du devoir accompli que le Comité attend le Congrès qui aura à se prononcer sur les travaux réalisés durant l'exercice qui se ferme.

Pour le Comité confédéral :

Le secrétaire,

V. GRIFFUELHES.

ANNEXE
AU RAPPORT DU CONGRÈS

Propositions du Comité sur le Règlement du Congrès

Le Comité confédéral propose aux organisations confédérées, qui se prononceront au Congrès de Montpellier, des modifications sur la préparation d'un Congrès, sur sa périodicité et sur le mode de discussion.

Il est inspiré, en cela, du désir de donner aux Congrès un caractère méthodique, qui, en limitant les points à l'ordre du jour, permettra de donner à chacun d'eux une place importante.

Jusqu'à présent, les organisations pouvaient demander la mise à l'ordre du jour de tel point qui leur plaisait, et cela sans aucune limite. On a pu voir des Congrès à l'ordre du jour surchargé et dont les discussions et les résolutions furent confuses. C'est ainsi que le Congrès qui va s'ouvrir avait reçu le dépôt de près de quarante propositions. On conviendra que c'était trop !

Pour mettre fin à cet état de choses, le Comité demande que le nombre des questions portées à l'ordre du jour, des futurs Congrès, soit limité à deux ou trois et arrêtées par voie de référendum.

Il demande également que, comme l'a décidé le Congrès de Lyon, les assises ouvrières n'aient lieu que tous les deux ans. En agissant ainsi, on allégera les charges des Syndicats et on facilitera la présence d'un plus grand nombre de délégués. De plus, il deviendra possible de mettre en pratique — ou tout au moins de le tenter — les décisions ; car il faut bien admettre qu'avec un Congrès annuel, les six mois qui suivent sont pris à examiner et à interpréter les résolutions, et les autres six mois sont pris par l'organisation du Congrès suivant.

Au contraire, avec les Congrès tous les deux ans, il y aura une forte économie d'argent pour chaque organisation, qu'elle pourra utiliser à la propagande, et les Syndicats auront moins d'excuses en n'étant pas représentés aux Congrès par un de leurs membres.

Le Comité confédéral pourra mettre à profit cet espace de deux années ; avec plus d'intensité, sa propagande s'exercera, et comme il lui sera plus facile de mettre en pratique les décisions, il y aura avantage pour tous.

Sur le mode de discussion, le Comité demande que le vote suive la discussion ; car l'expérience a montré la grande perte de temps occasionnée par la discussion générale, qui, presque toujours, recommence au moment des résolutions.

Et cela s'explique, puisque, jusqu'à ce jour, sur tout point de l'ordre du jour, il y a discussion générale pour, dit-on, donner une indication à la commission chargée d'apporter une résolution, et, lorsque celle-ci est déposée, une nouvelle discussion s'engage, et cela est inévitable, ce qui a pour résultat de surcharger le Congrès, et rend ses travaux plus lourds et plus confus.

Pour toutes ces raisons, le Comité propose aux organisations de modifier le règlement intérieur des Congrès, en donnant mandat à leurs délégués de décider que, dans l'avenir, chaque Congrès se tiendra tous les deux ans, que le nombre des questions de l'ordre du jour sera limité à deux ou trois et que le vote sur un point suivra la discussion.

En soumettant ces modifications, le Comité croit agir dans l'intérêt des Congrès, afin de leur donner ce caractère méthodique qui peut, seul, rendre nos décisions plus nettes et faciliter leur application.

Pour le Comité confédéral :

Le secrétaire,

V. GRIFFUELHES.

Situation financière de la Confédération générale du Travail

ANNÉES 1901-1902

ORGANISATIONS ADHÉRENTES	Ancien taux	NOUVEAUX TAUX								TOTAUX	OBSERVATIONS
		Effectif	Nov. Déc. 1901	Effectif	Janvier Février Mars 1902	Effectif	Avril Mai Juin 1902	Effectif	Juillet et Août 1902		
Fédération de l'Alimentation	» »	» »	» »	» »	» »	» »	» »	2.000	8 »	8 »	Dû août
— de l'Ameublement	36 »	2.122	16 80	2.122	16 80	» »	» »	» »	» »	69 60	Dû depuis mars
— de la Bijouterie	» »	1.100	8 80	1.100	13 20	1.100	13 20	1.100	13 20	48 40	Sept. est payé
— des Blanchisseurs	13 »	459	3 70	459	5 55	459	» »	» »	» »	22 25	Dû depuis avril
— des Boulangers	» »	1.000	8 »	1.000	12 »	1.000	12 »	» »	» »	32 »	Fondu dans l'alimentation
— de la Bourrellerie-Sellerie	21 »	600	4 80	600	7 20	600	7 20	600	4 80	45 »	
— de la Chapellerie	» »	1.000	8 »	1.000	12 »	1.000	12 »	1.000	8 »	40 »	
— du Cher	16 »	1.900	15 20	1.900	22 80	1.900 1.000	19 30	1.000	4 10	77 40	Dû août
— des Coiffeurs	» »	» »	» »	1.000	12 »	1.000	12 »	1.000	12 »	36 »	Sept. est payé
Syndicat national des Chemins de fer	20 »	11.448	91 60	11.448	137 40	11.448	137 40	11.448	45 80	432 20	Dû août
Fédération des Coupeurs-Brocheurs	6 »	600	4 80	600	7 20	600	7 20	600	7 20	32 40	Sept. est payé
— du Cuivre	5 »	1.580	12 80	1.580	19 20	1.200	14 40	1.200	4 80	56 20	Dû août
— des Cuirs et Peaux	10 »	2.000	16 »	2.000	24 »	2.000	24 »	2.000	16 »	90 »	
— Culinaire	12 »	989	8 »	989	12 »	989	12 »	» »	» »	44 »	Dû juillet et août
— des Employés	21 »	9.950	79 »	9.950	118 50	9.950	118 50	9.950	79 »	416 »	
— du Livre	» »	10.000	80 »	10.000	120 »	10.000	120 »	1.000	120 »	440 »	Sept. est payé
— Lithographique	8 »	1.796	14 40	1.796	22 40	2.000	24 »	2.000	16 »	84 80	
— des Maçons, etc.	20 »	1.500	12 »	1.500	18 »	1.500 3.000	30 »	» »	» »	80 »	Dû juillet et août
— de la Maréchalerie	» »	1.200	10 »	1.200	15 »	1.200	15 »	1.200	15 »	55 »	Sept. est payé
— des Mécaniciens	24 »	4.500	36 »	4.500	54 »	4.500	54 »	4.500 5.000	38 »	206 »	
Union fédérale des Métallurgistes	30 »	10.000	80 »	10.000	120 »	6.000	72 »	» »	» »	302 »	Dû juillet et août
Fédération des Mouleurs	40 »	7.000 6.000	52 »	6.500	80 »	6.000	68 »	6.000	48 »	288 »	
— du Papier	16 »	1.000	8 »	1.000	12 »	1.000	12 »	1.000	8 »	56 »	
— des Peintres	6 »	1.000	8 »	1.000	12 »	» »	» »	» »	» »	26 »	Dû depuis avril

Syndicat nat. des Postes, Télég. et Téléph.	25 »	3.000	24 »	3.000	36 »	3.000	36 »	3.000	36 »	157 »	Sept. est payé
Fédération des Tabacs	40 »	10.000	80 »	10.000	120 »	10.000	120 »	» »	» »	360 »	Dû juillet et août
— du Textile	4 »	770	6 20	770	9 20	770	9 30	» »	» »	28 80	Dû juillet et août
— des Travailleurs agricoles (Pyrénées-Orientales)	21 »	800	6 40	» »	» »	» »	» »	» »	» »	27 40	Dû depuis janv.
— des Travailleurs municipaux	48 »	5.400	43 20	4.600	55 20	4.600	55 20	4.600	18 40	220 »	Dû août
— du Sud-Est	18 80	4.580	36 60	4.500 / 3.020	48 60	3.000	36 »	3.000	24 »	164 »	
— de la Voiture	4 80	1.200	9 60	1.200	14 40	1.200	14 40	1.200	9 60	52 80	
Fédération de la Céramique, admis du 1er avril	» »	» »	» »	» »	» »	1.200	14 40	» »	» »	14 40	Dû juillet et août
Fédération des ouv. des Ports, Docks, etc.	» »	» »	» »	» »	» »	» »	» »	» »	» »	» »	Dû entièrement
Fédération des Syndicats de Saône-et-Loire, admis du 1er juillet	» »	» »	» »	» »	» »	» »	» »	2.000	16 »	16 »	
Fédération des Syndicats de la Gironde, admis du 1er août	» »	» »	» »	» »	» »	» »	» »	1.400	5 60	5 60	
Syndicat des Jardiniers-Fleuristes de Montpellier, admis du 1er août	» »	» »	» »	» »	» »	» »	» »	20	8 »	8 »	Sept. oct. payé
Syndicat corporatif des Tailleurs de la Seine	3 »	100	10 »	100	15 »	100	15 »	100	5 »	48 »	Dû août
Union syndicale de Vaucluse	» »	» »	» »	300	3 60	300	3 60	300	7 20	14 40	Payé jusque fin décembre
Union syndicale des ouvriers Carriers de la Meuse	» »	80	4 »	80	12 »	80	12 »	80	8 »	33 »	
Syndicat des Mineurs de Faymoreau	23 25	» »	» »	» »	» »	» »	» »	» »	» »	23 25	Dû dep. nov. 1901
Syndicat des Tailleurs de Montpellier, admis du 1er juin	» »	» »	» »	» »	» »	30	1 50	30	7 50	9 »	Payé jusque fin novembre
Fédération des Verriers à bouteilles du Nord, admis du 1er juillet	» »	» »	» »	» »	» »	» »	» »	300	1 20	1 20	Dû août
Syndicat des Menuisiers de Montpellier, admis du 1er juillet	» »	» »	» »	» »	» »	» »	» »	20	8 »	3 »	Sept. est payé
Syndicat des Garçons de magasin, Cochers, Livreurs (Paris), admis du 1er juin	» »	» »	» »	» »	» »	75	3 75	75	7 50	11 25	
Syndicat des Agriculteurs de Mèze (Hérault), admis du 1er juin	» »	» »	» »	» »	» »	25	1 25	25	2 50	3 75	
Association syndicale des Professeurs libres, admis du 1er août	» »	» »	» »	» »	» »	» »	» »	42	10 50	10 50	Payé jusque fin décembre
Syndicat des Monnaies et Médailles, admis du 1er juin	» »	» »	» »	» »	» »	150	7 50	150	15 »	22 50	
	491 85		707 90		1.187 35		1.114 10		627 90	4.219 10	

RECETTES

En caisse au 31 août 1901	951 75
Reliquat de la réception des Pupilles du Vooruit	24 75
Reliquat de la souscription pour la manifestation pour la paix à Londres	27 50
Vente des brochures du Congrès de Lyon	231 35
Bénéfices du journal au 31 décembre 1901	227 75
Intérêts du deuxième semestre 1901	0 75
Versé par la Commission d'organisation du Congrès de Lyon	100 »
Remboursement pour délégation à Savonnières-en-Perthois	48 «
Bénéfice de la souscription	11.850 »
Cotisations	4.219 10
	17.680 95

DÉPENSES

Expédition du Rapport du Comité confédéral de 1901	169 20
Versé au journal (décision du Comité Central du 17 septembre 1901)	250 »
Dépenses du secrétariat	315 95
Indemnité au secrétaire, jusqu'au 1er décembre 1901	291 »
— — depuis le	1.050 »
— secrétaire adjoint —	2.000 »
— trésorier —	150 »
Imprimés divers	1.290 »
Abonnement au *Journal officiel*	40 25
Machine à écrire	588 75
Envoi de circulaires aux Bourses du Travail pour les soldats	46 60
Participation à la réunion du 2 mars 1902	61 »
Délégations diverses	405 »
Frais du procès Girard	242 90
Pour le lancement du *Label*	614 »
Port de brochures du Congrès de Lyon	6 35
300 exemplaires de la *Voix du Peuple* (tirage au sort) (échange)	21 »
Location de coffre-fort	32 50
Envois de circulaires et affiches *Label*	53 »
Versé à Allemane, solde du compte pour impression du journal en 1901	1.924 50
	10.451 40

Recettes	17.680 95
Dépenses	10.451 40
	7.229 55 ainsi répartis :

2.229 55 entre les mains du trésorier,
5 000 » représentés par des obligations.
7 229 55

Comme on le voit par le chiffre des cotisations reçues, un changement appréciable s'est produit dans les ressources du Comité confédéral. Alors qu'au Congrès dernier les rentrées s'élevaient à 1.478 francs, pour l'exercice 1901-1902 elles atteignent le chiffre de 4.219 fr. 10.

Ce chiffre, quoique supérieur, n'est pas suffisant et il faudrait que pour le prochain Congrès, un mieux appréciable fût à enregistrer.

Le rôle de la Confédération générale du Travail exige des ressources plus grandes et il appartient aux syndicats et aux fédérations de les augmenter.

Ce n'est qu'au moment où chacun aura donné tout son effort pour l'extension de l'organisme central, qu'il sera possible de considérer l'œuvre comme insuffisante.

Aussi pour préparer cet effort, les Syndicats doivent redoubler d'énergie et ainsi, avec les progrès réalisés, nous aurons à enregistrer de nouveaux succès.

Le Trésorier : J. GUILHEM.

RAPPORT

DE

« LA VOIX DU PEUPLE »

La situation de la *Voix du Peuple* s'est, depuis le Congrès de Lyon, considérablement améliorée : l'an dernier, à Lyon, la première année d'existence du journal se clôturait par un déficit considérable.

Cette année, la situation est autre : La *Voix du Peuple* a, à peu près, équilibré recettes et dépenses, et, s'il n'y a pas encore bénéfices, du moins son existence est assurée, grâce à ses propres ressources. Ajoutons qu'il n'est pas optimiste de prévoir, sous peu, des rentrées régulières dépassant assez les dépenses pour permettre une amélioration du journal dans sa forme et, peut-être, dans son mode de publication.

Dans le rapport du Comité confédéral est indiquée la composition de la Commission du journal qui, dans l'exercice écoulé, reçut mandat d'assurer la publication du journal ; il est donc inutile d'y revenir ici.

Au lendemain du Congrès de Lyon furent appliquées deux mesures d'économie, afin de réduire au minimum les frais généraux de la *Voix du Peuple*. La première de ces mesures avait été déjà indiquée : elle consistait à supprimer la vente au numéro dans les kiosques et chez les marchands de journaux de Paris. Ce service nécessitait 3.000 exemplaires par semaine, dont une grande partie nous rentrait en bouillons. Quant aux recettes de cette vente, elles suffisaient à peine à couvrir les frais de distribution, de sorte que cette mise en vente se soldait par une perte approchant de cinquante francs par semaine.

Certes, au point de vue de la propagande, la distribution dans Paris était un bien, car elle essaimait le journal dans la masse plus ou moins consciente ; malheureusement, la dépense était trop lourde et l'intérêt du journal nous obligea à suspendre, au moins momentanément, ce service, à partir du 1er novembre 1901.

La deuxième mesure d'économie qui fut réalisée consista à faire composer la *Voix du Peuple* à la linotype.

Cette mesure fut l'occasion d'un conflit regrettable avec le Syndicat typographie parisien ; conflit apaisé aujourd'hui, et dont aucune trace n'existe plus.

Lorsque le Comité confédéral examina la possibilité de faire composer le journal à la machine, il se garda d'agir à la légère. La question resta pendante deux mois, et rien ne fut fait sans avis des délégués de la Fédération du Livre. Ceux-ci en référèrent au secrétaire de la Section Parisienne, qui donna son approbation. C'est alors, après s'être entouré de tous les éléments d'appréciation, que le Comité confédéral décida de faire composer la *Voix du Peuple* à la linotype. Cette mesure permettait de réaliser une économie de 34 francs par numéro sur la composition à la main.

Sur ces entrefaites, l'Assemblée générale du Syndicat typographique, ignorante des pourparlers ci-dessus, votait un ordre du jour contre le Comité confédéral.

Deux réunions explicatives eurent lieu, les 10 et 12 février, et, après un échange de longues et courtoises explications, les préventions tombèrent et tous furent obligés de reconnaître qu'en cette affaire le Comité confédéral avait agi avec toute la correction désirable et n'avait rien décidé sans l'approbation du secrétaire du Syndicat typographique.

Depuis lors, la cause elle-même de ces froissements regrettables a disparu : La *Voix du Peuple* est composée à la linotype, aux conditions d'économies indiquées ci-dessus, dans une nouvelle maison, la maison Simart, connue pour observer scrupuleusement les tarifs syndicaux.

Situation Financière

En même temps qu'étaient réalisées les mesures d'économie ci-dessus était dressé un projet de budget de la *Voix du Peuple*, que, pour faciliter la comparaison, nous reproduisons ; les dépenses, les frais de secrétariat mis à part, étaient présumées comme suit, par semaine :

Composition à la linotype et tirage jusqu'à 5.000 exemplaires	120 »
Papier, pour 4.500 exemplaires	40 »
Pliage et mise sous bande	16 »
Frais d'envoi par la poste	48 »
Frais d'envoi par colis postaux	7 »
Confection des bandes et expédition	15 »
Frais de bureau	7 »
Total	253 »

Quant aux recettes, en prenant pour base les derniers numéros parus à l'époque, elles étaient prévues comme ci-dessous :

1.500 abonnés à 5 francs par an (recette annuelle : 7.500 francs qui, divisés par 52 semaines donnent par semaine)	144 »
Vente par l'intermédiaire des Messageries Hachette, par semaine	15 »
— dans les bibliothèques des gares	5 »
— à la Bourse du Travail et dans Paris	25 »
— par les dépositaires directs, en province	100 »
— à l'étranger	5 »
Total	294 »

Donc, en prévoyant une recette hebdomadaire de 294 francs pour couvrir une dépense de 253 francs, nous escomptions, par numéro, un excédent de 41 francs.

L'exposé financier ci-contre va permettre de se rendre compte dans quelles proportions ces calculs ont été exacts.

Afin de faciliter l'examen de la situation financière, nous avons présenté la balance en un double tableau :

1° Un tableau englobant les mois de septembre, octobre et novembre 1901, durant lesquels la situation n'avait pas encore été modifiée ;

2° Un tableau présentant la situation de décembre 1901 à fin juin 1902, qui est la période pendant laquelle ont été appliquées les économies prévues :

Situation de Septembre, Octobre et Novembre 1901

RECETTES

MOIS	Abonnés	Vente au bureau	Vente à Paris	Dépositaires de province	Messageries Hachette	Vente dans les gares	Vente à l'étranger	Souscriptions diverses	TOTAUX
Septembre 1901.............	250 90	16 60	35 80	262 85	25 10	2 15	14 75	250 »	858 15
Octobre —	531 65	17 20	24 60	208 95	77 »	2 60	10 50	13 »	885 50
Novembre —	470 40	52 75	22 80	405 30	28 90	1 25	6 »	» »	987 40
Totaux.............	1.252 95	86 55	83 20	877 10	131 »	6 »	31 25	263 »	2.731 05

DÉPENSES

MOIS	Frais de bureau	Frais de personnel	Impression du journal	Frais d'expéditions		TOTAUX
				Abonnés	Dépositaires	
Septembre 1901....................	94 20	260 »	1.076 80	121 80	183 25	1.736 05
Octobre —	49 15	270 »	1.293 20	149 20	209 55	1.971 10
Novembre —	42 90	310 »	783 20	157 20	140 20	1.433 50
Totaux.............	186 25	840 »	3.153 20	428 20	533 »	5.140 65

Sur les 263 francs portés à la colonne des *scuscriplions diverses*, 250 francs proviennent d'une avance faite par la Confédération au journal, à la veille du Congrès de Lyon.

Durant ces trois mois, les recettes s'étant élevées à 2.731 fr. 05 et les dépenses à 5.140 fr. 45, il y a donc un déficit de 2.409 fr. 40.

Ce bilan, qu'il est inutile de commenter, puisqu'il s'applique à une situation modifiée, va nous permettre de constater, dans les mois qui vont suivre, la croissance de la *Voix du Peuple*.

Situation de Décembre 1901 au 30 Juin 1902

RECETTES

MOIS	Abonnés	Vente au bureau	Vente à Paris	Dépositaires de province	Messageries Hachette	Vente dans les gares	Vente à l'étranger	Numéros exceptionnels	Souscriptions diverses	TOTAUX
Décembre 1901	1.327 85	24 95	71 30	97 70	77 50	14 15	» »	» »	» 50	1.613 95
Janvier 1902..	862 85	85 05	59 15	190 75	62 45	2 50	12 50	517 25	2 35	1.794 85
Février — ..	401 50	39 40	41 15	289 80	48 25	8 85	11 10	180 40	405 50	1.425 95
Mars — ..	199 25	86 85	84 50	154 05	113 40	1 15	» »	37 10	44 40	720 70
Avril — ..	206 35	62 »	65 65	143 30	56 55	2 25	39 50	322 25	» »	897 85
Mai — ..	609 95	63 »	110 35	559 10	80 20	17 40	» »	158 55	10 »	1.608 55
Juin — ..	1.525 20	49 90	73 05	385 »	144 60	1 95	16 65	114 10	» »	2.280 45
Totaux.....	5.132 95	411 15	505 15	1.819 70	552 95	48 25	79 75	1 329 65	462 75	10.042 30

DÉPENSES

MOIS	Frais de bureau	Confection des bandes	Impression	Expéditions — Dépositaires	Expéditions — Abonnés	Numéros exceptionnels	TOTAUX
Décembre 1901...	91 15	70 »	912 »	164 45	145 10	25 20	1.416 90
Janvier 1902.....	118 40	75 »	700 »	162 05	206 55	592 30	1.854 30
Février —	45 60	45 »	723 45	112 45	109 70	6 75	1.042 95
Mars —	82 05	75 »	774 35	119 10	113 65	» 85	1.165 »
Avril —	71 30	90 »	797 25	125 55	139 75	343 95	1.567 80
Mai —	43 75	60 »	761 85	116 25	113 90	273 60	1.369 35
Juin —	174 75	65 »	821 65	131 05	95 25	» »	1.287 60
Totaux....	630 00	480 »	5.490 55	930 90	923 90	1.242 65	9.697 90

Sur les 162 fr. 75, encaissés sous la rubrique *Souscriptions diverses*, il est à rappeler que cent francs proviennent d'un don effectué par la Commission d'organisation du Congrès de Lyon, sur le reliquat du Congrès.

Dans cet exercice, les recettes se sont élevées à 10.042 fr. 30, les dépenses à 9.697 fr. 90. C'est donc un excédent des recettes de 344 fr. 40.

Au 31 décembre 1901, le Secrétaire du Journal versait au Trésorier de la Confédération, bénéfice du Journal, la somme de 227 fr. 75.

Chiffres du Tirage

L'an dernier, avant que la vente à Paris ne fût supprimée, le tirage s'élevait à 7.500 exemplaires par semaine; 3.000 exemplaires étaient réservés à la distribution dans Paris et, comme nous l'avons indiqué, la majeure partie nous rentrait en invendus.

A partir du 1er novembre 1901, par le fait de la suppression de la vente à Paris, le tirage s'abaissa à 4.500 exemplaires. Depuis, il s'est faiblement élevé; il approche de 5.000 exemplaires utilisés comme suit:

Expédié à nos dépositaires directs	2.200
Livré pour le service des Messageries Hachette	680
Livré pour le service des bibliothèques des gares	50
Abonnés	1.550
Pour la vente à la Bourse du Travail, à Paris, pour les services et les collections	350
Total	4.780

La Vente au numéro

Dépositaires directs

La vente par nos dépositaires directs est restée stationnaire. A de nombreuses reprises, nous avons cependant fait appel à l'initiative des militants pour que des dépôts de la *Voix du Peuple* soient organisés dans les Bourses du Travail et aux sièges des Syndicats qui ont leurs bureaux hors des Bourses, et aussi pour que, dans les centres où c'est possible, soient trouvés des vendeurs.

Ce procédé est un des meilleurs modes de pénétration du journal, parce qu'il implique la participation de camarades intéressés à son développement. Les conditions dans lesquelles le journal est expédié sont les suivantes : il est envoyé *franco*, et le vendeur règle mensuellement les exemplaires vendus, à raison de 7 centimes chaque, défalcation faite des invendus. Les 3 centimes d'écart sont pour le couvrir de ses frais de dérangement.

Malgré nos encouragements réitérés, peu de Bourses du Travail ont organisé la vente; celles où le plus d'activité a été dépensé en faveur de la *Voix du Peuple* sont celles de Bordeaux, Bourges, Creil, Montpellier, Saint-Nazaire.

Il est regrettable que l'initiative prise dans ces foyers syndicaux n'ait pas été suivie. Le journal y eût gagné de nouveaux débouchés et, ce qui serait autrement important, un plus grand nombre de travailleurs auraient été mis à même de compléter leur éducation syndicale.

Dans les Bibliothèques des Gares

Ici encore, la vente de la *Voix du Peuple* n'a pas augmenté. Cette vente, par l'intermédiaire des Bibliothèques des gares, est d'ailleurs très faible. Bornons-nous à faire observer aux camarades domiciliés à portée d'une gare et qui ne trouvent pas la *Voix du Peuple* à la Bibliothèque, que, pour obtenir qu'elle y parvienne, ils n'ont qu'à aviser de leur désir la personne attachée à la Bibliothèque et la prier d'en réclamer l'envoi régulier à l'administration de la Bibliothèque.

Par les Messageries Hachette

Si les deux modes de vente ci-dessus n'ont pas donné, au cours de l'exercice écoulé, un meilleur rendement, par contre, la vente effectuée par l'entremise des Messageries Hachette s'est améliorée ; les recettes, avec le même chiffre d'envoi que l'an dernier, oscillent maintenant entre 60 et 80 francs par mois.

Par l'intermédiaire des Messageries Hachette, la *Voix du Peuple* est envoyée à tous les libraires et marchands de journaux des départements en relations avec la maison Hachette et qui lui en font la demande. Les camarades de province peuvent donc se procurer le journal, sans aucun dérangement direct : ils n'ont, pour l'obtenir, qu'à le réclamer à leur fournisseur.

Si nous avons un peu longuement insisté sur les divers modes de vente au numéro, en province, c'est parce qu'il est incompréhensible que la *Voix du Peuple*, tribune sociale des travailleurs organisés, ait un tirage aussi faible. Nous pensons que cet état de choses n'est pas la conséquence d'une regrettable indifférence, mais bien du manque de savoir comment se procurer le journal et, aussi, comment organiser sa vente.

Les Bourses du Travail que nous avons citées plus haut, et où la *Voix du Peuple* se vend très bien, ne sont pas des centres exceptionnels ; ce qui se fait là peut se faire ailleurs. Il y suffit d'initiative et d'activité.

Les Abonnements

Le nombre des abonnés s'est accru, mais non dans la proportion qui eût été désirable et nécessaire. Au lendemain du Congrès de Lyon, il y eut, durant quelques semaines, un afflux considérable d'abonnés ; le ralentissement se faisait sentir dès janvier.

A la veille du Congrès de Lyon, le chiffre des abonnés était d'environ 1.050 et, au 1er décembre 1901, il s'élevait à 1.200. A ce moment, la commission du journal, pensant que les organisations auraient à cœur de tenir l'engagement pris au Congrès de Lyon, — c'est-à-dire de souscrire chacune au moins un abonnement, — prévoyait que, rapidement, le chiffre d'abonnés atteindrait 1.500.

Ce n'est qu'actuellement que ce chiffre est dépassé : le total des abonnés est d'environ 1.600.

L'effort n'a pas été assez grand ! Il suffira, pour s'en rendre compte, d'examiner les chiffres ci-joints :

Sur les 500 organisations directement représentées au Congrès de Lyon, 300 sont abonnées. C'est donc 200 qui ont négligé de tenir compte de la résolution qu'avait approuvée leur délégué.

Sur les 600 organisations qui existent dans le département de la Seine et celui de Seine-et-Oise, nous en comptons seulement 195 d'abonnées.

300 d'entre ces Syndicats ont leur siège à la Bourse du Travail de Paris ; dans ce nombre, 107 sont abonnés. (En septembre 1901, le chiffre des Syndicats de la Bourse, abonnés, était de 92, — il n'y a donc eu augmentation que de 15.)

Ajoutons que, parmi les Syndicats adhérents à l'Union des Syndicats de la Seine, — qui groupe les 160 organisations les plus militantes, — seulement la moitié, 80, sont abonnés.

Sur les 82 Bourses du Travail fédérées, 61 sont abonnées. L'an dernier, le chiffre des Bourses abonnées était de 43.

Si, d'autre part, pour avoir une vue d'ensemble, on totalise les organisations corporatives, d'espèces diverses, inscrites à l'*Annuaire des Syndicats*, on constate que leur nombre dépasse 3.600. Or, sur ces 3.600 syndicats, il est regrettable de constater que seulement 650 sont abonnés.

Qu'il nous soit permis de constater combien est regrettable cette indifférence des organisations corporatives à l'égard de la *Voix du Peuple*. Que des individus, de simples militants, négligent de s'abonner à l'organe confédéral, qui est la tribune ouverte, sur le terrain économique, à tous les travailleurs, — c'est à peine excusable ; mais cette abstention est incompréhensible de la part de Syndicats qui, pour entrer en contact avec l'ensemble des travailleurs organisés, n'ont pas d'autre organe à leur disposition.

Examen du Bilan

Dans les sept mois qui se sont écoulés — 1er décembre 1901 à fin juin 1902 — il a été publié 31 numéros, dont deux exceptionnels, consacrés : l'un au *Tirage au Sort* (qui a été tiré à 20.000 exemplaires) ; l'autre au *Premier Mai* (tiré à 16.000 exemplaires).

La recette totale s'étant élevée, pendant cet exercice, à 10.042 fr. 60, c'est donc une rentrée moyenne de 330 francs par numéro.

Les dépenses, dans le même laps de temps, se sont élevées à 9.697 fr. 90, soit, pour chacun des 31 numéros, une dépense moyenne de 319 francs.

L'excédent des recettes sur les dépenses a donc été, par semaine, d'environ 11 francs, — soit au total 344 fr. 70.

Cet excédent aurait pu être légèrement plus élevé. En effet, il y a à tenir compte du fait qu'en décembre 1901 il a été payé à la maison Allemane, pour l'impression du journal, 4 numéros à raison de

154 francs par semaine, tandis que le même travail est effectué maintenant à raison de 120 francs, c'est donc (4 × 34 = 136) de ce chef, une économie de 136 francs qui eût pu être réalisée, si on eût opté pour la composition à la machine quelques semaines avant. Il n'est donc pas exagéré de considérer cet écart de 136 francs comme dépense superflue et qui aurait dû constituer un excédent de recettes, — ce qui eût donné : 344 fr. 70 + 136 fr. = 480 fr. 70 d'excédent global.

Il y a, en outre, lieu de tenir compte que, durant les premiers mois de 1902, le travail de la Souscription a absorbé une partie des efforts qui auraient pu se concentrer sur le journal, et que cette dérivation a eu pour effet un ralentissement momentané de son développement. Grâce à cela, les rentrées de fonds se sont faites moins ponctuellement et, à fin juin, il restait encore de nombreux dépositaires en retard de règlement.

Une vingtaine de dépositaires devaient, à cette date, outre le mois de juin, qui était logiquement dû, — un arriéré oscillant entre 5 et 14 francs ; une vingtaine d'autres devaient des sommes supérieures (Creil, environ 100 francs ; Tours, 50 francs ; Brest, Boucau, Laval, Ligny, Valence, Londres, environ 40 francs ; Alais, Gilly, Genève, 30 francs ; Bordeaux, Saint-Chamond, Nantes, Riom, Neuville, 20 francs ; Saint-Léger, Montluçon, Tulle, Salies, 15 francs). Ces divers arriérés s'élèvent à un minimum de 1.000 francs.

Ces indications démontrent que la situation de la *Voix du Peuple*, sans être brillante, est du moins excellente.

Il est, cependant, nécessaire de remarquer que l'excédent des recettes sur les dépenses est légèrement au-dessous des prévisions. D'autre part, il est utile de noter aussi que les frais de secrétariat sont supportés par la caisse confédérale.

Ceci observé, pour bien nous pénétrer qu'au lieu de nous déclarer satisfaits il est de notre devoir à tous de redoubler de vigueur pour qu'un afflux important de lecteurs et d'abonnés permette à la *Voix du Peuple* non seulement de vivre précairement mais de réaliser dans sa publication les améliorations nécessaires.

Solidarité

Sous cette rubrique, la *Voix du Peuple*, en réponse aux appels qu'elle a publié, a reçu diverses sommes qu'elle a transmis aux ayants-droits.

Elle a reçu pour nombre de grèves, pour aider au développement de coopératives à base communiste et diverses œuvres de solidarité, du 1er septembre 1901 au 30 juin 1902 un total de 810 fr. 50 qui ont été transmis aux intéressés.

En outre, la Commission d'organisation du Congrès de Lyon a, sur son reliquat, versé 50 francs pour être transmis aux grévistes de Barcelone.

La Souscription remboursable

Depuis le Congrès corporatif qui se tint à Tours, en 1896, tous les Congrès successifs se préoccupèrent de la création d'un quotidien, qui devrait être l'organe des Syndicats ouvriers, et aussi leur propriété, de manière à ne jamais devenir ce que sont tous les journaux politiques : des boutiques où tout se vend..., consciences et le reste !

Pour recueillir les fonds nécessaires à la réalisation de ce désir, plusieurs procédés furent préconisés et essayés. C'est parce qu'ils furent infructueux que le Congrès de Paris (1900) décidait, dans le même but, d'organiser une Souscription.

En même temps, le Congrès créait la *Voix du Peuple* hebdomadaire, considérée comme embryon du quotidien.

Cette *Souscription*, inspirée de celle lancée pour la création de la *Verrerie Ouvrière*, s'annonçait, de prime abord, sous un aspect favorable. Par suite de motifs secondaires, tels que le chômage, le doute sur la possibilité du remboursement, et aussi l'abondance d'œuvres presque similaires (quoique de bien moindre utilité), le placement des billets ne fut pas aussi actif qu'il eût été nécessaire.

Une autre cause vint paralyser le placement des billets : les poursuites, — encore pendantes à l'heure actuelle, — dont la *Souscription* a été l'objet. Il n'y a pas à s'étonner que la Magistrature, soutien légal et intéressé de la Bourgeoisie, ait cherché, par l'action judiciaire, à paralyser l'action syndicaliste.

Et cette appréciation n'a rien d'hypothétique : les faits la corroborent.

En 1900, le journal quotidien *le Matin* fit une opération exactement similaire à celle qui nous est reprochée : il édita et mit en vente, au prix de 2 francs, un *Guide de l'Exposition*, *REMBOURSABLE*. Les porteurs du *Guide* participaient à un tirage, effectué au pied de la Tour Eiffel, en un monumental chalet construit dans ce but ; chacun était REMBOURSÉ par un objet de valeur *égale ou supérieure* à 2 francs.

Le *Matin* n'ayant nullement été inquiété pour cette opération, nous crûmes pouvoir l'imiter et lancer une Souscription *absolument identique*.

Notre conviction de coopérer à une œuvre strictement licite s'expliquait d'autant mieux que, si on s'en réfère à l'esprit de la loi de 1836, qui interdit les loteries, on constate que, seule, peut être réputée loterie une opération qui comporte, pour une partie des souscripteurs, une *chance de perte*. Or, dans notre *Souscription Remboursable*, tout porteur de billet étant garanti d'un remboursement égal à son prix de souscription, il n'y avait, pour aucun, chance de perte ; par contre, il y avait, pour un certain nombre, chance de gain supérieur. Donc, les chances de perte n'existant pour personne, notre Souscription ne pouvait être assimilée à une loterie.

Mais, étant donné que nous avions un but social, que notre Souscription n'était pas, comme celle du *Matin*, organisée dans un intérêt purement mercantile, il n'y a pas à s'étonner que nous ayons été poursuivis.

Malgré les causes que nous venons d'exposer, malgré les entraves que le Parquet a mises à notre œuvre, les engagements pris ont été tenus : tous les porteurs de billets ont été remboursés, et la Souscription s'est clôturée, comme c'était prévu, par un excédent.

Les tracasseries du Parquet nous ont été préjudiciables ; toute la comptabilité de la Souscription nous a été saisie, et c'est dans les conditions les plus mauvaises que nous avons dû opérer le remboursement. C'est grâce à un long et coûteux travail que nous avons réussi à rétablir la comptabilité. Seulement, ne possédant plus nos listes d'expédition de billets, nous n'avons pu tout faire rentrer, et c'est ce qui explique que, sur les 400.000 billets mis en circulation, il y en ait une quantité considérable qui n'ont été ni payés ni rendus.

Voici les chiffres exacts :

Sur les 400.000 billets mis en circulation, il y a eu 160.164 billets payés, soit une somme de..	40.041 »
Environ 107.000 billets sont restés impayés, soit..............	26.750 »
132.836 billets sont restés en souffrance ; par suite de la saisie des livres de comptabilité, il a été impossible d'en obtenir le recouvrement. Ces billets représentent une somme de..	33.209 »
Total................................	100.000 »

Les tableaux ci-dessous donnent le détail des *Recettes* et des *Dépenses* de la Souscription :

État financier de la Souscription de « La Voix du Peuple » au 30 juin 1902

RECETTES

	Placement des billets payés	Frais d'expédition d'objets, remboursés par les bénéficiaires	Liquidation d'objets non réclamés	TOTAUX
Septembre 1901....	1.146 50	»	»	1.146 50
Octobre —	1.097 95	»	»	1.097 95
Novembre —	1.542 85	»	»	1.542 85
Décembre —	2.612 50	»	»	2.612 50
Janvier 1902........	4.269 05	»	»	4.269 05
Février —	11.052 35	»	»	11.052 35
Mars —	8.694 »	22 85	»	8.716 85
Avril —	487 95	76 35	»	564 30
Mai —	154 05	37 55	»	191 60
Juin —	131 20	20 95	234 »	386 15
	31.188 40	157 70	234 »	31.580 10
Situation présentée au Congrès de Lyon.	*8.852 60*	»	»	*8.852 60*
TOTAUX.....	40.041 »	157 70	234 »	40.432 70

DÉPENSES

	Imprimés	Personnel	Affets divers et expédition d'objets de rembours^{t}	Achat d'objets de remboursement	TOTAUX
Septembre 1901........	51 45	150 »	113 »		314 45
Octobre —	83 50	200 »	47 70		331 20
Novembre —	210 »	200 »	286 25		696 25
Décembre —	289 »	250 »	377 30	60 »	976 30
Janvier 1902...........	524 »	250 »	569 05	» »	1.343 05
Février —	227 75	250 »	318 »	185 35	981 10
Mars —	8 »	250 »	385 10	1.878 70	2.521 80
Avril —	» »	250 »	811 30	5.527 85	6.589 15
Mai —	» »	250 »	567 40	1.758 35	2.575 75
Juin —	» »	» »	268 10	305 50	573 60
	1.393 70	2.050 »	3.743 20	9.715 75	16.902 65
Situation présentée au Congrès de Lyon........	769 45	1.065 »	340 10		2.174 55
TOTAUX.........	2.163 15	3.115 »	4.083 30	9.715 75	19.077 20

Ainsi, les opérations de la Souscription se sont liquidées par 40.432 fr. 70 de recettes et 19.077 fr. 20 de dépenses. Soit un excédent de recettes de 21.355 fr. 50.

Il est à observer que les frais généraux qu'a nécessités la Souscription, et qui ont atteint plus de 9.000 francs, n'eussent guère été plus élevés, quel qu'eût été le chiffre des billets placés. En effet, au-dessus des frais indispensables auxquels nous avons dû faire face pour le lancement de la Souscription, l'impression des billets, les frais de comptabilité, etc., — et qui étaient inéluctables, quel que pût être le nombre de billets placés, — si la vente des billets eût été plus considérable, notre budget n'eût été grevé que des frais de remboursement et d'une somme minime de frais généraux. On peut dire qu'au point où nous en étions, tout l'excédent de billets placés eût été, à peu de chose près, bénéfice, défalcation faite des frais de remboursement.

Néanmoins, malgré qu'elle n'ait pas donné le résultat attendu, la Souscription n'en a pas moins eu une considérable utilité, puisqu'elle s'est clôturée par un excédent de 21.355 fr. 50.

C'est grâce à cette recette que la *Voix du Peuple* hebdomadaire a pu se développer, grandir et arriver au point où elle en est actuellement, c'est-à-dire à même de vivre par elle-même et de faire espérer sous peu des rentrées rémunératrices.

Sur les 21.355 fr. 50 d'excédent de la Souscription, il a été absorbé, pour aider à la publication de la *Voix du Peuple* :

Jusqu'en septembre 1901..............................	6.234 40
De septembre à fin novembre 1901........................	2.409 60
Liquidation du compte Allemane, pour impression du journal en 1901 (Voir Rapport du Trésorier)............	1.924 50
Total............	10.568 50
Frais divers occasionnés par le procès intenté au camarade Girard..............................	150 »
Total............	10.718 50

C'est donc tout liquidé, un excédent net de 10.637 francs qu'a laissé la Souscription.

L'effort fait a donc été on ne peut plus utile. Outre le bénéfice net qui est résulté de cette opération, il y a eu la possibilité de lancer la *Voix du Peuple* hebdomadaire. Et cela seul, même sans autre excédent, justifierait la Souscription.

Il fallait d'abord faire vivre la *Voix du Peuple*, telle quelle, pour être à même de la transformer un jour en quotidien. C'est le processus logique et fatal du développement de tout organisme : d'abord, débile et faible, il consomme sans produire, avant d'arriver à la vigueur rayonnante que donne la croissance. Il eût été aussi absurde de refuser la nourriture à la *Voix du Peuple* embryonnaire, parce qu'elle n'était qu'hebdomadaire et qu'il fallait qu'elle fût quotidienne, qu'il le serait de refuser le biberon à un nouveau-né.

En décidant (au Congrès de Paris, 1900) le lancement de la Souscription, il fut convenu qu'outre le Remboursement de la valeur des billets, il serait attribué une *Part Sociale* d'une Société en commandite, créée subséquemment, à toute organisation qui aurait servi d'intermédiaire pour le placement des billets, — à raison d'une *Part Sociale* par 100 francs de billets placés.

A ce point de vue, nous avons voulu tenir nos engagements, tout comme pour le Remboursement réel. Nous avons donc constitué une Société en commandite, dont les deux secrétaires du Comité confédéral sont les gérants, et toutes les organisations qui ont aidé au placement des billets de la *Voix du Peuple* recevront le nombre de *Parts Sociales* auxquelles elles ont droit.

Cette Société en commandite, si elle n'a pas pour fonctions de veiller à la publication immédiate du journal quotidien, restera au moins le cadre qui permettra, sous une forme ou sous une autre, de réunir les fonds nécessaires à la création de cet outil de propagande

La Situation morale

Quoique la *Voix du Peuple* ne soit encore qu'hebdomadaire, elle n'en a pas moins tracé un profond sillon, qui légitime son existence et doit nous encourager à redoubler d'efforts pour la développer et accroître ainsi son action.

Par elle, les organisations corporatives ont eu les moyens de formuler leurs conceptions ; elles ont pu se dégager de la tutelle des journaux quotidiens, qui, par cela même qu'ils sont tous des entreprises capitalistes, sont dominés par des préoccupations autres que de devenir la tribune libre des Syndicats.

A notre époque, un groupe d'hommes — quel qu'il soit — n'arrive à dégager son opinion et à la matérialiser que par le journal. Le journal est l'organe de vulgarisation de l'idée ; sans lui, l'idée ne rayonne pas. C'est pour cela que, jusqu'à la création de la *Voix du Peuple*, la doctrine syndicaliste restait imprécise, faute de pouvoir se concréter par le journal et s'épurer au feu de la discussion.

Nous ne signalerons que quelques-uns des points dont la *Voix du Peuple* a facilité l'élucidation :

L'an dernier, à propos du Referendum organisé par le gouvernement sur la question des *Retraites ouvrières*, concurremment à l'Enquête officielle, elle publiait un nombre considérable de Réponses, dont l'indiscutable intérêt est présent à la mémoire de tous ;

Grâce à elle, encore, la question de l'*Unité ouvrière* a été traitée dans toute son ampleur, et la besogne du Congrès en sera facilitée ;

D'autre part, elle a aidé, dans une forte proportion à la mise en pratique du *Label*, qui, créé à peine depuis quelques mois, est déjà entré dans les mœurs syndicales ;

N'a-t-elle pas, aussi, aidé à rendre plus claire, plus nette, l'idée de grève générale, qui gagne du terrain dans tous les milieux ?

Actuellement, elle publie les Réponses à l'Enquête sur la besogne de réorganisation sociale dont doivent se préoccuper les Syndicats, afin de ne pas être pris au dépourvu en période révolutionnaire.

Ajoutons que cette besogne d'élucidation spéculative n'empêche en rien les organisations ouvrières de mener le combat quotidien, de résister au jour le jour aux empiètements patronaux, d'exiger des conditions meilleures. Par la grève, le boycottage, le sabottage, etc., — pratiques dont la *Voix du Peuple* explique et commente le mécanisme, — les travailleurs s'efforcent à réaliser de minimes et successives expropriations partielles, qui sont un acheminement vers l'expropriation générale du Capitalisme.

Certes, dans sa forme actuelle, la *Voix du Peuple* est loin de satisfaire à toutes les nécessités de la propagande syndicaliste. Elle est forcément incomplète et a ses colonnes encombrées d'articles qui gagneraient à être écourtés.

Les militants qui se font les collaborateurs de la *Voix du Peuple* ne se rendent pas assez compte que ce ne sont pas des articles plus ou moins théoriques qui donnent de la vie à un journal, mais bien l'exposé des faits, la peinture des milieux, la documentation exacte. Faire un article théorique, où sont plus ou moins amoncelées des redites et des idées déjà en circulation, est une besogne à la portée de presque tous. Ce qui est plus rare, c'est la faculté de vision qui permet, en style concis, de dévoiler les monstruosités sociales qu'on a sous les yeux.

Telle qu'elle a été depuis sa création, la *Voix du Peuple* a eu plus l'allure d'un organe d'éducation pour les militants que d'une feuille de propagande pour la masse ouvrière ; les questions abordées dans ses colonnes ont surtout eu trait à l'organisation syndicale, aux meilleurs modes de groupement corporatif. Si cette orientation a prédominé — au point de prendre la majeure partie des quatre pages du journal — c'est que, jusque-là, les militants syndicalistes n'avaient pu que, très imparfaitement, échanger leurs idées sur ce sujet.

Aujourd'hui, cette œuvre d'éducation est en assez bonne voie pour qu'il soit possible de songer à faire, dans la *Voix du Peuple*, une place plus importante aux faits sociaux, à l'actualité, aux documents.

Toujours faute de place, a été très négligé aussi tout ce qui a trait au mouvement social de l'Extérieur. C'est d'autant plus regrettable que notre ignorance des efforts de nos camarades d'outre-frontières nous incite à nous confiner dans une crédule vanité et à nous croire le peuple le plus « *avancé* » du monde. Or, si nous connaissions mieux l'organisation des travailleurs d'Allemagne, de Grande-Bretagne, des Etats-Unis, etc., nous perdrions de notre morgue et nous ferions notre profit de la comparaison entre les diverses tactiques de lutte économique.

Mais, pour améliorer la *Voix du Peuple*, pour en faire un journal intéressant pour les militants et attrayant pour les travailleurs qui s'éveillent à la vie syndicale, il faut lui procurer des moyens d'action. Elle fait ses frais, avec peine ! Il lui est donc difficile d'élargir son cadre, de s'améliorer. Il faut lui donner les moyens qui lui manquent !

N'est-il pas piteux de constater qu'après vingt mois d'existence, la *Voix du Peuple* n'a encore que 1.600 abonnés ! Que le quart des Bourses du Travail et plus des deux tiers des Syndicats ne sont pas abonnés à LEUR JOURNAL !

En un an, — depuis le Congrès de Lyon, — le chiffre des abonnés ne s'est élevé que de 550 !

Une telle apathie dénote, sinon de l'indifférence, au moins une forte dose de négligence.

Il nous faut réagir ! Il faut que le nombre des abonnés augmente. Il faut que la vente au numéro s'organise un peu partout. Il faut que chacun de nous s'intéresse à la *Voix du Peuple*, se passionne pour elle, ait à cœur son développement. A cette condition seulement, elle pourra — au fur et à mesure que se manifesteront les sympathies — améliorer ses services, agrandir son format, paraître plus souvent et se rapprocher de plus en plus du quotidien syndicaliste que nous voudrions voir naître au plus tôt.

Il y a un fait dont les militants ne se sont pas assez pénétrés : un journal n'est pas puissant parce qu'il a à sa disposition d'énormes capitaux, — il est puissant parce qu'il a pour le soutenir un nombre considérable d'abonnés et d'acheteurs.

Donc, que les travailleurs veuillent que LEUR JOURNAL, *la Voix du Peuple*, soit puissant, — et il le sera !

Pour le Comité :

Le Secrétaire du Journal,
ÉMILE POUGET.

Hardy.—J'ai mandat de la Fédération de la maréchalerie de présenter un simple vœu concernant le Label. C'est de donner aux mots Bien-être et Liberté qu'il renferme, une tendance plus internationale. D'autre part, j'ai le mandat de faire des réserves en ce qui concerne le manifeste *Aux Travailleurs organisés.* Il appartient à tout citoyen de se défendre, mais aussi, de pouvoir discuter librement les actes de qui que ce soit.

Guérard. — J'ai d'assez longues observations à présenter sur ce rapport. Il soulève plusieurs propositions auxquelles il faudra répondre. Il demande aussi de donner avis sur la représentation à donner au Comité confédéral. D'autres questions seront aussi soulevées que l'on mettra aux voix. Tout d'abord, je dois regretter que le Comité confédéral ait adressé un manifeste aux travailleurs pour mettre à l'index un journal. Certes, je n'approuve pas les critiques formulées par le journal contre notre Confédération, mais il y avait un moyen terme, c'était de répondre dans les colonnes de la *Voix du Peuple.* Je regrette qu'on ait agi différemment.

Sur le Label, la Confédération a été amenée à la suite de critiques formulées par la Fédération du livre à changer d'imprimeur. J'estime qu'elle n'avait pas à changer d'imprimeur, s'étant toujours conformée aux décisions de la Fédération du livre. Au point de vue de la rédaction du journal, notre Syndicat désirerait que la partie informations ne soit pas aussi négligée. Nous voudrions que notre journal cite toutes les grèves qui ont lieu ; que lorsque des décrets des lois ouvrières sont étudiés, il en parle ; nous voudrions aussi que lorsque des Congrès ont lieu il en soit aussi question. Un Congrès important a été tenu à Stockholm dont il n'a même pas été fait mention. Il est vrai que le journal est très restreint, il faut que le Comité confédéral ne néglige pas cette partie. Je voudrais cependant qu'on limitât les colonnes pour chaque sujet, qu'il y ait moins de théorie et plus de faits, et il serait ainsi plus connu et mieux lu. Je demande aussi que le journal prenne des annonces commerciales; il a eu tort de ne pas le faire jusqu'ici. Le Comité confédéral a fait l'acquisition d'une machine à écrire, il aurait pu la payer en grande partie avec la publicité. Je regrette qu'il ne l'ait pas fait. Certaines annonces dans ce genre-là pourraient être acceptées, tandis qu'au contraire des annonces capitalistes et immorales seraient rejetées. On laisserait au Comité confédéral le soin de les choisir dans cet ordre d'idées. Maintenant, j'ai un reproche personnel sur un article du rapport financier à faire, c'est au sujet d'un lot de la souscription qui a été gagné et que le Comité n'a pas délivré. Un membre de mon Syndicat a placé des billets et a négligé d'indiquer sur la souche quelle est la personne qui avait pris le billet. Le numéro gagnant la maison était parmi ceux-là. On rechercha qui ce pouvait être. Un camarade qui croyait avoir eu le billet en sa possession se présente et dit : « j'ai gagné la maison ». Le Comité lui réclame son billet, c'était juste, mais il ne l'avait pas. Cependant celui qui avait vendu le billet vint affirmer que c'était bien à ce camarade qu'il avait vendu le billet gagnant. Le Comité refusa toujours, alors notre collègue déclara qu'il ferait opposition sur la délivrance de la maison de campagne, mais rien n'a été fait depuis. Le Comité a eu tort de refuser ce lot, car en le donnant, il aurait fait une très bonne propagande. Je pose donc la question au Congrès. Le Comité doit-il donner au Syndicat du chemin de fer qui a vendu le billet, la valeur du lot gagné ?

Besset.— La Fédération du Sud-Est m'a donné mandat d'approuver le rapport du Comité confédéral. Les camarades Griffuelhes et Pouget que nous avions chargés de nous représenter au Comité confédéral dans l'esprit des décisions prises au Congrès de Lyon, auraient dû signer la protestation en notre nom. Nous avons été surpris de voir sur un journal que ces deux camarades ont voté personnellement et non comme mandataires une protestation que nous acceptons en entier. Je proteste contre cela, car tous les syndicats du Sud-Est sans exception se sont joints au blâme qu'ils ont donné à la *Petite République* et nous approuvons leurs votes. Ce n'est pas qu'à Paris que nous trouvons des journaux bourgeois attaquant les prolétaires, nous avons déclaré au Congrès de Lyon que les Syndicats ne s'occuperaient pas de politique, mais en échange nous voulons que les politiciens ne s'occupent pas de nos Syndicats (Vifs applaudissements).

Bousquet.— Je dirai l'opinion de l'alimentation sur le Label. Celui-ci devrait être soumis et appliqué partout, car malheureusement il l'a été très peu jusqu'ici. On a soutenu la thèse qu'il devait être simplement moral, qu'il ne devait servir qu'à distinguer les jaunes des rouges. Il n'est nul besoin de cela pour établir cette distinction. Il faut aussi qu'il établisse la solidarité du prolétariat par une collaboration incessante de tous les groupements, car il sera utile plus qu'on ne le croit pour l'avenir. Je dépose à ce sujet la proposition suivante :

Considérant que l'application du Label doit être non seulement morale, mais aussi matérielle.

Considérant que la Confédération doit aider par tous les moyens à l'application du label et que cette application ne peut être réelle que par une action continue. Le Congrès décide que le Comité confédéral devra nommer une sous-commission spécialement chargée de cette action avec le concours des fédérations et syndicats intéressés.

BOUSQUET.

Fédération de l'alimentation,
Fédération des peintres,
Chambre Syndicale des ouvriers boulangers de la Seine,
Chambre Syndicale des limonadiers, restaurateurs de Paris,
Chambre Syndicale des confiseurs de Paris,
Chambre Syndicale ouvrière de la boucherie de Paris,
Chambre Syndicale des ouvriers charcutiers de Paris,
Chambre Syndicale des ouvriers champagniseurs de Saumur.

Relativement au manifeste qui a été publié, je dirai que nous reconnaissons à tout le monde le droit de critique. Si le journal la *Petite République* avait discuté les idées émises par certains membres du Comité Confédéral à travers le pays, c'était son droit. Mais lorsqu'on discute des idées au point de vue seulement de l'individu cela ne doit pas être. Or je maintiens que la *Petite République* a attaqué les hommes en temps que hommes, et que des membres du Comité Confédéral ont été attaqués même dans leur vie privée. Tous nous y sommes passés. Si l'on a cherché à les salir, c'est parce qu'on ne pouvait pas arriver a détruire l'idée vraie qu'ils préconisaient. Nous avons souvent des discussions un peu vives entre nous, mais nous ne nous salissons pas et nous ne pouvons tolérer qu'on salisse des militants comme ce journal l'a fait.

Le journal la *Petite République*, qui vit avec des fonds dont nous ne voulons pas rechercher ici la provenance, méritait qu'on mette tous les travailleurs conscients en garde contre ses agissements. On a attaqué un homme qui est à la tête du prolétariat, Escalier de la Loire, et on l'a vilipendé. Pendant les grèves du bâtiment ce journal a prétendu que certains militants étaient soudoyés par le Duc d'Orléans et ne l'a jamais prouvé. Ce journal, refuge des avocats sans cause, des médecins sans clients et des professeurs en rupture de chaires, doit être signalé pour l'œuvre néfaste qu'il commet tous les jours. (Vifs applaudissements).

J'appuie la motion du camarade Guérard consistant à affecter quelques colonnes du journal à des informations diverses qui le rendraient certainement plus intéressant. Quelques camarades se sont plaints que *la Voix du Peuple* a un caractère avancé, mais pourquoi ceux-là ne nous envoient-ils pas des articles qui seraient toujours les bienvenus ? Il n'a tenu qu'à eux que toutes les idées y fussent émises. Leurs critiques portent donc à faux.

J'ai fait moi-même à plusieurs reprises des articles que je me serais bien passé de faire si au moment de la mise en pages du journal il y avait eu suffisamment de copie. Pourquoi aussi ceux qui critiquent des articles trop avancés n'y ont-ils pas répondu et n'ont-ils pas eux aussi émis leurs idées sur le sujet ?

Griffuelhes.— Il me faudra certainement plusieurs heures pour répondre aux attaques contre le Comité confédéral. J'espère que le Congrès voudra bien me les accorder. Relativement au sujet de la souscription le camarade Guérard a eu raison de dire que la somme de 5.000 francs a été demandée par le Syndicat des chemins de fer, ou plutôt par un camarade qui n'a jamais pu prouver qu'il était propriétaire du billet gagnant. En effet, le lendemain du tirage, un ouvrier des chemins de fer réclamait le lot, mais ainsi que le numéro 70 du journal l'avait indiqué et comme cela se fait d'ailleurs pour toutes les tombolas, nous avons demandé la production du billet, car c'est pour nous la seule preuve que le réclamant est bien le gagnant. Quelques jours après, un soldat ayant travaillé dans les chemins de fer vint également réclamer le lot. Enfin, un troisième gagnant s'est aussi présenté, j'en appelle au témoignage du camarade Lauche. En présence de ces trois prétendants quelle doit être notre attitude? Quel est le véritable gagnant ? C'est pour cela que le Comité a décidé de ne donner la somme que contre présentation du billet.

Guérard. — Je prie le Congrès de croire que dans la circonstance notre Syndicat s'est fait simplement l'interprète d'un de ses membres, comme je le disais tout à l'heure, je suis plutôt fâché d'avoir à accomplir un pareil mandat.

La Présidente met aux voix la proposition ci-après :

Le Congrès approuve la décision du Comité confédéral de ne pas délivrer les lots de la tombola sans la présentation des billets gagnants.

Adopté à l'unanimité, moins la voix du camarade Guérard.

Avant de lever la séance, le camarade Niel rappelle au nom de la Commission d'organisation que tous les délégués sont invités à assister au vin d'honneur qui leur est offert ce soir-même à 8 h. 1/2 dans les salons du café de l'Esplanade.
La séance est levée après formation du bureau pour le lendemain matin.

Sont nommés :

Président, BOURCHET, de Lyon. *Assesseurs*, SAVARD, VINCELOT.

Séance du 23 septembre, matin

La séance est ouverte à 9 heures par le camarade Bourchet, de Lyon, Président ; Vincelot et Savard, assesseurs.

Le Président donne lecture de la dépêche suivante : Travailleurs algériens envoient salut fraternel, congressistes ; souhaitent succès Congrès pour émancipation travailleurs, signés : Souleri et Yvetot (Applaudissements unanimes).

Estor. — Je ne reprendrai pas les arguments qui ont déjà été apportés relativement au journal. Ce qui m'a le plus frappé, c'est d'avoir entendu demander que l'on réserve une page pour les annonces. Cela est absolument contraire à nos principes syndicalistes. Pourquoi chercherions-nous à favoriser et à étendre la vente de tel ou tel commerçant, alors que notre but est de parvenir à faire disparaître la race des exploiteurs, il n'est pas logique que nous les soutenions. Je conclus en disant que nous ne devons faire aucune annonce sur notre journal, qui est et doit rester purement syndicaliste. Il ne doit contenir que des articles intéressant la classe ouvrière.

Génie.— Au nom des métallurgistes de l'Oise, dit qu'il a une petite critique à faire sur le travail du Comité confédéral. Je regrette que le Comité, d'accord avec la Fédération des Bourses, n'ait présenté, depuis le Congrès de Lyon, aucun projet d'unité ; quant au reste, j'appuie dans son entier le rapport du Comité confédéral.

Luquet. — Hier, nous avons entendu deux camarades venir critiquer les actes du Comité confédéral sur divers points. Je ne m'appesantirai que sur le manifeste traitant de la *Petite République*. C'est là un fait assez grave et je demande que chacun s'explique et prenne l'entière responsabilité de ses actes. Pour ma part, je me félicite d'avoir été le promoteur auprès du Comité confédéral de l'attitude prise contre la *Petite République*. Il n'est pas possible d'être attaqué tout le temps par un journal qui, à un certain moment, pourrait avoir la confiance des travailleurs. Les attaques venant d'un journal bourgeois quelconque, nous aurions passé outre si, par exemple, elles fussent sorties du journal royaliste, *Le Gaulois*, ou bien de l'*Intransigeant*, mais émanant d'un journal qui s'intitule socialiste et veut défendre les travailleurs, nous avons mis ceux-ci en garde contre l'attitude que prenait ce journal à l'égard de leur organisme central, mais il n'y a pas eu de mise à l'index. Je ne ferai pas l'analyse de ce qui s'est passé. Vous avez assez à la mémoire les critiques formulées contre nous. On nous a montrés comme des maîtres, des dirigeants alors que nous ne faisions qu'appliquer ou faire appliquer les décisions prises dans les Congrès antérieurs, et si l'on prenait la peine d'examiner ce qui a été fait durant cette année, comparativement à ce qui a été fait autrefois, vous trouveriez des résultats. Vous verriez le résultat obtenu au point du vue du Label et tant d'autres questions résolues. Je ne nie pas que le camarade Guérard et ceux qui nous ont précédés n'aient pas fait ce qu'ils ont pu, mais quel moment a-t-on choisi pour nous critiquer? c'est celui justement où nous faisions la besogne qui nous avait été assignée. Il y a là, quoi qu'on en pense, une question politique, et les camarades l'ont bien vu. En effet, c'est parce qu'à Lyon le Congrès avait donné une nouvelle direction à notre travail, c'est parce que nous avions refusé d'entrer dans la vue des politiciens à quelque parti qu'ils appartiennent et à quelque titre que ce soit. Si parmi nous il y a des politiciens, ils n'ont en tous cas jamais fait servir leur politique que dans l'intérêt des travailleurs, Il fallait, pour ce journal, que les travailleurs servent une politique et c'est ce qu'ils n'ont pas voulu faire. Vous avez suffisamment conscience des difficultés que nous avons eu à supporter.

Quelques camarades nous disent que nous aurions dû répondre dans la *Voix du Peuple* à la *Petite République*, c'est une naïveté d'émettre une pareille idée. Si nous avions voulu polémiquer dans la *Voix du Peuple*, on nous accuserait aujourd'hui de l'avoir fait et il a fallu agir autrement.

Nous avons employé une autre tactique. Nous avons envoyé

notre réponse à la *Petite République*, et sur le refus d'insérer opposé par celle-ci, nous n'avions qu'une seule attitude de permise, c'était de faire ce que nous avons fait, et malgré ce que l'on a dit, il y a bien peu de Bourses du Travail qui ont refusé d'afficher le manifeste, cela indique bien que la grande majorité des travailleurs était avec nous. Nous aurions manqué à la solidarité la plus élémentaire si nous ne nous étions pas défendus. Cette solidarité a été émise par un vote unanime au Comité confédéral, et j'espère que vous donnerez aussi, par un même vote, raison à ce même Comité, et vous aurez ainsi imposé silence à ceux qui veulent escompter des divisions à la suite des faits passés.

Au Comité Confédéral où sont représentés tous les éléments, soit modérés soit révolutionnaires, tout le monde s'est trouvé d'accord pour défendre l'avis du Comité. Nous avons voulu défendre non des idées particulières, mais l'intérêt même du prolétariat. C'est pourquoi nous avons confiance dans le vote que vous allez émettre.

Rivelli, Marseille. — L'avis paru dans le n° 96 de la *Voix du Peuple* a pu léser divers organes relativement à leur adhésion, aussi je dépose au nom des Chambres syndicales des Bouches-du-Rhône l'ordre du jour suivant :

La Bourse du Travail de Marseille demande qu'à l'avenir le Comité Confédéral fasse connaître, au moins deux mois avant le Congrès, les conditions et les droits qu'ont les organisations de s'y faire représenter.

RIVELLI.
Délégué de la Bourse

Guérard. — Je demande si la *Voix du Peuple* est un journal de combat et de défense des intérêts des travailleurs et s'il ne peut pas répondre utilement lorsqu'il est attaqué. Tous nos journaux politiques essaient par toutes sortes de moyens de faire prévaloir leurs idées. Je n'approuve pas que la *Petite République* ait attaqué des personnalités, mais comme journal politique il avait droit de critique. Y a-t-il eu du côté de ce journal la courtoisie nécessaire, en pareil cas, je ne le pense pas.

Il a accusé les membres du Comité Confédéral d'être des négateurs et des catastrophistes. Il n'y a pas là de quoi blesser n'importe qui, et ce ne serait pas la première fois que des polémiques seraient engagées dans la *Voix du Peuple*, car moi-même à l'occasion du Congrès de Lyon, j'ai eu d'assez vives discussions avec la *Petite République* et avec l'*Aurore*. Nous n'en sommes pas morts et je ne vois pas pourquoi on ait fait autrement. Nous demandons seulement que dans l'avenir, lorsqu'on sera critiqué par un journal, on ne se borne pas à se taire, mais que l'on réponde. Je sais bien qu'on dira qu'un quotidien peut chaque jour nous attaquer, tandis que nous, journal hebdomadaire, nous ne pouvons nous défendre que tous les 8 jours, et sous ce prétextelà on ne répond pas du tout, c'est là un danger et je pense que le Congrès votera que la *Voix du Peuple* doit répondre aux journaux lorsque le Comité Confédéral ou des militants sont attaqués. Je crois aussi que, si un autre journal avait critiqué le Comité Confédéral, on n'aurait pas jugé à propos de répondre par un manifeste, mais ceci est mon opinion. Je crois que dans le Comité il y a eu des esprits qui ont eu l'idée de faire une action politique contre un journal politique. Il faudrait dans l'avenir que cela ne se produise plus. Un camarade a été attaqué violemment et dans des termes indignes, mais c'est en raison de son attitude politique aux dernières élections qu'il l'a été.

Bousquet interrompt l'orateur en disant : je tiens à ce que vous déclariez que c'est aussi à raison de mon attitude sur le terrain syndical que j'ai été pris à partie.

Guérard. — Après les attaques contre Bousquet, puisqu'il s'est nommé lui-même, attaques le représentant comme n'ayant pas des moyens d'existence avouables, le Comité Confédéral a-t-il fait quelque chose pour le défendre ? Non. Il a laissé planer des doutes sur ce camarade. Enfin lorsque le Comité Confédéral envoya un questionnaire sur le lendemain de la grève générale, la *Petite République* a tourné ce questionnaire en dérision en le comparant à une proposition hilarante qui avait pris jour au Congrès de Lyon, qui demandait que le Comité Confédéral remplace le gouvernement au lendemain de la Révolution. On n'a rien répondu dans la *Voix du Peuple* et on a fait un manifeste. Puisque nous n'avons qu'un seul journal pour nous défendre, s'il se tait il ne fait pas son devoir, et ce n'est pas l'arme de combat que nous devrions avoir pour défendre nos idées.

Latapie. — Je trouve étrange que Guérard soit venu ici défendre la *Petite République*.

Guérard. — Je n'ai pas dit cela.

Latapie. — Lorsqu'en 1899 Guérard et Riom faisaient de l'agitation en faveur de la grève générale ils furent accusés par la *Petite République* d'être soudoyés par le duc d'Orléans, c'était alors en pleine affaire Dreyfus, et il fallait éviter qu'un mouvement général mît le gouvernement dans l'embarras.

D'ailleurs, ce n'est pas d'aujourd'hui que ce journal est en lutte avec l'Organisation syndicale ; en 1896 au Congrès de Tours ceux qui viennent aujourd'hui essayer de l'absoudre le firent mettre à l'index.

Il est vrai que depuis ils ont été récompensés. Aussi je vous dis, camarades, mettez-vous en garde contre ce journal et ses défenseurs.

Bousquet. — Je ne voulais pas revenir sur ce fait, mais mis en cause par Guérard je dois déclarer que la *Petite République* m'avait attaqué au point de vue politique et aussi au point de vue syndical. Pour me discréditer auprès des camarades, elle n'a pas craint de me représenter comme dépourvu de moyens d'existence avouables. J'étais permanent de la Chambre syndicale des boulangers de Paris, et lorsque les camarades qui m'avaient délégué ont eu connaissance des attaques dont j'étais l'objet, ils n'ont pas craint de blâmer et de protester contre ce journal. Que s'est-il passé alors? La *Petite République*, qui a la haute main sur la boulangerie ouvrière où certains camarades étaient employés, a fait renvoyer pour cette protestation le secrétaire des boulangers et le trésorier, et l'on m'a signalé comme un prototype dangereux et dont l'espèce était assez répandue. Ce journal ayant refusé d'insérer ma protestation, il ne me restait qu'un moyen, c'était de me payer sur la peau ; c'est ce que j'ai fait, et que je suis encore disposé à recommencer si les calomnies continuaient.

Guérard.— Je n'ai pas défendu, comme a semblé le dire Latapie, le journal en cause, c'est surtout sur la manière de répondre que j'ai insisté. En 1899 j'ai engagé avec lui une polémique, j'ai prouvé que ce journal avait tort, il a été obligé d'en convenir, et le citoyen Turot a dû faire des excuses. Lorsqu'on est attaqué on doit répondre et j'ai la ferme conviction qu'on aurait ainsi souvent l'occasion de faire l'instruction syndicale des camarades, en répondant dans la *Voix du Peuple* aux arguments de ceux qui nous attaquent. J'estime que sans critiquer le Comité Confédéral, je puis demander qu'à l'avenir la *Voix du Peuple* ne se refuse pas le droit de réponse et qu'il engage des polémiques avec des journaux qui viendraient critiquer sa gestion ou sa conduite.

Trottebas. — Guérard dit qu'il faut répondre à toutes les critiques, mais si l'on tient compte de l'extension du mouvement ouvrier, et d'autre part, du grand nombre des journaux qui nous sont hostiles, il y aura des difficultés à répondre à ces journaux, qui sont la plupart contre nous. J'estime que le Comité Confédéral a bien agi en restant en dehors de toute politique.

Gueuneau.— Je ne suis jamais venu dans un Congrès, et c'est la première fois que j'y prends la parole. Je ne croyais pas qu'on y venait pour se disputer entre pontifes d'une école ou d'une autre, mais pour s'entendre, pour s'unir, et pour avoir plus de force et de cohésion afin d'arriver à notre but final, le Bien-être et la Liberté. Est-ce que ce n'est pas idiot de voir ici des camarades perdre leur temps à discuter sur des personnalités, je demande à ce que cette comédie finisse, voilà une dizaine d'orateurs qui viennent nous raser avec la *Petite République*, laissons les écoles politiques de côté et occupons-nous surtout de notre but. Je termine en demandant la clôture sur cette discussion.

Le Président met aux voix la clôture.

Guérard demande la parole sur la clôture et dit qu'il ne faut pas s'arrêter avant d'avoir entendu la réponse de Griffuelhes.

Mise aux voix, la clôture est adoptée après les orateurs inscrits.

Griffuelhes. — Je répondrai en plaçant la question sur le terrain purement Syndical sans vouloir me laisser entraîner sur des côtés qui ont pour but de dénaturer l'esprit et le caractère du vote relatif à l'ordre du jour mis en discussion, qui n'est ni un manifeste ni une mise à l'index. Guérard a voulu apporter un cas spécial concernant le camarade Bousquet qui ferait supposer que cet ordre du jour a répondu à des préocupations politiques.

Je ne veux donc pas suivre Guérard sur ce terrain, Bousquet n'ayant pas à être mis en discussion.

Guérard, en faisant observer que le Comité confédéral aurait dû établir la polémique, tend à blâmer le Comité. Et il faut préciser en restant sur le caractère de l'ordre du jour, car le point qu'il importe de connaître est celui d'examiner si cet ordre du jour répondait à une nécessité. Si Guérard veut faire se prononcer le Congrès sur l'utilité des polémiques que pourra engager la *Voix du Peuple*, j'accepte la discussion mais après avoir examiné, et cela en dehors de toute autre question, les points du rapport du Comité.

Tout d'abord, je tiens à déclarer, en ne craignant pas d'être démenti par les camarades que l'on a classés comme les membres de la majorité, que nul écrit ni nulle parole officielle ne permet de dire que ces camarades sont venus à ce Congrès avec l'intention d'exclure de son sein une partie des délégués sous le prétexte qu'il y a différence de conception.

Chacun a le droit de défendre ses opinions et on ne saurait interdire à quiconque la liberté de les exposer.

Je reviens sur le fond du débat et je vais vous donner lecture de l'ordre du jour du Comité confédéral pour bien établir qu'il n'a pas été inspiré par le souci de défendre des personnalités, mais bien l'organisme confédéral tout entier :

« Les membres du Comité confédéral, dans la séance du 22 juillet 1902, se déclarent *à l'unanimité* solidaires des résolutions prises par le Comité confédéral, sur les points qu'il a eu à examiner, soit que ces décisions aient été prises à l'unanimité, soit qu'elles l'aient été à la majorité ;

« Considérant que les actes du Comité confédéral ne relèvent que des organisations confédérées et du Congrès corporatif, ils affirment leur ferme dessein de rester en dehors de toute campagne ou polémique poursuivie ou entamée par des éléments étrangers et contraires.

« Le Comité confédéral, convaincu d'avoir fait son devoir, attend avec confiance le Congrès de Montpellier, qui aura à se prononcer, en toute connaissance de cause, sur ses actes et ses travaux, résumés en un rapport, qui, sous peu, sera soumis aux organisations adhérentes ;

« D'ici là, il affirme sa volonté de continuer son action dans les conditions qu'il jugera les meilleures pour les intérêts de la classe ouvrière organisée, dont ses membres font partie et dont il est le représentant.

« Le Comité confédéral n'entend pas se mettre au-dessus de tout examen ; il reconnaît à tous, quels qu'ils soient, amis ou adversaires, le droit de critique sur ses décisions et ses actes, et désire simplement que cette critique s'exerce en des formes loyales ; mais ne voulant pas se laisser entraîner à des polémiques recherchées dans un but de désorganisation ouvrière, il se borne à mettre les travailleurs en garde contre la campagne de désunion syndicale à laquelle se livre le journal la *Petite République*. »

Dans son rapport, le Comité précise le sens de cet ordre du jour par le passage suivant :

« Le Comité confédéral, chargé d'interpréter les décisions des Congrès, ne pouvait laisser passer des critiques présentées sous une forme peu courtoise et dirigées contre ces décisions.

« Ses actes, tout en s'inspirant des votes des Congrès, ne sont pas au-dessus de toute critique, et il n'entend nullement limiter à personne, amis ou adversaires ce droit de critique. Mais il a le devoir de défendre son œuvre, lorsqu'elle est dénaturée et faussée, en prévenant les camarades à qui le temps ne permet pas d'apprécier de près son action que les critiques répandues ne doivent trouver crédit auprès d'eux que sous de fortes réserves. Ce qu'il demande, c'est que toute critique laisse aux résolutions des Congrès et à nos décisions leur caractère et leur esprit.

« Il n'en a pas été ainsi : des hommes, parce que possédant une presse quotidienne, obéissant à des préoccupations qu'il nous importe peu de connaître, mènent une campagne contre la Confédération, qu'on laissait isolée tout le temps que son influence a été faible, mais qui, en progressant, suscite leur dépit et leur haine.

De ces lectures il ressort bien que la préoccupation du Comité a été de répondre à une campagne d'injures par une déclaration disant que rien ne l'arrêterait dans l'accomplissement du mandat qui lui avait été donné par le Congrès de Lyon.

Si ces attaques se sont produites, c'est parce que la Confédération est devenue une force, car jamais les organismes faibles ne suscitent des critiques et des injures. (Vifs applaudissements)

Avant le Congrès de Lyon, et le camarade Guérard, secrétaire précédent l'avait indiqué, la Confédération n'avait pas fait œuvre de vie, aussi son action n'avait-elle jamais inquiété nos adversaires.

Il est à considérer en effet que ces attaques n'ont pas été le produit d'un individu, mais l'expression d'une mentalité et d'un état d'esprit que l'on voudrait répandre dans les milieux ouvriers ; de là, la nécessité de rétablir les faits, en mettant en garde les ouvriers contre tout ce qui pouvait dénaturer ces faits ou les amoindrir.

La première des attaques s'est produite le 14 juin à propos d'une brochure, que je ne connais pas, publiée par l'*Union corporative des ouvriers mécaniciens*. Un entrefilet parut commentant ladite brochure, dans le corps duquel était mis le paragraphe suivant :

Ne serait-il pas préférable que les membres du Comité Confédéral, auxquels les travailleurs syndiqués réunis en Congrès national ont confié le soin de mener à bien l'œuvre de propagande et d'organisation corporative, suivent le bel exemple que leur a donné l'*Union corporative des ouvriers mécaniciens*, au lieu de se livrer, dans l'organe de la Confédération, à une agitation stérile, à une campagne de dénigrement systématique et de politique malsaine ? »

Etonné de cette attaque, au moment de mon départ pour Stutgard, je demandai dans le n° 84 de la *Voix du Peuple*, sous une forme ironique, qu'on voulût bien distinguer la « politique malsaine » de la bonne politique, voulant, par là, établir une polémique loyale sur des conceptions et des tactiques.

Mais au lieu de répondre, une lettre, pour être insérée dans la *Voix*, fut apportée et le camarade Pouget déclara qu'en son nom personnel, il n'était pas opposé à l'insertion de la lettre mais à une condition c'est que les réponses paraîtraient dans la *Petite République*. Par là, se manifestait le désir de la discussion loyale qui veut que l'on examine les différents points de l'action journalière : nul ne pouvant prétendre ne jamais commettre d'erreur.

Cette offre fut refusée et le Comité confédéral, à qui fut soumise la lettre, refusa l'insertion. Le refus de la part du journal, pour une polémique courtoise indiquait donc un manque de loyauté.

A la date du 18 juillet, nouvelle attaque, dirigée contre ceux qui, d'après la déclaration du camarade Craissac, dans une séance de Comité, appartiennent à l'aile gauche. Sans doute, la campagne était contre cette aile gauche, mais maladroitement menée, elle avait comme résultat de frapper la Confédération. Voici ce qui était dit : « Mais dès l'ouverture des débats du Congrès, la tendance des syndicalistes exclusivistes a échoué. La petite fraction des ouvriers typographes, dont les membres voulaient se poser en syndicalistes purs, et qui, sous le prétexte de ne faire le jeu d'aucun parti politique, avait vivement attaqué le parti démocrate socialiste Allemand, n'a pas eu le beau rôle. »

Il y a là une attaque qui s'applique à nos camarades typographes de France, car chez les typos des deux pays, il y a le même esprit, la même conception dans la lutte syndicale.

Plus loin, la décision du Congrès de Lyon, sur le projet de loi relatif aux retraites ouvrières, prise à l'unanimité moins cinq voix est attaquée. D'autres passages trop longs à énumérer remplis d'expressions parfois grossières seraient à signaler.

De tout cela, il ressortait le désir d'engager une polémique discourtoise, déloyale, remplie d'injures, afin que l'on pût reprocher à la *Voix du Peuple*, d'être le réceptacle de rancunes et de haines. Le Comité confédéral n'a pas voulu accepter cette polémique et le Congrès aura à dire s'il a bien fait. La preuve en est dans un passage paru le 21 juillet, c'est-à-dire la veille du vote de l'ordre du jour.

Ce passage par ses sous-entendus et en se rendant bien compte de l'état d'esprit d'un homme qui écrit, constitue un défi de polémique que je tiens à signaler au Congrès. Le voici :

Cette question de l'Unité corporative est trop importante pour que nous en négligions l'étude, *et dussions-nous, une fois de plus, nous attirer les critiques acerbes de ceux qui voudraient faire du syndicalisme le monopole d'une association à personnel fixe, nous n'en continuerons pas moins à exprimer notre pensée.* Le parti du travail ne peut être un parti fermé où auraient seuls droit de parler et de critiquer — d'accuser au besoin — ceux-là qui auraient juré sur l'autel de l'empirisme la condamnation de toute participation du prolétariat aux luttes politiques et la négation des fondements théoriques de notre parti.

Est-ce que là dans cet article il n'y a pas un défi de polémique ? et c'est dans cette polémique où l'on nous attirait, que nous n'avons pas voulu tomber.

Il y a encore d'autres articles dont l'un d'eux nie l'utilité des fédérations et c'est toujours la confédération qui est attaquée. Ce n'est pas l'aile droite ni l'aile gauche du Comité qu'on a visées, c'est la confédération elle-même tout entière ; voici un autre passage qui dit : « Que la confédération générale du travail disparaisse demain et les fédérations des Syndicats nationaux, les fédérations de métiers qui exercent réellement une action dans le monde du travail, n'en continueront pas moins de vivre. La confédération leur sert de contact, mais elle ne leur apporte aucun appui. »

J'arrive au passage le plus important et qui indique la plus grande mauvaise foi de la part de ceux qui nous ont attaqués. Il est une indication des bruits que l'on fait circuler, tendant à faire croire que nous voulions diriger et imposer notre action et notre contrôle. Et pour appuyer ces bruits, on a pris un extrait du journal de la Fédération du Livre, en l'agrémentant des commentaires suivants :

La *Typographie Française* reproduit le procès-verbal de séance du Comité central de la Fédération des travailleurs du livre. Nous y relevons le passage concernant la demande de mise à l'index de la *Petite République*, adressée par la Confédération générale du Travail.

C'est encore un nouvel et significatif échec pour les négateurs du Comité confédéral que leur intolérance avait poussés à imiter les politiciens excommunicateurs.

De plus, cet extrait du procès-verbal nous renseigne sur les procédés d'une politique toute spéciale employée par quelques membres du Comité confédéral pour obtenir la signature de leurs camarades.

Par ces derniers mots, Pouget et moi, sommes accusés d'avoir escroqué les signatures ; ce qui constitue une accusation n'indiquant nullement le souci de suivre une polémique loyale et d'éducation.

De plus, et c'est là qu'est le signe évident de la mauvaise foi des auteurs de la campagne, dans la reproduction du passage du journal la *Typographie Française*, il est mis une intercalation du même caractère qui en fausse complètement le sens.

Tandis que la *Typographie* dit : « Le secrétaire de la Confédération ayant déclaré que le Comité confédéral tout entier était attaqué par un journal politique », la *Petite République* écrit : « Le secrétaire de la Confédération ayant déclaré que le Comité confédéral tout entier — *ce qui n'était pas, nous l'avons démontré* — était attaqué, etc.

Cette façon de reproduire des textes pour les dénaturer et les commenter faussement, m'obligea à demander l'avis du Comité central de la Fédération du Livre qui me répondit en date du 17 courant la lettre dont j'extrais les passages suivants :

1° La Fédération du Livre proteste vivement contre les inexactitudes contenues dans les commentaires qui accompagnent l'extrait de la *Typographie* parisienne publiée à la troisième page de la *Petite Republique* du 2 septembre 1902; 2° que l'intercalation faite d'un extrait publié et placé entre deux tirets n'existe pas dans la *Typographie* et qu'elle dénature complètement le sens de cet extrait.

Les camarades du Congrès connaissent à présent la valeur de la polémique qui nous était offerte. Polémique grossière et remplie d'expressions injurieuses, à laquelle le Comité n'avait pas à répondre, il avait simplement à faire ce qui a été fait et sur ce point comme sur tout le travail du Comité, nous demandons un vote formel, sans équivoque, devant lequel chacun s'inclinera.

J'arrête ici mes citations. J'ai suffisamment démontré que la *Petite République* avait pour but de salir les membres du Comité pour les démoraliser. On a voulu faire croire que le Comité Confédéral imposait ses volontés aux Fédérations et aux Syndicats des Fédérations. On a fait ressortir que j'assistais à divers congrès pour y apporter des ordres. On nous a montrés partout comme dangereux ; on a été jusqu'à dire aussi que nous nous mêlions même de la vie des Fédérations afin que les Syndicats se détachent de nous. Je demanderai aux secrétaires des Fédérations, ici présentes, si jamais un seul d'entr'eux a reçu une lettre, un ordre allant à l'encontre de son autonomie. Nul ne pourra dire cela. Que reste-t-il alors des attaques dirigées contre nous, tendant à nous faire voir comme des hommes cherchant à diriger les autres. Je défie qui que ce soit ici de dire que jamais, une atteinte à la liberté des Fédérations ait été commise par nous. Nous sommes restés sur le terrain organique, nous avons développé le terrain économique. Nous avons formé des Fédérations nouvelles.

Nous nous sommes préoccupés de développer celles existant déjà par le *Label* syndical et par le *Label* commercial et industriel, et c'est parce que nous n'avons pas voulu nous laisser départir de notre rôle, durant cette période d'organisation que des attaques se sont produites.

Nous avons conscience d'avoir fait notre devoir, et c'est pourquoi nous demandons au Congrès de se prononcer. S'il considère que les travaux du Comité sont incomplets ou mal inspirés, nous nous retirerons ; s'il considère, au contraire, que notre effort a toujours été inspiré du soin de développer l'organisation ouvrière, il voudra le dire par un vote catégorique et ferme.

Nous demandons avec d'autant plus de force, un vote clair, que nos prédécesseurs, qui étaient des amis de ceux qui nous attaquent, n'avaient donné aucune vigueur à la Confédération. Car comme l'avait dit le secrétaire précédent Guérard au Congrès de Lyon, la Confédération n'existait que de nom. Tout a été fait depuis quinze mois et si notre action a été dénaturée, c'était parce que nous n'avons pas voulu nous lancer sur un terrain qui ne pouvait être le nôtre.

Les attaques sont notre justification, puisque nous seuls, qui avons fait quelque chose, les avons supportées, tandis que ceux-là, qui n'ont rien fait, n'ont été l'objet d'aucune critique.

Pour conclure, je ne puis que demander à nouveau un vote précis en disant au Congrès qu'il doit approuver les travaux du Comité sur lesquels des réserves sont produites, en s'inspirant de la situation, que nous avons fortifiée.

Nous voulons être responsables de nos décisions et nous demandons au Congrès de se prononcer carrément sur notre rapport. Il faut qu'il nous dise si ce rapport est bon ou mauvais. Il ne faut pas que votre vote vienne démolir notre œuvre. Tranchons d'abord cela, et nous discuterons ensuite s'il y a lieu de donner une autre ligne de conduite à la *Voix du Peuple*. Je demande un vote formel et par bulletin, si on croit que nous avons bien fait, on votera pour le rapport, si au contraire on estime que nous avons mal agi on votera contre.

Pouget. — Le camarade Griffuelhes a dit à peu près tout ce que j'avais à dire. Si nous avons publié un manifeste, c'est que nous y avons été forcés par les attaques successives de la *Petite République*, dont la mauvaise foi est un fait avéré. Je ne vous signalerai qu'un exemple. En 1899, au moment des travaux de l'exposition, la fédération du bâtiment avait jugé le moment opportun d'engager une grève générale, mais à cette époque une question politique battait son plein. C'était l'affaire Dreyfus, et il ne fallait pas détourner cette affaire par une grève. Pour y arriver, la *Petite République* prit tous les moyens, elle publia un petit filet disant que dans le rang des ouvriers poussant à cette grève se trouvaient des agents du duc d'Orléans. Emus, nous téléphonions aussitôt à Gérault-Richard, Guérard tenant un récepteur et moi l'autre, il nous fut répondu que Gérault-Richard était absent mais qu'il avait les preuves de ce qui était avancé dans le filet en question. A la Bourse spontanément furent soupçonnés Guérard et Riom. Ce dernier, secrétaire de la Fédération du bâtiment, découragé, s'est depuis retiré de la lutte et s'il n'est pas aujourd'hui parmi nous la cause en est pour beaucoup à ces calomnies.

Au moment du procès de la Haute-Cour au cours des débats alors que les accusations de la *Petite République* devaient être prouvées il ne fut produit rien ! rien !

J'en appelle au camarade Guérard qui ne me démentira pas. Les faits se sont-ils passés tels que je viens de les relater.

Guérard affirme l'exactitude des faits cités.

Pouget.— Aujourd'hui cette campagne recommence sous une autre forme et il m'a été dit que c'était bien une campagne que l'on entendait mener contre nous. Nous ne pouvons polémiquer avec des adversaires aussi déloyaux, ne reculant devant aucun moyen. Nous demandons donc une décision franche, disant si nous avons bien fait ou mal fait.

Griffuelhes.— Le camarade Paillot me fait remarquer que l'affiche a été votée par les délégués à titre personnel et non comme mandataires des fédérations. Il est vrai aussi que quatre Bourses se sont refusées à l'afficher, mais cela est de minime importance à côté de celles qui ont accepté. J'ajouterai de plus que la Fédération des Mouleurs, qui n'était pas présente au moment du vote, nous a envoyé par la suite son adhésion au manifeste.

Bourchet, Président, je viens de recevoir l'ordre du jour suivant :

Le Congrès approuve sur tous les points le rapport du Comité confédéral et l'engage à continuer énergiquement son œuvre révolutionnaire et syndicaliste qui, seule, nous permettra de renverser la société bourgeoise et d'établir la société communiste qui doit faire le bonheur de l'humanité.

Giray, Fromage, Besset, Mathieu, Boisson, Juthy, Chazelle, E. Couteau.

Delesalle. — Quoique communiste et parce que je crois qu'il faut ici respecter les opinions de tous, l'application du communisme pouvant impliquer une forme politique à la Société, je demande aux auteurs de l'ordre du jour de retirer les mots « et d'établir la société communiste qui fera le bonheur de l'humanité ».

Il ne faut pas que personne ici puisse dire que nous avons fait une manifestation politique.

Besset.— Au nom des auteurs de la proposition, accepte la modification Delesalle.

Guérard. — Explique son vote, en disant que son Syndicat approuve toute l'œuvre du Comité sauf sur un seul point, et qu'étant donnée la rédaction de cet ordre du jour il ne pourra le voter.

Deslandres. — Je suis heureux de l'intervention de Delesalle demandant que le mot « communiste » ne figure pas dans l'ordre du jour proposé. Car il y a des Fédérations et entre autres celle que je représente que l'on traite (à tort selon moi) de réactionnaire qui se refuse à se prononcer sur la forme de la société future. L'ordre du jour pur et simple seul est acceptable.

Bourchet. — Dit qu'on doit prendre l'ordre du jour le plus large, quitte à prendre ensuite un amendement. Il met aux voix la division de l'ordre du jour, qui est rejetée.

Guérard. — Demande la suppression des mots « sur tous les points » et déclare qu'il votera avec la majorité.

Morel. — Déclare qu'il ne faut ni équivoque ni des votes de parade. Il ne faut pas que les bruits qui ont circulé après le Congrès de Lyon se reproduisent, il faut qu'un ordre du jour ferme soit voté.

Le Président déclare la discussion close et prie les délégués de voter par mandat. Sont désignés comme scrutateurs par le Congrès : Besset, Latapie, Dumas, Luquet et Coupat.

Aussitôt après le vote, pendant que s'opère le dépouillement, la séance est reprise. Le président donne lecture de l'ordre du jour suivant :

PROPOSITION CHRISTINE

Considérant que les annonces commerciales sont généralement menteuses, qu'il serait illogique qu'un journal exclusivement ouvrier se prête à cette manœuvre et donne la main à cette duperie.

Mais que néanmoins, certaines maisons commerciales acceptent l'affiche Label qui est la preuve matérielle que leur personnel y est relativement moins exploité que dans les autres.

Considérant en outre que plus les ressources de la *Voix du Peuple* seront importantes, plus notre journal pourra se développer et faire de la propagande.

Pour ces motifs, le Congrès de Montpellier autorise la Commission de la *Voix du Peuple* à recevoir et à insérer les annonces commerciales des industriels qui sont munis de l'affiche Label et en respectent tous les engagements auxquels cette marque confédérale les oblige.

Henri CHRISTINE.

Fédération nationale des Maçons, Terrassiers de Marseille, Maçons d'Arles, de Reims, Tailleurs de pierre de la Seine.

Le camarade **Bourderon** demande l'ajournement de cette question jusqu'à la discussion de l'Unité ouvrière.

Bourchet communique le vœu émis par le Syndicat des chemins de fer.

En ce qui concerne le journal la *Voix du Peuple*, le Syndicat national des chemins de fer propose :

1° Il sera donné dans le journal de la Confédération une large part à la partie « Informations » ;

2° Des annonces commerciales pourront être accueillies dans la *Voix du Peuple*.

E. GUÉRARD.

Coupat. — C'est surtout au point de vue international que le journal doit se modifier. On devrait signaler tous les Congrès internationaux et en faire des comptes rendus; avec des correspondants à l'étranger on pourrait arriver à donner une idée exacte du mouvement international. Nous savons ce que font les ouvriers

Allemands par les articles parus dans notre journal, mais il faudrait faire connaître ce qui se passe dans d'autres Etats, et j'estime qu'un militant qui aurait ainsi des connaissances générales plus étendues aurait cent fois plus de valeur que celui qui entend tout le temps sériner le même air. Je demande donc qu'une page entière du journal soit affectée au mouvement international.

Pouget. — Je suis de l'avis du camarade Coupat et ce qu'il demande est déja indiqué dans le rapport du Comité Confédéral (page 47) de la brochure, mais depuis le dernier Congrès Anglais, c'est-à-dire depuis environ 3 mois les discussions sur l'unité ouvrière ont occupé toute la place. D'un autre côté, pour tenir au courant du mouvement ouvrier étranger il faudrait faire traduire des journaux, ce qui serait très onéreux. Pour atteindre ce résultat il faudrait que la vente soit plus développée. Je demande que les militants des syndicats s'occupent de la *Voix du Peuple*, et si le chiffre des abonnés augmentait on pourrait ainsi étendre le service des informations et même agrandir le format.

Coupat explique qu'étant donné le caractère du journal les abonnements ne lui parviendront qu'à condition qu'il ait changé d'abord, et que par des informations il soit devenu plus intéressant.

Reisz. — Nous pouvons trancher la question des annonces commerciales dans le journal. J'ai mandat de combattre cette proposition. Nous devons donc l'écarter immédiatement. Dans le commerce quelques patrons emploient des ouvriers syndiqués ainsi que la marque du Label, mais il peut se produire qu'il abandonne ce Label, et alors que ferait-il? Croyez-vous que les journaux socialistes font de bon cœur cette réclame? il faut que nous, nous résistions à cette tentation, d'avoir de l'argent au moyen des annonces.

D'ailleurs si l'on étend le service d'information à quelle place mettrait-on ces annonces? Mais la question n'est pas là, je demande que le Congrès repousse la motion Guérard sur le fait d'introduire des annonces dans la *Voix du Peuple*.

Le Président fait connaître le résultat du vote concernant le rapport du Comité confédéral.

Votants	391
Ont voté pour le rapport	353
Ont voté contre	1
Bulletins blancs	37

Bousquet. — Au nom des groupements qu'il représente appuie la proposition Coupat au sujet des informations internationales. Pouget avait déjà songé à cela au Comité confédéral. Il voulait qu'un camarade soit chargé de rechercher chaque semaine les communications internationales qui peuvent nous intéresser. Relativement aux annonces commerciales je dirai qu'un organisme central du prolétariat devrait pouvoir se passer d'annonces et réserver cette place à des questions plus intéressantes.

Juthy, de Lyon, vient déclarer qu'il attache une grande importance aux relations internationales. Il fait connaître un moyen qui permettrait d'avoir des relations internationales à très bon compte. Nous avons, dit-il, dans notre groupement à titre de membre consultatif un étranger que nous mettons aussitôt en relation avec le pays auquel il appartient, de cette façon nous savons ce qui se passe dans tous les pays au point de vue ouvrier, et c'est aussi un excellent moyen pour développer le mouvement international.

Griffuelhes. — Je suis placé mieux que personne pour savoir dans quelle situation exacte se trouve la caisse du journal. Son avoir est très minime, Coupat a beau dire qu'il faut rendre le journal intéressant d'abord et qu'il sera lu, mais pour cela il faut de l'argent, et les ressources que nous possédons ne nous permettent pas de faire quoi que ce soit à plus forte raison de payer des traductions pour la partie internationale.

Coupat. — Nous avons dans notre journal un traducteur pour l'anglais et l'américain qui se ferait un plaisir, je le crois, de travailler pour la *Voix du Peuple.*

Griffuelhes. — Ce que vient de dire le camarade Coupat ne change rien à la question. La vente du journal est insignifiante. Il ne peut y avoir équilibre, vous l'avez vu, dans le rapport du Comité. Il existe un déficit qu'on ne peut combler avec un vote et je crains fort que le vœu que vous allez émettre ne soit que platonique. Les fonds de la souscription nous aident pour le moment, mais il faut prévoir qu'ils disparaîtront dans quelques mois. Si le journal tirait par exemple à 10.000 exemplaires, nous aurions sûrement du bénéfice et l'on pourrait évidemment faire mieux. Les charges doivent être diminuées pour un journal qui nous mange 250 à 300 francs par mois, et ce n'est pas dans 2 ans que l'on devra examiner la situation du journal, C'est aujourd'hui qu'il faut le faire et vous voudriez par un vote de principe qu'on augmente ces charges. Il ne s'agit pas de voter des principes, il faut aussi rechercher les moyens de les mettre en application.

Coupat dit qu'on doit réserver les recherches des ressources quand viendra la question d'unité.

Viers. — Je donnerai à titre d'indication ce que nous avons fait à Paris pour notre journal.

Nous avons éprouvé des difficultés tant que celui-ci s'est vendu 10 centimes, mais nous avons proposé de le livrer à un prix réduit en demandant à chacun de nos Syndicats pour combien il souscrirait.

A l'heure actuelle nous tirons 3,000 exemplaires que nous vendons 0 fr. 03, de sorte que ce journal souvent distribué gratuitement est bien lu et rend des services.

La clôture avec les orateurs inscrits est demandée. Mise aux voix, elle est adoptée.

Le Président fait connaître qu'il a reçu une proposition tendant à ce qu'il soit fait dans le journal la plus large part dans le service des informations. Mise aux voix cette proposition est adoptée.

Guérard. — J'estime que le déficit mensuel que nous coûte la *Voix du Peuple* pourrait facilement être comblé à l'aide des annonces commerciales. Ainsi à notre Fédération nous avons acheté deux machines qui ont coûté le prix d'une seule, grâce au système des annonces et j'ajoute que le Comité Confédéral aurait pu en faire autant.

Pouget. — En effet une annonce n'est pas une réclame, la quatrième page d'un journal c'est une espèce de mur où l'on écrit ce qui se passe au point de vue commercial et industriel. Il est évident qu'on écarterait les annonces qui auraient un caractère contraire à notre but, et celles que nous prendrions ne nous engageraient en rien mais nous devons écarter les réclames. C'est la chose malpropre qui se fait dans tous les journaux politiques et que nous surtout nous devons éviter.

Christine demande que les annonces que recevra la *Voix du Peuple* proviennent des marchands ou des négociants ayant accepté le *Label*. Nous devrons les écarter si elles viennent d'ailleurs.

Coupat dit qu'il faut réserver cette question, puisque l'unité doit englober les Bourses du Travail et que celles-ci ne peuvent encore en ce moment voter avec nous. Aussi je demande qu'on se prononce sur le principe, et nous verrons le reste par la suite. La *Voix du Peuple* est trop uniforme et trop monocorde, il faut qu'elle contente beaucoup de monde pour qu'elle soit lue.

Bourchet présente alors une motion préjudicielle tendant à renvoyer la décision sur les annonces commerciales jusqu'après la discussion de l'unité ouvrière. Acceptée.

Le Président donne lecture des questions ci-après soumises par le Comité confédéral à l'approbation du Congrès

Décision renvoyée au Congrès

Au sujet des Congrès, le Comité fut saisi, par un de ses membres, d'une proposition tendant à ce que les Fédérations invitent un délégué du Comité à assister à leur Congrès. Le Comité ne pouvait décider, et la proposition vous est soumise pour lui donner une solution. Le Congrès de Montpellier aura donc à se prononcer sur ce point.

Toute Fédération est libre d'inviter un délégué à la condition qu'elle fasse les frais du déplacement.

Les Associations ouvrières

La mine ouvrière des Petits-Châteaux (Saône-et-Loire) ayant demandé à la Confédération de désigner deux camarades comme contrôleurs, le Comité envisagea les éventualités possibles en face de nombreuses dispositions de statuts d'associations ouvrières, faisant des demandes semblables. Ce grand nombre de demandes rendrait difficile le choix de camarades contrôleurs. Il décida de soumettre le cas au Congrès.

Woillot de Paris dit que sur ce point on pourrait donner certaines satisfactions car il est préférable que certaines organisations dont l'orientation est défectueuse soient placées sous le contrôle du Comité confédéral en prenant pour ce contrôle un tant pour cent. Je dépose le vœu suivant :

Les organisations signataires demandent qu'il soit fait droit à cette demande de contrôle à condition qu'un tant pour 0/0 sera donné pour la propagande générale.

Fédération du Papier, Cartonnages Paris.

Deslandres. — Cette proposition est une chose bien grave. Ce serait terrible de permettre à des contrôleurs de s'ingérer dans des situations parfois mal établies de certaines coopératives ; j'ai vu à un moment donné comme secrétaire de la Bourse du Travail de Paris, des associations fictives qui demandent toujours et sans cesse de l'argent, aux organisations et par toutes sortes de moyens, listes de souscriptions, billets de tombola, etc. ; cela cause le plus grand tort dans le pays au prolétariat organisé. J'ai entendu dans l'Oise des réflexions dans ce sens et dernièrement encore dans la Normandie, des faits regrettables se sont produits, et vous voudriez que la Confédération qui connait tout cela, vienne apporter son contrôle ? Non, vous ne le ferez pas, car lorsque dans ces organisations vicieuses, l'argent aurait disparu, le Comité confédéral serait rendu responsable et pourrait être impliqué dans la mauvaise gestion de ces coopératives. Pour cela vous rejetterez la proposition qui nous est soumise.

Bousquet. — J'approuve le camarade Deslandres, car la question des coopératives n'est pas encore tranchée. Si quelques-unes ont fait du bien, beaucoup d'autres ont détruit des Syndicats. Depuis quelque temps, il nous arrive des demandes en masse pour faire des coopératives communistes. Quelques-unes, et vous en connaissez, ont fait des malpropretés, telles qui ont eu jusqu'à 100.000 francs pour débuter n'ont pu vivre avec cette somme et ont tout mangé. Eh bien ! le Comité confédéral ne doit pas engager là-dedans sa responsabilité.

Bourchet donne lecture de l'ordre suivant qui vient de lui parvenir :

Légalement pour faire partie du Contrôle d'une Société coopérative de production fondée d'après la loi de 1867-1893, il faut en être actionnaire, le Comité confédéral ne peut donc pas envoyer de délégués, le Congrès passe à l'ordre du jour.

Le Président demande que ceux qui sont d'avis d'établir un contrôle sur les coopératives, veuillent bien lever la main. Le résultat est négatif. L'épreuve contraire a lieu, et à l'unanimité, le Congrès décide que le Comité confédéral ne pourra pas être employé à contrôler la gestion des coopératives.

Bourchet donne lecture d'une question également soumise par le Comité confédéral à l'approbation du Congrès.

La Représentation proportionnelle

Dans le cours de son exercice, le Comité fut saisi d'une proposition de représentation proportionnelle au sein du Comité. Cette proposition est également soumise à l'appréciation des organisations qui auront à donner mandat à leur délégué sur ce point, comme sur celui concernant les associations, pour que des solutions interviennent.

Nous rappelons la question, indiquée plus haut, au sujet des Congrès de Fédérations et sur laquelle il y aura à prendre une décision.

Cette proposition est renvoyée après la discussion sur l'Unité ouvrière. Il en est de même du rapport ci-dessous:

ANNEXE AU RAPPORT DU CONGRÈS

Propositions du Comité sur le Règlement du Congrès

Le Comité confédéral propose aux organisations confédérées, qui se prononceront au Congrès de Montpellier, des modifications snr la préparation d'un Congrès, et sur le mode de discussion.

Il est inspiré, en cela, du désir de donner aux Congrès un caractère méthodique, qui, en limitant les points à l'ordre du jour, permettra de donner à chacun d'eux une place importante.

Jusqu'à présent, les organisations pouvaient demander la mise à l'ordre du jour de tel point qui leur plaisait, et cela sans aucune limite. On a pu voir des Congrès à l'ordre du jour surchargé et dont les discussions et les résolutions furent confuses, C'est ainsi que le Congrès qui va s'ouvrir avait reçu le dépôt de près de quarante propositions. On conviendra que c'était trop !

Pour mettre fin à cet état de choses, le Comité demande que le nombre des questions portées à l'ordre du jour, des futurs Congrès, soit limité à deux ou trois et arrêtées par voie de referendum,

Il demande également que, comme l'a décidé le Congrès de Lyon, les assises ouvrières n'aient lieu que tous les deux ans. En agissant ainsi, on allègera les charges des Syndicats et on facilitera la présence d'un plus grand nombre de délégués. De plus, il deviendra possible de mettre en pratique — ou tout au moins de le tenter — les décisions; car il faut bien admettre qu'avec un Congrès annuel, les six mois qui suivent sont pris à examiner et à interpréter les resolutions, et les autres six mois sont pris par l'organisation du Congrès suivant.

Au contraire, avec les Congrès tous les deux ans, il y aura une forte économie d'argent pour chaque organisation, qu'elle pourra utiliser à la propagande, et les Syndicats n'auront point d'excuse en n'étant pas représentés aux Congrès par un de leurs membres.

Le Comité confédéral pourra mettre à profit cet espace de deux années avec plus d'intensité, sa propagande s'exercera, et comme il lui sera plus facile de mettre en pratique les décisions, il y aura avantage pour tous.

Sur le mode de discussion le Comité demande que le vote suive la discussion ; car l'expérience a montré la grande perte de temps occasionnée par la discussion générale, qui, presque toujours, recommence au moment des résolutions.

Et cela s'explique, puisque, jusqu'à ce jour, sur tout point de l'ordre du jour, il y a discussion générale pour, dit-on, donner une indication à la commission chargée d'apporter une résolution, et, lorsque celle-ci est déposée une nouvelle discussion s'engage, et cela est inévitable, ce qui a pour résultat de surcharger le Congrès, et rend ses travaux plus lourds et plus confus.

Pour toutes ces raisons, le Comité propose aux organisations de modifier le règlement intérieur des Congrès, en donnant mandat à leurs délégués de décider que, dans l'avenir, chaque Congrès se tiendra tous les deux ans, que le nombre de questions de l'ordre du jour sera limité à deux ou trois et que le vote sur un point suivra la discussion.

En soumettant ces modifications, le Comité croit agir dans l'intérêt des Congrès, afin de leur donner ce caractère méthodique qui peut, seul, rendre nos décisions plus nettes et faciliter leur application.

Pour le Comité confédéral :

Le Secrétaire,

V. Griffuelhes.

Après la nomination du bureau pour la séance de l'après-midi la séance est levée à midi.

Séance du 23 septembre, soir

La séance est ouverte à 2 h. 1/4 sous la présidence du camarade Reisz avec les citoyens Jamet et Viers comme assesseurs.

Le camarade **Paillot** rapporteur de la Commission de vérification des mandats a la parole. Il fait connaître qu'à l'heure actuelle on a vérifié 409 mandats de Syndicats non contestés et 48 Bourses de Travail.

Le camarade **Niel** donne lecture d'une dépêche provenant de Nice et signée Lereau. Cette dépêche est adressée au camarade Luquet, mais comme elle ne porte ni timbre syndical et qu'elle n'indique pas de quelle Bourse il s'agit, nous ne pouvons valider ce mandat.

Paillot.— En outre, nous contestons les mandats des tonneliers de Cette, de Béziers, des peintres de Béziers, de la scierie mécanique de Hermes et des bourreliers de Béziers qui ne sont pas confédérés.

Luquet dit que comme délégué du Syndicat des coiffeurs de Nice, il peut assister au Congrès et que relativement à la décision prise sur la dépêche reçue, il se soumet à cette décision.

Jeannot, des tonneliers de Cette.— J'estime que le Congrès avait donné son assentiment dans la précédente séance. Aujourd'hui, on revient sur cette décision et on nous rejette. Je proteste contre ce procédé, et demande que les tonneliers soient admis au Congrès.

Pouget. — Hier on a tranché le cas, mais pour les tonneliers de Montpellier seulement qui avaient fait leur demande avant la date fixée. Les tonneliers de Cette ne sont pas dans ce cas. Rappelez-vous seulement ce que je vous ai déjà dit hier à ce sujet.

Niel. — En effet la décision prise pour Montpellier ne s'applique pas, je suis obligé de le reconnaître, à tous les Syndicats de la Fédération du tonneau, il s'applique à ceux qui, voyant que la Fédération ne faisait pas son devoir, ont demandé directement leur admission à la Confédération. Elle ne peut donc pas s'appliquer à ceux qui n'ont pas fait de demande.

Besset délégué de la scierie mécanique de Herme dit qu'il se trouve dans le même cas que les tonneliers de Cette, et demande que pour cette fois-ci seulement ces Syndicats soient admis au point de vue moral, et qu'ils se mettent en règle pour l'avenir.

Jeannot.— Cette.— Au moment où l'on préconise si haut l'unité ouvrière, vous faites de la désunion en refusant ainsi des Chambres syndicales qui viennent à vous. Au point de vue cotisation, nous sommes cependant en règle. Je représente un mandat d'un Syndicat qui a 500 membres, j'estime qu'on ne doit pas, étant donnés les faits que vous connaissez, le rejeter, car nous sommes en règle vis-à-vis de notre Fédération.

Bourchet demande la clôture avec un orateur inscrit, celle-ci mise aux voix est adoptée.

Bousquet fait remarquer qu'à l'heure actuelle on fabrique des tonneaux presque partout en France. Or, cette Fédération de Béziers a-t-elle fait appel à tous les Syndicats du même métier? je ne le crois pas, car j'ai appris par le camarade Bourderon, et lui-même pourra venir ici le confirmer, qu'il avait écrit à cette Fédération pour lui demander des renseignements et qu'on ne lui a pas même répondu. Pourquoi cela? pourquoi le Syndicat de Paris n'a-t-il jamais reçu de réponse de la Fédération? Je demande qu'une explication soit donnée sur ce point.

Le Président fait alors remarquer qu'on vient de voter la clôture, mais si néanmoins le Congrès estime que le camarade Bourderon mis en cause doit répondre il lui donnera la parole.

Amélio fait remarquer qu'on est en dehors de la question. Il s'agit simplement de Syndicats isolés qui demandent à entrer dans la Confédération.

Bourderon. — La Fédération nationale du tonneau, légalement constituée, existe à Paris, depuis 1891 (Plusieurs congressistes protestent violemment).

Bourchet dépose une motion d'ordre : « On va tenter de nous transformer en cour martiale. Hier on a déjà tranché cette question, je demande que l'incident soit clos, car nous n'avons pas à y ajouter autre chose. »

Pouget. — Bourderon vient de dire qu'il existe une Fédération du tonneau depuis 91 à Paris. Eh bien ! elle devrait être adhérente à la Confédération et elle ne l'a pas fait.

Bourderon, malgré les protestations sur la longueur de l'incident, vient dire que mis en cause par Pouget il répondra. Si le Syndicat de Paris n'a pas adhéré, c'est parce que ce n'est pas un Syndicat seul à adhérer à la Confédération, mais bien à la Fédération elle-même.

Pioch de Cette. — Les Syndicats du tonneau ayant envoyé leur cotisation à leur Fédération, celle-ci n'a pas fait son devoir. De sorte que les camarades qui croyaient être confédérés et qui même avaient demandé le Label, sont aujourd'hui expulsés du Congrès. Je ne crois pas que l'on puisse prendre cette décision, car ce n'est pas de leur faute.

Griffuelhes. — Ce n'est pas avec des sentiments qu'on doit venir combler le déficit du Comité, cela ne peut être ; il nous faut aussi du matériel. J'ai fait remarquer hier que nous avions eu tort de ne pas indiquer plus tôt le dernier délai d'inscription en indiquant les causes de ce retard, et vous avez tranché cette question. Pourquoi aujourd'hui revenir là-dessus ? Je n'ai rien reçu malgré les avances que j'avais faites à cette Fédération en dehors des ouvriers de chaix et entonneurs. Nous ne pouvons donc pas accepter la Fédération du tonneau, qui n'a jamais voulu adhérer à la Confédération et il ne faut pas qu'aujourd'hui, sous prétexte que le Congrès se tient à côté de chez eux, ils aient le droit d'assister à ce Congrès.

Jeannot. — Il y a un précédent établi.

Le tumulte causé par les protestations des congressistes empêche ce camarade de parler, lorsque Niel demande la parole pour rétablir les faits.

Niel. — Comme auteur de la proposition votée hier et en vertu de laquelle les Syndicats qui avaient fait leur demande avaient été admis mais que ceux qui n'avaient rien demandé étaient rejetés, je regrette vivement d'être en désaccord avec mon camarade Jeannot en constatant que les Syndicats dont il prend la défense n'ont pas fait leur demande en temps voulu.

Le Président met aux voix la question de savoir si le vote d'hier est maintenu. Adopté.

Paillot, rapporteur de la Commission de vérification, fait remarquer que certains mandats comportent deux délégués, mais il est bien entendu qu'un seul seulement a le droit de voter.

Le Président lit à nouveau les conclusions du rapport de la Commission de vérification des mandats.

Le camarade **Séguy** demande un mot d'explication. — Lorsque la note parut sur la *Voix du Peuple* indiquant le dernier délai d'inscription, nous avons adressé une lettre à la Fédération et voici la réponse qui nous a été faite à la date du 18 septembre, notre lettre étant partie le 13.

Paris, le 18 septembre 1902

Citoyen Secrétaire,

J'ai reçu hier au soir seulement votre lettre datée du 13 ; elle a d'abord séjourné un peu à l'Union des syndicats, mais il n'y a pas de temps de perdu ; j'ai lancé, il y a huit jours, les circulaires comme vous allez en recevoir une ayant trait à la transformation de notre Fédération ; votre Syndicat n'était pas porté sur l'annuaire, c'est la raison pour laquelle vous n'avez pas eu de nos nouvelles.

Tant qu'à votre admission, vous devez vous conformer aux statuts, c'est-à-dire m'envoyer immédiatement un extrait du procès-verbal de la réunion à laquelle votre Syndicat a décidé de se fédérer et un exemplaire de vos statuts. Si tout est conforme, j'aviserai immédiatement la Confédération que vous êtes adhérent à notre Fédération. Notre Fédération, par exception, n'aura pas de délégué à Montpellier ; cette année, la transformation nous a trop employés ces temps derniers ; nous prévoyons que la seule question qui sera traitée, sera la fusion des Bourses avec la Confédération ; de laquelle nous sommes partisans malgré toutes objections, considérant que l'Union ouvrière doit passer avant tout.

Comme vous le verrez sur les statuts, l'admission est de 5 francs et les cotisations 2 francs par mois.

Envoyez votre réponse au siège ou à mon domicile 17, rue du Buisson Saint-Louis (Xme arrondissement).

Recevez, citoyen, notre salut fraternel. Ch. Sauvage.

Le Président après consultation. — La Commission de vérification des mandats déclare qu'en raison des documents fournis par le camarade Séguy, le Syndicat des bourreliers de Béziers peut être considéré comme ayant fait régulièrement sa demande, et qu'il est d'avis de l'accepter, mais celui-là seulement. Par conséquent, je mets aux voix l'acceptation des conclusions de la Commission de vérification.

410 Syndicats non contestés,
48 Bourses du Travail,
sont reconnus comme ayant un mandat régulier.

8

Mises aux voix, les conclusions de la Commission des mandats sont acceptées.

D'autre part, les Syndicats ayant fait leur demande après les délais d'inscription ou qui ne sont pas en règle, ne sont pas admis à participer au Congrès.

Mises aux voix, ces conclusions sont acceptées.

Le Président dit qu'avant d'ouvrir le débat sur la question de l'Unité ouvrière, deux camarades demandent la parole sur l'application des décisions du Congrès.

Rigaud fait remarquer que le *Petit Méridional* de ce jour indique comme ayant été votée une décision sur le Label, alors que cela n'était pas. Il tient à mettre en garde les camarades n'assistant pas au Congrès contre des reportages faux qui peuvent se produire.

Trial de Montpellier. — Hier on a voté qu'il serait fait une quête à l'issue de chaque séance, et on n'en a tenu aucun compte. Je regrette qu'une partie de la somme qui aurait pu être ainsi recueillie, non parmi les congressistes mais parmi le public, ait été ainsi perdue.

Ferrier de Grenoble dépose une motion d'ordre tendant à ce que l'on traite immédiatement l'ordre du jour. Adopté.

Discussion sur l'Unité Ouvrière

Le Président. — On va aborder la grave question de l'Unité ouvrière, mais je crois que l'on devrait entendre lecture des divers projets qui ont été exposés.

Niel. — Pour abréger les débats et agir avec méthode, je crois qu'il serait préférable d'ouvrir une discussion d'abord sur le *principe* même de l'Unité. Il peut y avoir encore des adversaires non pas de tel ou tel projet mais de l'Unité elle-même, et il importe d'expliquer en quelque sorte la philosophie de l'Unité avant d'aborder ses rouages dans le détail.

Griffuelhes. — Puisque la question de l'Unité va rentrer en discussion, afin de ne pas prolonger les débats, je voudrais que les orateurs qui sont contre le principe prennent d'abord la parole et viennent exposer leurs raisons, mais s'il n'y a pas d'adversaires sur le principe lui-même, que l'on discute alors le fond.

Le Président demande si le Congrès est d'avis de donner d'abord la parole aux adversaires de l'Unité. Cette proposition mise aux voix est adoptée.

Bourchet. — Je crois tout le monde d'accord sur le principe de l'Unité, mais on peut être adversaire de tel ou tel projet d'Unité.

Victor. — Adhérent à une fédération qui comporte plusieurs Syndicats, l'un de ces Syndicats m'a donné le mandat ferme de combattre cette Unité. Je crois même qu'il sera le seul et si vous le voulez bien, je vais donner lecture de ce rapport (Assentiment).

Chambre syndicale des ouvriers maçons et professions similaires de Reims au Congrès de Montpellier du 22 au 27 septembre 1902

L'UNITÉ OUVRIÈRE.

Cette entente, qui paraît même au plus réfractaire à l'idée de lutte des classes indispensable pour arracher des réformes profondes, si ce n'est au bouleversement général de la société actuelle, nous paraît bien prématurée, en tant qu'unité ouvrière *nationale.*

Des pièges sont tendus partout par la classe gouvernante et possédante, et il y a gros à parier que nos gouvernants actuels verraient avec joie les Bourses du Travail et les Fédérations nationales d'industries et de métiers former un grand et unique organisme central pour pouvoir le corrompre plus facilement.

La liberté d'initiative est dans certains cas presque toujours féconde en résultats, lorsqu'on y apporte une sincérité à toute épreuve.

Lorsqu'on touche à cette liberté, comme dans le cas qui nous occupe en prétendant trouver un gouvernail unique, on risque fort de retarder la victoire.

Nous sommes à l'heure actuelle à une période d'activité qui, bien que nous la jugions faible avec juste raison, n'en inquiète pas moins l'ordre bourgeois qui voudrait endiguer la marche révolutionnaire de nos petits Syndicats rouges.

Nous voulons mettre en garde nos camarades réunis à Montpellier contre ce mirage qui éblouit même de vaillants syndicalistes en leur criant : Garde à vous !

Nous nous étions nous-même quelque peu laissé griser en n'envisageant la question que superficiellement. Qui donc ne serait pas pour l'Unité lorsque nous l'aurons rendue possible ?

Pour le moment, nous sommes et nous disons avec le camarade Delesalle que l'organisation économique du Prolétariat se présente sous deux aspects différents. Une organisation (morale et matérielle) représentée par les Fédérations d'industries et de métiers. Ah ! la lutte des classes, qui oserait prétendre qu'elle est trop énergique ? Nous voulons croire qu'il ne s'en trouvera pas dans ce Congrès.

Toutes les Bourses du Travail mènent-elles avec rigidité cette lutte contre la classe bourgeoise ? Non ! Le nombre des Bourses carrément révolutionnaires est infime et les autres ont presque toutes le regard tourné vers la subvention qu'elles reçoivent de leur municipalité pour conserver ce *Nerf de la guerre* qui, en cette occurrence, est plutôt le nerf de la *résignation*, elles consentent toujours de petites concessions. On peut en juger par les décisions prises à notre Bourse du Travail de Reims :

1° Neutralité complète des fonctionnaires de la Bourse en dehors de leurs fonctions. Ne prendre la parole dans aucune réunion politique ou électorale, ni écrire ou ne signer aucun manifeste politique.

Cette décision a été prise à l'unanimité moins une voix, celle des délégués de notre Chambre syndicale ;

2° Inégalité de traitement des deux secrétaires (2.400 fr. au premier secrétaire et 2 000 fr. au secrétaire adjoint) alors que de nombreux Congrès ouvriers ont déclaré et revendiqué qu'un travail égal mérite salaire égal ;

3° A la question posée par le secrétaire : La Bourse sera-t-elle *évolu-*

tionniste ou *révolutionnaire?* nous nous trouvâmes deux délégués pour protester contre une question aussi déplacée;

4° Le secrétaire a le droit, au sujet du Bulletin mensuel *et malgré la décision contraire de la Commission du journal,* de s'opposer à la publicité d'un article écrit par un syndiqué, même au nom de son organisation. Si l'article lui paraît de nature à nuire à l'intérêt de la Bourse sans que ledit article puisse donner matière à procès, qu'il porte tout simplement ou paraisse porter une atteinte morale à sa ligne de conduite qui, nous l'avons dit plus haut, doit être *évolutionniste.*

Voilà les principales décisions déjà prises à la Bourse de Reims, et serait mal vu celui qui viendrait contrecarrer ces décisions ou d'autres semblables.

Nous avons cru apporter dans ce grand débat de l'Unité ces citations, et cela sans avoir la moindre haine contre les camarades de notre Comité général qui, à ne pas en douter, ont voté ces décisions en toute sincérité, mais que notre Chambre syndicale réprouve comme tactique et lutte de classe.

Notre Bourse n'est malheureusement pas la seule en France qui soit si timide. Or, nos gouvernants ne redoutent pas beaucoup les Bourses qu'ils subventionnent ; du reste, nous pouvons même dire qu'ils les aiment et, si Waldeck-Rousseau a voulu les museler avec sa circulaire relative à l'emploi de la subvention, c'est parce qu'il savait que les travailleurs fort obéissants écouteraient ses conseils. Nous ne serions même pas du tout surpris de voir le gouvernement exaucer en partie le vœu de la Bourse de Levallois et faire voter une loi accordant la personne civile aux Bourses et aussi le droit d'instituer des *coopératives* que les capitalistes ne craignent pas à l'heure actuelle.

Les coopératives de production entr'autres sont dangereuses pour la plupart. C'est l'*exploité* s'exploitant lui-même. Donc, de la lutte de classe à rebours. Les coopératives de consommation sont les seules à tenter dans les localités où les syndicats sont relativement forts et encore bien prendre garde de ne pas sacrifier les militants qui sont indispensables à la propagande syndicale.

Nous ne voyons donc pas l'Unité possible à l'heure actuelle où les militants de la cause ouvrière, déjà si peu nombreux comparativement, sont loin d'être d'accord sur les moyens de lutte.

Les divers projets publiés par la *Voix du Peuple,* et dont certains sont si opposés, nous commandaient d'être prudents.

Discutons encore à ce Congrès et dans nos Syndicats, sur la route la plus directe qui conduira à cette *unité d'action.*

Pour le moment, il n'est pas inutile de batailler un peu selon nos tempéraments. Que l'on attaque l'ennemi en tête, en queue ou sur les flancs, si l'on considère un quelconque de ces côtés beaucoup plus vulnérable, peu importe ! l'essentiel est que l'on soit entendu sur cet ennemi commun.

Comment convenir d'une unité d'action à l'heure actuelle, lorsqu'en France quelques centaines (à peine) de camarades étudient la question du grand problème social et s'efforcent de faire partager leurs idées, ce qu'ils croient être la *vérité* en un mot, par leurs camarades syndiqués. Si l'on songe que cette phalange d'entraîneurs est en butte aux pressions les plus viles, parce que les plus intéressées, admirablement dirigées par la classe exploitrice, que très souvent encore certains camarades subissent les influences malsaines de l'ennemi, on comprendra sans peine que ce serait aller à l'aventure en voulant trop vite centraliser notre mouvement.

Ne serait-ce pas étaler, trop au grand jour, nos divisions, nos passions individuelles?

Encourageons à l'étude, dans nos Syndicats, les adhérents, dont la plupart jouent un rôle passif, répondant par oui ou par non, s'en rapportant à l'avis de quelques-uns sans avoir aucunement mûri la question posée.

Il est indéniable qu'un très petit nombre de syndiqués se livrent à la lecture des brochures de propagande ou de journaux corporatifs. Combien de syndiqués gardent encore le *Petit Journal*, le *Petit Parisien* ou autres quotidiens bourgeois de même trempe parce que la femme y trouve *sa* lecture, romans captivants, chloroformisés, que le mari lui aussi lit quelques fois, à moins qu'il ne préfère lire les nombreux accidents, les vols, les meurtres, qu'engendre le régime capitaliste? Dans les « Commissions administratives » mêmes, qui devraient être de véritables et actives *Commissions d'étude*, *un* ou *deux* membres hélas! s'adonnent à l'étude.

Il ne serait pas surprenant du tout, lorsque nous serons arrivés à faire comprendre aux Syndiqués qu'il leur faut lire nos journaux de lutte, (*la Voix du Peuple* Syndicaliste entr'autres) pour faire leur éducation, seul moyen de recruter de nouveaux combattants, que notre tactique se modifie au point d'être plus d'une fois en *opposition* sur certains points de détail avec celle préconisée aujourd'hui. Pour conclure enfin, voulant indiquer ce que nous croyons être la meilleure route de l'Unité, nous avons convenu d'appuyer la proposition du camarade Delesalle (N° 85 de la *Voix du Peuple*). Laisser la complète autonomie aux deux grands organismes et faire et convenir que les deux Comités se réuniront ensemble, soit à dates fixes, soit quand les circonstances l'exigeront et que ce soit la réunion de ces deux Comités qui forme la Confédération générale du travail.

La Confédération actuelle deviendrait : « Comité Confédéral des Syndicats ouvriers » et la Fédération des Bourses prendrait le titre de: « Comité des Bourses du travail ». Les décisions prises pour la propagande générale ne seraient valables qu'à la majorité des voix de *chacun* des deux Comités. Néanmoins, sous cette condition *sine qua non* que l'autonomie restera entière de part et d'autre, nous laissons à notre délégué la latitude de voter le projet de statuts se rapprochant le plus de celui paru dans la *Voix du Peuple* (n° 95) et présenté par l'Union des Métallurgistes de France qui, de même que le projet du camarade Niel, fixe de faibles cotisations.

A notre Chambre Syndicale, où nous ne demandons que 50 cent. de cotisations pour les aides ou manœuvres, et 75 cent. pour les maçons, tailleurs de pierres, terrassiers, cimentiers, couvreurs et similaires, il nous serait impossible de supporter une cotisation de 70 cent. par membre et par mois, comme le demandent certains projets.

Nous avons les cotisations à notre fédération nationale, l'abonnement au bulletin de notre Bourse de *tous nos membres* sans augmentation de cotisation, le *sou du soldat syndiqué*, une *demie* cotisation à la fédération du parti ouvrier socialiste de la Marne et le peu d'argent versé pour soutenir les grèves, il ne nous resterait rien pour notre propagande locale que nous ne tiendrions pas à négliger.

Les fédérations nationales *d'industries* nous sembleraient être préférables au point de vue de la solidarité et pour empêcher les nombreux équivoques par la similitude qu'elles ont avec certaines Fédérations de métiers, et par rapport aux statistiques qui s'enchaînent les unes aux autres.

Comme l'indique le projet d'Unité présenté par l'Union fédérale des métallurgistes de France, il nous paraît indispensable que ces Fédérations se subdivisent en « Sections nationales de métiers » pouvant ne pas se trouver toutes réunies dans la même ville. Dans le bâtiment, par exemple, une fédération de cette industrie ainsi constituée ferait cesser cette antinomie : d'une part, une fédération nationale des *maçons*, *tailleurs de pierres*, *plâtrièrs*, *cimentiers*, *carreleurs*, *terrassiers*, *et aides* et de l'autre, la fédération nationale du bâtiment pouvant accepter ces mêmes professions.

Pour une demande d'élévation de salaire, il serait facile à une industrie comme le bâtiment de faire cause commune.

Quant aux Bourses du Travail, elles devraient être locales ou par communes et dans chaque département une Bourse Centrale qui, dans la Société réorganisée, serait chargée des statistiques générales et de l'administration des divers dépôts et des grands magasins généraux. Actuellement comme nous l'avons dit à la question (Unité) elles sont de peu d'efficacité dans la lutte contre l'exploitation capitaliste ; les subventions qu'elles reçoivent formant un frein protecteur pour la bourgeoisie.

Selon nous, une Bourse comme une Union de Syndicats ou une Fédération nationale, devrait être constituée avec des principes bien définis de la lutte de classe, adopter un programme minimum de revendications qui serait les principales décisions prises dans les Congrès ouvriers.

Toute Bourse, Union ou Fédération qui n'adopterait pas dans ses statuts l'entente internationale des travailleurs, la suppression des armées permanentes, cette grande gendarmerie nationale toujours au service du patronat pour fusiller ou éventrer les travailleurs, l'abolition du salariat et de la propriété individuelle, la prise de possession par la classe ouvrière des instruments de travail et des moyens de production et d'échange, toute Bourse, Union ou Fédération, disons-nous, qui n'adopterait pas ces points essentiels de la lutte de classe ne pourrait se réclamer confédéralement de concourir à l'émancipation intégrale des travailleurs, et devrait être rejetée de la Confédération générale.

Ces conditions d'acceptation, qui nous paraissent indispensables, seront probablement repoussées par le Congrès, car cela pourrait entraîner la suppression des subventions municipales et autres des Bourses.

Mais pour les Unions ou Fédérations, nous insistons vivement pour que le Congrès adopte ces garanties morales, à plus forte raison maintenant que fonctionne le Label confédéral et commercial.

Maintenant je vais donner lecture du rapport du Syndicat du bâtiment de Noisy-le-Sec :

Considérant que pour établir l'Unité ouvrière et afin que cette Unité soit une force de combat contre l'exploitation capitaliste et patronale, toutes les organisations ouvrières ont le devoir de se fondre en une pensée commune, c'est-à-dire l'Union générale qui seule permettra d'arriver à l'émancipation intégrale pour tous les travailleurs sans distinction de métiers.

Par là, doivent disparaître les questions d'intérêt personnel pour une seule corporation puisque le but visé est l'intérêt général de toutes.

Il est donc de toute utilité que du Congrès de Montpellier réuni principalement pour discuter sur les meilleurs moyens d'arriver à l'unité il en puisse sortir un organisme établi sur des bases sérieuses et qui, tout en laissant à chaque organisation le plus d'autonomie possible, donnera au point de vue général plus de cohésion à la grande masse des travailleurs organisés.

Les Syndicats organisés en vue de l'émancipation et pour se conformer avec l'idée d'unité ouvrière ont donc le plus haut intérêt à se grouper nationalement en Fédérations comprenant autant que possible les travailleurs d'une même industrie.

De l'ensemble des Fédérations nationales prenant leurs bases dans les Syndicats eux-mêmes qui ne s'appuient sur d'autres ressources que celles provenant de leurs cotisations, il apparaît que là est la force d'unité la plus réelle et la plus indépendante.

C'est donc de ces organisations nationales que doit émaner l'organisation directrice du mouvement ouvrier, c'est-à-dire la Confédération générale du travail.

Les Bourses du Travail ou plutôt les Syndicats rouges y adhérant ont donc le devoir de laisser aux Fédérations la prépondérance au sein de la Confédération, car, si de bonne foi on doit reconnaître les services rendus aux travailleurs par l'action des Bourses, il faut bien reconnaître en même temps que cette action ne peut s'exercer toujours avec une entière indépendance étant donné que par les subventions accordées par les municipalités, il en résulte souvent un sentiment de tutelle pouvant amener les Bourses à subir l'influence des milieux politiques où elles ont leur siège et permettre à des éléments contraires à l'organisation syndicale de s'y introduire et en fausser la direction.

De l'ensemble de ces vues il résulte que, si les Bourses de Travail doivent puissamment seconder l'action des organisations Fédérales, elles ne sauraient les dominer et nous estimons que leur rôle devrait s'exercer dans les questions d'administration économique et d'éducation professionnelle.

C'est dans cet ordre d'idées que le Syndicat des Ouvriers du bâtiment de Noisy-le-Sec a adressé à la Commission d'organisation de Montpellier pour être inscrite à l'ordre du jour du Congrès, une proposition tendant à la fusion des Fédérations de métiers en Fédérations nationales d'industries.

En conséquence, les adhérents au Syndicat de Noisy-le-Sec donnent mandat à leur délégué de ne soutenir qu'un projet d'unité laissant aux Fédérations nationales la prépondérance au sein de la Confédération générale du Travail pour la direction du mouvement ouvrier et aux Bourses leur rôle administratif, et qui sont les rôles que nous assignons à chacune des deux grandes organisations dans la Société future.

Pour le Syndicat et par ordre
Le Secrétaire Colase

Le Président. — La parole est au camarade Niel.

Niel. — Si on observe profondément le mouvement syndical dans tous les pays depuis une dizaine d'années, on est frappé de son étendue et de sa diffusion rapide aussi bien en Europe qu'en France. La cause en est dans le réveil ouvrier qui se manifeste de toutes parts avec violence et aussi avec sincérité.

L'exploitation capitaliste prenant aussi un aspect nouveau, il n'était plus possible de vaincre ces forces coalisées du capital et de l'exploiteur patronal en restant isolés. Aussi à situation nouvelle, organisme nouveau. Dans tous les pays européens vous avez vu s'accroître sans cesse le nombre des Syndicats et des Fédérations, et cela est une preuve irréfutable que le prolétariat a compris qu'il fallait s'unir pour vaincre dans un dernier effort la Bourgeoisie et le Capitalisme (Applaudissements).

De là est née la nécessité de cette Unité de plus en plus étroite de tous les travailleurs que nous allons discuter aujourd'hui.

Il a été fait, vous avez pu le voir dans la *Voix du Peuple*, des objections au principe de l'Unité. La première de ces objections consiste à dire que la concentration à outrance est un danger pour le prolétariat ; voyons d'abord ce qu'il y a de fondé dans cette objection et laissez-moi tout de suite vous rassurer sur ma conception de la centralisation. Pour cela, je vais faire une légère incursion dans l'histoire de l'Internationale des Travailleurs. Car c'est précisément dans cette belle et trop ignorée organisation du prolétariat que j'ai puisé mes meilleurs arguments en faveur de l'Unité ouvrière, et la meilleure façon de le prouver, c'est de vous donner lecture des statuts officiels de la grande Internationale.

L'article 6 de ces statuts était ainsi conçu :

Art. 6. — Puisque le succès du mouvement ouvrier ne peut être assuré dans chaque pays que par la force résultant de l'union et de l'association.

Que, d'autre part, l'utilité du conseil général dépend de ses rapports avec les Sociétés ouvrières, soit nationales, soit locales, les membres de l'*Association Internationale* devront faire tous leurs efforts, chacun dans son pays, pour réunir en UNE *association nationale* les *diverses* Sociétés ouvrières existantes. Il est bien entendu, toutefois, que l'application de cet article est subordonnée aux lois particulières qui régissent chaque nation ; mais, sauf les obstacles légaux, aucune Société locale n'est dispensée de correspondre directement avec le conseil général à Londres.

Cet article fut proposé à Londres, en 1864, et adopté au premier Congrès de l'Internationale à Genève en 1866, c'est-à-dire bien avant que les Karl Marx, les Outine et consorts n'aient tenté d'imposer leur dictature par le conseil général de Londres.

Ainsi donc, au début, alors que les *centralisateurs autoritaires* n'avaient pas encore fait sentir leur influence, l'Internationale ne redoutait pas la centralisation ouvrière, puisqu'elle décidait de grouper, dans chaque nation, les travailleurs en UNE seule organisation.

Plus tard, lorsque l'élément autoritaire prit trop d'importance, que des excommunications furent prononcées, une des sections les plus importantes de l'Internationale se détacha et sous l'heureuse influence du fédéraliste Bakounine se reconstitua sous le titre de *Fédération jurassienne*.

Celle-ci encore, quoique condamnant justement l'autoritarisme de quelques personnalités, approuvait l'organisation centralisatrice de l'Internationale, puisque dans l'article 2 de ses nouveaux statuts, votés le 12 novembre 1871, au Congrès de Sonvillier elle déclarait :

Art. 2. — La Fédération reconnaît les statuts généraux de l'Association internationale des Travailleurs.

Qu'est-ce que cela signifie ? Que les bons éléments de l'Internationale approuvaient, comme moi, la centralisation au point de vue de l'organisation ouvrière et condamnaient les dictateurs, c'est-à-dire étaient pour l'Unité ouvrière, mais contre l'autoritarisme.

Et cette forme d'organisation ouvrière était si bonne, si efficace pour le prolétariat, si terrible et si dangereuse pour la bourgeoisie, qu'un bourgeois notable, l'avocat Testut, contempteur de l'Internationale, ne put s'empêcher de s'écrier :

Songez maintenant que, chaque jour, dans toute l'Europe, l'on travaille avec une activité prodigieuse à l'organisation des classes ouvrières, que l'on associe les ouvriers par corporation, par localité ; que l'on s'occupe de les fédérer de région à région, et de réunir en *un seul faisceau* tous ces groupes *corporatifs* et *locaux* et vous apprécierez alors toute la gravité de la situation.

Ne vous semble-t-il pas reconnaître là tout mon plan d'Unité ouvrière et ne sentez-vous pas maintenant toute la terreur qu'il peut inspirer à la bourgeoisie patronale ?

Nous ne sommes donc pas, en parlant d'Unité ouvrière, pour la centralisation autoritaire. Nous entendons par Unité l'image matérielle dans l'organisation syndicale : des intérêts professionnels d'une corporation ; dans l'organisation fédérative : des intérêts nationaux et corporatifs d'un même métier ; dans l'organisation des Bourses du travail : des intérêts communs à une fraction du prolétariat ; dans l'organisation centrale qui s'appellera Confédération générale du travail : des intérêts généraux, matériels et moraux, communs à tout *une classe* d'exploités.

Oui ou non, ces divers intérêts existent-ils ? Si non, détruisons toute l'œuvre syndicale et n'en parlons plus.

Si oui, reconnaissons pour tous ceux à qui ils doivent profiter, la nécessité de se grouper pour ces intérêts divers, en *une* toujours plus serrée et plus compacte organisation afin d'arriver plus sûrement à arracher ce que, tout seuls, ils auraient peine à ébranler.

L'Unité ouvrière, c'est la pratique d'une philosophie commune, c'est l'image vivante de la Solidarité.

La peur de la concentration ne se comprend plus dans une organisation générale, où chaque rouage conserve sa liberté absolue, chaque fraction d'organisation son autonomie personnelle. La peur des dictateurs est encore plus incompréhensible si l'on tient compte des progrès faits aujourd'hui par les sentiments de la liberté dans nos organisations syndicales et surtout si l'on tient compte de la facilité avec laquelle, grâce aux Congrès, on démolirait les empereurs ou les papes ouvriers.

Et puis enfin, qu'entendez-vous au juste par ce mot si effrayant de centralisation ? Et si je vous disais que vous êtes aussi centralisateur que moi ?

Est-ce que, lorsque vous voulez que dans une ville les ouvriers d'une corporation se syndiquent pour revendiquer leurs droits, vous ne désirez pas que *tous* aillent au syndicat ? Et n'est-ce pas là de la centralisation ?

Est-ce que lorsque vous voulez faire comprendre à ces syndicats d'un même métier ou d'une même industrie, qu'ils se feront plus rapidement rendre justice en se fédérant, ne désirez-vous pas que *tous* les syndicats se fédèrent ? Et n'est-ce pas de la centralisation ?

Est-ce que lorsque vous voulez faire l'éducation morale du prolétariat par la culture de la solidarité, vous n'engagez pas les syndicats de métiers différents à se grouper par ville ou région dans les Bourses du Travail et ne désirez-vous pas que *tous* vous écoutent ? Et n'est ce pas de la centralisation ?

Est-ce que lorsque vous conseillez aux Bourses du Travail de se fédérer vous ne désirez pas que *toutes* se fédèrent ? Et n'est-ce pas de la centralisation ?

Est-ce que lorsque vous reconnaissez l'utilité aux fédérations de métier ou d'industrie, de se retrouver dans un seul et même organisme pour préparer la grève générale, vous ne désirez pas que *toutes* les fédérations aillent se rencontrer ? Et n'est-ce pas de la centralisation ?

Et lorsque nous-même, suivant la voie logique dans laquelle vous marchez, nous voulons porter à son suprême degré cette centralisation que vous pratiquez à chaque instant, vous viendriez nous dire : « Gare à la centralisation ? »

J'ai montré suffisamment, je crois, au Congrès de Nice et de Lyon au moyen d'un graphique, le danger d'un corps syndical aboutissant à deux têtes et à deux cerveaux. J'ai dit que nous voulions obtenir l'émancipation définitive des travailleurs par l'unité d'organisation conforme à l'unité du but que poursuivent les organisations existantes.

Voilà donc, camarades, une première preuve de la nécessité de l'Unité ouvrière. (Applaudissements).

Je dis maintenant qu'il est nécessaire qu'on fasse l'Unité ouvrière, parce que, de même qu'il existe au point de vue corporatif des revendications propres à chaque corporation, il en existe aussi qui sont communes à tout le Prolétariat.

La nécessité des fédérations est née des échecs subis par les Syndicats, qui, restant isolés, étaient incapables de résister, et pour obtenir les revendications et lutter utilement on les a groupés. La nécessité des Fédérations et des Syndicats est donc incontestable et incontestée. Mais à côté des Fédérations nécessaires pour la lutte il y a le côté moral de la classe ouvrière, qu'il a fallu former et développer. Ce sont les Bourses du travail qui ont fait cette éducation en faisant disparaître cet esprit d'égoïsme professionnel.

Tous les ouvriers sont au même titre des exploités, et qu'ils soient vêtus d'une blouse, d'un veston ou d'une redingote, il y avait nécessité à les grouper par ville ou région pour leur expliquer qu'étant également des salariés, ils devaient se soutenir pour résister à l'ennemi commun : le Patronat, au lieu de se diviser et quelquefois de se disputer comme au beau temps du compagnonnage.

Les Bourses du travail sont la réunion de ces éléments divers. Elles ont eu pour premier résultat de faire disparaître les rivalités entre travailleurs et un nouvel essor s'est manifesté.

On a fait comprendre au prolétariat qu'il était un parti de classe sans distinction de politique ou de religion, et c'est dans les Bourses du travail surtout que cette idée a été développée. Leur utilité est donc aussi incontestable que celle des Fédérations. Mais à l'heure actuelle, ces deux sortes d'organisations qui, cependant, concourent au même résultat, sont représentées par deux organismes centraux distincts. De telle façon que le même prolétariat se trouve représenté deux fois par des organisations qui ont le même droit de parler en son nom. Voilà où commencent l'illogisme et le danger.

Avec l'Unité ouvrière, nous avons l'intention de les réunir sous une même égide pour mettre un peu d'ordre dans l'organisation ouvrière et pour créer enfin la véritable Confédération générale du travail.

Ces deux organisations sont séparées par des Statuts, par des Congrès. Imaginez-vous, lorsqu'on a discuté les retraites ouvrières par exemple, qu'un des deux groupements se soit prononcé pour et l'autre contre. Ne verriez-vous pas un danger dans ces divergences d'idées et dans ces opinions aussi inattendues que contradictoires? N'est-ce pas tout à fait illogique de se faire représenter par les mêmes hommes dans deux Congrès séparés, composés des mêmes éléments, pour émettre quelquefois des jugements contradictoires sur une question de principe? Il faut remédier à cela, car il n'y aura unité d'action qu'autant qu'il y aura unité de but et de pensée.

La question de l'Unité ouvrière a passionné beaucoup de Congrès. Elle est née du jour où, à côté de la Fédération des Bourses, s'est constituée la Confédération du Travail. C'est tellement vrai que dès 1895 au Congrès de Limoges, on a tenté une Confédération générale du travail dans laquelle seraient réunies toutes les Organisations ouvrières ; mais à ce moment-là la question posée au Congrès n'était pas mûre.

A Toulouse, en 1897, elle revient encore, car sa nécessité s'impose de plus en plus. Là, le camarade Pelloutier pose la question et une tentative de rapprochement a lieu entre les deux organismes.

Une Confédération du Travail est créée ; mais par la faute de quelques traîtres dont je ne prononcerai même pas le nom, elle n'aboutit pas.

A Rennes, en 1898, elle fut aussi discutée et l'an dernier, à Lyon, nous retrouvons là cette question, avec beaucoup plus de passion, plus de sincérité si possible, de telle façon qu'elle nous suit, qu'elle vous suivra partout comme un fantôme attaché à vos pas tant qu'elle ne sera pas résolue.

Et nous voici en 1902 à Montpellier, avec la question posée sérieusement devant le prolétariat réuni qui doit se prononcer et prendre une décision définitive.

De ces assises ouvrières, où vous voterez l'Unité, il ressortira cette impression que le prolétariat s'est enfin ressaisi, qu'il est maître de lui. Il faut qu'il ne reste plus une seule organisation en dehors de cette grande organisation embrassant toutes les nations et se reliant ensuite par l'Internationale des Travailleurs, dans le monde entier.

Alors, après ce Congrès, lorsque les travaux seront terminés, lorsque vous aurez fait savoir aux quatre coins du pays que l'Unité ouvrière est votée, vous serez fiers de l'œuvre accomplie, parce que vous aurez donné au monde qui vous observe le spectacle d'une profonde conscience de classe. Oui, camarades, vous voterez cette Unité ouvrière parce qu'elle vous fera vaincre plus sûrement le capitalisme, parce qu'elle vous acheminera plus méthodiquement vers la nouvelle Société de justice et de solidarité. (Applaudissements prolongés).

Luquet.— Niel nous a démontré d'une façon très claire l'utilité de constituer une Unité ouvrière et jusqu'où cette Unité devait aller. Il a prouvé aussi l'intérêt qu'il y avait à s'unir pour vaincre les forces capitalistes et bourgeoises qui nous oppriment, mais je crains que beaucoup ne se soient laissé illusionner peut-être par ce mot d'Unité. Ils ont cru que ce mot aurait une force et une puissance plus grande que celles qu'il n'a réellement. Je suis partisan de l'Unité de but et j'ai mandat de parler en sa faveur. Je crois qu'il y a déjà Unité dans la pensée des travailleurs groupés pour se défendre et que personne ne sera contre. Unis contre les oppresseurs, les travailleurs rouges défendent leur salaire et ne doivent pas se confondre avec les jaunes. Nous devons unir nos forces. Nous sommes tous partisans de l'Unité, mais il s'agit de savoir de quelle Unité. Vous ne voudriez pas décider la disparition d'un organisme au profit d'un autre? N'y aurait-il pas là un danger dans cette disparition et de par la décision prise à Alger de voir un organisme affaibli au bénéfice d'un autre organisme? Le camarade Niel ne le voudra pas, et les Bourses du Travail ne doivent pas être liées par la décision d'Alger. Il ne faut pas que rien puisse influer sur nos discussions.

Il ne suffira pas de dire que demain il y aura un Comité dans lequel tous les syndicats vont être représentés, cela ne suffit pas. En effet, nous devrons exiger d'un côté qu'un Syndicat adhère à la Bourse et de l'autre à la Fédération. Il ne suffit pas, en effet, qu'un syndicat adhère seulement à une Bourse ou à une Fédération; il ne ferait que la moitié de son devoir. Nous devons exiger d'abord la double adhésion, et, si on fait cela, l'Unité ne sera pas un mot menteur, car, étant faite à la base, elle sera solide. On me dira que j'émets une idée qui paraît irréalisable? Si dès maintenant on pressent qu'il y a impossibilité d'arriver à ce résultat, il vaut mieux l'abandonner. Que constatons-nous à l'heure actuelle? C'est que les syndicats, les organisations ne sont que trop souvent animés par l'intérêt. Nous raisonnons avec les faits, non avec les sentiments. Commençons à la naissance d'un groupement et nous voyons que les travailleurs ne viennent au Syndicat que parce que le Syndicat leur procure un avantage. A son tour le Syndicat n'arrive à la Bourse du Travail que parce qu'il y a intérêt et le Syndicat va à la Fédération nationale pour le même motif. Dès qu'un Syndicat est constitué, il recherche de quelle façon il pourrait vivre, il va immédiatement auprès des autres organisations, et il diminue ses charges par le fait du groupement. Ils entrent alors dans un local qui ne leur coûte rien, mis la plupart du temps à leur disposition par les municipalités. Par conséquent les syndicats, dès qu'ils sont nés, ont un intérêt d'adhérer aux Bourses du Travail. Mais il ne suffit pas d'être adhérant à une Bourse du Travail pour faire son devoir et il est à craindre que les syndicats, une fois là, ne songent plus à faire partie de leur Fédération nationale. La Bourse du Travail a un rôle moral, mais les subventions, les concessions peuvent, jusqu'à un certain point, ralentir leur action.

C'est alors qu'intervient la Fédération nationale qui a pour but d'entretenir l'action et l'agitation. Un Syndicat ayant pleine conscience de ses devoirs doit appartenir à la Confédération, adhérer à une Bourse et à sa Fédération. De cette façon il y aura réciprocité; les fédérations amenant les syndicats aux Bourses du Travail et les Bourses du Travail les conduisant à la Fédération.

Si je puis m'exprimer ainsi, les deux organismes rempliraient l'un pour l'autre le rôle de bureau de recrutement. Ce n'est probablement pas demain que la chose sera réalisée. Cela vaut la peine qu'on y réfléchisse, il faut aller lentement pour faire un bon travail. Il faut, je le répète, que les Bourses du Travail contribuent à l'organisation des Fédérations nationales de métiers ou d'industrie et que celles-ci aident à la formation des Bourses du Travail. Nous aurons alors une véritable unité, car nous n'aurons pas éparpillé nos forces, et je crains que la décision prise à Alger nous fasse plus de mal que de bien. Par conséquent, je termine en concluant qu'il faut qu'un Syndicat adhère à l'une ET à l'autre et non à l'une OU à l'autre.

Hardy. — Nous sommes d'accord sur un organisme central unique. Les divers projets présentés n'ont été que très vagues. On veut conserver une indépendance presque absolue aux deux groupements et l'on prétend arriver ainsi à l'unité d'action. Nous avons cru qu'il était utile de lier les deux organisations à la base. Nous sommes d'accord sur l'unité. Mais elle n'est pas possible, si les hommes qui composent les deux organisations ne savent pas qu'ils doivent s'imposer des sacrifices pour arriver à un résultat. Nous sommes pour l'existence des deux sections dans la confédération comme les camarades qui nous ont précédé. Nous différencions seulement sur le point qu'il y a une action commune, qu'il sera difficile d'obtenir. Lorsque nous voudrons une tournée de propagande, que celle-ci sera décidée, est-ce que la confédération la fera ? Ou bien, de l'autre côté, la section des Bourses du Travail pourra-t-elle faire la même chose ? Il faut donc que le bureau du Comité confédéral se compose en égale partie des sections des fédérations nationales d'industrie et de métiers et des Bourses du Travail de façon que, si une fraction voulait à un moment donné engager des frais trop importants le comité puisse les régler. Notre projet réalise une économie. Il arrive aussi que, lorsque le Comité Confédéral, qui doit être composé des éléments des Fédérations nationales aussi bien que des Bourses du Travail, se réunira en réunion pleinière et que des décisions seront prises, il ne faut pas qu'une seule d'entre ces sections puisse dire : c'est moi qui représente l'organisation ouvrière tout entière. C'est pour cela que notre projet comporte un bureau unique. Nous arrivons maintenant à la représentation.

Depuis trop longtemps, la majorité du prolétariat se voit conduite contre sa volonté. Nous devons établir un équilibre où tous les travailleurs syndiqués trouveront les mêmes droits. Il n'est pas admissible qu'une Fédération composée de 3.000 membres n'ait pas plus de droits qu'un syndicat qui n'en a que 25. En Angleterre existe déjà cette représentation proportionnelle que nous vous proposons d'admettre. Dans l'état actuel il arrive souvent qu'une décision est prise par une majorité de syndicats ne contenant que quelques membres. Il faut solutionner cela. Il ne faut pas que dans le Comité Confédéral ce soient des individus qui prédominent, il faut que ce soit la valeur des groupements. Le Congrès de Lyon était déjà entré dans cet ordre d'idées en attribuant 3 voix aux fédérations nationales, 2 aux fédérations régionales, et 1 aux syndicats isolés. Voilà en somme une représentation proportionnelle qui, au fond, ne l'est pas, en ce sens que nous, par exemple, nous qui avons 1200 membres payants, nous avons eu la même force délibérative que ceux de la métallurgie ou du livre qui étaient 10 fois plus nombreux que nous.

Il est absolument urgent que tous les hommes qui font partie de l'organisation ouvrière prennent la responsabilité de leurs actes. On dira : vous voulez imposer le silence aux pauvres. Non, nous voulons mettre tous les syndiqués sur un pied d'égalité par la représentation proportionnelle sur le chiffre des cotisations, c'est-à-dire, une voix par centaine de membres payants; pour les Bourses, une cotisation de 2 0/0 sur le budget global dont elles disposent, car nous savons qu'il est alloué à certaines bourses jusqu'à 100.000 fr. tandis que d'autres au contraire n'ont comme ressources que leurs cotisations. C'est ce que nous proposons au Congrès. Il est nécessaire que les charges soient en rapport avec les ressources. Il est difficile de pouvoir tabler sur la représentation des Bourses du Travail étant donné qu'elles conservent toutes leur marche actuelle, tout ce qui peut leur être utile. Nous ne voulons rien modifier dans leur action, nous ne voulons au contraire que leur prospérité dans notre projet.

Niel, pendant que le camarade Hardy se repose un instant, donne lecture des télégrammes suivants qui viennent de lui parvenir.

Decazeville: Réponse Compagnie provocante au dernier chef; n'accorde rien, situation s'aggrave.

Signé : MAZARS

Compiègne : Grévistes Ourscamp luttant depuis 120 jours contre forces capitalistes coalisées adressent appel prolétariat réuni Congrès Montpellier, forment vœu pour action des forces ouvrières unies et conscientes.

Signé : Noblecourt Klemzenski.

Hardy. — Voyons maintenant la question la plus difficile. Lorsqu'on a un mandat, il faut l'accomplir d'un bout à l'autre. Nous avons conservé l'article 1er des statuts de la Confédération établie à Lyon.

Nous considérons que le groupement général des salariés est inévitable. Il faut savoir aussi ce que les membres du Comité Confédéral auront à faire lorsque le Congrès aura terminé ses assises. Nous sommes de ceux qui veulent que l'action politique ne s'infiltre pas dans les Syndicats. Nous qui avons répudié depuis longtemps la politique électorale, il ne faut pas que maintenant on nous accuse d'en faire. Mais il n'est pas moins vrai que les organisations auront à côté d'elles un pouvoir dont il faudra tenir compte et il est urgent que le prolétariat voie les forces qu'il a devant lui à combattre. Jusqu'à ce jour, qui est-ce qui a fait les lois ouvrières ? Ce sont les hommes politiques. Eh bien, nous considérons que les Syndicats ouvriers doivent user de leur puissance sur les pouvoirs politiques en suivant l'exemple du Syndicat des chemins de fer. Quelques camarades, lorsqu'ils sont en réunion publique, viennent dire : arrière les politiciens, arrière les menteurs du parlement, nous sommes assez forts, assez puissants pour nous défendre. Et d'un autre côté, nous voyons ces mêmes citoyens soutenir la thèse que pour s'organiser il faut de l'argent, et nous les voyons tendre la main et demander le concours des municipalités et des députés. Soyez donc logiques : si vous n'avez pas besoin d'eux, ne leur demandez rien.

Je dis donc que le prolétariat doit user de sa puissance sur les pouvoirs politiques et nous savons que, si le prolétariat a pu s'organiser dans les grands centres, c'est qu'à mesure les électeurs ont démocratisé les pouvoirs, et c'est ainsi que nous voyons à Montpellier, par exemple, une municipalité bourgeoise peut-être à l'excès, nous prêter son concours pour notre Congrès. On a eu le tort de faire croire au monde ouvrier que la grève générale, dont je suis cependant partisan, pouvait tout réaliser. Nous ne pouvons pas prévoir ce que donnerait une grève générale. Il faut employer tous les moyens pour arriver au but. C'est ce que nous avons résumé dans l'article 8 de notre projet.

Nous disons que le Comité confédéral est l'exécuteur des décisions des Congrès ; il intervient dans tous les événements intéressant la classe ouvrière. Il s'assure le concours des membres du Parlement pour intervenir au cas échéant dans tous débats parlementaires intéressant les travailleurs.

Il faut nous mettre immédiatement à l'œuvre, il faut poursuivre le but de l'expropriation. Nous voyons déjà des camarades des chemins de fer et des mines s'agiter dans ce sens ; unissons donc nos forces et dans dix ans ce progrès sera accompli.

Bousquet.— Nous sommes en présence de deux organismes centraux, la Fédération des Bourses du Travail et la Confédération générale du travail. Il serait inutile et fastidieux de revenir sur les origines de ces deux groupements, il s'agit de discuter l'Unité c'est-à-dire de rapprocher la Fédération des Bourses et la Confédération. Plusieurs moyens sont proposés. Au point de vue revendicatif révolutionnaire c'est surtout l'avenir qui nous intéresse, et c'est pour cela que nous demanderons quel est le rôle à remplir par les Bourses et la Confédération du travail.

En France, où nous sommes de grands enfants, il suffit qu'une chose soit permise pour que nous ne la prenions pas. Depuis que les syndicats existent sous la tutelle bourgeoise, ils ont moins produit que lorsqu'ils étaient simplement tolérés, et quand la bourgeoisie a donné la loi de 84 pour les tenir en tutelle, on a institué les Bourses du Travail qui ont des attributions limitées, qui vivent de subventions, où elles ne peuvent aller plus loin que les dirigeants ne le veulent et où on les tient enfin par des questions d'argent. Je dis que les Bourses du Travail, et je le dis avec franchise, ont épuisé beaucoup de bonne volonté. Je dis que les militants qui ont lutté dans les Bourses du Travail ont montré certes beaucoup d'énergie, mais ils l'ont dépensée sans grands résultats, et, s'ils n'avaient pas été limités par la pression bourgeoise, ils auraient fait beaucoup mieux.

Aujourd'hui, pour échapper à cette tutelle, les Syndicats se sont coalisés et ont formé des fédérations qui, elles, sont libres et indépendantes. Ces groupements divers ont à leur tour formé la Confédération générale du travail qui est en dehors de tout contrôle gouvernemental. Celle-là ne dépend de personne. Elle se soutient par ses propres forces, par ses fédérations. Elle est la personnalité de la revendication, elle marche quand même.

Dans la question que je vais traiter, on dira peut-être que je suis mal placé comme appartenant à la Bourse du Travail de Paris. Malgré cela, je n'ai jamais caché mes idées et quand j'ai vu la Fédération des Bourses représentant les Syndicats de France, aller vers les capitalistes, j'ai protesté. J'ai protesté aussi contre la demande d'une subvention de 10.000 francs. Nous voulons constituer l'Etat des exploités dans l'Etat des exploiteurs. Nous voulons arriver à ce que le syndicalisme soit un état dans l'état bourgeois. D'un autre côté, je ne voudrais pas voir la Confédération dans des locaux gouvernementaux, je voudrais que les Bourses soient aussi en dehors de cette action. Par conséquent, au nom des Syndicats que je représente, je déclare que nous n'avons pas soumis de projets spéciaux, mais nous remercions de tout cœur les camarades qui en ont présenté. Nous regrettons aussi que le camarade Niel ait abandonné son projet primitif et qu'au point de vue révolutionnaire il ait fait des concessions à Alger. Je le désapprouve. D'autre part, le camarade Hardy nous propose dans son projet le vote plural. Ignore-t-il que c'est un effet de la nature s'il y a, par exemple, beaucoup plus de mineurs que d'orfèvres, et le suivre ce serait tomber en plein dans le système bourgeois où l'actionnaire qui a le plus d'actions a aussi le plus de voix (Vifs applaudissements).

Nous ne comprenons pas qu'on propose ce vote qui, en Belgique, il y a peu de temps, a fait le malheur du prolétariat et couché dans les chemins sous les balles des soldats, des femmes, des enfants et des vieillards, et c'est cela que vous voudriez mettre en vigueur en France? Nous ne voulons pas de ce mode de vote. Dans les petites organisations, vous trouverez des valeurs individuelles, comme dans les grandes. Le prolétariat rentre résolument dans l'action, ce n'est que par elle que nous pouvons arriver, que nous pourrons continuer à aller de l'avant. Si nous suivons un autre chemin, nous serons bientôt taillables et corvéables à merci. Je termine en demandant qu'on poursuive les revendications ouvrières par tous les moyens révolutionnaires. (Applaudissements).

En ce qui concerne la proposition Hardy, je dis qu'en dehors des organisations syndicales, chaque camarade est libre, mais qu'en tant que syndicats nous devons rester sur le terrain exclusivement économique, car que demain on appelle la forme gouvernementale, Empire, République, Socialiste ou autre chose, et que le régime économique n'ait pas été transformé, il n'y aura rien de changé, sauf que le prolétariat aura été trompé une fois de plus sur des étiquettes et des appellations.

Bourchet.— J'ai demandé que Hardy dise tout à l'heure toute sa pensée et je suis heureux qu'il ait posé la question comme il l'a fait.

Il y a dans le débat sur l'Unité deux parties bien distinctes : l'Unité matérielle et l'Unité morale. Je crois que c'est surtout cette dernière forme qui a de l'importance. Qu'importe, en effet, que nous construisions un bel édifice si nous le rendons ensuite inhabitable. Je vais donc diviser le débat en deux parties et traiter d'abord le côté matériel.

Nous subissons en ce moment le contre-coup d'une faute de tactique. Il nous eût semblé plus logique que nous n'arrivions pas ici avec une décision prise déjà par la Fédération des Bourses et mieux vaudrait que le Congrès d'Alger n'eût pas eu lieu. Puisqu'il y avait unité à faire, c'est dans un Congrès unique qu'on devait en discuter les points de détail, tandis que nous nous trouvons à l'heure actuelle en face d'un projet déclaré intangible en ses points principaux et que nous serons obligés d'adopter si nous voulons l'Unité.

C'est contre cette mise en demeure que je proteste. Il y a dans le projet d'Alger des points qu'aucune Fédération de métier ou d'industrie ne peut accepter. Quoi, on déclare que ce sont ces Fédérations qui sont l'organisme que nous devons placer au premier rang et le projet n'impose pas l'adhésion des syndicats aux Fédérations déclarant qu'il suffira d'être adhérent à une Fédération ou à une Bourse pour être confédéré?

Nous avons vu, lors de la vérification des pouvoirs, la tendance de certaines Bourses, et les protestations apportées ici démontrent le danger qu'il y aurait à donner la prépondérance dans le mouvement syndical aux Bourses du Travail.

Le débat va donc s'établir sur une conjonction. Nous disons que les syndicats ont un double devoir : adhérer à leurs Fédérations d'abord, aux Bourses du Travail ou Union locale ensuite. Pour être confédéré, il faudrait, à notre avis, ne pas être adhérent seulement à l'une ou à l'autre, mais aux deux. Voilà pourquoi nous demanderons de remplacer le mot *ou* par *et* (Applaudissements).

Et ce premier point posé, démontrant que déjà des tiraillements se produisent, je tiens à relever quelques erreurs de Niel dans son historique du mouvement syndical.

La question de l'Unité Ouvrière, qui depuis un an a donné lieu à tant de controverses, est-elle une question nouvelle?

Un peu d'histoire corporative va nous montrer qu'il n'en est rien.

Reportons-nous au Congrès de Nantes en 1894. La Fédération Nationale des Syndicats ouvriers, rongée par le virus politique, avait donné là sa dernière preuve de sectarisme et les délégués ouvriers venaient de décider à une majorité assez forte qu'il fallait donner au mouvement syndical une allure le dégageant de toute coterie politicienne.

On constitua alors le Conseil National ouvrier.

Un an s'écoule, et à Limoges (1895) on comprit qu'il ne suffisait pas d'avoir créé un nouveau rouage, mais qu'il fallait encore assurer son fonctionnement. Les résultats de la première année constataient, en effet, que pour toute ressource le Conseil National avait reçu 0 fr. 85 d'un excédent d'écot ! On pouvait difficilement lui reprocher son inaction.

On modifia le régime et on changea l'étiquette. La Confédération générale du Travail vit le jour. Elle devait réunir dans son sein les Syndicats, les fédérations locales, régionales, de métiers, d'industrie et aussi les Bourses du Travail et la Fédération des Bourses. Presque le projet actuel.

On se sépara en se donnant rendez-vous à Tours l'année suivante (1896). Le rapport moral de la Confédération signalait alors « l'hostilité systématique de quelques-uns rêvant d'étouffer dans l'œuf le nouvel organisme et le citoyen Keufer déclarait qu'une sourde lutte était engagée par une association similaire qui craignait d'être annihilée.

Il est évident que la Fédération des Bourses du Travail, fondée quelques années auparavant, voyait d'un très mauvais œil la nouvelle organisation. On essaya de la conciliation et le Congrès déclara que désormais les Bourses du Travail ne pourraient plus adhérer à la Confédération.

C'était encore insuffisant et les Congrès de Toulouse 1897 dénotèrent que la crise, loin de s'amoindrir, était à l'état aigu. Le Congrès des Bourses faisait, d'une façon virulente, le procès de la Confédération et le délégué d'Alger, le citoyen Soulery y déclarait, aux applaudissements presque unanimes des délégués, que la Confédération n'avait pas sa raison d'être et que le seul organisme central devait être la Fédération des Bourses.

Le Congrès Confédéral essayant encore d'éviter la rupture décida alors que le Comité Fédéral des Bourses deviendrait une section de la Confédération Générale du Travail dont l'autre serait le Conseil National des Fédérations.

L'expérience aboutit à de tels heurts que le Congrès de Rennes en 1898 prononça le divorce définitif. La scission s'y fit complète et Fédération des Bourses et Confédération eurent désormais leur existence propre.

Voilà résumée à grands traits cette période. La lutte d'influence ne s'éteignit d'ailleurs pas instantanément, et puisque peu à peu les rivalités s'amoindrirent et qu'une cordialité, tout au moins de surface, s'est établie, nous n'évoquerons pas plus longtemps ces heures de troubles, nous contentant de chercher à éviter leur retour, à éviter aussi les éternels recommencements.

L'apaisement des anciennes haines nous permet d'envisager très froidement la question et de chercher à la résoudre dans l'intérêt général.

Lorsqu'au Congrès de Lyon, le citoyen Niel développa sa thèse sur l'Unité, les délégués furent surtout captivés par un schéma au tableau noir, établissant le corps syndical tiré en sens contraire et en faisant un monstre à deux têtes. Je crois que ce schéma en la circonstance contenait à sa base une erreur de départ qui en viciait toute la portée.

Avec l'expérience, le temps semble passé où les deux organismes se déchiraient et déchiraient ainsi le corps syndical. Aujourd'hui s'il y a encore deux têtes il serait contraire à la vérité de les faire tirer en sens contraire, alors qu'elles semblent chacune dans sa sphère se diriger, solidement accouplées, vers le même but : l'émancipation intégrale du prolétariat.

C'est d'ailleurs cela qui peut permettre d'envisager sans crainte le projet d'Unité et qui laisse croire qu'il doit aboutir.

Mais il faut que les Bourses comprennent qu'elles n'ont pas l'indépendance nécessaire pour s'imposer à la tête du mouvement.

Il faut un organisme central, cela paraît acquis. Doit-il être la Confédération ou la Fédération des Bourses?

Pour la direction du mouvement social, pour son indépendance, en conformité avec les besoins actuels je me prononce pour la Confédération. (Applaudissements).

Les Bourses ont reçu sur les budgets municipaux près de 3 millions 1/2 pour leur aménagement. Les subventions municipales les alimentent de 350.000 fr. annuellement, auxquels viennent se joindre environ 15.000 fr. de subventions départementales. Ce sont ces crédits qui font leur vie, et il serait trop simple de jeter le trouble et la désorganisation dans notre rouage principal si celui-ci était la Fédération des Bourses.

Il y a un autre argument. Dans la société d'idéale beauté que nous concevons, les Bourses du Travail auraient un rôle considérable à remplir puisque nous les considérons comme devant devenir le centre de l'activité et la vie sociale. On en a conclu, un peu légèrement, qu'il y avait là un argument en faveur de leur suprématie à l'heure actuelle.

On a oublié de montrer la différence de conception qui devait résulter de la différence de situation. De quoi est faite actuellement l'action syndicale? D'organisation pour la lutte, de défense contre le capital, de préparatif pour la grande idée de grève générale. Le syndicalisme actuellement est le bélier qui doit, frappant sans cesse, démolir la société capitaliste.

Ce qu'il faut surtout à la classe ouvrière, ce sont des armes de combat et voilà pourquoi les fédérations de métiers et d'industries apparaissent au premier plan.

Il est regrettable aussi qu'Alger, où les Fédérations n'ont pu se faire représenter alors que les Bourses sont admises à Montpellier, ait cru devoir, alors que le projet d'Unité devrait supprimer les doubles Congrès, déclarer qu'elle tiendrait le prochain Congrès à Bourges. Etait-ce parce qu'on ne croyait pas à l'Unité?

Je dis que s'il en était ainsi, que si chaque élément devant constituer celle-ci ne vient qu'à contre-cœur, avec des réticences et des idées de conserver ses prérogatives d'une façon absolue, le danger va reparaître et voilà pourquoi en terminant le côté matériel de la question je regrette que la question ne soit pas arrivée dans un Congrès unique, car nous qui sommes ardents partisans de l'Unité, je crains que nous payions très cher cette faute de tactique.

Et j'en arrive au côté moral.

Hardy vous a dit : Nous sommes partisans de l'amélioration par les voies légales, nous croyons qu'il faut s'adresser aux pouvoirs publics, qu'il faut voir dans le parlementarisme une des formes et un des moyens de la lutte économique et qu'il faut indiquer cette forme à nos camarades. Il a ajouté : nous ne sommes pas des politiciens!

Vraiment je ne comprends plus. L'émancipation de la classe ouvrière est une. On ne peut pas prétendre qu'on s'émancipera deux fois. Nous disons, nous, que c'est par l'organisation syndicale, par les forces ouvrières constituées que nous aboutirons à notre libération. Nos adversaires eux-mêmes déclarent que l'émancipation des travailleurs ne pourra être que l'œuvre de ceux-ci et par une contradiction, par un recul sur les années écoulées on vient dresser devant nous la théorie des bonnes lois.

Mais alors il faudra bien, camarades, que vous poussiez jusqu'au bout votre argumentation. Pour avoir vos bonnes lois, il faudra bien indiquer qu'il faut de bons législateurs, qu'il faut conséquemment voter pour ceux-ci, et vous qui, paraît-il, n'êtes pas des politiciens, vous voilà pris dans l'engrenage et entraînés dans la mêlée, dans les passions et les intrigues louches de la politique. (Applaudissements).

Ce terrain n'est pas le nôtre. S'il vous plait de vous y placer nous avons trop d'amour pour la liberté d'opinion pour diriger contre vous les injures qu'on dirige parfois sur nous-mêmes. Allez dire aux travailleurs vos tendances et vos aspirations, allez les lancer sur le terrain brûlant de la politique.

Nous, nous conserverons notre rôle en leur criant : casse-cou ! et en restant ce que nous étions hier : des syndicalistes, des révolutionnaires. (Vifs applaudissements).

Je ne veux pas éterniser le débat, mais il y a encore un point qu'il faut pourtant signaler. Il ne faut pas que la situation qui existe depuis un an se perpétue. Nous venons ici au Congrès essayer de donner à nos mandants la direction qu'ils nous demandent. Il ne faut pas que certains se plaisent à dénigrer une œuvre qui peut ne pas leur convenir, mais qui est l'expression de volontés nettement exprimées. Depuis un an, la polémique a acquis une acuité intolérable. Nous vous demandons à tous d'avoir plus de courtoisie et moins de rancune. Il se dresse au milieu de nous des haines plus terribles, plus irréconciliables que celles que nous avons contre le patronat. Voilà le danger, voilà l'erreur.

Ceux qui assistent à nos délibérations, y prenant une large part, vont ensuite au dehors démolir notre œuvre commettent une mauvaise action et font une sale besogne. (Applaudissements répétés).

La séance est levée à 6 h. 1/4.

Séance du 24 septembre matin

Président : Coupat, des mécaniciens de Paris.
Assesseurs : Bousquet et Fallandry, de Toulouse.

La parole est au camarade **Bousquet** pour une motion préjudicielle.

Bousquet. — Certains journaux ont montré la mauvaise foi la plus absolue dans les comptes rendus de nos séances. C'est encore et toujours de la *Petite République* qu'il s'agit. Je demanderai donc, à un délégué du Congrès qui est en même temps rédacteur à ce journal, si c'est lui qui a fait cet article.

Le **Président** donne lecture de l'ordre du jour suivant déposé par le camarade Maille :

Comme suite de la non admission de l'Union des Chambres Syndicales ouvrières des Bouches-du-Rhône, la délégation marseillaise verse les trois francs de droit d'adhésion, à la Commission du Congrès pour être versés entre les mains de nos camarades de Decazeville et d'Ourscamp et prie les organisations qui sont dans notre cas d'agir de même.

La délégation marseillaise

Le citoyen **Coupat.** — J'ai reçu, relativement à la discussion sur l'Unité, la proposition ci-après :

Les organisations soussignées, désirant connaître l'opinion des Bourses. demandent que le premier orateur devant prendre la parole sur l'Unité ouvrière, soit un de leurs délégués ou un rapporteur pris parmi ces délégués, LE MAO, Tanneurs de la Seine; GRIFFUELHES H., Fédération des cuirs et peaux ; G. MOREL, des cuirs et peaux d'Amiens.

Le **Président** est d'avis qu'on donne la parole à un orateur des Bourses du Travail.

Plusieurs congressistes font remarquer que Niel a été désigné pour défendre le projet devant le Congrès de Montpellier.

Niel. — En effet, j'ai été désigné pour défendre le projet de l'Unité ouvrière, mais j'ai un mandat très large et le pouvoir d'apporter certaines modifications sur certains articles et sur certains points. Si vous tenez à connaître l'opinion des Bourses du Travail, je vous la dirai tout de suite. (Assentiments.)

Camarades, voici le court passage du rapport du Congrès d'Alger qui mettra les choses au point :

La discussion s'est engagée d'abord sur le point de savoir s'il fallait se prononcer définitivement sur un projet quelconque dans tous ses détails, ou s'il ne serait pas préférable de se prononcer surtout sur les questions de principe et d'ordre général, laissant au camarade que vous nommerez pour vous représenter au Congrès de Montpellier, le soin de décider les divers points de détail sur lesquels des modifications pourront être acceptées.

C'est cette dernière manière de voir qui a prévalu, et immédiatement la Commission a fixé les points de principe devant garantir l'autonomie des Bourses et de leur Fédération, tout en accomplissant la plus grande somme possible d'Unité ouvrière.

Ce passage a une certaine importance, car il prouve bien que le Congrès des Bourses n'a rien décidé d'une façon définitive, il n'y a guère que sur trois points qu'il s'est prononcé. Pour tout le reste, le délégué a pleins pouvoirs. Voici sur quoi ont porté les réserves :

1° Quelle sera la place exacte de ce qu'on appelle la Fédération des Bourses dans la Confédération générale du travail ?

2° Quelle serait la liberté laissée à chaque groupe pour l'emploi des fonds ?

3° Quelle sera la latitude laissée aux Bourses pour tenir une réunion, mais non un Congrès, pour traiter des questions purement administratives si besoin était.

Sur le premier point, le Congrès d'Alger a décidé la rédaction suivante :

Article Premier. — La Confédération générale du Travail est constituée de deux sections autonomes :

La première section prend le nom de Fédération des Bourses.

La deuxième section prend le nom de Union des Fédérations de Métiers ou d'Industrie et des Syndicats isolés.

J'ajoute tout de suite que le Congrès n'a attaché aucune importance à l'ordre dans lequel les sections ont été placées. Chaque section aura la liberté la plus large et la plus complète tout en établissant bien que, dans la Confédération générale, elles auront seulement le rôle de section, sans que l'une prédomine sur l'autre.

Relativement au deuxième point dont voici la teneur :

Chacune des deux sections percevra les cotisations des éléments qui les constituent et en disposera selon les besoins de ses attributions,

je relèverai une erreur commise par le camarade Bourchet hier. Le Congrès d'Alger n'a pas dit que les cotisations seraient versées dans une caisse commune, au contraire; chaque section restera au point de vue financier complètement autonome ; mais à côté de cette autonomie financière, il y aura pour les deux groupements une commission de contrôle.

Le troisième point a été rédigé comme suit :

Les Bourses du Travail pourront, si elles le jugent utile, dans la semaine qui précédera le Congrès de la Confédération et dans la même ville, tenir une réunion où seraient discutées les questions purement administratives du ressort de ces institutions, sauf à dresser un Rapport d'ensemble qui sera soumis à l'approbation du Congrès.

Je ne crois pas que cela amène une discussion. Je ferai remarquer qu'après cet article, un amendement, qui a sa valeur, a été voté ; il a pour but d'éviter autant que possible ces réunions par une large application du principe du referendum. Voici ce qu'il dit :

La section des Bourses du Travail, ainsi que celle des Fédérations d'industrie ou de Métier, et, en général toutes les organisations confédérées, sont invitées, afin d'éviter l'organisation de conférences ou de Congrès coûteux, à faire une large application de la pratique du referendum.

Les Bourses du Travail auront le droit de tenir des réunions et non des Congrès.

Voici encore une motion qui a été votée par le Congrès d'Alger et qu'il est utile que je vous fasse connaître :

Le principe de l'Unité ouvrière ne peut en rien entraver la liberté de chaque syndiqué. Mais il doit être entendu que dans chaque ville il est de toute importance qu'il n'y ait qu'un syndicat de même profession. Les sections de l'Unité ouvrière devront faire tous leurs efforts pour que les Syndicats de même profession existant dans une même ville fusionnent au plus tôt.

Voilà donc les trois points sur lesquels on s'est un peu appesanti. Pour le reste, le Congrès a laissé son rapporteur libre d'accepter des modifications. A proprement parler, il n'y a pour ainsi dire pas de projet d'Alger, il y a au contraire la plus grande liberté. Aussi je dirai que ce Congrès a fait une bonne besogne et ne s'est pas montré du tout autoritaire.

Voilà les observations rapides que j'avais à présenter pour préciser l'œuvre du Congrès d'Alger. Je tiens à ajouter que, si la discussion doit continuer encore avant la nomination d'une commission, je maintiens mon tour de parole, car il y a pas mal d'observations erronées qui ont été faites et auxquelles j'ai le devoir impérieux de répondre. (Applaudissements.)

Giray. — Au nom de la Bourse de Lyon, je dépose un projet. Je ne le lirai pas, mais je demanderai au Congrès de nommer une Commission qui réunira tous ces divers rapports et en fera un seul les résumant tous, d'accord avec le délégué d'Alger, et on discutera ensuite.

Bourderon dit qu'en acceptant cette proposition on mettra dans l'impossibilité les Bourses du Travail de faire discuter leur projet. A Alger, tous les projets ont été discutés. Il faut qu'il en soit de même ici. Je craindrais que la nomination de cette commission mette dans l'impossibilité les 40 ou 60 Bourses représentées à Alger, de se défendre. Laissez la libre discussion, la commission pourra juger en connaissance de cause.

Juthy. — Cette question est d'une très grande importance. Je crois devoir soutenir pour ma part la proposition de Giray, qui pourra donner des indications utiles tout en donnant satisfaction aux Bourses du Travail.

Coupat, président. — En effet, la commission nommée collationnerait les divers projets de façon à ce qu'ils ne se répètent pas. Elle ferait ressortir les différences qui existent entr'eux, et nous aurions un projet unique sur lequel on pourrait discuter.

Le Président. — Dans ces conditions je propose la nomination d'une commission.

Adopté à l'unanimité.

Sur la question de savoir de combien de membres se composera cette commission, le chiffre 15 est adopté.

Bourchet demande que les auteurs des projets se joignent à cette commission.

Griffuelhes, — Je ne suis pas de cet avis. Je demande qu'aucun auteur de projet ne fasse partie de la commission, qu'ils exposent leurs idées, et la Commission jugera après comme elle l'entendra.

Latapie. — Je proteste contre la proposition Griffuelhes et je demande au contraire que les auteurs de projets se joignent à la Commission.

Maurice. Il est utile que, parmi les 15 membres composant la Commission, 5 membres soient pris parmi ceux qui ont assisté au Congrès d'Alger. Cela est même de droit, semble-t-il.

Coupat, président. — Je me trouve en présence de 3 propositions. La première écartant les auteurs de projets, la deuxième joignant les auteurs à la Commission, enfin la troisième tendant à introduire 5 membres des Bourses dans la Commission. Je demande sur laquelle le Congrès doit donner sa priorité.

Besset.— Je demande la priorité pour la motion Bourchet.

Niel.— Je demande la priorité pour la motion Bourchet avec l'amendement Maurice.

Divers congressistes se ralliant aux divers projets, le Président les met aux voix en les divisant:

1° Sur le chiffre de 15 membres (Adopté);

2° Savoir si les auteurs feront partie de la Commission;

3° 5 délégués de Bourses ayant fait partie du Congrès d'Alger y seront compris (Adopté).

Cette proposition se trouve acceptée dans la forme ci-après:

Le Congrès décide de nommer une Commission de 15 membres dont 5 qui auront assisté à Alger.

Les auteurs de projets pourront se faire entendre à cette Commission.

Les auteurs de projets qui se joindront à la Commission sont: les citoyens Chevallier, Génie, Viers, Victor, Renaudin, Hardy, Latapie, Fallandry, Boisson et Luquet.

Les 5 membres des Bourses ayant assisté au Congrès d'Alger, sont les suivants: Niel, Maurice, Bourderon, Maraton et Maille.

Les 10 membres désignés autant que possible par région, sont: Maurel, d'Amiens; Christine, de Marseille; Hervier, de Bourges; Bourchet, de Lyon; Bertrand, d'Orléans; Gauthier, Bretagne; citoyenne Jacoby, de Paris; Bourguer, de Reims; Faure, d'Avignon; Vancenbrouck, de Roubaix.

Griffuelhes.— Je demande qu'on lève la séance afin que la Commission nommée puisse se réunir et établir le projet qu'on discutera ensuite.

Guérard. — Le Congrès aura assurément des indications à donner à la Commission dans la discussion générale. Dans ces conditions, la Confédération aurait dû présenter un projet et aurait été d'accord avec nos vues.

Maurice.— Le Congrès d'Alger a donné une indication précieuse à la Commission. On pourrait peut-être faire de même ici. On pourrait par exemple poser la question suivante: 1° Quel sera le titre que prendra la nouvelle Unité? 2° Cette nouvelle organisation sera-t-elle composée de deux sections ayant leur autonomie? Voilà deux points à indiquer à la Commission.

Enfin, le Congrès peut d'ores et déjà se prononcer sur un point très net et très formel, à savoir qu'il n'y aura qu'un seul Congrès. On peut laisser à l'initiative de la Commission les questions administratives, ainsi que cela a été fait à Alger. Quant à la réunion spéciale des Bourses du Travail, il reste bien entendu que ce rapport sera soumis au Congrès.

Le Président met aux voix la proposition Griffuelhes tendant à lever la séance. Elle est adoptée.

Le camarade **Rivelly**, de Marseille, dépose la motion suivante :

Je propose qu'à l'issue de la réunion de ce soir, une collecte soit faite pour être versée en parts égales aux camarades en grève de Decazeville et d'Ourscamp.

RIVELLI.

Plusieurs congressistes font remarquer qu'une décision a été prise hier par le Congrès.

Le Secrétaire de la Commission d'organisation fait connaître que la collecte au profit des grévistes a produit ce matin 44 fr. La séance est levée à 11 heures moins le quart.

Séance du 24 septembre soir

Président : HERVIER, de Bourges.
Assesseurs : MAILLE, de Marseille et DARME, de Lyon.

La séance est ouverte à 2 heures par le **Président**, qui donne lecture de la communication suivante :

La Fraternité Syndicale du Bâtiment de Charenton, réunie en assemblée générale, adresse l'expression de toute sa sympathique solidarité à tous les travailleurs du monde entier, salue les assises ouvrières du prolétariat organisé et lève la séance au cri de :

Vive l'Émancipation des Travailleurs par les Travailleurs eux-mêmes !

Par ordre :
Le Secrétaire,
BOGNIAUD, 7, rue de Conflans, Charenton.

Le **Président** propose la nomination d'une Commission des Vœux qui réunira les desiderata des délégués pour les soumettre au Congrès.

Sont nommés membres de cette Commission : GANGLOFF, POITEL, JUTHY, BERTRAND, DUTEIL, GIRAY, PERRIER.

La parole est au camarade **Maurice** pour une explication personnelle :

Maurice.— Je réponds au désir exprimé par plusieurs congressistes en fournissant au Congrès quelques explications au sujet d'un compte rendu des premières séances paru dans le journal où je collabore.

J'avais envoyé, par télégramme, avant-hier soir, le compte rendu des deux premières séances du Congrès et ce matin j'ai reçu une dépêche m'informant que mon compte rendu télégraphique, par trop abrégé, avait été difficilement déchiffré. Le texte du compte rendu avait dû être remanié et c'est ainsi que des erreurs s'y sont glissées ; nos camarades voudront bien nous excuser.

D'autre part, au sujet de la discussion sur le manifeste lancé par le Comité Confédéral et relatif aux articles critiques parus dans la *Petite République*, il a été intercalé, dans le compte rendu que j'avais envoyé, une appréciation d'ordre particulier et politique concernant un congressiste.

Je déclare n'être pas l'auteur de ce passage intercalé. Je garde toute ma liberté d'appréciation sur les actes politiques de ce délégué, mais ces appréciations sont étrangères au débat qui nous occuppe et à ce qui nous intéresse présentement : l'action économique ou syndicaliste.

Aussi avais-je tenu à ne faire figurer dans ce compte rendu aucune des appréciations ou des polémiques d'un autre ordre, appréciations que je peux plus ou moins partager mais qui n'ont rien à faire avec les discussions et résolutions d'un Congrès Corporatif.

J'ajoute, en terminant, que lorsque vous avez cru devoir discuter dans ce Congrès sur certains articles parus dans ce journal où je collabore, je n'ai pas jugé bon d'intervenir parce que ce journal est libre de toute opinion et ne dépend aucunement de la Confédération, qu'il a le droit de critiquer ou de juger comme bon lui semble.

C'est donc simplement mais précisément comme syndiqué et comme congressiste que je me suis expliqué sur des appréciations à l'égard d'un congressiste, appréciations étrangères à l'action corporative et dont je n'étais pas l'auteur.

Ces explications sont déclarées satisfaisantes par les congressistes qui avaient demandé qu'elles soient fournies et le Congrès, après en avoir pris acte, passe à l'ordre du jour.

Le camarade **Bourchet**, rapporteur de la Commission sur l'Unité, demande la suspension immédiate de la séance afin que cette Commission puisse travailler utilement.

Il demande que la séance de demain matin soit reprise à 8 heures.

Mise aux voix, cette proposition est adoptée.

Le camarade **Niel** fait connaître que la quête faite ce matin à la sortie de la séance a produit 25 fr. 40.

La séance est levée à 3 heures.

Séance du 25 septembre matin

Président, MATHIEU Léon, des chaudronniers sur cuivre de Paris.

Assesseurs : Pierre PITET, des maçons de Toulouse ; PORTAL, de la Bourse du travail de Carcassonne.

Le Président ouvre la séance à 9 heures. — La parole est au camarade Bourchet pour donner lecture du rapport de la Commission de l'Unité ouvrière.

Bourchet. — Vu la longueur des débats, et avant de donner lecture du rapport de la Commission, il serait utile, peut-être, de prendre certaines mesures. Ce projet contient 40 articles. Il serait prudent de décider qu'un camarade ne pourra prendre la parole qu'une seule fois sur le même article.

La Commission a mis 15 heures pour élaborer ce projet et si vous vouliez y consacrer autant de temps, il faudrait prolonger la durée du Congrès.

Guérard.— Je demande que la discussion générale, interrompue hier, soit rouverte car il faut que tout le monde puisse émettre ses idées afin d'éclairer les débats et connaître les divers projets.

Bourchet. — Je trouve étrange la proposition du camarade Guérard. Nous avons fait appel à tous les auteurs de projets. Ceux-ci ont discuté avec nous et, à l'heure actuelle, il n'y a pas d'autres projets que celui que nous présentons, tous les autres ayant été fondus dans celui-là. La Commission aurait donc fait un travail absolument inutile s'il fallait recommencer la discussion.

Guérard.— Le Syndicat des chemins de fer, que je représente, reprend pour son compte le projet des métallurgistes de l'Oise.

Duluc. — Je demande que la discussion soit limitée à 10 minutes par orateur.

Le Président fait remarquer que les règlements du Congrès seront appliqués. Il met aux voix la proposition Bourchet, qui est adoptée à l'unanimité moins une voix, celle du camarade Guérard.

Bourchet donne lecture du rapport suivant :

Rapport sur l'Unité ouvrière

Votre Commission m'a confié la lourde tâche d'être le rapporteur de la question qui, depuis un an, semble avoir eu le don de passionner le monde ouvrier. Avant de passer à la discussion sur le fond et sur les articles et sans vouloir faire de longs préambules, il est utile de faire une déclaration nette, précise, qui sera en même temps une indication sur le débat qui va s'ouvrir.

La Commission, composée de dix membres des Fédérations et de cinq membres des Bourses du Travail, était complétée par dix auteurs de projets divers et on conçoit que le travail qu'elle a eu à faire a été particulièrement ingrat.

Aurons-nous réussi ? Apportons-nous ici le projet définitif de l'Unité qui va souder les forces ouvrières éparses ? Nos efforts ont-ils abouti à arriver à la conquête de cet idéal entrevu ? Nous déclarons sans honte que nous ne le pouvions pas et que le projet que nous allons vous soumettre contient de nombreuses lacunes et de non moins nombreuses imperfections.

Dans les trois séances que nous avons tenues et après quinze heures d'une discussion parfois passionnée, nous avons dû abandonner chacun une part de ce qui était notre conception, et ce n'est que par de fortes concessions réciproques que nous avons pu aboutir.

J'aurai, au cours de la discussion des articles, à fournir sur nos travaux toutes explications, mais avant d'entrer dans le vif des débats, nous faisons appel à tous les congressistes et nous leur demandons de s'inspirer des mêmes sentiments qui nous ont animés nous-mêmes.

A nos amis des Bourses du Travail nous disons : nous reconnaissons les services immenses que vos institutions ont rendus au prolétariat et nous savons que dans l'histoire de l'Organisation ouvrière vous avez votre place que nul ne vous conteste et qu'au contraire nous voulons vous laisser aussi large que possible.

Mais il faut que vous fassiez quelques sacrifices.

Qu'on se rassure, d'ailleurs. Les sacrifices se bornent à quelques points accessoires et surtout à des changements d'étiquettes.

Votre action, votre vitalité, votre prospérité, ne seront point atteintes et c'est là à quoi ont tendu nos efforts.

A vous, représentants des Fédérations, nous disons : il faut aussi apporter votre part de concessions. L'Unité serait impossible si chacun de nous, se cantonnant dans ses idées et s'y renfermant, ne faisait quelque abandon et ne concevait pas qu'il faut laisser au temps et à l'avenir le soin d'apporter à notre fonctionnement les améliorations nécessaires.

Le projet qui a servi de base à nos discussions est le projet développé dans *La Voix du Peuple*, n° 95, par la Fédération de la Métallurgie, mais nous avons en maintes circonstances remplacé le texte de celui-ci par les décisions du Congrès d'Alger.

Nous avons écarté tout ce qui, nous semblant constituer un obstacle momentanément insurmontable, risquait de faire avorter nos efforts.

Ce qu'il fallait, ce qui est devenu nécessaire, et c'est cela qui nous a guidés, c'était d'établir un premier plan. Si la portion militante estime que mieux eût valu attendre encore et aboutir à des résultats plus satisfaisants par une étude plus approfondie, si beaucoup de vous croient qu'il n'y a point péril en la demeure, il n'en est pas moins vrai que la masse des syndiqués, qui examine plus superficiellement les choses, attend de nous des décisions immédiates et qu'il y aurait un douloureux étonnement si le Congrès n'aboutissait pas à faire l'Unité, aussi imparfaite soit-elle.

Le projet, d'ailleurs, ne réalise pas simplement sur le papier, comme on le dit à tort, l'Union de nos forces. Il est un immense pas en avant pour donner au mouvement syndical plus d'homogénéité et aboutit à plus de coordination des forces ouvrières.

Notre devoir à tous est, après discussion, de ne point nous cantonner dans une intransigeance qui ferait tout échouer. L'Unité doit se faire. Le projet que nous vous présentons la réalise.

Il ne se borne pas seulement à cela. Il impose aux Syndicats, à vous tous militants, plus d'action, plus de propagande et à tous les travailleurs plus de discipline.

Nous avons confiance quand même. Avec la même abnégation, réservant tous nos droits pour les améliorations futures, nous avons ici un idéal qui nous réunit, un mobile commun qui nous guide. Nous donnerons aux travailleurs ce qu'ils attendent de nous.

A l'œuvre tous ! Envisageons, au-dessus de nos conceptions personnelles, l'intérêt supérieur de la classe ouvrière opprimée cherchant dans plus d'Union, l'arme libératrice qui doit lui donner son émancipation (Longs applaudissements).

Bourchet.— Voulez-vous ouvrir une discussion générale sur l'ensemble du projet ou une discussion par articles ?

Le Président ayant mis aux voix la discussion par articles, celle-ci est adoptée à l'unanimité.

Bourchet donne lecture de l'article premier.

Article premier. — La Confédération générale du travail, régie par les présents statuts, a pour objet :

1° Le groupement des salariés pour la défense de leurs intérêts moraux et matériels, économiques et professionnels ;

2° Elle groupe, en dehors de toute école politique, tous les travailleurs conscients de la lutte à mener pour la disparition du Salariat et du Patronat.

Nul ne peut se servir de son titre de Confédéré ou de fonction quelconque de la Confédération dans un acte électoral quelconque.

Cet article mis aux voix est adopté sans discussion.

Bourchet passe à l'article 2.

Art. 2. — La Confédération générale du Travail est constituée par : 1° Les Fédérations nationales (à leur défaut, les Fédérations régionales) d'industries et de métiers, les Syndicats nationaux ;

2° Les Bourses du Travail considérées comme Unions locales, départementales ou régionales de corporations diverses ;

3° Elle admet en outre les Syndicats dont les professions ne sont pas constituées en fédérations d'industrie ou de métier, ou dont la fédération n'est pas adhérente à la Confédération générale du travail.

Les Syndicats admis isolément seront groupés par industrie dès qu'ils seront trois syndicats adhérents à la Confédération générale du travail.

Coupat.— Je demande qu'on ajoute dans le dernier paragraphe, après les mots : « par industrie » les mots « ou métier ».

Boisson de Lyon. — Comme membre de la Commission du projet, j'ai fait des réserves sur cet article. Le texte présenté par la fédération du Sud-Est propose que les fédérations régionales et locales soient admises à la Confédération générale du travail. Il existe à Lyon une organisation spéciale au point de vue du groupement. D'un côté, la Bourse du Travail, et de l'autre, la Fédération des Syndicats du Sud-Est.

Si l'on n'admet que l'une ou l'autre de ces organisations, forcément l'une d'elles restera en dehors de la Confédération générale du Travail et, d'après le projet, ce sera la fédération du Sud-Est. Cependant, considérez que toute la propagande, toute l'activité d'action dépend d'elle seule. Ce serait donc méconnaître les services qu'elle a rendus et qu'elle rend encore à la classe ouvrière. Je demande donc que les unions locales et les fédérations régionales soient admises à la Confédération générale du Travail.

Guérard. — Le projet qui est présenté, a pour but de faire l'unité; mais il ne la fait pas. Pour qu'il y ait unité, il faut qu'il y ait unité de but et d'action; mais il y aura, d'après ce projet, deux actions et des divergences de but. Le projet des métallurgistes de l'Oise simplifiait l'organisme : le Syndicat à la base, la Confédération au sommet. Et c'était tout. Il y aurait eu ainsi une unité de but et une unité d'action. Mais avec le projet présenté, il n'en sera pas de même. Je ne connais pas encore la suite du projet, mais d'après ce que j'en connais, je crois comprendre que la Fédération des Bourses du Travail serait autonome. Il n'y aurait donc pas unité. Les Bourses du Travail n'ont rien à faire dans la Confédération. Elles auraient double représentation. Tel syndicat serait représenté : d'un côté, par la Bourse du Travail ; de l'autre, par la Fédération d'industrie ou de métier. Que signifie cet organisme dans lequel un même délégué pourrait avoir, selon les cas, des décisions ou des manières de voir différentes selon qu'il appartiendrait à l'une ou à l'autre section ? Car il pourrait bien se faire qu'il y eût des contradictions entre les décisions émises par les délégués dans ces deux organisations. Si cela se produit il n'y aura donc pas unité. Par conséquent, nous proposons à titre d'amendement que la Confédération générale du Travail ne soit constituée que par des Syndicats.

Bourchet. — Le projet des métallurgistes de l'Oise a été examiné par la Commission. Celle-ci a été unanime à reconnaître qu'il était certainement le meilleur, mais est-il possible de déclarer que pour faire l'Unité nous devons démolir tout ce qui existe ? Les Syndicats ont besoin qu'il y ait des Fédérations d'industrie et de métier et, d'un autre côté, ils ont aussi besoin des Bourses du Travail. Ces organisations répondent aux besoins du moment. Il faut donc être de son temps et, pour arriver à une unité, utiliser tout ce qui existe. Plus tard, si l'avenir modifie la situation actuelle, il sera toujours temps de faire autre chose.

Guérard déclare se contenter des explications du camarade rapporteur.

Bourchet. — La motion Boisson a été aussi examinée par la Commission, mais elle n'a pu être prise en considération.

Reisz. — Je demande qu'on ajoute que la Confédération générale du Travail devra, dans le plus bref délai possible, n'admettre dans son sein que des fédérations d'industrie et, en attendant que cette unité d'action soit réalisée, il faudrait que l'on délimite le nombre des fédérations qui pourront se créer dans les diverses catégories. Les Syndicats défendent seulement l'idée corporative tandis que la Fédération défend les intérêts généraux. Lorsque la propagande est faite, d'un côté par les Fédérations de métier dans une région, et de l'autre par des Fédérations d'industrie dans cette même région, les militants qui ont suivi les deux propagandes sont tout étonnés de n'avoir pas entendu les mêmes raisons et arrivent à ne plus savoir quelle est exactement la meilleure forme d'organisation. Il faudrait que cet état de choses cesse, sinon, ce sera la désagrégation des Syndicats à bref délai.

Le Congrès doit y mettre un terme. Il ne faut pas admettre qu'on peut constituer à tort ou à travers des Fédérations qui partent d'une thèse toute différente. Je demande cela dans l'intérêt du prolétariat. Mon mandat m'impose que la Confédération générale du Travail ne se constitue qu'avec les Fédérations d'industrie. Quant aux autres points proposés, ils ne présentent pas avec nos vues de trop grandes divergences. Nous demandons qu'on évite ainsi l'éparpillement et qu'en tous cas, on ne permette pas pour l'avenir qu'il se crée d'autres Fédérations de métiers.

Tillet. — Je suis satisfait en partie par les paroles de Bourchet et je pense que l'union se fera dans la Confédération générale du Travail.

Bourchet. — En mentionnant, dans le projet, les Bourses du Travail, on n'a pas voulu entendre la maison elle-même, mais les Unions de Syndicats qu'elles représentent. Nous voudrions que tous constituent, indépendamment de l'administration de l'édifice, une Union qui soutiendrait la lutte et l'action.

Tillet. — A l'heure actuelle, à Limoges, nous avons notre autonomie. Mais pouvons-nous dire qu'elle durera toujours? Nous n'en savons rien. Aussi, j'admets très bien qu'à côté des Bourses, et parallèlement, se forment des Unions de Syndicats.

Darme. — Je me rallie à la proposition du camarade Bourchet et je repousse celle de Boisson, car par exemple, pour ne citer qu'un fait, le syndicat des Tramways de Lyon, que je représente, serait représenté 3 fois à la Confédération générale du Travail : d'abord par la Bourse du Travail de Lyon, ensuite par la Fédération des Syndicats du Sud-Est et, enfin, par la Fédération des Transports qui vient de s'organiser dernièrement. Je demanderai simplement que l'on accepte les Fédérations départementales des départements où il n'existe pas de Bourses.

Bourchet. — Pour répondre à Reisz, je déclare que le camarade Latapie, auteur du projet, a abandonné lui-même son idée après les explications que nous lui avons données et il prie ses collègues de ne pas soutenir aujourd'hui la question irritante des fédérations de métiers ou d'industries.

Coupat. — Nous croyons que l'organisation par métiers est de beaucoup la plus préférable et qu'elle répond bien aux besoins des travailleurs. Nous remarquerons aussi que l'organisation en France tend de plus en plus à copier celle des Anglais, des Américains et des Allemands; et si nous étudions d'après la statistique publiée par la Commission générale des Syndicats allemands sur ce qui se passe relativement aux grandes Fédérations dans ce pays, je vous prouverai par les chiffres que cette situation est analogue à ce qui se passe en France. Nous voyons la Fédération des métallurgistes groupant 102.905 membres, les maçons 80.869, les travailleurs des industries du bois 70.251. Ces fortes associations, si on les compare cependant avec le pourcentage par rapport au nombre des travailleurs, nous voyons que les métallurgistes n'arrivent qu'à 19 %, les maçons 34 %, les travailleurs des industries du bois 22 %; tandis que les petits groupements, tels que les sculpteurs, qui comprennent le 73 % des professionnels, ne groupent que 4.412 syndiqués, les typographes 72 % avec 30.974 syndiqués et les chaudronniers 54 % avec 3.125 professionnels. La situation qu'un camarade d'Allemagne me dépeint dans une lettre que je vais vous communiquer vous paraîtra encore plus frappante.

A Paris, quand nous voulons lutter sur la question du travail dans notre corporation, nous nous opposons à l'organisation défectueuse des ouvriers Allemands. Ceux-ci pullulent à Paris (et de cela nous ne leur en faisons pas un reproche, car lorsqu'on ne trouve pas à se nourrir chez soi il faut bien chercher ailleurs); mais nous ne voyons jamais des Anglais et des Américains parce que ceux ci sont suffisamment rétribués dans leurs pays, et qu'en France on travaille trop et on ne gagne pas assez; tandis que dans ces pays, les Français affluent et cette affluence est une des causes de la baisse des salaires. La Fédération du métier dont je fais partie a groupé en trois ans plus de 5.000 adhérents et nous avons établi les chiffres suivants sur les ressources apportées à la Confédération générale du travail :

Les Fédérations de métiers, qui comprennent 47,339 membres avec 532 Syndicats, ont versé 1,966 fr. 20. Les Fédérations d'industries avec 11,770 membres groupant 214 Syndicats, n'ont versé que 516 fr. 80.

L'homme est égoïste. Du moment qu'il peut défendre ses intérêts immédiats, il se groupe tout de suite, mais si on ne lui fait entrevoir qu'une chose lointaine, il hésite. D'après les chiffres que je viens de citer, vous avez pu vous rendre compte quelle était la meilleure des méthodes pour le groupement des Syndicats, et je vous ferai remarquer que nous avons fait ces groupements, non dans des endroits où les Syndicats étaient déjà formés, mais dans des contrées où l'idée Syndicale n'était même pas connue, et vous voyez cependant que nous avons obtenu de très bons résultats. Pourquoi donc ne nous unirions-nous pas pour obtenir partout ces mêmes résultats?

Il faut que les organisations qui, jusqu'ici, ont été rivales, se décident à s'entendre. J'ai le ferme espoir que d'ici peu ce sera un fait accompli. Après les entretiens que nous avons eus, j'espère que sous peu les métallurgistes et les mécaniciens parviendront à s'entendre; et vous verrez alors le résultat, vous considérerez la

10

meilleure méthode, celle qui a groupé le plus d'adhérents. J'estime que le Congrès nous accordera cette satisfaction et qu'il voudra bien ajouter à l'article 2, dernier alinéa, les mots *ou métier* que j'ai signalés tout à l'heure.

On nous reproche de cultiver, de développer le particularisme professionnel. Ce reproche est immérité ; notre propagande est semblable à celle des autres Fédérations, rien ne la différencie.

Si nous appelons les ouvriers d'une même profession à se grouper, nous ne leur avons jamais dit qu'ils doivent rester isolés des autres organisations du prolétariat.

Nous ne disons pas non plus que la diminution des heures du travail, l'augmentation des salaires, sont le but définitif de l'action syndicale. Nous avons toujours recommandé à nos camarades d'avoir constamment les yeux fixés sur notre idéal de rénovation sociale.

Pouget. — Le Congrès ne peut faire disparaître les Fédérations ni les limiter, il faut s'en tenir aux décisions du Congrès de 1900.

Reisz. — On a voté qu'un orateur ne peut revenir deux fois sur un article, mais néanmoins pour certaines questions très importantes, il faudrait qu'on se montre plus libéral.

Bourchet. — C'est par erreur que le mot de *métier* ne figure pas dans le texte, cela a éte convenu à la Commission avec Latapie.

Une décision a été prise par un Congrès au sujet de la création des Fédérations d'industries ou de métiers, ce n'est donc qu'un Congrès qui pourrait trancher dans le sens contraire, et il serait imprudent de venir, d'une façon incidente, rouvrir un débat qui pourrait surexciter à nouveau des passions et des haines qui couvent encore quoi qu'on en dise.

Bousquet. — J'adhère au projet des métallurgistes de l'Oise. Quant à celui présenté par la Commission, je suis d'accord avec Reisz sur les observations qu'il vient de formuler, parce que, appartenant à une Fédération d'industrie et sans nier les mérites des camarades des Fédérations de métier, nous avons vu chez nous plusieurs Fédérations de métiers n'avoir jamais rien produit ni obtenu aucune revendication, tandis que depuis que nous avons formé une Fédération d'industrie nous existons et nous prenons un grand développement et pourrons mener une action bien plus forte qu'elles n'ont jamais pu le faire. Néanmoins, il ne faudrait pas, sous prétexte d'unité, qu'on disloque les forces syndicalistes. Il faut d'abord tâcher d'unir les syndicats.

Qu'on les appelle comme on voudra, car la division existera par la force des choses, il y aura toujours rivalité entre les diverses organisations.

Quant au projet dont parlait Boisson, il n'est pas admissible, et le point capital qui s'impose, après le règlement qui va sortir de ce Congrès, sera celui-ci : sera-t-il permis de créer de nouvelles Fédérations? Je demande que le Congrès spécifie qu'il ne pourra plus s'en créer de nouvelles. Dans l'Alimentation, par exemple, il y a trois fédérations : une d'industrie et deux de métiers, et cela constitue, au point de vue de la marche en avant, un danger pour les travailleurs. Je conclus en demandant qu'on ne crée plus de Fédérations de métiers.

Chevalier. — Au nom des ouvriers en instruments de précision, j'avais demandé la suppression des Fédérations de métiers. Ce n'est donc pas Latapie qui l'avait proposé, mais bien moi, car j'avais un mandat ferme à ce sujet. J'appuie donc les propositions de Reisz et de Bousquet, car, malgré ce qu'a dit Coupat, ce ne sont pas des Fédérations de métiers qui ont été créées; examinez-les, vous y verrez tous les métiers se rapportant à une industrie spéciale. C'est donc une Fédération d'industrie. Je conclus en demandant que le nombre des Fédérations soit limité.

Bourchet. — Au nom de la Commission, je fais appel aux camarades de la métallurgie. Voudriez-vous à nouveau offrir ici le triste spectacle du Congrès de 1900, et aboutir à faire tout avorter grâce à votre insistance ? Nous sommes unanimes à reconnaître que le Congrès d'aujourd'hui ne peut pas trancher à fond la question. Aussi nous n'avons pas à discuter les rivalités entre les Fédérations de métier ou d'industrie. Je prie le Congrès de mettre fin à l'incident.

Des voix.— La clôture !

La clôture sur le 2me article est votée après les orateurs inscrits.

Deslandres. — A côté de la discussion ouverte par Reisz, il y a autre chose. Je reprends la thèse de Guérard tout à l'heure, mais à un autre point de vue.

Vous parlez aujourd'hui du groupement des fédérations d'industrie ou de métier et cependant, Niel, dans son projet que j'avais tant admiré l'année dernière à Lyon, faisait disparaître tous ces groupements, tandis qu'aujourd'hui ils seront les échelons pour vous conduire à l'Unité (1).

C'est un tort, et j'en appelle aux camarades de Paris qui connaissent toutes les difficultés que nous avons eues pour faire disparaître des groupements rivaux. Nous savons, à la Commission administrative de la Bourse de Paris, qu'il y a encore beaucoup à faire; mais on ne fait pas toujours ce que l'on veut. Il y avait une fédération du bâtiment, qui devrait être forte et comprendre tout ce qui touche à cette industrie, et cependant, nous avons vu se former, au lieu de venir à elle, les fédérations des charpentiers, des menuisiers, des peintres, qui se groupent, qui se forment tous les jours, quitte à végéter au lieu de prospérer en adhérant à la fédération d'industrie, et tout cela, pour donner satisfaction à X ou à Y qui se mettent à leur tête. Je dis que moi-même, si j'avais voulu prêter le flanc à ces manœuvres, j'aurais pu le faire dans

(1) Le camarade Deslandres fait ici une confusion : Niel n'a parlé au Congrès de de Lyon que de l'inutilité de toutes ces fédérations plus ou moins locales, régionales, départementales, etc., qui compliquent l'organisation syndicale par des superfétations, et non des fédérations d'industrie ou de métier.

mon propre syndicat; bien souvent on m'a reproché d'appartenir à la Fédération du Livre. C'est pourquoi je suis partisan de la Fédération d'industrie, car rien n'est aussi terrible que le danger de la division.

Les paroles d'apaisement, que j'ai entendu prononcer par Coupat, sont de bon augure; nous voulons arracher le prolétariat à sa lâcheté, à son atavisme, afin de le faire triompher quand même. Nous avons été écœurés, à Paris, de voir des hommes aux prises les uns avec les autres. Quand je pense que parmi les travailleurs de la Ville de Paris il y a 50 syndicats qui ne peuvent s'entendre, quoique exploités par le même patron!

Parmi eux y a-t-il différence de principes? Non. Y a-t-il différence de méthode? Non. Y a-t-il différence de propagande? Non encore. La seule chose qui les divise, c'est la haine d'individu à individu. Et tout à l'heure vous en avez encore eu un exemple, lorsque Boisson a voulu demander l'admission de la Fédération du Sud-Est: il a été combattu par les mêmes hommes qui lui donnaient satisfaction l'année dernière.

Nous sentons que malgré tout ce n'est pas sans difficultés que nous arriverons à l'Unité. La propagande est nécessaire pour arriver au but. Elle devra se faire à la condition de faire disparaître les individualités. Mais il ne faut pas oublier cependant qu'il y a des corporations avec lesquelles il faut compter et qu'il ne faut pas rendre responsables des discussions que nous soutenons depuis des années. Il faut que dans notre milieu respectif, nous fassions l'union afin de ne pas laisser éparpiller nos forces au profit de quelques-uns.

Le Président lit une motion préjudicielle déposée par Pouget, ainsi conçue:

« Le Congrès, considérant que ne peut se greffer sur la discussion d'un article des statuts, une discussion générale, telle que celle des fédérations d'industrie ou de métier, s'en réfère à la décision du Congrès de Paris 1900.

Signé : Pouget ».

Le camarade **Bourchet**, sur la demande de plusieurs congressistes, donne connaissance de cette décision.

Mise aux voix, la motion Pouget est adoptée.

Lauche.— Je dois répondre à diverses théories qui ont été apportées ici, quoique avec un tempérament très large à la discussion, nous considérons que les individus doivent apporter une confiance réciproque qui permette de discuter.

Nous considérons que le débat soulevé par Reisz n'est pas à sa place et qu'en qualité de délégué au Comité confédéral, il devrait mieux respecter l'ordre du jour qu'il a voté lui-même pour ce Congrès. Nous devons laisser de côté toutes nos divisions. Il y a dans l'ordre du jour un point qui vous donnera satisfaction. C'est le paragraphe sur la grève générale. Quand nous y serons, nous le discuterons. Je demande que l'on s'en tienne à l'ordre du jour comme il a été dressé et que les délégués ici présents le respectent.

Pottigny.— Si le Congrès prenait la décision que d'ici au prochain Congrès les fédérations de métiers doivent se fondre dans les fédérations d'industries, on ferait œuvre utile au point de vue des syndicats de province qui, comme celui que je représente (le Syndicat des Ebénistes), suivent la marche et les délibérations des Congrès. Les Syndicats appartenant à la branche de l'ameublement pourraient fusionner ensemble et seraient d'autant plus forts qu'ils seraient unis pour les mêmes luttes. Si le Congrès prenait cette décision, mon syndicat pourrait, avec plus de force, faire appel aux quelques individualités trop peu nombreuses pour former un Syndicat de métier appartenant à l'ameublement, tels que les tourneurs, sculpteurs, matelassiers, vernisseurs et cireurs, etc., etc.

Et ici je rentre dans les vues du citoyen Coupat, qui veut l'apaisement, car si une Fédération doit se fondre dans une autre, c'est sûrement la Fédération de métier au profit de la Fédération d'industrie.

C'est pour ces motifs que je prie le Congrès de se prononcer.

Bourchet fait connaître qu'il y a une demande de division sur l'article 2 et donne lecture de l'amendement présenté à cet article.

5me *Alinéa de l'article 2*.— Aucune fédération régionale ne pourra adhérer à la Confédération ; seules pourront y donner leur adhésion les fédérations départementales de corporations diverses constituées dans les départements où il n'existe pas de Bourse du Travail.

V. DARME (Lyon).

Le camarade **Delesalle** propose qu'à la place de l'amendement Darme, on ajoute après les mots : « Corporations diverses », les mots « et sans qu'il y ait superfétation ».

Cette proposition, mise aux voix, est adoptée.

Le Président met aux voix l'article 2 avec les amendements apportés. Adopté.

Darme fait remarquer que les mots ajoutés impliquent bien que les fédérations régionales ne pourront adhérer à la Confédération générale du travail, s'il y a des Bourses du Travail.

Le camarade **Luquet** demande des explications sur cette addition.

Le **Rapporteur** de la Commission fait connaître que dans la discussion il a été décidé que des Unions seraient admises de préférence aux Bourses du travail. Il est possible que des Bourses du travail ne soient pas autonomes, qu'elles soient obligées d'accepter dans leur sein et malgré elles des éléments jaunes, que, d'autre part, les municipalités leur imposent des règlements contraires à leur dignité ouvrière ; c'est donc pour que les syndicats rouges puissent se bien différencier des jaunes et conserver leur autonomie que nous avons préconisé leur union.

Juthy. — Je déclare qu'on n'a pas assez discuté cet article, et je demande au Congrès d'ouvrir à nouveau les débats.

Reisz appuie la proposition Juthy.

Bourchet. — Afin qu'il n'y ait pas de doute et pour prouver que nous ne voulons pas de surprises, la Commission, malgré le vote acquis, accepte que les débats soient rouverts.

Juthy. — Il est regrettable qu'on conteste que l'autonomie des Bourses n'existe pas au point de vue de l'action. Les Bourses du Travail restent autonomes comme local éducatif et administratif, et il est utile que les Syndicats qui n'auraient pas de Fédération de métier et d'industrie puissent se grouper par région ou par ville. Vous déciderez donc d'adopter les Unions locales de Syndicats de façon que, lorsqu'il y aura un conflit, le groupe de lutte reste indépendant et ne soit pas atteint. Je dis que d'autre part nous devons laisser indépendantes les Bourses du Travail, car celles qui sont obligées de passer par où le veulent les conseillers municipaux, doivent rester autonomes. Il faut donc qu'elles aient à côté une organisation spéciale qui stimulera les syndicats et qui les poussera à la lutte jusque sur le terrain révolutionnaire s'il le faut.

Richer. — Au Mans, il existe des Syndicats en dehors de la Bourse qui ne veulent pas y entrer sous prétexte que nous sommes trop avancés. Supposons un seul instant qu'ils se constituent en Union de Syndicats et qu'ils demandent leur adhésion à la Confédération, vous voilà obligés de les admettre. Et vous ne vous apercevez pas que, dans ce cas, vous aurez avec vous des jaunes, parce que constitués en *Union indépendante en dehors de la Bourse municipale*, tandis que vous laisserez de côté les rouges sous prétexte qu'ils restent dans la Bourse municipale. C'est inadmissible.

Darme. — J'ai demandé qu'il ne pût y avoir adhésion des Fédérations régionales à la Confédération générale du travail. Cependant il y a des cas particuliers, comme à Nice par exemple, où la Fédération s'est constituée contre l'élément jaune de la Bourse du Travail. Ce sera au Comité Confédéral à trancher ces cas, mais il faut aussi supposer le cas où l'on créerait intentionnellement des Fédérations pour supplanter les Bourses du Travail.

Bourchet. — Je regrette qu'on ne lise pas assez attentivement le projet qui a été distribué ce matin. Il est impossible que le cas cité par Darme se présente. Si à côté de la Bourse du Travail, des jaunes faisaient une Union, croyez-vous qu'ils viendraient à la Confédération générale du Travail? Cela n'est pas possible car le même article indique qu'il faut adhérer en même temps à la Fédération de métier ou d'industrie et à une Bourse ou à une Union. Nous leur avons imposé de faire partie des deux organisations. Si un Syndicat refusait d'adhérer à sa Fédération auriez-vous le pouvoir et le droit de le chasser de la Bourse du Travail? Non, car le règlement municipal s'y oppose, et alors ils ne peuvent être admis à la Confédération générale du travail. Il faut donc donner à ces Syndicats la liberté nécessaire pour qu'ils puissent faire ce qui a été fait à Paris, où dans la Bourse même existe une Union des Syndicats de la Seine qui est représentée ici, et qui conserve sa liberté au point de vue de l'action afin d'échapper aux influences de l'administration qui pourraient se faire sentir et empêcher l'action de la Bourse du Travail.

Le camarade Darme apporte ici un tempérament particulier et des griefs personnels. La question est bien nette. Dans le projet, et après les explications fournies par Bourderon au nom des Bourses, nous avons considéré que la représentation de celles-ci ne pouvaient s'étendre à l'infini et que c'était l'unité départementale qui devait nous servir de base. Donc, c'est la Fédération départementale qui sera représentée, et si ses départements voisins n'ont pas de Bourses, ni d'Unions de syndicats, dans ce cas, mais dans ce cas seulement, il y aura fédération régionale. Ce point est bien défini. La prédominance appartiendra toujours aux Unions et Fédérations départementales.

Darme. — Je proteste contre ces paroles, je n'envisage pas ici de cas particulier.

Juthy demande si un Syndicat adhérant à la Bourse du Travail pourra entrer dans la Confédération générale.

Bourchet — Oui, s'il est adhérent à sa Fédération. Au Congrès de Nice, les Bourses du Travail elles-mêmes ont examiné la question et voici la décision qu'elles ont prise :

Lorsqu'un conflit se produira relativement à la présence, dans les locaux d'une Bourse, d'un Syndicat mixte, ou considéré comme renégat, *les Syndicats sont invités à se constituer en Unions de Syndicats.*

Reisz veut déposer un amendement à l'article 2.

Le camarade **Coupat** demande la parole pour une motion d'ordre. — On a clos le débat sur cet article, mais on l'a rouvert sur le point des Bourses du Travail seulement et le camarade Reisz veut encore discuter sur les Fédérations. Voyons camarades, voulez-vous l'union oui ou non ?

Reisz. — Je demande simplement à lire mon amendement.

Le **Président** s'y oppose, la clôture ayant été votée.

L'article 2, mis aux voix dans son ensemble, est adopté. L'article 3 est lu par le **Rapporteur**.

Art. 3. — Nul syndicat ne pourra faire partie de la Confédération s'il n'est fédéré nationalement et adhérent à une Bourse du Travail ou à une Union de syndicats locale, départementale ou régionale de corporations diverses.

Toutefois, la Confédération générale du travail examinera le cas des syndicats qui, étant trop éloignés du siège social de leur union locale, régionale ou départementale, demanderaient à n'adhérer qu'à l'un des deux groupements nationaux cités à l'article 2.

Elle devra en outre, dans un délai d'un an, engager et ensuite mettre en demeure les syndicats, les Bourses du Travail, Unions locales, départementales, régionales, les Fédérations diverses de suivre les clauses stipulées au paragraphe 1 du présent article.

Mis aux voix, l'article 3 est adopté.

ART. 4.— Chaque organisation adhérente à la Confédération générale du Travail sera représentée par un délégué.

L'ensemble de ces délégués constitue le Comité confédéral.

Le même délégué pourra représenter au maximum trois organisations.

Les délégués doivent remplir les conditions stipulées à l'article 3 et être syndiqués depuis au moins un an. Cette condition de stage n'aura pas d'effet rétroactif et ne sera pas applicable aux organisations n'ayant pas un an d'existence.

Sur cet article, le camarade Lauche demande que l'on respecte l'ancien texte voté à Lyon, c'est-à-dire l'obligation d'un stage de 3 ans.

Bourchet dit que la Commission maintient son texte estimant que le délai d'un an est suffisant.

Hardy.—Au nom de la minorité de la Commission, j'ai à présenter une proposition qui doit s'intercaler dans cet article si le Congrès l'accepte.

Rapport de la minorité sur la représentation proportionnelle au sein du Comité Confédéral.

CAMARADES,

La Commission, dans sa majorité, a écarté la représentation proportionnelle au sein du Comité Confédéral sans donner des raisons suffisantes. A notre avis, tous les scrupules des adversaires de ce procédé résident dans ceci : « Si nous admettons ce mode de représentation, les organisations puissantes deviendront fatalement maîtresses des destinées de la Confédération, ce qui serait de nature à la faire dévier de son but.»

Personne ne peut préjuger; pour notre part nous avons plus de confiance dans une organisation de 10.000 membres que dans une de 20 membres, et si la Confédération peut prendre une direction contraire à l'esprit syndicaliste, c'est plutôt d'être dirigée par des citoyens qui seraient les mandataires d'organisations fictives.

D'après le projet qui vous est soumis par la majorité de la Commission, un Syndicat de 15 membres a autant de pouvoir au sein du Comité Confédéral qu'une Fédération de 15.000 membres. Le Congrès ne peut admettre un tel mépris pour ceux qui sont appelés à faire vivre la Confédération.

Nous avions demandé l'égalité absolue de tous les syndiqués en proposant la représentation conformément à la cotisation qui est fixée d'après le nombre d'adhérents, soit une voix par 100 membres payants.

Voulant avant tout montrer le plus de conciliation possible, nous proposons comme complément à l'article 4 du projet de la majorité de la Commission la proposition suivante :

« Dans tous les votes au sein du Comité confédéral, les délégués des Fédérations nationales d'industries et de métiers, des Syndicats nationaux et les Syndicats isolés disposent d'*une voix par 1.000 membres payants* ou fraction de mille membres dont se trouvent composées leurs organisations respectives. »

Nous demandons au Congrès d'adopter cette proposition.

HARDY, maréchalerie ; JACOBY, fédération des tabacs ; Louis MAURICE, Bourse de Saumur et Versailles ; RENAUDIN, de la Voiture.

Hardy. — Je demande le vote par mandat sur cette proposition.

Bourchet. — A l'unanimité moins 4 voix, la Commission a repoussé ce projet. Cette proposition est illogique parce qu'au moment où les syndicats sont encore dans beaucoup d'endroits à l'état embryonnaire, il ne faut pas les écraser d'un seul coup et les mettre dans un état d'infériorité tel qu'ils n'osent pas se joindre à nous. Si, par exemple, la fédération des mineurs était ici représentée proportionnellement, elle pourrait, grâce au nombre de voix dont elle disposerait, imposer sa volonté à toutes les autres organisations. Il suffirait que cette organisation fût mal conseillée pour que quand même, au nom de votre proportionalité, nous devions tous suivre, non plus ce qu'elle aurait indiqué, mais ce qu'elle aurait imposé. Vous voyez le danger. Il serait désastreux de dire que les petites organisations sont réduites au silence, elles seraient écrasées complètement et nous n'aurions plus besoin alors de Congrès ni de discussions. Cependant, au point de vue de la virilité et de l'action, je connais de petits groupements qui rendraient des points à certaines grandes organisations. Ne rejetez aucune fraction et n'empêchez pas, par votre omnipotence, la constitution de nouveaux bataillons. (Applaudissements).

Lauche. — Nous sommes d'un avis opposé au camarade Bourchet. La thèse qu'il a soutenue se retourne contre lui. Les derniers statuts votés à Lyon disent que les Syndicats nationaux et les fédérations nationales ont droit à 3 voix, les fédérations régionales à 2, et les Syndicats isolés à 1 ; mais aujourd'hui on propose qu'une organisation de 20 membres ait autant de droit qu'une organisation qui en comprendrait 3 ou 4.000.

Nous demandons autre chose. Au moment de l'action, il s'agit de savoir qui va prononcer s'il faut prendre une grave détermination. D'après votre projet, on obtiendrait des décisions fictives. Bousquet disait hier que c'était le vote plural que nous réclamions comme en Belgique. Il a fait erreur. Si un événement grave venait à se produire, si un vote important nous était demandé, il faut que nous soyons prêts dès demain à voter mais avec sincérité ; et si, au lieu de nous représenter par syndicats, on votait par nombre il n'y aurait pas de surprises. Il serait préférable de dire : il y a en France 500,000 syndiqués qui réclament telle chose, au lieu de dire qu'elle est demandée par 150 Syndicats. Nous discutons des statuts depuis trois Congrès, nous aurions préféré que sur cette question un referendum ait été établi une bonne fois. D'un autre côté, on ne donne pas à l'organisme central une puissance assez forte et assez matérielle. Vous avez fait pour les cotisations une échelle; pourquoi ne la faites-vous pas sur la question de vote? Je demande donc que l'on revienne sur ce point. Nous faisons la proposition ferme d'être représentés proportionnellement. On pourrait augmenter les cotisations d'une façon suffisante de manière à faire beaucoup de propagande. Il faut se prononcer sur ce point et dire si l'on peut dégager l'esprit qui anime les syndiqués. Si vous maintenez que les fédérations n'aient qu'une voix, dites alors que les syndicats n'auront que voix consultative. Nous pourrions nous rallier à cela, mais il ne faut pas que les syndicats isolés, qui sont plus nombreux que vous ne croyez, viennent faire la loi, et, si vous repoussez complètement la représentation proportionnelle, la concession que nous ferions avec Hardy ce serait d'accepter l'ancien projet de Lyon. Vous voterez la représentation proportionnelle et ainsi vous aurez une puissance très grande et au lieu de faire des quêtes quand il faudra de l'argent, vous n'auriez plus qu'à voter des fonds sur votre propre caisse. Donnez-nous donc des forces : à chacun selon nos forces et selon nos moyens.

Luquet. — Je combats la représentation proportionnelle, car il n'est pas logique que les grandes organisations absorbent les petites. Mais je crois néanmoins qu'on a été un peu vite hier à la Commission. Je considère, en effet, que la représentation des fédérations est un peu restreinte et que, d'autre part, les Bourses du Travail pourraient devenir plus nombreuses et obtenir une suprématie. Je crois qu'il serait bon de prendre ce que disait Lauche, c'est-à-dire de conserver ce qui a été fait à Lyon.

Guérard. — J'appuie la proposition Hardy et demande comme lui la représentation proportionnelle. Avec le mode actuel, lorsque nous prenons une décision, nous n'en connaissons pas l'importance. Si, par exemple, un Congrès a à se prononcer sur la grève générale, supposons que sur 300 Syndicats il y en ait 280 pour et 20 contre.

A première vue, on dira : le mouvement est prêt, on n'a qu'à marcher; mais si les 20 organisations qui ont voté contre représentent un nombre considérable de syndiqués et qu'au contraire les 280 délégués n'en représentent qu'un petit nombre, que va-t-il se produire? Vous auriez pu croire à une grosse majorité, alors que vous étiez en minorité. Ce fait s'est produit dans notre syndicat. La grève générale a été votée par une majorité de groupes et non par une majorité de syndiqués.

Bourchet paraît oublier qu'à la Confédération générale du Travail il y a des fédérations plus ou moins puissantes, mais elles peuvent le devenir toutes. Il y a 150.000 mineurs, 260.000 employés de chemin de fer et plus de 400.000 travailleurs de l'alimentation. Il est donc nécessaire de connaître exactement nos forces et que, par conséquent, le vote proportionnel soit admis par le Congrès, ou bien nous nous illusionnerons comme par le passé.

Juthy.— Sur ce cas, il est bon d'examiner la situation ; tout en me ralliant au camarade Bourchet, si on donne une supériorité de voix aux grandes organisations, il y aura danger. Aussi, si l'on donne à chaque organisation la même voix délibérative, il existerait des fédérations de métier ou d'industrie qui seraient en état d'infériorité. On a pu reconnaître que, dans beaucoup de cas, de petites organisations font plus d'agitation que certaines grandes, mais je dis que, si une grande organisation avait trop de voix dans un Congrès, il y aurait peut-être un danger, car si ces organisations font de la politique, elles pourraient nous faire échec à certains moments et cela est à craindre.

(**Hardy** revenant à la tribune, le camarade **Savard** demande qu'on lui applique le règlement. **Hardy** proteste en disant qu'il prend la parole comme rapporteur de la minorité).

Hardy.— Nous avons fait des concessions qui ne permettraient pas à certaines organisations d'avoir raison des plus faibles. Nous sommes descendus de 1 voix pour 100 à 1 voix pour 1.000. Il est anormal de revenir à l'ancien système. Voici par exemple un cas : un syndicat isolé qui contient mille, quinze cents, trois mille travailleurs, vous lui enlevez sa force en ne lui donnant qu'une voix, tandis qu'une Fédération qui n'aura peut-être que 150 membres aura droit à 3 voix. Cela n'est pas logique, si par exemple je crée dans mon pays un syndicat de métier qui n'a jamais existé, avec le système actuel vous me donnerez autant de pouvoir qu'à une Fédération. Vous ne voulez pas de politiciens, empêchez-les justement par ce moyen de pénétrer jusqu'à vous. Il serait malhonnête de supposer que nous voulons éliminer les forces syndicales, vous savez que ce n'est pas vrai, aussi je demande un vote par mandat sur ma proposition de tout à l'heure.

Bourchet. — J'ai le devoir impérieux de maintenir le texte de la Commission. Guérard a dit qu'il arriverait un jour où l'alimentation pourrait avoir 400.000 membres. C'est vrai ; ce jour arrivera peut-être, et, pour ma part, je désirerais que ce soit demain. Mais aujourd'hui cela n'est pas, basons-nous sur ce qui existe, nous aviserons pour demain suivant ce qui se produira. Nous disons que ce que nous soutenons aujourd'hui est la même thèse que le Congrès de Lyon a approuvée à une majorité écrasante et que le Congrès de Montpellier ratifiera. Oui, le jour où le mouvement syndical sera plus solidement constitué, la représentation proportionnelle pourra se discuter sérieusement, mais aujourd'hui, il n'est pas bon d'imposer silence aux faibles. Il est cependant possible d'examiner la proposition du camarade Lauche, qui nous a fait remarquer qu'un syndicat isolé aurait autant de voix qu'une Fédération, ce qu'on pourrait créer pour obtenir une majorité des syndicats isolés de droite et de gauche. Le danger, d'ailleurs, est atténué par l'obligation de constituer en fédération les syndicats adhérant isolément dès qu'ils seront trois de la même industrie ou du même métier. En outre, le petit syndicat paiera 5 francs pour cent alors que les grandes organisations n'arrivent à payer que 0 fr. 40 %. J'estime qu'en raison de cela il peut avoir un délégué spécial. Au nom de la Commission je ne m'opposerai néanmoins pas à une entente. N'imposons pas silence encore une fois aux plus faibles ; souhaitons qu'ils grandissent, donnons-leur la main.

Tabard. — Je vois qu'au lieu de faire l'Unité, nous n'en faisons pas beaucoup. Si nous acceptons les propositions Guérard, Lauche et Hardy, nous ferons de la mauvaise besogne. Je demande que chaque Fédération ait la même voix, et si vous ne donnez que voix consultative aux syndicats isolés, vous les chasserez de la Confédération. Je crois que les Fédérations d'industrie sont la forme la meilleure de l'organisation ouvrière.

Raynaud. — On dit que les petites organisations pourraient entraîner les grandes, je crois que le contraire aura lieu si nous donnons la représentation proportionnelle : les grandes organisations, grisées par leurs succès, chercheraient à entraver les petites.

Lelorrain. — Je ne suis pas d'accord avec la majorité de la Commission. Je voudrais savoir comment et pourquoi les grandes organisations auraient l'intention d'abaisser et d'éteindre la voix des petites organisations. Je considère, au contraire, que les grandes organisations ont prêté tout le temps et leur argent et leurs ressources à la formation des petites. Hardy disait que les petits syndicats peuvent majorer la Confédération générale du travail. Je dis que les délégués, en tant que représentants du nombre, doivent avoir la parole au Comité Confédéral. Si vous laissez un seul délégué à chaque organisation, il pourra y avoir un Comité directeur. On craint que les grandes organisations ne soient pas aussi révolutionnaires que les petites. Il y a eu des cas où les fortes organisations, qui ont une grande responsabilité derrière elles, n'ont pas voulu décréter la grève générale à la légère.

C'est qu'avant de prendre une décision, comme nous l'avons fait à la Fédération des tabacs il y a deux mois, il y a à examiner la question de près, et à savoir si l'on sera suivi. Admettez que tout à l'heure le Comité Confédéral ait à se prononcer sur la Grève Générale, vous pouvez avoir une majorité de syndicats, tandis que vous n'auriez qu'une minorité de syndiqués. Si vous êtes 10.000, vous apporterez le poids de 10.000, mais si vous n'êtes que 100 vous n'aurez que le poids de 100. Il est juste de dire qu'à l'heure actuelle la Confédération générale est alimentée par les grandes organisations. Je vous adjure, je vous prie, pour le bien de la Confédération générale, pour le bien de l'Unité ouvrière, de donner votre appui à la proposition du camarade Hardy parce qu'elle seule pourra vous mener à la victoire.

Griffuelhes. — Hardy et ses partisans ont théoriquement raison. Ils demandent que les organisations adhérentes soient représentées proportionnellement. Mais il n'a raison que théoriquement. Vous ne pouvez, sans examen plus approfondi et dans les conditions où vous le demande Hardy, établir la représentation proportionnelle. Mais une chose est possible, c'est que le *statu quo*, comme le camarade Lauche l'a proposé, soit maintenu. Je demande au Congrès d'accepter ce qui a été décidé à Lyon et de repousser la proposition Hardy.

Bourchet. — Comme le vote de la proposition Hardy entraînerait la suppression de l'article 3, c'est sur celle de Hardy qu'il faut voter.

Bourchet relit la proposition Hardy.

Le camarade **Deslandres** établit le vote.

Bourchet dit que, Lauche se réservant le droit de reprendre sa proposition après le vote sur la motion Hardy, la Commission maintient son projet primitif.

Sont nommés scrutateurs pour ce vote, les camarades Ferrasse Lamande, Surnom, Lauche et Flory.

La séance est levée après que le camarade Niel a fait connaître le produit de la quête faite la veille au soir.

Séance du 25 septembre soir.

Président : SURNOM.
Assesseurs : MERZET et MESSIET.

Le président ouvre la séance à 2 heures et donne la parole au camarade Lauche pour proclamer le résultat sur la motion Hardy.

Ont voté pour la motion	76
Ont voté contre	392
Bulletins blancs	1

Bourchet. — La proposition préjudicielle Hardy étant rejetée, nous nous trouvons en présence du texte de la Commission amendé par Lauche. Ce matin, j'avais cru pouvoir dire que nous acceptions cet amendement, mais les délégués des Bourses du Travail nous ont fait observer que, si nous augmentions les délégués des fédérations, il faudrait aussi augmenter ceux des Bourses du Travail. Par suite de cette majoration nous aurions alors plus de 600 délégués. Ce qui n'est pas possible. La Commission a décidé de s'en rapporter au Congrès.

Le **Président** donne lecture de la proposition qui vient de lui parvenir :

La représentation des organisations adhérentes sera établie ainsi qu'il suit : 1 délégué par Bourse de Travail, 3 délégués par Fédérations nationales de métiers ou d'industrie, 2 par syndicats nationaux, 1 par syndicat isolé. Nous demandons que ce texte remplace le paragraphe 1er de l'article 4.

LATAPIE, A. GENIE, A. LUQUET, VIERS,
SURNOM, H. SAVARD, RIVELLI, (Marseille),
J. POTTIGNY, MAILLE, (Marseille).

Niel. — J'estime qu'il faut ou admettre le principe de la représentation proportionnelle avec toutes ses conséquences, ou le rejeter quelles qu'en soient les conséquences. Un vote vient de décider, à une grande majorité, le rejet du principe de la représentation proportionnelle. Or, maintenant 3 propositions se présentent, qui demandent une nouvelle forme de représentation proportionnelle. Il y a là une inconséquence. Je demande, par conséquent, qu'en vertu du vote même que vous venez d'émettre on s'en tienne à un camarade par organisation, car, si l'on fait une représentation proportionnelle, il faut la faire pour toutes les organisations et sous une forme logique, c'est-à-dire justement proportionnelle.

Pouget.— Camarades, je crois qu'on mélange deux questions ensemble en disant que les Bourses du Travail doivent avoir les mêmes représentations que les fédérations. Il faut voir l'ensemble. D'un côté, il y a les Bourses du Travail, d'un autre côté les Fédérations. Il y a en présence des délégués des Fédérations, mais aussi des syndicats isolés adhérents. Le syndicat isolé paie, d'après le projet de la Commission, 5 centimes par membre et par mois. Dès qu'ils sont 3 syndicats pouvant être réunis en section de métier ou d'industrie, ils rentrent dans le droit commun et paient comme fédération, c'est-à-dire 0,40 par cent membres et par mois. Ils ont donc tout avantage à se former en fédération. Il est donc très logique que nous revenions au projet du Congrès de Lyon qui consistait à donner 3 voix aux fédérations nationales de métier et d'industrie, 2 voix aux fédérations régionales et 1 voix aux syndicats isolés.

Parlons des Bourses du Travail. Celles-ci peuvent se multiplier à l'infini. Il y en a 80 actuellement, demain elles peuvent être 2 ou 300. Tandis que les fédérations de métier ou d'industrie ne seront peut-être jamais que 80 ou 100. Lorsque les réunions auront lieu, les Bourses du Travail auront la majorité. Je demande donc qu'on adopte 3 voix pour les fédérations de métier ou d'industrie, 2 pour les Bourses du Travail, et 1 pour les syndicats isolés.

Bourderon. — L'Union Syndicale du département de la Seine a voté contre la proposition Hardy. Nous ne considérons pas la méthode Hardy applicable actuellement et nous ne voulons pas engager l'avenir. Nous ne partageons pas, non plus, l'opinion de Niel. L'Union des Syndicats de la Seine ne demande pas de représentation proportionnelle. Et cependant nous sommes ici le représentant de 162 Syndicats de la Seine, nous pourrions en ajouter 76 et nous espérons bien y joindre aussi ceux des communes suburbaines.

Nous considérons que les Fédérations de Syndicats divers ou Bourses du Travail doivent être limitées à l'avenir, mais nous laissons au prochain Congrès le soin de décider cela. Nous déclarons accepter que les Fédérations de métier ou d'industrie auront trois voix, les syndicats isolés une. Nous ne demandons pour nous qu'une seule voix, car nous ne voulons pas lutter par le nombre, mais par la bonne foi.

Niel. — Pour bien préciser ma pensée, je dois dire encore une fois qu'il n'a jamais été dans mon esprit de créer une Confédération générale du Travail, dans laquelle une section éclipserait l'autre par le nombre de ses délégués.

Les auteurs de la proposition que nous discutons en ce moment craignent qu'étant donné le nombre supérieur de Bourses sur les Fédérations, celles-ci soient toujours mises en infériorité par celles-là dans les réunions du Comité Confédéral. Et cet état d'esprit est bien réel puisque déjà, en commission, un camarade avait demandé, sans succès, que l'on n'envoie aux séances du Comité confédéral qu'un nombre de représentants de Bourses égal au nombre de représentants de Fédérations.

Cela seul serait l'aveu d'une méfiance à l'égard des Bourses qui pourrait compromettre l'Unité que nous avons tous à cœur de réaliser ; du reste, on a reconnu que c'était matériellement irréalisable.

Je demande le maintien du texte de la Commission pour plusieurs raisons; d'abord parce que ce système de représentation est le moins compliqué; ensuite, parce que le même délégué étant susceptible de représenter en même temps une Bourse et une Fédération, il n'est pas prouvé qu'aux séances du Comité confédéral les délégués des Bourses seront plus nombreux que ceux des Fédérations; enfin, et surtout, parce qu'aux séances du Comité confédéral il n'y aura plus ni de délégués des Bourses ni des Fédérations; il y aura un nombre déterminé d'hommes présents, quel qu'il soit, qui constitueront par leur présence le Comité confédéral et ne prendront de décision qu'en s'inspirant de leur conscience et de l'équité, sans s'occuper s'ils représentent une Bourse ou une Fédération.

Pouget. — Si Niel reconnaît qu'il n'y a aucun danger, peu lui importera que des Fédérations aient deux ou trois voix.

Niel. — Je dis que ce n'est pas parce que je crains un danger, mais c'est parce que je considère que ce projet n'est qu'un projet bâtard et hybride; il ne réalise pas la juste représentation proportionnelle. Je suppose qu'une Fédération quelconque, celle des coiffeurs par exemple, qui est peu importante encore, ait trois délégués parce que Fédération nationale, alors que la Fédération des mineurs, qui compte près de 150,000 membres, n'aurait aussi que trois délégués parce que Fédération nationale. Croyez-vous avoir représenté ces deux Fédérations proportionnellement? Encore une fois, voulez-vous, oui ou non, la représentation proportionnelle? Si oui, acceptez-là avec les conséquences indiquées par Hardy. Sinon, ne venez pas, vous qui avez précisément voté contre la proposition Hardy, nous proposer un nouveau système de représentation qui accuserait toute autre préoccupation que celle d'une exacte représentation proportionnelle.

Bourchet.— J'estime, au nom de la Commission, que la question est suffisamment élucidée et je vais vous relire le texte de celle-ci. Ainsi que le camarade Niel l'a si nettement déclaré, les craintes que quelques-uns pouvaient avoir ont été écartées. Les camarades syndiqués auront la conscience de ne pas lutter les uns contre les autres; ils s'inspireront des intérêts supérieurs du Prolétariat. J'ai ajouté que pendant la période transitoire il pourrait surgir certaines difficultés; il est même possible que des rivalités s'établissent. Mais malgré ces craintes il faut avoir confiance. De la façon dont les délégués sont nommés pour représenter les Fédérations et les Bourses du Travail, cela nous donne toute garantie. Ils viennent d'un peu partout. Ce seront des hommes à l'esprit éclairé, aux idées larges, que vous enverrez au Comité Confédéral et qui n'auront d'autre but que de faire l'Unité. Je demande donc que l'on vote les propositions de la Commission.

Le Président donne lecture de l'ordre du jour suivant, qui vient de lui parvenir :

Les soussignés demandent la priorité pour l'article 4 du projet de la Commission.

GAUTIER, LE MEUNIER, CAUVY, L. GIRARD.

L'article 4, mis aux voix, est adopté à l'unanimité, moins dix voix.

Richard, de la Fédération des mouleurs, demande qu'on inscrive au procès-verbal les mandats qui ont voté contre.

Ont voté contre : 1° Richard, fédération des mouleurs ; 2° Renaudin, voiture ; 3° Paillot, de la fédération lithographique, de la fédération du Livre, de la typographie parisienne et des fondeurs typographes de Paris ; 4° Mécaniciens de Paris ; 5° Fédération de l'alimentation, syndicat des ouvriers du port de Dunkerque ; 6° Fédération des tabacs ; 7° Luquet, pour les syndicats des coiffeurs de Paris, Nice, et la fédération nationale des coiffeurs ; 8° Viertz, pour la fédération de l'ameublement et le syndicat de Saint-Loup; 9° Génie, des métallurgistes de l'Oise et de la fédération des carriers de l'Oise ; 10° Latapie, de la fédération des métallurgistes.

Bourchet.— L'article 5 est peut-être le plus important, car c'est lui qui a donné lieu à la discussion la plus ardue à la Commission. En voici la teneur :

Art. 5. — La Confédération générale du Travail se divise en deux sections autonomes :

La première prend le nom de *Union des Fédérations de métiers et d'industries et des Syndicats isolés ;*

La deuxième prend le titre de *Union des Bourses du Travail.*

La question de l'Unité ouvrière semble résider sur un seul nom : celui de *Fédération* des Bourses du Travail. A Alger, les Bourses du Travail ont déclaré qu'elles voteraient le projet si nous laissions à leur section le titre de Fédération des Bourses du Travail. Mais ici la Commission a décidé de mettre le mot « Union ». Voilà donc le point qui nous divise actuellement.

Niel. — Comme rapporteur du Congrès d'Alger, je déclare, en effet, qu'après avoir fait l'accord avec le texte de la commission sur *tous* les autres points de l'Unité, l'article 5 dont vous venez d'entendre la lecture, a été le seul sur lequel l'entente n'a pas été possible. Et cela pour un seul mot !

Dans le texte voté à Alger le mot *Fédération* des Bourses avait été maintenu. Dans le texte proposé par la Commission du Congrès de Montpellier le mot *Fédération* disparaît et est remplacé par le mot *Union*.

Pourtant, on ne pourra pas nous accuser de n'avoir pas suffisamment voulu indiquer le caractère de section de la Fédération des Bourses ? C'est par deux fois que, dans le texte d'Alger, ce caractère de *section* de la Confédération se trouve précisé. Nous disions, en effet : « Le Comité confédéral se divise en deux *sections ;* la première *section* prend le titre de *Fédération* des Bourses, etc.

La Commission du Congrès de Montpellier a jugé utile de supprimer le mot *Fédération*, et, afin dit-elle, de mettre plus d'égalité dans les textes, elle a mis à la place le même mot qui désigne la section des Fédérations d'industries et de métiers, le mot *Union*

Ce n'est donc qu'une querelle de mot, allez-vous dire ? Oui, une querelle de mot, j'accepte cette définition, et c'est pourquoi votre obstination n'est pas plus compréhensible que la mienne. Mais cette querelle pourrait avoir pour résultat, j'ai la douleur de le déclarer, une rupture fatale, et c'est ce qu'il faut éviter à tout prix.

Si ce n'était que la suppression du mot lui-même, je me rallierais au projet de la Commission. Mais à côté du mot il y a une conséquence importante que j'ai expliquée ce matin à la Commission, mais qu'il n'est pas nécessaire de rendre publique. Je désirerais que la Commission s'inspirât des raisons que je lui ai fait connaître, raisons qui ont eu le don d'impressionner certains membres de la Commission qui les ignoraient, et qu'elle veuille bien modifier ce mot. Il serait désastreux que pour un mot le principe de l'unité que nous avons à cœur de réaliser ne soit pas voté. Nous n'avons pas la prétention de dire que l'Unité sera parfaite. Mais nous voudrions, dès aujourd'hui, réaliser le maximum d'union possible, et c'est au nom de l'esprit de conciliation dont nous avons tous fait preuve dans ce Congrès, que je vous adjure, afin de ne pas briser l'Unité presque réalisée, de vouloir bien modifier votre texte et de le remplacer par celui que les Bourses ont adopté à Alger (Applaudissements).

Bousquet.— Camarades, je ne discuterai pas sur l'appellation donnée aux Bourses du Travail. *Union*, ou *Fédération*, peu m'importe. Je n'ai en vue que l'Unité. Lorsqu'elle sera acceptée, il n'y aura plus à ce moment qu'un seul organisme central. Je crains cependant que le conflit qui a déjà existé se reproduise ; on a reproché à la Fédération des Bourses du Travail d'accepter une subvention gouvernementale et je demande, maintenant que cette Unité est faite, si les Bourses du Travail et la Fédération des Bourses doivent accepter leurs subventions comme par le passé. Je crains qu'on puisse dire que ce ne sont plus elles qui les ont acceptées, mais le prolétariat tout entier. Je demande au Congrès de se prononcer sur ce point, qui est peut-être plus important qu'on ne le croit.

Richard. — La Fédération des Bourses du Travail a l'air de vouloir tenir suspendue sur nos têtes une épée de Damoclès, si nous n'acceptons pas le titre qu'elle a adopté. Il n'y aurait qu'à rappeler comment la Confédération générale du Travail et la Fédération des Bourses ont été organisées pour éclairer le débat, mais ce serait trop long. On veut nous imposer un texte et je ne crains pas de dire que si la Fédération des Bourses du Travail tient à ce titre, c'est qu'elle ne veut pas laisser tomber la subvention qu'elle reçoit chaque année. Voilà le nœud de la question.

Viers. — Je suis étonné que Niel demande le maintien de ce titre, alors que hier soir il a été d'accord avec nous sur ce point.

Niel. — Pardon, vous oubliez de dire que j'ai fait des réserves.

Bourderon. — Je voudrais que l'on dise sincèrement si l'on considère que les militants qui sont à la Bourse du Travail de Paris ont démérité en tant que syndicalistes pour avoir touché une subvention municipale. Je voudrais bien voir s'il existe une démarcation entre ceux qui touchent des subventions de l'Etat et ceux qui touchent des municipalités. Pourquoi reproche-t-on cela ? Pourquoi ne parle-t-on pas au Congrès de la subvention touchée à un moment donné par la commission des fêtes en 1900 ?

(Plusieurs congressistes applaudissent tandis que d'autres protestent violemment).

Bourderon continue. Je dis donc que depuis longtemps, depuis la création des Bourses du Travail, nous avons demandé et fait tous nos efforts pour que les organisations ouvrières touchent une manne budgétaire qui est de source bourgeoise, et on nous fait remarquer qu'à ce moment-là il n'était pas question d'unité. Eh bien, étions-nous séparés de vous quand il s'est agi de défendre les mineurs de Carmaux? N'avons-nous pas aussi protesté contre la loi de 1884, que nous considérions comme la mise en tutelle des Syndicats? N'est-ce pas même cela qui nous a fermé la Bourse du Travail? Et je vous ferai remarquer, sans vous fâcher, camarades, que ceux qui crient le plus aujourd'hui ont été les premiers à demander la réouverture de cette Bourse.

Nous avons été mis au ban du prolétariat avec les mécaniciens pour n'avoir pas voulu rentrer à la Bourse du Travail sous le décret Mesureur. Nous avons été toujours de bonne foi et je suis surpris de voir que vous reprochez à la Fédération de toucher 10.000 francs de l'Etat alors que vous attendiez 80.000 francs que vous aviez demandés à la municipalité parisienne. Et c'est vous qui nous reprochez quelque chose!

Nous ne sommes à la merci de personne; ce que nous touchons n'est qu'une restitution. Notre local nous appartient et vous pourriez faire la même objection et vous pourriez même refuser le syndicat des chemins de fer parce qu'il réclame la loi Berteaux. Je le répète, nous ne demandons rien à personne...

Latapie (de sa place). — Vous touchez cependant 3 francs de jetons au conseil administratif.

(Protestations dans la salle).

Bourderon. — Je dis ceci parce que nous ne voulons rien devoir à personne. Nous avons toujours demandé à tous les budgets, quels qu'ils soient; nous ne voulons être ni taxés ni demi-taxés. Quant à l'observation de Latapie, je lui répondrai que pendant vingt mois je n'ai jamais rien demandé ni touché malgré mon temps perdu, malgré ma peine, sans parler des dépenses forcées, alors que celui qui m'a interpellé n'a jamais subi ce que j'ai eu à supporter et cela sans me plaindre. Je termine en me ralliant à la proposition de Niel.

Bourchet — Je négligerai un côté de la question qui vient d'être soulevée. Nous avons entendu des récriminations plutôt locales que générales. Nous n'avons rien à voir dans tout cela. Il importe peu, pour le moment, de savoir si la Fédération des Bourses touche une subvention ou non. Il s'agit d'établir seulement de quel côté est la logique et quelle est la valeur exacte des mots. Que la Fédération des Bourses du Travail nous dise : nous voulons l'Unité à une condition, c'est que nous nous appellerons toujours *Fédération des Bourses du Travail*, cela n'est pas possible. La Commission veut traiter les deux sections sur le même pied et leur donner le même sous-titre, et je suis étonné qu'une simple question d'étiquette soit la cause d'une menace. Quelle est la mentalité des militants si un mot les empêche de faire l'Union? Mais au-dessus des individus, au-dessus des susceptibilités, vous semblez oublier qu'il y a le principe que nous devons défendre. Dans la discussion, la Commission a cru que les Bourses du Travail ne seraient pas lésées par un changement de titre. Nous le savons : l'Unité ne sera peut-être pas parfaite sans la disparition complète des sections, mais il faut commencer par quelque chose. La véritable Unité ne sera obtenue qu'avec la fusion des deux organismes. Nous avons conservé l'autonomie des deux sections, c'est déjà un danger. Au nom de la Commission, je maintiens que le mot de Fédération doit disparaître et doit être remplacé par celui d'Union, et j'ajoute que ceux qui voteront contre l'unité pour le seul motif que le titre leur déplait assumeront une bien grave responsabilité. (Longs applaudissements.)

La clôture est demandée avec les orateurs inscrits. Mise aux voix, elle est adoptée.

Gauthier. — Comme représentant d'une Bourse du Travail qui n'a pas été au Congrès d'Alger, j'avais mandat d'accepter que la Fédération des Bourses du Travail disparaisse comme titre tout en conservant son autonomie et sans augmentation de cotisation, mais en présence des concessions faites de part et d'autre, je ne crois pas qu'un changement de titre puisse être un sujet de division. On a argué de la réciprocité ; puisque l'actuelle Confédération du Travail ne devient qu'une section, les Bourses doivent aussi le devenir. Si tout le monde avait maintenu ses prétentions en entier, il n'aurait pas été possible de faire quelque chose. Puisque, je le répète, la Confédération actuelle du Travail, qui est aujourd'hui composée des fédérations de métiers et d'industries, prend le nom d'*Union des Fédérations*, par réciprocité nous demandons que la Fédération des Bourses du Travail prenne le titre d'*Union des Bourses du Travail*. Il ne faut pas que, parce qu'à Paris il y a eu des différends il en existe ici, et je prie les camarades de se rallier au texte de la Commission.

Le **Président** fait connaître que la motion suivante vient d'être déposée à titre de transaction :

Ces deux sections auront le titre suivant :
Union des Fédérations de métiers et d'industries et syndicats nationaux.
Union fédérale des Bourses du Travail.

Niel, Griffuelhes, Maurice, Bourchet, Richet.

Richet. — Je fais remarquer que l'on semble vouloir repousser les subventions municipales et gouvernementales, alors que la plupart des délégués qui sont ici n'y sont que grâce à ces mêmes subventions.

(Un certain nombre de congressistes protestent contre cette assertion, notamment le camarade Savard, au nom de l'Union du bronze de Paris).

Richet. — Les syndicats composant les fédérations ne profitent-ils pas aussi, dans une certaine mesure, de ces subventions ?

(De nouvelles protestations accueillent ces paroles).

Richet. — Partisan de l'Unité, je suis de ceux qui ont demandé qu'on adopte le titre d'Union des Bourses du Travail.

Deslandres. — Nous voici arrivés au moment le plus sérieux du

Congrès. Nous sommes au point final où il faut se prononcer et le débat va sérieusement s'engager.

Nous parlons aujourd'hui de la rentrée de la Fédération des Bourses du Travail dans la Confédération générale du Travail. Le projet de la Commission est le plus large. J'examine la possibilité de faire cette Unité.

Nous jonglons avec des mots, c'est toujours la même chose, malheureusement. Je demande que le titre de Fédération des Bourses du Travail soit maintenu. Pourquoi pas ? Je sais le point qui nous divise et je vais le dire tout à l'heure. Ah oui ! Bourderon avait raison lorsqu'il vous parlait des subventions. Mais une proposition simple et qui serait la meilleure, ce serait celle que soutenait ce matin Bourchet.

Le mouvement syndical est encore à l'état embryonnaire, il faut discuter sa force et le moyen de le faire marcher.

Il s'agit aussi de savoir si, à tort ou à raison, la Fédération des Bourses du Travail devait toucher 10.000 fr., car c'est depuis ce moment que les critiques ont commencé.

A Paris, j'ai été combattu par Griffuelhes, lorsque nous avons refusé l'argent du Conseil municipal, sous prétexte qu'il était nationaliste ; il disait que nous n'avions pas à nous occuper de l'opinion politique de ceux qui nous donnaient l'argent nécessaire à notre fonctionnement. Je reconnais qu'il avait raison.

Mais n'est-il pas utile et parfois nécessaire de se compromettre avec les partis bourgeois ? Nous avons capitulé à Paris, car il n'est pas possible que, sans les subventions, les Syndicats et les Bourses du Travail puissent vivre, mais pour l'avenir pouvons-nous vivre de nos propres forces ? Si vous voulez prendre cette décision, nous sommes d'accord. Le titre de Fédération des Bourses est-il nécessaire pour toucher la subvention de l'État ? Il s'agit de le décider. Eh bien, oui, je suis partisan de ceux qui disent que le prolétariat qui ne vit pas de ses ressources particulières mais qui vit des ressources de la bourgeoisie, n'est pas un prolétariat conscient.

Il est possible, dans l'avenir, d'organiser le prolétariat dans le sens que j'indique. Mais si pénible que cela soit, il faut dire que cela n'est pas possible pour le moment. Pourquoi ne dirions-nous pas nos faiblesses ? Je regrette que Bourderon ait été attaqué si maladroitement par Latapie. Ah oui ! à Paris, nous avons été souvent attaqués et vous avez dû être bien désillusionnés en province de voir que nous n'avions pas pu nous passer de subventions pour notre œuvre syndicale. Nous étions en présence du manque de fonds, qui représentait pour nous la vie essentielle d'un grand nombre de syndicats. C'est parce que derrière eux, il n'y a pas réellement assez de forces qui permettent de s'en passer. Si le titre de Fédération des Bourses du Travail est la conséquence de la subvention gouvernementale, vous le direz. Puisqu'il y a une autre motion, je vous supplierai de ne pas diviser l'Unité ouvrière, à laquelle nous sommes tous attachés, car il ne faut pas imposer à une minorité la volonté d'une majorité, et je déclare que je m'inclinerai devant la décision prise par le Congrès.

Bourchet. — Je viens de recevoir du camarade Richard, de la Fédération des mouleurs, une proposition qui va vous mettre probablement tous d'accord. Voici le texte que nous propose Richard :

La première section prend le nom de Section des Fédérations de métiers ou d'industries et des Syndicats isolés. La deuxième section prend le titre de Section de la Fédération des Bourses du Travail.

Au nom de la Commission, je crois pouvoir accepter ce nouveau texte.

Je répète ce que j'ai dit ce matin : si nous ne faisons pas de concessions, partons tout de suite. Je demande à chacun d'y mettre du sien.

Niel. — Je m'en rapporte au texte que vient de nous lire le camarade Bourchet.

Griffuelhes. — Le Congrès n'a pas à se prononcer sur le point de savoir si la section des Bourses du Travail fait bien ou non de demander 10.000 francs au gouvernement, son autonomie étant reconnue. Il ne faudrait pas que dans l'esprit de quelques délégués il pût y avoir la pensée de croire que dans l'avenir cette subvention pourra être attribuée à la Confédération générale du Travail, car s'il en était ainsi il y aurait lieu alors d'établir une discussion.

Mais cette question ne se posant pas aujourd'hui, il n'y a qu'à passer outre. La section des Bourses du Travail est autonome. Elle est libre de faire ce qu'elle voudra de cet argent qui lui sera personnel, et jusqu'à ce qu'une décision nouvelle intervienne, la demande ne pourra en être faite au nom de la Confédération générale du Travail.

Le **Président** met aux voix l'article 5 modifié par le texte que vient d'apporter Richard. Ainsi modifié, l'article 5 est adopté à l'unanimité. (Applaudissements.)

ARTICLE 6. — La section des Fédérations d'Industries ou de métiers et des syndicats isolés est formée par les représentants de ces fédérations et par les représentants des syndicats qui pourraient être admis isolément.

Elle nomme son bureau, composé : d'un secrétaire, d'un secrétaire adjoint, d'un trésorier, d'un trésorier adjoint, d'un archiviste et fixe les attributions de chaque membre du bureau.

Elle perçoit les cotisations des fédérations d'industrie ou de métier et des syndicats isolés et en dispose selon les besoins de ses attributions.

La réunion de ses délégués prend le nom de Comité des Fédérations d'Industrie ou de métier et des syndicats isolés.

Adopté à l'unanimité sans discussion.

ART. 7. — La section des fédérations d'Industries ou de métiers et des syndicats isolés a pour objet de créer ou de provoquer la création de fédérations d'Industrie ou de métier et de grouper en branches d'Industrie les syndicats de même profession ou de même industrie, pour lesquels il n'existe aucune fédération.

Elle décide à adhérer aux Bourses du Travail ou Unions locales ou régionales de syndicats divers, les syndicats de ses organisations qui en sont en dehors, afin de compléter l'union syndicale.

Elle entretient des relations entre les fédérations de métier ou d'industrie pour coordonner l'action spéciale de ces organisations, et prend toutes les mesures nécessaires pour soutenir l'action syndicale sur le terrain de la lutte économique.

Coupat demande l'adjonction après « en branche d'Industrie » des mots « ou de métier ».

Adopté à l'unanimité avec cette modification.

ART. 8. — La section des fédérations d'Industrie ou de métier et des syndicats isolés se réunit, quand c'est nécessaire, sur la convocation de son secrétaire et prend toutes les mesures indispensables à la bonne marche des fonctions qui lui sont dévolues.

Adopté à l'unanimité.

ART. 9. — La section de la Fédération des Bourses du Travail est formée par les représentants des Bourses du Travail, des Unions locales, départementales, régionales de Syndicats divers.

Elle nomme son bureau, composé de : un secrétaire, un secrétaire-adjoint, un trésorier, un trésorier-adjoint, un archiviste, et fixe les attributions de chaque membre du bureau.

Elle perçoit les cotisations des éléments qui la composent et en dispose selon les besoins de ses attributions.

La réunion de ses délégués prend le nom de Comité des Bourses du Travail.

Cet article est adopté à l'unanimité sans discussion.

ART. 10.— La section des Bourses du Travail a pour objet d'entretenir des relations entre toutes les Bourses dans le but de coordonner et de simplifier le travail de ces organisations; de créer ou de provoquer la création de nouvelles Bourses ou Unions de Syndicats divers dans les centres, villes ou régions qui en sont dépourvues ; de décider les Syndicats de ces organisations, non fédérés par métier ou industrie, d'adhérer à leurs Fédérations respectives.

Elle dresse périodiquement, avec les renseignements fournis par les Bourses du Travail ou toute autre organisation syndicale, des statistiques de la production en France, de la consommation, du chômage; des statistiques comparées des salaires et du coût des vivres par région, ainsi que du placement gratuit qu'elle généralise aux travailleurs des deux sexes et de tous corps d'état.

Elle surveille avec attention la marche de la juridiction ouvrière pour en signaler les avantages ou les inconvénients aux organisations confédérées.

Elle s'occupe de tout ce qui a trait à l'administration syndicale et à l'éducation morale des travailleurs.

Adopté à l'unanimité sans discussion.

ART. 11.—La section de la Fédération des Bourses du Travail se réunit selon les besoins sur convocation de son secrétaire et prend toutes les mesures qui sont nécessaires à la bonne marche des fonctions qui lui sont dévolues.

Adopté à l'unanimité sans discussion.

Art. 12. — *Commission du Journal.*

La commission du journal est composée de douze membres pris à raison de six dans chacune des deux sections de la Confédération.

Elle nomme son secrétaire chargé de la convoquer et de rédiger les procès verbaux. Le secrétaire de cette commission est, en outre, spécialement chargé de l'administration proprement dite du journal : abonnements, vente, expédition, correction des articles et correspondance y afférente.

Le gérant du journal fait partie de droit de cette commission.

Adopté à l'unanimité.

Art. 13. — La Commission du journal a pour objet de recevoir, de classer et de vérifier les articles et communications.

Le journal, étant l'organe officiel de la Confédération Générale du Travail, ne peut être rédigé que par des ouvriers confédérés.

La Commission du journal veille à ce qu'en aucun cas, l'organe de la Confédération ne devienne la tribune publique de polémiques injurieuses, de querelles personnelles ou politiques.

Au cas où un article demanderait rectification, elle en aviserait l'auteur.

Les délibérations officielles de la Confédération, de ses sections ou de ses commissions sont insérées dans le journal.

Les dépenses et recettes de cette Commission sont communes aux sections de la Confédération.

Lauche. — Je propose qu'après les mots « querelles personnelles ou politiques » on ajoute « ou entre syndicats ». Cela est, je crois, nécessaire.

Bourchet. — A Alger, on avait décidé que la caisse du journal serait commune, à la condition que le reliquat des sommes provenant de la tombola serait versé à la nouvelle caisse.

D'une façon implicite il a été compris également que les nouveaux rouages fonctionneraient à partir du 1er janvier 1903. C'est donc à partir de cette date que le journal sera la propriété des deux sections aux risques et périls partagés entre elles. Au sujet du versement de l'argent, après avoir étudié diverses propositions, on s'est arrêté à ceci : que la section des fédérations d'industries ou de métiers verserait 1.000 fr. à la caisse du journal.

Mis aux voix avec l'addition proposée par Lauche et les explications du rapporteur, l'article est adopté.

Art. 14. — La commissission du journal se réunit sur convocation de son secrétaire avant l'apparition de chaque numéro et prend toutes les dispositions nécessaires pour assurer le succès et la prospérité du journal.

Coupat. — Je demande qu'on ouvre la discussion sur le point de savoir si le journal recevra des annonces.

Richard. — Le comité ayant reconnu l'utilité d'acheter une machine à écrire, un camarade a proposé, pour faire des économies sur cet achat, d'accepter de faire de la publicité en échange. C'était une économie de 200 fr. en échange d'une annonce pendant six mois. Nous avons cru devoir refuser ces annonces comme on avait déjà refusé celles des coopératives. Le journal doit être syndicaliste et ne doit pas préconiser le commerce d'aucun particulier.

Maurice. — Si vous voulez n'insérer que les annonces des sociétés coopératives, je crois qu'elles ne produiront rien. Si vous voulez faire une sélection entre les annonces commerciales, je crois qu'elles ne produiront pas non plus. Vous ne pouvez en prendre qu'à une condition, c'est que vous ne fassiez pas de distinction entre les maisons qui vous les fourniront. Il faut que vous décidiez que la quatrième page du journal ne soit qu'un mur dont vous ne vous occupez pas, et que vous acceptez toutes les annonces en faisant connaître que vous dégagez absolument votre responsabilité.

Juthy. — Il ne faut pas que la *Voix du Peuple* soit un organe de commerce et il faut que la quatrième page soit réservée exclusivement aux communications internationales.

La clôture est demandée. Mise aux voix, elle est adoptée après les orateurs inscrits.

Reisz. — Personne n'est venu demander d'accepter des annonces, il faut les refuser toutes, même celles des coopératives qui, bonnes aujourd'hui, peuvent être mauvaises demain.

Lauche. — On pourrait faire des réclames pour des commerces de telle ou telle partie. Mais la réclame est tellement menteuse, que sous le prétexte même de coopératisme, on voit les patrons exploitant toujours l'ouvrier.

Mise aux voix, la question des annonces dans le journal est repoussée à l'unanimité moins deux voix.

L'article 14 est adopté à l'unanimité.

Richard. — Je dépose une proposition tendant à ce que nulle organisation ne puisse être confédérée, si elle n'a au moins un abonnement au journal.

Savard. — J'appuie la proposition de Richard. On dit souvent que nous ne faisons jamais rien pour faire vivre le journal, ce sera une preuve du contraire et j'approuve pleinement cette proposition.

Pouget. — La question des annonces que vous venez de repousser est du même genre que celle des subventions gouvernementales. Il faut que le journal vive, et du moment que toutes les Bourses et les Syndicats prendraient un abonnement, ce sera assurer la vie de l'organe confédéral.

Bourchet. — Au nom de la Commission, j'appuie la proposition déposée avec le texte suivant :

Nulle organisation ne pourra être confédérée si elle n'a au moins un abonnement au journal la *Voix du Peuple.*

Nous nous sommes aperçus que le journal avait un déficit. Par le vote de cette proposition vous assurerez sa vitalité et nous n'aurons pas la honte de voir que le seul organe du prolétariat ne puisse pas vivre.

Cette addition à l'article 14 est adoptée à l'unanimité moins une voix.

Art. 15. — *Commission des grèves et de la grève générale.* La commission des grèves et de la grève générale est composée de douze membres, pris à raison de six dans chacune des deux sections de la Confédération.

Elle nomme son secrétaire chargé de la convoquer et de rédiger les procès-verbaux.

Adopté sans discussion.

Art. 16. — La commission des grèves et de la grève générale a pour objet d'étudier le mouvement des grèves dans tous les pays.

Elle recueille les souscriptions de solidarité et en assure la répartition aux intéressés.

Elle s'efforce, en outre, de faire toute la propagande utile pour faire pénétrer dans l'esprit des travailleurs organisés la nécessité de la grève générale.

A cet effet, elle crée ou provoque la création, partout où il est possible, de sous-comités de grève générale.

Adopté sans discussion.

Art. 17. — La commission des grèves et de la grève générale se réunit sur convocation de son secrétaire et envoie si possible, aux organisations en grève qui en feraient la demande, des camarades pour soutenir leur action.

Bourchet. — On a demandé que ce ne soit pas le comité de la grève générale mais le comité confédéral lui-même qui envoie les délégués et que ces délégués soient toujours pris parmi les militants syndicalistes. Sur ce dernier point la discussion est inutile.

D'autre part, la Commission, dans ses attributions et ainsi composée, n'est pas la Commission exclusive de la grève générale. Il s'en suit qu'il n'y a pas discussion pour savoir dans quelles conditions on enverra les délégués ; cela se fera selon que les ressources permettront de déplacer un camarade. Il n'y a pas là une question très importante.

Coupat. — Il est utile d'insister sur ce point et l'on pourrait dire que, lorsqu'il y aura une grève, le Comité enverra si possible un militant.

Art. 18. — Le fonctionnement de la Commission des grèves et de la grève générale est assuré par un prélèvement :

1° De 50 °/₀ sur les cotisations perçues par les sous-comités de grève générale ;

2° De 5 °/₀ sur les cotisations perçues par chacune des sections de la confédération.

Bourchet. — Une proposition demandait la suppression des versements des sous-comités, mais la Commission a repoussé par 12 voix cette proposition. D'autres ont été écartées successivement. Il a été décidé qu'il serait perçu 50 0|0 sur les cotisations des sous-comités de grève générale et 5 0|0 sur les cotisations des deux sections.

Il n'y a donc pas lieu d'établir de cotisation spéciale et nous vous prions de vouloir bien ratifier la proposition de la Commission.

Tabard. — Par le passé, nous prenions 5 0|0 sur les cotisations de grève que les camarades voulaient bien nous envoyer. Or, le Comité n'a jamais pu faire face à ses dépenses. C'est ce qui était à prévoir. L'année dernière, vous avez décidé que les organisations syndicales verseraient des cotisations fixes. Nous devons aujourd'hui redoubler d'attention sur ce qui est demandé. Les sous-comités, cela est à prévoir, verseront très peu, et nous ne pourrons arriver à joindre les deux bouts. Nous demandons que ces cotisations soient portées de 5 0|0 à 10 0|0.

Coupat. — Je suis très surpris que les sous-comités de grève n'envoient que 50 0|0 de leurs encaissements, alors qu'ils n'ont presque pas de dépenses et que c'est le Comité général qui doit subvenir à tous les frais. D'autre part, je crois que le 5 0|0 froissera certaines organisations. Je prétends qu'il ne doit y avoir qu'une caisse unique. Je suppose, par exemple, que le Havre demande un délégué pour la propagande. Ce délégué sera-t-il envoyé par le Comité de la Grève générale ou par le Comité confédéral ? La réponse n'est pas douteuse : c'est le Comité confédéral qui le déléguera, et c'est lui qui paiera tous les frais. Il faut donc qu'il n'y ait qu'une seule Caisse pour subvenir à ces dépenses. Pourquoi la nécessité de créer de nouveaux fonctionnaires et ne pas réserver cet argent qui servirait à la propagande? Le Comité emploiera l'argent comme il l'entendra, et je déclare que je suis contre la proposition Tabard et je demande même la suppression de la cotisation de 5 0|0.

Maurice. — Je me place à un point de vue tout différent. La cotisation de 5 0|0 est inutile et insuffisante. En effet, quelle que soit la somme prélevée sur les deux sections, vous n'arriverez toujours qu'à un chiffre dérisoire. Nous enverrons peut-être un conférencier de plus qui fera une propagande proportionnelle à ses forces. Voilà pourquoi j'estime que cette cotisation de 5 0|0 est ridicule et ne correspond pas aux résultats qu'on est en droit d'attendre. Les forces de la Grève générale ont été jusqu'ici plus ou moins illusoires. C'est que cette idée n'est pas suffisamment rentrée dans la masse ouvrière. Je le répète, si vous imposez ce sacrifice uniquement pour faire vivre une administration, je n'en vois pas la nécessité. Et je vous demande à nouveau la suppression de la cotisation de 5 0|0 comme insuffisante, parce que nous considérons qu'elle ne correspond pas au véritable devoir des organisations. Il y a, d'ailleurs, un autre point de vue à examiner:

c'est que les deux sections ne sont pas faites pour en entretenir une troisième. Il n'est besoin, comme le dit Coupat, que d'une seule caisse. Il n'est pas nécessaire de prélever des fonds spéciaux. Je le répète, la propagande, pour être utile et efficace, ne peut être faite qu'à la condition que les fonds soient prélevés sur la Caisse générale.

Juthy. — Nous avons déjà eu des difficultés à Lyon pour organiser les conférences Girault faute de fonds, et, si vous augmentez encore la cotisation des sous-comités, si vous exigez même le 50 p. 100, nous ferons encore moins, car le nécessaire nous manque pour la propagande locale. S'il faut s'unir, c'est sur le terrain de la grève générale. Par conséquent, je suis d'avis de diminuer l'envoi des sous-comités au Comité général, et d'augmenter la cotisation à verser par les sections. Je propose donc que les sous-comités ne versent que 30 p. 100 et que les cotisations soient portées à 10 p. 100.

(Plusieurs congressistes réclament la clôture. Chevalier s'y oppose et est appuyé par le camarade Deslandres, qui dit que la question est trop intéressante.)

La discussion continue.

Bousquet. — Au mois de juin dernier, le Congrès de l'alimentation s'est déclaré pour la grève générale. Nous considérons qu'il y a trop longtemps qu'on poursuit l'idéal de la grève générale et que jusqu'ici l'on a été trop platonique. Il faut que nous nous imposions sans distinction de corporation les plus grands sacrifices pour arriver au but que nous préconisons tous dans nos réunions. Nous devons avoir comme idéal la marche en avant par tous les moyens, même révolutionnaires. Il faut que la Commission recherche les moyens d'action les plus efficaces. Je connais des sous-comités de grève générale, en province, et je sais qu'ils n'ont pas toujours ce qu'il faut pour mener à bien le bon combat. Il faut que ce mouvement de la grève générale ne soit pas seulement un fantôme que nous agitons pour effrayer la bourgeoisie. Il faut qu'il devienne une réalité. La bourgeoisie fait tout ce qu'elle peut pour attaquer ce principe dont elle prévoit le danger. C'est à nous de ne regarder à aucun sacrifice lorsqu'il s'agit de la grève générale. Je me rallie à l'amendement Tabard pour que la propagande soit faite plus activement en portant le prélèvement à 10 p. 100.

Latapie. — Au comité de la grève générale, qui fait partie intégrante de la Confédération, nous avons constaté que partout on adopte le principe de la grève générale mais qu'on ne s'empresse pas de payer les cotisations. A part quelques organisations qui n'ont jamais failli, nous voyons dans le compte-rendu financier que les sous-comités n'ont pas, ou presque pas versé de cotisations, cependant le comité central ne fait pas seulement de la propagande en paroles, il l'a fait aussi par des écrits, par des brochures qu'il sait répandre à propos. Mais où trouver de l'argent pour couvrir ces frais? En ce moment, notre camarade

Girault poursuit une campagne que j'approuve hautement, en faveur de la grève générale et révolutionnaire et non pour des fins politiques. Mais pour cela il faut encore de l'argent. Aussi, j'estime que la section des fédérations et celle des Bourses du Travail doivent continuer à entretenir ce comité de grève. Il faut que ces organisations autonomes acceptent la proposition que les Bourses doivent traiter de la grève générale, non sur le terrain réformiste, mais bien sur le terrain révolutionnaire. On disait tout à l'heure que les fonctions de ce comité qu'il fallait rétribuer étaient une charge. Je propose, pour détruire cette objection, que le secrétaire de la commission du journal soit aussi le secrétaire du comité de la grève générale. Il est indispensable qu'il y ait à Paris une organisation centrale qui puisse répandre et faire la propagande dans ce but. Il faut que pour faire la propagande nécessaire vous donniez des ressources à ce comité.

Je demande que le rapport moral et financier paraisse sur la brochure.

Le président. — Il n'y a pas d'opposition ?... Adopté (1).

Lauche. — On veut fixer les cotisations du Comité de la Grève générale et nous voyons dans le compte-rendu financier de l'exercice qu'il n'a été versé que 1.129 francs. Eh bien, en remarquant les organisations qui ont voté ce principe, nous sommes obligés de constater qu'il y a désaccord entre les actes et les résolutions prises dans les Congrès. Lorsque nous voyons que, sur 1.100 francs de cotisations dépensées, 600 francs l'ont été en frais de bureaux, nous trouvons cela inadmissible. Il est nécessaire d'adopter la proposition du camarade Coupat. Il ne doit y avoir qu'une seule caisse et qu'un seul trésorier. Car, après ce que le rapporteur propose, nous ne pourrions faire plus que ce qui a été fait l'an dernier. Si on adopte le 5 0|0, on n'arrivera qu'à une somme de 200 francs environ, et ce n'est pas assez. Nous demandons que la proposition de Coupat soit prise en considération. Qu'il n'y ait qu'une cotisation unique et qu'une seule caisse.

Tabard. — Il semble qu'on veuille discuter le principe de la Grève générale et nous semblons faire le jeu de la bourgeoisie. Pour faire la propagande en faveur de la Grève générale, il faut de l'argent. Après avoir prêché la révolte, les journaux nous accusent d'avoir peur et de retenir ceux que nous avons tenté d'entraîner et que nous leur conseillons de s'arrêter parce que nous craindrions de n'être plus les maîtres.

Hardy. — Je crois qu'il est inadmissible qu'on exige un pourcentage pour les cotisations relatives à la Grève générale. Il y a eu un déficit l'année dernière. Pour le moment, nous devons admettre la proposition Coupat, qui tend à laisser les soins financiers entre les mains de la Confédération.

(1) Lire ce rapport aux *Pièces annexes*.

Bourchet. — Hardy vient de faire remarquer que le Comité avait bouclé difficilement son budget l'année dernière. Nous avons voté un article qui augmente plus que vous ne le croyez les recettes du Comité. C'est l'obligation pour les Syndicats confédérés d'être adhérents à leur Fédération et à une Bourse. Je serais partisan de la proposition Coupat en ce sens qu'elle donnerait plus d'argent à la Grève générale. Mais Tabard a raison : si nous supprimions la commission spéciale et toute ressource, on pourrait insinuer que nous abandonnons la Grève générale, cette arme libératrice dont nous sommes les partisans acharnés et irréductibles et que quelques-uns semblent cependant nier et abandonner.

Coupat.— Je ne crois pas que ce soit nous.

Bourchet.— Oui, c'est vrai ; ce n'est pas aux mécaniciens que s'adresse ce reproche, ils ont fait toujours et partout leur devoir. Le chiffre de 5 0[0 fixé par la Commission est un minimum. Il faut que le Comité vive, il faut qu'il puisse se faire de la propagande par la parole et par l'écrit.

Coupat.— D'ailleurs est-ce que cette série de secrétaires et de trésoriers pourraient être suffisamment rétribués. Je suis, moi, partisan qu'on assure à un camarade qu'on a sorti de l'atelier des moyens d'existence. Il ne faut pas qu'on puisse dire qu'il vit de propagande, il faut qu'il vive pour la propagande.

Bourchet. — Voici ce que nous avons arrêté à la Commission après discussion ; nous avons dit que le secrétaire du journal serait secrétaire du Comité de la Grève Générale. Les frais de secrétariat seraient ainsi réduits et le camarade chargé du travail sera quand même rémunéré suffisamment.

Savard.— On parle beaucoup de propagande en faveur de la Grève Générale, mais notre Syndicat a tout organisé à Paris avec ses ressources personnelles. Il faut que les décisions prises ne restent pas platoniques, il faut que les syndicats qui possèdent des 15 et 20.000 francs en caisse ne les gardent pas toujours et qu'ils en fassent bénéficier un peu le Comité de la Grève générale.

Dubuc.— Nous avons proposé dans notre projet d'Unité que les syndicats fassent, chaque fois qu'ils se réunissent, une quête afin de constituer une caisse de propagande. Ce serait plus digne que de prélever 50 0[0 sur les cotisations.

Le Président fait connaître qu'une proposition vient de lui parvenir :

En tant que délégué du Sous-Comité de propagande de la Grève Générale, je demande que les cotisations soient réduites à 30 0/0 pour les sous-comités pour être versées au Comité général, et que les cotisations soient de 10 0/0 pour les sections formant la Confédération.

JUTHY.

Bourchet déclare qu'il maintient le texte de la commission.

Paillot. — Je demande le vote par mandat.

Le Président. — Je mets le premier paragraphe aux voix.

Il est adopté à l'unanimité moins une voix.

Le deuxième paragraphe sera voté par mandat à la sortie de la séance. Sont nommés scrutateurs: Vincelot, Mathieu, Cournut, Le Mao et Pascaud.

Maurice. — Je demande à préciser le vote. Ce vote n'implique nullement une question de principe sur la grève générale, mais seulement sur la question du prélèvement de 5 0|0 sur la cotisation (Signes d'approbation).

Art. 19. — *Commission de contrôle.*

La Commission de contrôle est formée par douze membres pris à raison de six dans chacune des deux sections de la Confédération. Elle nomme son secrétaire chargé de la convoquer et de rédiger les procès-verbaux.

Cet article mis aux voix est adopté sans discussion.

Art. 20. — La Commission de contrôle a pour objet de veiller à la bonne gestion financière des divers services de la confédération. Chaque année, au mois de juin, elle procède à la vérification des comptes financiers, dépenses et recettes, de la section des Bourses du travail, de la section des Fédérations d'industries et de métiers, de la Commission des grèves et de la grève générale, et du Journal.

Le résultat de ses opérations est consigné dans un rapport d'ensemble qui est soumis au comité confédéral et publié, s'il y a lieu, dans le journal de la confédération.

Adopté sans discussion.

Art. 21. — *Comité confédéral.*

Le comité confédéral est formé par la réunion des deux sections. Il se réunit tous les trois mois pour permettre à chaque section d'exposer les observations qu'elle pourrait avoir à présenter, et les modifications qu'elle pourrait proposer dans l'intérêt supérieur du prolétariat organisé. Il peut se réunir extraordinairement en cas de besoin ou d'urgence, sur la décision du bureau. Il est l'exécuteur des décisions des Congrès nationaux ; il intervient dans tous les événements de la classe ouvrière et prononce sur tous les points d'ordre général.

Adopté sans discussion.

Art. 22. — Etant donné que tous les éléments qui constituent la confédération doivent se tenir en dehors de toute école politique, les discussions, conférences, causeries organisées par le comité confédéral ne peuvent porter que sur des points d'ordre économique ou d'éducation syndicale et scientifique.

Bourchet. — Je croyais que sur cet article Hardy nous aurait apporté sa question de Comité parlementaire.

Hardy. — Je ne voudrais pas amuser le Congrès pour demander le vote de deux mots qui suivent cet article dans notre projet.

Nous réservons la question en préjugeant que d'ici quelques années on y reviendra fatalement.

Bourchet. — Alors même que le camarade Hardy ne maintient pas sa proposition je dirais qu'elle a été repoussée à l'unanimité moins 2 voix à la commission. Nous avons déclaré qu'il n'était pas possible d'insérer cet article parce que l'article 1er des statuts dit qu'il faut rester en dehors de toute action politique. Nous demandons à l'Etat, aux parlementaires, aux politiciens, de laisser les syndicalistes faire leurs affaires eux-mêmes. Lorsqu'il n'y aura plus devant nous que l'ennemi : le patronat, les travailleurs français sauront faire leur devoir, et si les travailleurs sont divisés aujourd'hui, rappelez-vous que c'est la politique qui a causé ces divisions.

L'article 22, mis aux voix, est adopté.

Art. 23.— Le bureau de la Confédération est formé par la réunion des bureaux des deux sections et du secrétaire de chaque commission.

Il prépare la réunion du comité confédéral et veille à l'exécution des décisions prises en assemblée générale. Le secrétaire de la section des Fédérations d'industries ou de métiers aura le titre de secrétaire général de la Confédération.

Bourchet. — Camarades, l'article qui vient de vous être lu est aussi l'un de ceux qui ont passionné les débats de la commission. Le projet d'Alger comporte deux secrétaires. La commission n'a pas accepté cette idée. Puisque l'Unité se fait pour une unité de but et d'action, il fallait qu'il y eût à la tête non un dictateur mais un mandataire au point de vue des relations internationales, et la commission a obtenu par 14 voix contre 5, que le secrétaire de la section des Fédérations serait le secrétaire général de la confédération générale du Travail.

Niel. — J'ai combattu pour ma part ce projet hier. Vous avez voté le principe de la réciprocité, vous l'avez admis. Je déclare donc que, si vous mettez toujours le secrétaire de la section des Fédérations des métiers à la tête du comité, vous mettez en état d'infériorité morale la section de la Fédération des Bourses du Travail. Je ne demande pas que ce ne soit pas le secrétaire de la section des Fédérations de métiers qui sera le secrétaire de la Confédération. Non. Ce que je demande, c'est que cela ne soit pas spécifié dans la lettre des statuts et que vous laissiez simplement à chaque Congrès le soin de désigner lequel des deux sera le secrétaire de la Confédération. S'il y a des raisons majeures pour que ce soit le secrétaire de la section des Fédérations qui soit toujours secrétaire de la Confédération, eh ! bien, vous n'aurez qu'à le désigner à chaque Congrès, mais au moins il ne sera pas dit que par vos statuts vous avez porté atteinte à ce principe de réciprocité que vous avez reconnu et admis.

Bourchet. — J'ai le mandat impérieux de combattre la proposition de Niel. Vous comprenez qu'il n'est pas possible que le secrétaire d'une section de Bourses du Travail, qui n'est qu'un organe administratif, puisse représenter un groupement de lutte. Il faut, pour entretenir la lutte, faire de l'agitation, de la propagande, et c'est le secrétaire des Fédérations qui seul peut le faire utilement. On avait proposé un système enfantin, celui de mettre à tour de rôle comme secrétaire confédéral, le secrétaire de l'une et de l'autre sections. Est-ce possible? En admettant que cela puisse se faire pour le travail intérieur, il n'y a pas possibilité pour les relations internationales, il faut que la correspondance soit le fait d'un même homme. Il faut que notre organisme, qui est essentiellement créé pour la lutte, soit représenté par le secrétaire des fédérations, véritables éléments d'action. C'est pour cela que la Commission a décidé de vous proposer que le secrétaire général de la Confédération soit le secrétaire de la section des Fédérations d'industries et de métiers.

Niel.— On peut cependant admettre que ce secrétaire vienne à disparaître pour une raison ou pour une autre, quel inconvénient y aurait-il à ce moment, qu'il soit remplacé par le secrétaire de la section des Bourses du Travail?

Coupat.— Je vois un inconvénient, pour les Bourses du Travail, que ce soit leur secrétaire qui soit nommé. Vous seriez gênées et vous perdriez le caractère éducatif, professionnel et de statistique que vous avez conservé jusqu'ici. Il y a encore d'autres raisons. Dans les relations internationales, l'organisation des Bourses a disparu pour faire place aux Fédérations, par conséquent encore à ce point de vue le secrétaire des Bourses du Travail ne serait pas qualifié pour remplir utilement son rôle au Comité confédéral. De même qu'on ne peut pas admettre que ce soit tantôt l'un et tantôt l'autre.

Le Président donne lecture de la proposition suivante, qui vient de lui parvenir:

Je demande qu'il y ait un secrétaire pour chaque section et que le secrétaire de la Confédération soit nommé par le Comité confédéral en dehors des deux secrétaires de section.

Michel.

Après avoir consulté le Congrès, le président déclare que cette proposition n'est pas prise en considération.

Estor. — Le secrétariat de la Confédération n'est pas un poste inamovible; puisqu'il peut se produire des changements, on doit admettre que le secrétaire des Bourses puisse être appelé à remplir ce rôle.

Rigaud. — J'appuie cette proposition en invoquant la réciprocité. Je demande que le poste de secrétaire soit occupé alternativement par les deux secrétaires de section.

Woilfot. — Je propose qu'on profite du changement de secrétaire pour qu'il soit fait un essai avec celui des Bourses du Travail jusqu'au prochain Congrès ; on verra ce qui pourra être fait après.

Niel. — Je demande l'application des règlements des Congrès relativement à la durée des séances afin de faciliter la tâche des secrétaires.

Surnom donne lecture d'une nouvelle proposition qui vient de lui parvenir :

Le Comité Confédéral, à sa première séance, nomme lui-même son secrétaire.

H. GAUTIER.

Bourchet. — Je demande le vote de l'article 23.

Celui-ci, mis aux voix, est adopté à l'unanimité moins 15 voix.

La séance est levée à 6 heures 1/4.

Séance du 26 septembre matin

La séance est présidée par le camarade LAUCHE ; GUEUNEAU et MORENO, *Assesseurs*.

Le Président. — Voici les résultats du vote sur le deuxième paragraphe de l'article 18, relatif aux cotisations des sections de la Confédération pour la caisse de la commission des grèves et de la grève générale :

Votants	442
Pour.	355
Contre.	67
Blancs.	16
Nuls.	4

Par conséquent, le texte de l'article 18 est adopté tel qu'il est présenté par la Commission.

Le Président donne lecture de l'article 24 :

ART. 24. — Le bureau des sections est renouvelé après chaque Congrès national des Syndicats ; les membres sortants sont rééligibles.

Le Comité confédéral avisera les organisations adhérentes au moins un mois avant ce renouvellement afin qu'elles puissent se réunir et désigner les candidats, pour que les noms de ceux-ci puissent être publiés quinze jours avant l'élection.

Adopté sans discussion.

ART. 25. — Les indemnités des fonctionnaires qui, en raison de l'importance de leurs fonctions, pourront être rétribués, seront fixées par le Comité confédéral.

Les fonctionnaires de la Confédération pourront être envoyés en délégation au nom de la Confédération.

Adopté sans discussion.

Art. 26. — *Cotisations.*

Pour permettre à la confédération d'assurer ses divers services, les organisations confédérées sont tenues de verser des cotisations fixées comme suit :

1° Les Bourses du Travail ou Unions de syndicats divers : 35 centimes par syndicat les constituant et par mois ;

2° Les Fédérations d'industrie ou de métier et les syndicats nationaux : 40 centimes par cent membres ou fraction de cent membres et par mois ;

3° Les syndicats isolés : 5 centimes par membre et par mois.

Tillet. — A Limoges, après avoir étudié le projet d'Unité, nous nous étions arrêtés à celui de l'Union des métallurgistes sur lequel nous étions tombés d'accord, sauf sur le point des cotisations. Aujourd'hui, la Commission ne nous donne pas satisfaction. L'union s'est faite sur un point d'égalité, il faudrait maintenir cette égalité sur toutes les questions. A Limoges, la Céramique compte huit syndicats ; nous payons des cotisations à notre Fédération, d'une part, à la Bourse du Travail, d'autre part. Si vous adoptez le texte proposé par la Commission, les syndicats iront aux Bourses au détriment des Fédérations.

Je conclus en demandant que les cotisations soient uniformes.

Bourchet. — Le camarade se trompe en disant que les syndicats iraient plutôt aux Bourses du Travail qu'aux Fédérations. Il existe un article voté hier, qui oblige les syndicats à la double adhésion. On nous a demandé que les cotisations soient égales pour les deux sections ; mais le Congrès d'Alger ayant décidé comme point intangible que les syndicats, pour adhérer à la section des Bourses, continueraient à verser la cotisation actuelle de 0 fr. 35 c., nous avons aussi de notre côté réclamé le maintien de ce qui existait pour les Fédérations, soit 40 centimes pour 100 membres et par mois. Quelques camarades croient qu'ainsi la section des Bourses est favorisée. C'est une erreur. Si nous regardons quel est l'effectif moyen d'un syndicat, nous verrons qu'il atteint cinquante membres environ. Nous n'avons donc qu'à nous rallier à la proposition d'Alger puisque chaque section conserve son autonomie.

Milhaud. — Comme délégué du syndicat isolé des Cultivateurs de Mèze, je dois protester contre le chiffre excessif qui nous frappe. Les organes fédérés versent 40 centimes par 100 membres, tandis qu'on nous demande à nous cinq centimes par membre. Le projet le plus pratique est celui du camarade Normand, de Narbonne, parce qu'il a un caractère progressif, et c'est à lui que nous nous rallions.

Bourchet.— Il est utile que les syndicats isolés soient frappés plus durement parce que nous voulons leur indiquer qu'ils doivent se constituer le plus tôt possible en Fédération, c'est justement le cas des Cultivateurs qui pourraient, s'ils le voulaient, être une Fédération. Voilà pourquoi nous maintenons notre texte.

Farras. — Au nom du syndicat des cultivateurs que je représente, j'approuve les paroles du camarade Bourchet et je pense que d'ici à peu de temps tous nos syndicats seront fédérés.

Hardy. — C'est une erreur de croire que les syndicats isolés paient plus cher que les syndicats fédérés ; les isolés ne payent qu'un sou de cotisation, tandis que les fédérés, en raison même de leur Fédération, payent jusqu'à 20 et 25 centimes.

L'article 26 est mis aux voix et adopté.

Art. 27. — Seules, les organisations qui remplissent les conditions prescrites à l'article 3 des présents statuts auront droit à la marque distinctive des éléments de lutte appelée : Label confédéral.

Pendant la période transitoire le Label sera accordé aux organisations confédérées qui ne rempliraient qu'une des conditions prévues au paragraphe 1 de l'article 3.

Bourchet. — Je rappelle les engagements pris hier, tendant à ce que les syndicats qui ne rempliraient pas les conditions prévues à l'article 3 au bout d'un an ne pourraient être confédérés.

Mis aux voix, l'article 27 est adopté.

Art. 28. — Toute organisation en retard de trois mois de ses cotisations est considérée comme démissionnaire, après une lettre d'avis restée sans effet. Si cette organisation demandait sa réadmission, elle serait tenue de payer les cotisations depuis son dernier versement.

Bourderon. — Je demande que l'on n'oblige pas une organisation, qui momentanément aurait disparu, à payer 3 années de cotisations lorsqu'elle reviendrait à la Confédération. Ce serait l'en écarter définitivement.

Bourchet. — Il est bien entendu que cet article s'applique aux syndicats qui, par suite d'un coup de tête auraient quitté la Confédération pour y revenir ensuite, mais que si un syndicat venait à disparaître et qu'après une reconstitution il revienne à nous, on ne lui réclamerait pas d'arrérages.

Mis aux voix, l'article 28 est adopté.

Art. 29. — Pour tous les autres cas que ceux prévus à l'article précédent, la radiation ne pourra être prononcée que par un Congrès. Toutefois dans une circonstance grave, le Comité confédéral peut prononcer la suspension de l'organisation incriminée jusqu'au Congrès suivant, qui prononcera définitivement. Les cotisations versées par les organisations démissionnaires ou radiées resteront acquises à la Confédération.

Adopté sans discussion.

Art. 30. — Les délégués du Comité confédéral sont tenus d'assister régulièrement aux séances pour lesquelles ils sont convoqués dans l'intérêt même des organisations qu'ils représentent.

Lorsqu'un délégué aura manqué à plus de trois réunions sans excuse, le bureau de la section en avisera l'organisation intéressée.

Adopté sans discussion.

Le Président donne lecture d'une lettre de la *Chambre syndicale des dessinateurs en nouveautés de Lyon*, faisant appel à la solidarité des congressistes en faveur des grévistes de la maison Michalet.

Le Président donne ensuite lecture de la lettre suivante :

Albi, le 21 septembre 1902.

Citoyen Griffuelhes,
Secrétaire de la Fédération,

Je vous serai très obligé d'avoir la bonté de porter à la connaissance du Congrès que la Commission administrative du Syndicat des fouleurs d'Albi a voté à l'unanimité qu'il se conformerait aux décisions prises par la majorité de la Fédération (1).

Nous regrettons vivement de ne pouvoir y assister.

Recevez, Citoyen, ainsi que tous les délégués du Congrès, nos salutations fraternelles et sociales.

Pour le Syndicat et par ordre :
Le Secrétaire, Charles Ventenac, rue Castelnau, 11, Albi.

Tabard. — Il est bon de faire remarquer que très souvent des camarades de province nous demandent des renseignements ; mais les dépenses que nous occasionne cette correspondance nous arrêtent quelquefois; car ce sont de vraies charges pour les délégués. Aussi, je dépose la proposition suivante :

Considérant que les camarades représentant des Fédérations d'industries, de métiers, ou des Bourses du Travail au sein du Comité confédéral doivent correspondre régulièrement avec leurs mandants, le Congrès engage lesdites Fédérations ou Bourses du Travail à prendre la correspondance à leur charge.

Tabard, Bourderon, délégués de l'Union
des Syndicats du département de la Seine.

Chevalier.— Je ferai remarquer aussi que souvent les Bourses et les Fédérations oublient de répondre aux renseignements demandés par leurs délégués.

Art. 31. — *Congrès et divers.*

La Confédération organise, pour le mois de septembre, tous les deux ans, un grand Congrès national du Travail auquel sont invitées à prendre part les organisations qui, directement ou par intermédiaires, sont adhérentes à la Confédération.

L'ordre du jour de ces Congrès sera établi par les soins du Comité con-

(1) C'est des décisions du Congrès, sans doute, qu'il s'agit. N. D. L. C.

fédéral et adressé au moins trois mois à l'avance aux organisations confédérées après les avoir consultées.

Le Comité confédéral peut déléguer partie de ses pouvoirs aux organisations confédérées ayant leur siège dans la ville où se tiendra le Congrès sous réserve qu'il se sera assuré que les villes possèdent les éléments nécessaires.

Ne pourront assister au Congrès que les organisations ayant rempli leurs obligations financières envers la Confédération générale du Travail au moment où le rapport financier à présenter au Congrès sera établi et qui auront donné leur adhésion à la Confédération au moins trois mois avant l'époque fixée pour le Congrès.

Pouget.— Je dépose un amendement qui n'entraînera pas grande discussion. Actuellement, avec l'organisation que nous venons de fonder, que devront être les Congrès prochains, sinon la réunion des unités syndicales ? Or, si on s'en tient au système actuel qui laisse la latitude aux Syndicats, aux Fédérations et aux Bourses d'envoyer des délégués, il y a superfétation. Aux Congrès ne doivent participer que les unités syndicales, c'est-à-dire les Syndicats. Quant aux Bourses et aux Fédérations, elles sont libres d'envoyer des délégués, qui auront voix consultative. J'ajoute que, pour éviter le trop grand nombre de délégués, on pourrait décider que chacun pourra avoir au maximum dix mandats.

En conséquence, je dépose l'amendement suivant :

N'ont voix délibérative au Congrès que les unités syndicales; les Bourses du Travail et les Fédérations n'y ont que voix consultative. Chaque délégué pourra représenter dix Syndicats.

POUGET.

Paillot.— Je dépose aussi, au nom de la Fédération du Livre, l'amendement ci-après :

A l'ouverture de chaque Congrès, une Commission de contrôle prise parmi les délégués de province sera chargée d'examiner les comptes du trésorier de la Confédération.

FÉDÉRATION DU LIVRE.

Bourchet. — Au nom de la Commission j'accepte cet amendement ainsi que celui du camarade Pouget, il reste seulement à examiner le nombre de mandats que chaque délégué pourra représenter.

Besset demande si les délégués *devront* ou *pourront* avoir dix mandats. Bourchet répond que c'est le mot *pourront* qui est le seul logique.

Lauche. — Je mets aux voix la première partie de l'article 31. Adoptée à l'unanimité moins cinq voix.

Le Président met aux voix la deuxième partie. Adoptée à l'unanimité moins six voix.

Niel. — Au sujet de l'amendement Paillot, je ferai remarquer que l'article précédent indique que chaque année, au mois de juin, les dépenses et les recettes des deux sections seront vérifiées par la Commission de contrôle. Je me demande quel sera le rôle de la nouvelle Commission.

Paillot. — Cela ne fait rien qu'il y ait deux Commissions, l'une à Paris, l'autre en province, la question d'argent étant la plus susceptible, il faut donner satisfaction à tout le monde sur ce point.

L'amendement Paillot mis aux voix est adopté.

Trial. — Je crois que c'est par erreur qu'on a indiqué que l'ordre du jour serait établi par le Congrès, il faut que les organisations soient consultées.

Niel lui fait remarquer que l'article, tel qu'il est, lui donne satisfaction.

L'article 31 mis aux voix dans son ensemble avec les modifications apportées par les amendements Pouget et Paillot, est adopté à l'unanimité.

Art. 32. — La Confédération générale du Travail préparera pour chaque Congrès un rapport général sur sa gestion qui sera soumis à l'approbation du Congrès.

Adopté sans discussion.

Art. 33. — Le compte rendu du Congrès sera publié sous la responsabilité de la Confédération générale du Travail.

Un duplicata de la minute sténographique, les rapports des organisations et des commissions, ainsi que les propositions déposées sur le bureau seront versés aux archives de la Confédération.

Adopté sans discussion.

Art. 34. — Chaque organisation représentée au Congrès n'aura droit qu'à une voix ; chaque délégué ne pourra disposer que de dix mandats au maximum.

Les mandats arrivés au Congrès après le premier jour seront déclarés nuls. Un règlement spécial des Congrès fixera les autres détails d'organisation des Congrès.

Adopté sans discussion.

Art. 35. — Les deux sections pourront tenir, si elles le jugent utile, des conférences particulières qui auront lieu à l'issue du Congrès général du Travail.

Bourderon. — Je demande qu'on accorde aux deux sections la même liberté de faire leurs conférences avant le Congrès, parce que ces sections doivent donner un rapport que le Congrès est appelé à sanctionner. Ce que nous voulons ce n'est pas un Congrès des Bourses du Travail, mais une réunion qui précèdera le Congrès. Voici le texte adopté à Alger :

Les Bourses du Travail tiendront, si elles le jugent utile, dans la semaine qui précèdera le Congrès de la Confédération, une réunion où seraient discutées les questions purement administratives du ressort de ces institutions ; un rapport d'ensemble en serait soumis au Congrès.

Nous n'avons pas l'intention de faire deux Congrès, et nous ne voulons imposer à personne aucune décision, je ne vous demande pas ce qu'ont fait dans leur réunion les Fédérations d'industries et de métiers avant le Congrès. Nous voulons simplement pouvoir faire comme elles. Si nous voulons créer un Musée du Travail, un Office de statistique, il faut nous laisser la latitude de nous réunir pour pouvoir nous entendre.

Delesalle. — Je ne vois pas d'inconvénient à ce que les Bourses du Travail tiennent une réunion avant le Congrès général. Je crois même cette conférence utile. Mais je voudrais qu'il fût bien spécifié que les questions traitées seront exclusivement des questions d'organisation intérieure, telles que la création de « Musées du Travail » des cours professionnels, etc. A Alger on a discuté du « minimun de salaire ». Je dis que cela n'est pas du ressort des Bourses du Travail mais doit être une question de Congrès général. Il ne faut pas qu'il y ait non plus superfétation dans les questions traitées.

Juthy. — Je suis de l'avis du camarade Delesalle, il faut que les Bourses du Travail se réunissent avant et non après le Congrès afin qu'elles puissent soumettre à celui-ci ce qu'elles auront décidé.

Bourchet. — La majorité de la Commission est d'avis de ne pas laisser établir deux Congrès à côté l'un de l'autre, et lorsqu'on nous parle de conférence ce n'est en réalité qu'un Congrès déguisé. Si on arrivait ici de part et d'autre avec des décisions prises, que ferait alors le Congrès Confédéral et quel serait son rôle ? C'est le Congrès de la Confédération générale du travail seul qui a pour mission de trancher toutes les questions. Nous subissons en ce moment l'inconvénient de décisions prises par une organisation dans un Congrès préalable. Il ne faut pas que l'expérience se renouvelle. L'Unité ne doit pourtant pas être simplement un jonglage de mots. Niel, au Congrès de Lyon, avait justement démontré le danger des doubles Congrès ; c'est son texte que nous aurions voulu voir maintenu.

Cependant, comme mesure transactionnelle, nous avons recherché s'il n'y aurait pas une mesure que tout le monde puisse adopter, car le Congrès d'Alger avait décidé que cette décision était intangible. Et nous pensons qu'en mettant le Congrès Confédéral avant et non après les réunions des sections, nous éviterions de nous trouver en présence de décisions déjà prises et qui entraveraient la marche du Congrès au lieu de la faciliter. Nous demandons que le texte de la Commission soit maintenu.

Niel. — Comme rapporteur du Congrès d'Alger, je ferai remarquer que vous avez adopté que les Bourses du Travail n'auront que voix consultative ; par conséquent, leur réunion avant le Congrès n'aurait aucun effet.

Deslandres. — Ou nous avons l'Unité, et il n'y aura qu'un Congrès ; ou bien l'Unité n'existe pas, et chaque section peut organiser son Congrès. Je demande simplement la suppression de l'article.

Pouget. — On peut adopter le texte de la Commission, mais réellement vous ne pouvez pas dire aux Bourses du Travail pas plus qu'aux Fédérations, s'il leur plait de se réunir : vous ne vous réunirez pas officieusement. Cependant, si vous introduisez dans les statuts une clause qui dise : les Bourses du Travail pourront tenir une conférence, vous autorisez par ce fait deux Congrès. Je demande donc la suppression de l'article et la liberté pour chacun de faire ce qu'il voudra.

Le Président dit qu'il a une proposition demandant la suppression de l'article.

PROPOSITION CHRISTINE

Nous demandons purement et simplement la suppression de l'article 35, laissant ainsi toute latitude aux deux sections.

Henri CHRISTINE, pour la Fédération nationale des maçons, mineurs et terrassiers ; maçons d'Arles, de Reims ; tailleurs et scieurs de la Seine.

Bourchet. — En demandant qu'on supprime l'article, on indique qu'il pourra y avoir deux Congrès ; cela ne peut pas être. Nous maintenons qu'officiellement les sections ne peuvent se réunir avant le Congrès.

Le Président. — Je mets le texte de la Commission aux voix.

Celui-ci est adopté à l'unanimité moins 4 voix.

ART. 36. — Dans le but de favoriser la création d'une Entente internationale du Travail, la Confédération entretiendra des relations avec les organisations ouvrières et Bourses du Travail des autres pays.

Bourchet. — L'amendement ci-après est apporté par Pouget d'accord avec la Commission :

La Confédération est adhérente au Secrétariat international corporatif.

Pouget. — Au Congrès de Stuttgard, la création d'un Secrétariat international a été décidée entre toutes les nations d'Europe. Ce Comité n'accordera des secours de grève que par le canal du Secrétariat national. Lors d'une grève, les appels seront reçus et communiqués au Secrétariat international ; nous demandons par conséquent que le Congrès se rallie à cette proposition.

Mis aux voix, l'article 36, avec l'amendement Pouget, est adopté à l'unanimité.

ART. 37.— La Confédération générale du Travail, basée sur le principe du fédéralisme et de la liberté, assure et respecte la complète autonomie des organisations qui se seront conformées aux présents statuts.

Adopté sans discussion.

Art. 38. — Le siège social de la Confédération générale du Travail est fixé à Paris.

Juthy. — Pour la sécurité de l'autonomie du Comité confédéral, il y a danger de mettre à côté l'une de l'autre, les deux armées en lutte : l'élément syndical et l'élément bourgeois gouvernemental. Je crois que, si le siège était en province, il y aurait moins de danger. (Plusieurs congressistes protestent.)

Je dis que si les politiciens arrivaient à s'emparer de quelques éléments du Comité confédéral, le danger serait très grand.

Bourchet. — Je tiens à déclarer que la proposition faite par le camarade Juthy n'est pas une proposition émanant de Lyon. Il s'agit ici d'examiner les deux côtés de la question, et justement parce que les éléments de différentes villes de province semblent avoir de l'hostilité contre la capitale, il faut voir si cette suspicion est justifiée. Je ne suis pas parisien et cependant je suis obligé de reconnaître qu'il y a en province des questions politiques aussi vives, aussi ardentes qu'à Paris même. Il vaut mieux, dans l'intérêt général, que Paris reste chargé de l'administration. Avec la nouvelle organisation, il faudrait trouver près de 200 délégués ; pourriez-vous les trouver dans une petite localité ? Voudriez-vous aussi faire un Comité ambulant, aujourd'hui ici et demain là-bas ? Cela est encore moins admissible. Un rouage aussi puissant que la Confédération ne se transporte pas dans une roulotte quelconque. Au nom de la Commission, je demande le maintien de l'article et je repousse toute division. Il faut que les syndicalistes français ne se heurtent pas les uns contre les autres. Nous nous proclamons internationalistes et nous donnons le spectacle de rivalités de ville à ville, de capitale contre province, c'est la guerre de clocher. Je la repousse avec énergie. On vous parlera aussi d'une thèse tendant à créer, comme en Angleterre, le district confédéral, je combats aussi cette théorie comme n'étant pas admissible dans l'état actuel de nos organisations. Sur ce point, l'avenir encore nous indiquera les modifications possibles.

Estor. — Afin de mettre tout le monde d'accord sur ce sujet, je demande que le siège de la Confédération soit purement et simplement désigné par le Congrès.

Auzer. — J'appuie le texte de la Commission car je n'entrevois pas la possibilité de trouver en province les éléments nécessaires à la constitution du Comité Confédéral.

Pottigny. — Je suis un des partisans fervents de la décentralisation, vous avez vu pendant ce Congrès la lutte qui existe entre les réformistes et les révolutionnaires. Tant que le centre de la vie nationale sera à Paris, il faut que le siège du Comité confédéral y soit aussi. Dans une ville de province, on serait plus facilement abusé par les politiciens, tandis qu'à Paris les militants, plus nombreux, ne laisseront pas le Comité Confédéral s'engager dans une mauvaise voie.

Boisson. — La presque totalité des syndicats de Lyon est d'avis que le siège du Comité confédéral soit à Paris. Mais nous avons proposé un amendement: c'est de diviser la France en régions avec des Comités confédéraux régionaux, la propagande serait plus facile et moins onéreuse. Nous soumettons cette idée à l'appréciation du Congrès.

Le Président. — Voici les diverses propositions en présence : 1° déplacer le siège du Comité ; 2° établissement de sections confédérales ; 3° maintien du siège à Paris. La priorité étant démandée pour le texte de la commission, je le mets aux voix.

Adopté à l'unanimité moins 5 voix.

Art. 39. — Les présents statuts ne peuvent être modifiés que par un Congrès, à la condition que le texte des propositions de modification ait été publié dans l'ordre du jour de ce Congrès.

Adopté sans discussion.

Bourchet. — Je demande que l'article additionnel suivant soit ajouté à l'article 39 :

Article additionnel. — Les présents statuts entreront en vigueur à partir du 1er janvier 1903. L. Niel.

Cette addition est adoptée à l'unanimité.

Bourchet lit la proposition suivante :

Proposition

Nous proposons comme moyen de propagande et de reconnaissance entre tous les membres de la Confédération générale du Travail un *insigne unique* sur le modèle du Label que tous les confédérés pourraient arborer dans toutes les manifestations économiques.

L'adoption de cette proposition aurait pour résultat de resserrer les liens de solidarité qui doivent exister entre tous les membres d'une grande famille.

L'insigne, de goût artistique, fabriqué en grande quantité, pourrait être livré au prix de revient à chaque organisation confédérée par les soins du Comité confédéral.

Signés : Jamet, Fédération du Cher, ouvriers en voiture, charpentiers et ameublement de Bourges ;

Bernier, Bourse du Travail de Bourges, Bourse du Travail de Bagnères-de-Bigorre, ouvriers municipaux de Bourges, toiles cirées de Bourges ;

Woillot, Fédération des industries du papier, cartonnage Paris, papetiers Essonnes, reliure, dorure Paris, papetiers Paris ;

Maraton, Bourse du Travail de Châteauroux, Syndicat des métallurgistes ;

Paul Albert, Bourse du Travail de Valence, Bourse du Travail de Romans et Bourg-de-Péage, Syndicat des typographes de Valence, Syndicat des typographes-conducteurs d'Evreux, Syndicat des typographes de Saint-Quentin.

Coupat. — Il n'est pas besoin d'insigne ni d'une marque extérieure pour se reconnaître. Le livret de syndiqué indiquant qu'on a accompli tous ses devoirs est le meilleur des signes de reconnaissance. Un renégat qui se serait comporté convenablement pendant quelque temps resterait possesseur d'un insigne; il pourrait se créer par là des confusions regrettables, tandis qu'avec le livret, pas de tromperie possible.

Luquet. — L'insigne a un autre inconvénient : ce serait de voir, dans une manifestation à laquelle nous serions restés étrangers, des policiers portant cet insigne et essayant par là de nous compromettre.

La proposition ci-dessus, mise aux voix, est repoussée.

Besset. — Avant le vote final sur les statuts, je tiens à faire la déclaration suivante :

Délégué par la Fédération pour voter l'Unité avec toutes ses *conséquences*, j'ai fait distribuer la motion suivante : *Toute Unité qui ne comporterait pas toutes les organisations économiques constituées, ne pourrait se proclamer l'Unité.*

Les organisations sont constituées suivant les besoins, les nécessités, l'utilité du milieu où elles existent, donc, seules, elles peuvent connaître de leur utilité.

Mais j'ai le regret de ne pouvoir voter l'ensemble des statuts, c'est-à-dire la constitution de l'*Unité*. Je m'abstiendrai, les textes n'étant pas assez explicites. La Fédération régionale des Syndicats ouvriers du Sud-Est ne demande rien à la Confédération générale du Travail pour faire sa propagande. Je ne viendrai pas ici faire connaître son utilité et ses résultats pour sa propagande ; je l'ai fait au Congrès de Lyon, qui m'a donné satisfaction. Je n'ai pu le faire hier, étant malade. Nous ne demandions qu'à apporter notre appui financier à la Confédération sans rien lui demander et reporter sur elle, au point de vue moral, nos résultats. Si elle le refuse, nous continuerons notre propagande avec les moyens financiers que la Confédération refuserait, et cela à côté de la Confédération, d'accord avec ses principes.

Un mot seulement de l'utilité de la Fédération. Je dois m'arrêter à Annonay (Ardèche) mardi prochain, appelé par le syndicat des mégissiers pour faire une réunion au profit des tisseuses de Beaulieu-les-Annonay, en grève depuis six semaines, qui vous ont demandé des secours et que vous refusez parce qu'ils ne sont pas confédérés. J'ai demandé aux délégués de la Fédération des cuirs et peaux de se joindre à moi. Pas plus les délégués des cuirs et peaux que du textile n'ont accepté. La Fédération des syndicats ouvriers du Sud-Est y enverra un délégué et fera son devoir quoique ce syndicat ne soit pas relié à elle. Quant aux Congrès nationaux, si nous y sommes refusés en tant que Fédération, nous y serons représentés par nos syndicats et y ferons entendre notre voix que l'on veut étouffer, et nous sommes persuadés que l'avenir est à la décentralisation régionale reliée à l'Unité.

Ne voulant pas que l'on nous accuse d'être contre l'Unité, étant dans le doute, les textes n'étant pas assez explicites, je m'abstiendrai.

Le citoyen **Darme** proteste contre la proposition que vient de faire Besset, car, dit-il, la question ayant été résolue hier, il n'y a pas lieu de revenir sur cette décision.

Le citoyen **Besset**, de sa place, dit : Citoyen Darme, je ne fais pas de proposition, n'ayant pu assister à la réunion d'hier parce que j'étais malade. Je ne fais qu'une simple déclaration, faisant toutes mes réserves pour l'avenir, qui me servira pour me retrouver en face de vous et de vos actes au Congrès, une fois rentré tous les deux à Lyon en face de nos organisations.

Lauche. — Je proteste relativement à l'assertion du camarade Besset quand il a dit qu'il n'a pas trouvé un orateur pour l'accompagner. Je me mets personnellement à sa disposition et beaucoup de camarades feront comme moi.

Raynaud. — J'ai déposé une proposition dont on n'a pas donné connaissance. J'en demande la lecture.

Le Président. — Voici cette proposition :

Art. 40. — Deux mois avant la tenue du Congrès, le Comité confédéral sera tenu de fournir un rapport sur chaque question soumise au Congrès.

Raynaud. — On ne connaît pas toujours les ordres du jour du Congrès de sorte que les organisations de province ne peuvent pas souvent les discuter en toute connaissance de cause. Sur cet article vient aussi se greffer le mandat impératif au sujet duquel je dépose le texte suivant :

Art. 41. — Les délégués prenant part au Congrès devront être munis du mandat impératif sur les questions en discussion.

Dans le cas où le mandat serait muet, le vote du délégué sera déclaré nul.

La clôture étant demandée, elle est adoptée avec les orateurs inscrits.

Niel. — Relativement au premier article déposé par le camarade de Toulouse, je lui ferai remarquer que l'article des statuts qui lui donne toute satisfaction, est celui-ci : *Deux mois avant l'ouverture du Congrès, le Comité confédéral fera connaître l'ordre du jour aux organisations intéressées.* Sur la question du mandat impératif, si vous admettez qu'il puisse exister, c'est la disparition des Congrès, car vous rabaissez les camarades au rôle de commissionnaires. Je demande que les Congrès restent le côté éducatif des organisations ouvrières et que les délégués ne nous arrivent pas ici avec des idées fixes et un parti-pris arrêté.

Le Président. — Je mets les deux amendements aux voix. Ils sont repoussés tous les deux.

Guérard. — Bien que n'étant pas partisan du projet présenté, nous voterons pour. Mais dans ce projet l'article premier pourrait prêter à équivoque. On a dit dans les feuilles qu'on nous a distribuées que c'était le texte de la métallurgie qui était accepté. Celui-ci dit : *Les éléments constituant la Confédération se tiennent en dehors de toute école politique* ; mais la commission a proposé un autre texte, et c'est celui que vous avez adopté ; cela n'est pas conforme aux épreuves qui nous ont été distribuées ; j'en ai causé avec le camarade rapporteur qui m'a déclaré que cette modification était voulue afin de se rapprocher de la décision du Congrès d'Alger ; la question se pose donc de la façon suivante : « Admettra-t-on les éléments révolutionnaires et réformistes, ou seulement les uns et non les autres. Je demande donc si le Congrès, en adoptant le texte de la Commission, a bien voulu indiquer cela.

Bourchet. — La Commission n'a pas voulu séparer les deux éléments, et c'est pour cela que nous avons modifié le texte d'Alger qui imposait les doctrines communistes. Nous disons que la Confédération générale du travail groupe en dehors de toute école politique les travailleurs syndiqués. Cela est suffisant et indique complètement notre pensée. Nous ne voulons ni division ni cassure : l'union sur le terrain économique, voilà notre but.

Darme. — Je regrette bien vivement que le citoyen Besset soit venu rouvrir un débat clos par le Congrès. Le citoyen Bourchet a déclaré hier que les Fédérations régionales ne pouvaient pas adhérer à la Confédération générale du travail lorsqu'il y avait à côté d'elles des Bourses du Travail ou des Unions départementales.

Luquet. — Je crois que le camarade Besset se trompe, l'Unité ouvrière ne peut être constituée que par les unités elles-mêmes. La Confédération générale du travail n'est pas formée de fédérations régionales ou locales, elle est formée par des syndicats et nous avons exigé que ces syndicats fassent tout leur devoir en leur imposant d'adhérer à leur fédération nationale et à leur Bourse en même temps.

Le Président.— Je déclare la discussion close, et je fais connaître qu'il nous est parvenu une demande de vote par mandat sur l'ensemble du projet.

Sont nommés scrutateurs pour ce vote les camarades : Olivier, Tillet, Chevalier, Jamet et Parouty.

Bourchet.— Pour terminer ma mission de rapporteur, je vais donner lecture de la proposition déposée au nom de l'Union des Syndicats de la Seine :

L'Union des Syndicats de la Seine propose que les Fédérations de métier, d'industrie, les Bourses du Travail, Unions de syndicats divers, locales, départementales ou régionales ne doivent admettre dans leur sein *qu'une seule organisation locale* par profession et ses parties similaires quels que soient les sexes et les races qui concourent à la production de ladite profession.

Dans les localités où plusieurs syndicats d'une même profession sont adhérents à une Fédération de métier, d'industrie, Bourse du Travail, Union de syndicats divers locale, départementale ou régionale, ont un délai pour s'unifier.

Passé ce délai, les Fédérations de métier, d'industrie, Bourses du Travail, Unions de Syndicats divers locales, départementales ou régionales, devront radier de leur sein les syndicats faisant superfétation qui, invités à s'unir, n'auront pas fait des efforts considérés suffisants pour s'unifier.

Les organisations tombant sous le coup des articles précédents ont un délai d'une année pour s'y conformer.

Le répertoire syndical publié par le Comité confédéral devra signaler les organisations *confédérées d'un seul côté*, et qui, par conséquent, n'auront pas appliqué la présente proposition. Le répertoire devra être publié et remis aux organisations confédérées au moins trois mois avant le prochain Congrès confédéral.

Le prochain Congrès confédéral aura le pouvoir de trancher le différend par espèces et ce, sur rapport, et sans discussion à la conférence des Bourses du Travail et Unions où le cas se sera produit.

BOURDERON, TABARD.

Bourderon. — Il ne peut y avoir diverses classes de confédérés. Que va-t-il advenir des Bourses du Travail qui comprennent dans leur sein plusieurs syndicats de même métier? Que va-t-il arriver à Paris, puisque je suis encore obligé de citer cette ville, où il y a tant d'organisations et si peu d'unité? C'est une anomalie de voir l'organisation prolétarienne comprendre un nombre infini de syndicats de même métier dans une même localité. Nous demandons une sanction. Puisque vous voulez une Fédération unique au sommet, il faut un syndicat unique à la base. Nous disons que toutes les organisations ouvrières sans exception doivent être constituées sur une base revendicative de lutte contre le patronat. Nous demandons que l'unité commence à la base, si vous voulez que l'édifice soit solide, et il le sera si vous adoptez la proposition que j'ai déposée.

Griffuelhes.— Il est certain que les indications données par Bourderon ont leur valeur et elles en prendront de plus en plus au fur et à mesure que l'unité se fera. Mais du jour au lendemain cela ne peut être créé. Ce sera à ceux qui auront charge de trancher les difficultés qui se soulèveront, de résoudre les cas qui leur seront soumis. Pour le moment, nous ne pouvons heurter personne par des décisions indiquant un délai de rigueur. Je demande que les idées de Bourderon soient prises à titre d'indication en laissant le soin au prochain Congrès de résoudre les difficultés que le Comité n'aurait pu trancher. Il faut prévenir tous ces cas, mais il faut aussi laisser venir tout le monde à nous.

Delesalle.— Je ne suis pas complètement d'accord avec la proposition faite par Bourderon. Certes, il serait à souhaiter qu'il n'y eût dans une même ville qu'un seul syndicat par corporation; mais cela est-il toujours possible? Je ne le crois pas. Pour ma part, je ferai de larges concessions de tactique, mais ces concessions ont une limite, et il y en a que je n'accepterai jamais de faire. Et cependant je ferai toujours mon devoir de syndicaliste. A Paris, des camarades ont dû former un syndicat d'employés parce que celui auquel ils appartenaient était vraiment trop réactionnaire à leur avis. Un patron le dirige officieusement. Les camarades qui ont dû se retirer sont des militants éprouvés. Les désapprouvez-vous ?

Duteil. — Hier, Deslandres faisait allusion aux travailleurs municipaux de Paris non fédérés et constituant plusieurs syndicats. Je lui dirai qu'en ce moment nous essayons de nous unir et que nous essayons de former une Fédération nationale.

Pomès. — Les voyageurs de commerce déclarent qu'en ce moment tous les employés de commerce étudient un projet d'unité qu'ils pensent voir aboutir d'ici peu de jours.

Le Président donne lecture du vœu suivant, résumant le débat qui vient d'avoir lieu :

Le principe de l'Unité ouvrière ne peut en rien entraver la liberté de chaque syndiqué. Mais il doit être entendu que dans une ville, il est de toute importance qu'il n'y ait qu'un syndicat de même profession.

Les sections de l'Unité ouvrière devront faire tous leurs efforts pour que les syndicats de même profession existant dans une même ville fusionnent au plus tôt.

Adopté.

Bourderon. — Je demande que ma proposition figure au procès-verbal.

Bourchet donne connaissance de la résolution suivante adoptée par la Commission :

Comme indication générale devant servir aussi bien à la Fédération des Bourses qu'à l'Union des Fédérations d'industrie ou de métier et à toutes les organisations syndicales, la Commission déclare qu'il y a lieu désormais de faire une large application du *referendum* pour traiter des questions qui nécessitent quelquefois l'organisation de conférences ou de congrès coûteux.

Mise aux voix, cette proposition est adoptée.

Le Président donne lecture de la dépêche qui vient de lui parvenir :

L'émancipatrice, imprimerie communiste, rue Pondichéry, Paris, envoie son salut fraternel aux délégués du prolétariat organisé.

La proposition suivante est aussi communiquée au Congrès :

Au nom des organisations que nous représentons, nous demandons que le Congrès consacre quelques instants à la discussion sur *le droit de coalition.*

Les récents jugements, en vertu de l'article 1382 du code civil, sont la négation du droit de grève.

Si nous ne voulons pas que nos libertés nous soient arrachées, il est urgent d'aviser.

Signé: A. Bourchet; Bertrand; Chazelle; Galantus; Latapie; Surnom: Luquet; Génie; Duval; Savard; Branque; Fromage; Boisson; Besset; Ferrandi; Couteau; Lauche; Guérard; Bertrand; Gallet; Ferrier; Chevallier; Mazeau; Lalande; Griffuelhes; Pouget.

Bourchet dépose la motion ci-après :

Motion Préjudicielle

Le Congrès, n'ayant plus que quelques heures à consacrer à son ordre du jour, ne peut donner au débat sur le lendemain de la grève générale l'ampleur nécessaire.

Il suffit d'ailleurs que le Congrès de Montpellier soit la continuation des Congrès précédents sur tous les points.

La discussion aurait surtout un caractère théorique et d'étude, et il est matériellement impossible d'aboutir en trois ou quatre heures à une sanction quelconque.

Je propose donc que les organisations qui pourraient avoir à communiquer des rapports, les déposent entre les mains de la Commission d'organisation, qui devra en publier deux ou trois dans la brochure en prenant les plus complets. Les autres seront publiés successivement par la *Voix du Peuple*.

Nous demandons que le Congrès mette en discussion immédiatement la question du *droit de coalition* et consacre ensuite son temps à la question de *l'Organisation du Prolétariat agricole*.

A. Bourchet.

Delesalle. — Je suis partisan de la motion du camarade Bourchet, mais je ne voudrais pas que l'on puisse supposer que nous esquivons le débat sur le lendemain de la grève générale ou bien que la presse, qui a les yeux fixés sur nous, puisse insinuer que nous abandonnons la moindre parcelle du principe. Aussi, je demanderai qu'un vote confirmant celui du Congrès de Lyon soit émis sur le principe même de la *Grève générale*.

Coupat. — Je comprends les scrupules du camarade Delesalle, mais je crois que le Congrès s'en rapportera aux décisions prises par les Congrès antérieurs, qui impliquent bien que la Grève générale reste un de nos moyens de lutte.

Latapie. — Je demande que l'on fasse voter sur le rapport de la grève générale, qui a été distribué aux congressistes.

Le Président met aux voix ce rapport, qui est adopté.

Le principe de la Grève générale, mis aux voix à mains levées, est adopté à l'unanimité moins trois voix.

Deslandres. — Ayant voté l'an dernier, à Lyon, avec les camarades du Livre contre la Grève générale, nous maintenons nos votes précédents en votant contre.

Le délégué du syndicat des cantonniers et des ouvriers de la Ville de Paris fait aussi remarquer qu'il s'est abstenu dans le vote de la Grève générale.

Il en est de même des ouvriers maçons de Toulouse.

La motion préjudicielle Bourchet, mise aux voix, est adoptée à l'unanimité moins deux voix.

Le Président donne lecture du vœu suivant :

Le Congrès ne voulant se prononcer d'ores et déjà sur les liens qui existent entre les fédérations d'industries et les fédérations de métiers, accepte l'article 2, mais avec l'amendement suivant à la proposition Pouget : « Le nombre des fédérations de métiers est limité à celles qui existent actuellement, et les deux genres d'organisations invitées à faire le possible, voire l'impossible, pour se fondre en une seule.»

Eug. Reisz, délégué des ouvriers estampeurs-découpeurs et ouvriers en outils à découper ; Forgerons de Saint-Nazaire, Métallurgistes du Vimeu, de la Rochelle, du Hâvre.

Le Congrès, consulté s'il faut discuter ce vœu, repousse la discussion.

Le Président donne aussi lecture des deux propositions suivantes :

Puisque l'on repousse la représentation proportionnelle dans l'état actuel de l'organisation, la grève générale étant l'œuvre de l'avenir, nous demandons que la Grève générale ne soit décrétée que par la représentation proportionnelle (qui sera une sorte de referendum).

Jacoby, Fédération des tabacs.

Au nom du Syndicat des ouvriers en instruments de précision et au nom de l'Union des Syndicats de la Seine, nous demandons que le Congrès veuille bien consacrer quelques instants à la discussion sur le contrat d'apprentissage, adopté à Alger.

Chevallier, Bourderon.

Deslandres. — Je regrette que le temps manque pour discuter, cette proposition qui, cependant, est très intéressante.

Chevallier. — Je demande à donner lecture simplement des conclusions de mon rapport sur cette question.

Le Président ayant consulté le Congrès sur ce point, la discussion est repoussée.

Le Président demande aussi au Congrès, malgré le vote de l'ensemble du rapport de la Commission, de se prononcer sur le point suivant :

Le nombre des questions à l'ordre du jour sera limité à deux ou trois et le vote sur un point suivra la discussion.

Cette proposition est adoptée et s'intercalera désormais après l'article 4 ci-après du règlement des Congrès.

ORDRE DU JOUR

Art. 3. — Le Congrès établira l'ordre dans lequel les questions seront discutées, en tenant compte de leur importance ou de leur urgence.

Il tracera l'ordre du jour du prochain Congrès. La Confédération pourra compléter cet ordre du jour suivant la nécessité.

Discussion générale

Art. 4. — Chaque question fera l'objet d'une discussion générale qui, autant que possible, ne devra pas occuper plus d'une séance. La moitié des séances du Congrès sera consacrée à cette discussion générale.

Art. 5. — Les questions qui n'auraient pu être abordées pendant ce laps de temps seront reportées à la fin du Congrès pour être discutées s'il est possible.

Pouget. — Je recommande aux camarades le numéro de la *Voix du Peuple*, publié exceptionnellement pour le départ de la classe. Il y a là une excellente propagande, d'autant plus que l'armée est appelée de plus en plus à figurer dans les grèves.

Le Président donne lecture du vœu suivant déposé par le camarade Savard :

Le Congrès invite les syndicats confédérés à multiplier les réunions de propagande en faveur de la Grève générale.

Le délégué de l'Union du bronze,
H. Savard.

Le délégué des ouvriers découpeurs-estampeurs
et ouvriers en outils à découper,
Eug. Reisz.

Niel. — La quête faite hier soir à la sortie du Congrès a produit 14 fr. 35. Je rappelle aux camarades qu'ils peuvent dès maintenant souscrire le nombre de brochures qu'ils désirent pour leur organisation. Les brochures, quelle que soit la commande, seront expédiées en port dû et contre remboursement.

La séance est levée à midi.

Séance du 26 septembre (soir)

Président : Niel. *Assesseurs :* Maraton et Faure.

La séance est ouverte à 2 heures 1/4.

Lelorrain. — Camarades, nous avons ici dans la salle, non avec les membres du Congrès mais avec les spectateurs, une camarade russe qui depuis l'ouverture des séances les a suivies très régulièrement. Pour marquer nos sentiments internationalistes, je demanderai qu'elle soit invitée à prendre place au bureau.

Niel.— Nous sommes tous ici internationalistes et je ne crois pas qu'il faille le prouver par des actes nouveaux. Nous avons un égal respect et une même sympathie pour la camarade russe qui est dans la salle que pour tous les autres camarades étrangers qui peuvent y être, et je ne crois pas qu'il soit nécessaire d'inviter tous les étrangers ici présents à venir se joindre au bureau pour manifester nos réels sentiments internationalistes.

La proposition Lelorrain, mise aux voix, est adoptée à mains levées et la camarade russe prend place au bureau, aux applaudissements unanimes.

Niel. — Voici les résultats du vote sur l'ensemble du projet d'Unité ouvrière :

Votants : 444, majorité absolue : 223.

Pour : 440.

Contre : 1.

Bulletins blancs : 3.

Par conséquent, l'Unité ouvrière est adoptée à l'unanimité moins une voix.

(Applaudissements prolongés).

Messiet. — Nous venons de manifester nos sentiments internationalistes en envoyant au bureau une camarade de la Russie, je proposerai à mon tour une manifestation contre les menées policières en envoyant moralement au bureau la citoyenne qui, ce matin, avait été désignée comme assesseur, mais qui, arrêtée par la police, sera écrouée ce soir pour n'avoir pas payé un procès-verbal dressé par la municipalité.

Approbation unanime.

Le Président donne lecture de la dépêche suivante :

Travailleurs Syndicat assainissement Ville de Paris, informent Congrès qu'un mouvement de concentration des forces syndicales des ouvriers municipaux, partagées en quantité de petites organisations, est en formation ; émet vœu que tous travailleurs s'unissent. Vive l'union ouvrière. Saluts fraternels. Syndicat assainissement, Ville de Paris.

Le Droit de Coalition.

Niel. — Bourchet a la parole sur le droit de coalition.

Bourchet. — La question que nous demandons au Congrès d'examiner nous paraît être d'une gravité excessive. Si nous n'y prenons garde, le droit si nécessaire de coalition va nous être arraché et une partie de nos libertés va disparaître. Nous demandons aux délégués de faire un court exposé que nous les prions de bien retenir.

Lors du vote de la loi de 1884, de par l'abolition des articles 414 et 415 du Code pénal, les ouvriers ont pu, sans courir le risque de poursuites pénales, se concerter librement pour défendre leurs droits et pour, au besoin, faire grève et cesser le travail. La pensée du législateur est précisée par le maintien, malgré nos nombreuses réclamations, de l'article 416 qui, lui, prévoit et punit les actes de pression par violence.

Donc, au point de vue pénal, pas de délit : les syndicats peuvent librement agir pour la défense de leurs intérêts.

En vérité, il apparaît de plus en plus qu'il n'en est rien. En 1898 (9 août), le tribunal correctionnel d'Albi condamne Calvignac, Calmettes et Nègre à 16 francs d'amende, prononce la dissolution du Syndicat de Carmaux parce que celui-ci avait subventionné un journal de défense ouvrière, *Le Cri des Travailleurs*.

Une condamnation identique avait frappé le Syndicat des ouvriers en cuirs et peaux de Graulhet pour le même soi-disant délit.

Mais ceci n'est rien. Par la suite, une jurisprudence nouvelle s'est établie. On ne poursuit plus directement au point de vue correctionnel, mais les patrons ou les renégats qui sont entre leurs mains accumulent procès sur procès au civil en vertu du trop fameux article 1382, qui dit que tout individu est responsable du préjudice qu'il cause à autrui.

Les juges interviennent alors, et ce sont eux qui jugent si les ouvriers ont eu tort ou raison de se mettre en grève et qui se prononcent sur des incidents d'atelier pour lesquels ils n'ont aucune compétence. On a trouvé un mot pour justifier toutes les condamnations : les ouvriers ou le Syndicat, prononcent gravement les juges, ont commis une *faute lourde !*

C'est cette faute lourde qui a valu les condamnations en 1895 du Syndicat des fondeurs en cuivre de la Seine à 5.000 francs, des mouleurs en fonte de la Seine à 3.000 francs, des robinetiers de Lyon à 2.000 francs, des mouleurs en fonte de Lyon à 1.000 francs de dommages-intérêts au bénéfice de transfuges quelconques.

La liste des Syndicats condamnés pourrait s'allonger à l'infini. Les poursuites sont de tous les instants, et il serait curieux de lire les intéressantes contradictions de certains juges, aboutissant d'ailleurs à la même conclusion : la condamnation.

C'est, par exemple, le tribunal civil de la Seine frappant, le 10 avril 1899, le journal *Le Réveil des Mouleurs*, pour publicité d'index et reconnaissant, dans un autre procès contre le Syndicat de l'ameublement, en date du 9 août 1899, c'est-à-dire moins de quatre mois après, que les journaux devaient être mis hors de cause !

C'est la Cour d'appel de Chambéry qui, jugeant le Syndicat des ouvriers imprimeurs sur étoffes, déclare que les ouvriers avaient le droit de quitter le travail et qui les condamne à 2.000 francs de dommages-intérêts pour avoir usé de ce droit !

C'est la Cour d'appel de Lyon qui déclare que, pour condamner le Syndicat du cuivre, il importe peu que la preuve n'ait pu être faite de son intervention! Et pour en finir avec ces considérants extraordinaires, c'est le tribunal civil de Lyon qui, gravement, déclare qu'il y a lieu de condamner, même si les ouvriers ont agi dans un intérêt exclusivement professionnel.

C'est déjà joli, mais il y a mieux encore.

On s'est aperçu sans doute que les condamnations étaient rarement suivies d'effet et on a inauguré un autre système.

Ce n'est plus les Syndicats qu'on poursuit maintenant : ce sont les syndiqués et ce, suivant les fantaisies du patron.

Trois jugements, dont un de Cour d'appel, viennent, en juin dernier, d'établir cette jurisprudence.

Deux camarades du Syndicat des camionneurs-messagistes de Lyon ont été condamnés solidairement à 500 francs de dommages-intérêts en faveur d'un patron dont la maison avait été frappée d'index. Ces camarades-là n'étaient pas intervenus particulièrement, les affiches d'index étaient conçues avec une modération excessive. Peu importe : ils furent condamnés.

Un conseiller prud'homme des teinturiers de Lyon vient à son tour d'être frappé d'une condamnation identique parce que dans une grève, comme c'était son devoir, il avait apporté aux grévistes ses conseils et son concours.

Et enfin six ouvriers en instruments de musique-cuivre viennent de voir la Cour d'appel de Lyon confirmer une condamnation à 2.000 francs de dommages-intérêts en faveur d'un contremaître qui fut chassé de l'atelier.

Or, sur ces six camarades, quatre ne font pas partie du bureau du Syndicat ni de la Commission de la Grève et un était au lit au moment du conflit. On se demande comment une pareille sentence a pu être prononcée.

On se demande aussi, si désormais les patrons ont le droit de choisir à tort et à travers les victimes et si les tribunaux se rendent leurs complices, ce que va devenir le droit de grève. Successivement, les militants seront frappés, et ici la peine devient plus terrible encore que ce qu'elle apparaît au premier abord.

Nous ne sommes riches ni les uns ni les autres, et lorsqu'on nous aura ainsi frappés, seule la saisie sur nos salaires offrira une garantie. Or, voyez-vous l'huissier se présentant chez nos patrons avec une saisie dont on aura soin d'expliquer les causes?

Ce serait pour la généralité des cas le renvoi immédiat, et comme conséquence, l'affamement des militants.

Voilà pourquoi nous avons cru utile de soulever ici ce débat. Il faut qu'une violente protestation s'élève de toutes parts ; il faut que par une agitation générale nous arrivions à faire modifier l'article 1382 du Code civil et à faire que, désormais, cet article ne soit plus applicable aux conflits entre le capital et le travail.

Bousquet.— Je suis heureux que le Congrès ait voté la discussion du droit de coalition. Nous sommes partisans de la Grève Générale qui viendra quand le moment sera propice. La question soulevée par Bourchet est de la plus haute importance, car demain elle peut être appliquée à n'importe qui d'entre nous.

Nous considérons que les faits qui se passent, malgré les trois mots de liberté, d'égalité et de fraternité inscrits partout, y compris sur les prisons, font se retourner toujours contre les travailleurs, même sous le gouvernement de la République, les lois qui devraient les protéger et parmi elles, le droit de coalition. Je passe sous silence les massacres accomplis par des gouvernements aussi menteurs les uns que les autres, tant qu'ils seront bourgeois. Il s'agit devant ces attaques, devant ce parti-pris contre les travailleurs, de ne pas se résigner, car vous le savez la résignation est sœur de la lâcheté. Si nous nous résignons, nous aurons toujours des jugements iniques, il faut donc réagir. Je me rappelle qu'au Congrès de Lyon, une certaine partie du prolétariat a protesté contre le régime de la capacité civile ; vous avez vu les juges choisir leurs victimes, les lois, même les meilleures vous le savez, ne valent rien. Levons-nous donc contre ces fils de la bourgeoisie qui veulent juger le travail, mais qui ne l'ont jamais connu. Ils ont été aux écoles, pendant qu'on nous jetait dans les bagnes capitalistes. Protestons contre ces juges, qui malgré leurs baccalauréats sont tout à fait ignorants de la question du travail, et qui conservent les préjugés de la classe maudite d'où ils sont sortis. Je dis que le Congrès tout entier doit se révolter contre eux, la question est capitale ; nous avons le droit ici de dire que nous en avons assez et de proclamer les moyens de révolte. Au nom de la Fédération de l'alimentation, au nom de la Fédération des peintres et de plusieurs syndicats de Saumur que je représente, j'adjure le Congrès de prendre une résolution ferme, et devant le défi qui nous est jeté par la classe des voleurs et des assassins, nous répondrons par une résolution énergique. Ne nous résignons plus, et, si cela continue, agissons et défendons-nous.

Guérard.— Je suis d'accord pour déclarer que l'article 1382 du Code civil est inique quand il est appliqué aux travailleurs. Mais je demande aux camarades qui en ont parlé comment ils croient pouvoir obtenir son abrogation. Bourchet est opposé à toute demande au Parlement. Bousquet est encore plus vague. Vous n'ignorez pas que pour abroger une loi il en faut une nouvelle

(Protestations). Si vous connaissez un autre moyen, indiquez-le moi. Je crois que, révolutionnaires ou non, nous devons employer tous les moyens pour notre affranchissement et si nous obtenons l'abrogation de cet article par n'importe quel moyen, ce sera un résultat très appréciable.

Bourchet. — J'aime mieux la question posée de cette façon que celle préconisée par Bousquet. Guérard a dit: « Nous vous tenons cette fois-ci, vous, les farouches révolutionnaires, avec votre appel aux formes légales. Comment allez-vous sortir du guêpier où vous vous êtes engagés ? »

Guérard. — Je n'ai pas dit cela !

Bourchet.— Je le sais. Mais vous l'avez pensé. Nous ne sommes pas des naïfs. Malgré toutes les discussions et les raisons que l'on peut me donner, je ne retrancherai pas un seul mot ni de mes paroles ni de mes principes.

Ah ! on se fait une arme contre nous de ce que, vivant non dans notre idéal mais terre à terre, nous soyons obligés de subir la contingence actuelle et de donner malgré nous un sursis à des principes que nous voudrions voir triompher.

Malgré tout, nous disons : non, pas de politiciens, pas de parlementarisme, et nous sommes heureux que notre proposition aboutisse non pas à demander une loi nouvelle, mais à abroger une loi existante. Et pour cela nous ne croyons pas à la nécessité de nous adresser directement aux pouvoirs publics, laissant à d'autres le soin de le faire si cela leur plaît.

Nous sommes trop partisans de la liberté pour leur enlever ce droit, je le répète. Il n'y a pas là motif à division. Nous pouvons être divisés sur les moyens d'action, mais unis dans le but, nous pouvons nous tendre tous une main fraternelle. Mais de grâce ne parlez plus d'inconséquence, tous nous en subissons. Et tenez, Guérard, je vais vous citer la principale : tous, ici, nous sommes les ennemis du salariat, les adversaires de l'exploitation de l'homme par l'homme, et pourtant tous nous courons vendre nos bras, tous nous allons implorer parfois le travail chez nos maîtres. (Appl.).

Guérard. — Un malentendu existait depuis le commencement de ce Congrès, c'est celui-ci : Les syndicats doivent-ils être réformistes ou révolutionnaires ? Voilà la véritable question et nous sommes heureux de constater que le prolétariat ne peut imposer ses réformes sans que l'action parlementaire intervienne. Si les syndicats n'étaient pas révolutionnaires, ils n'auraient pas de raison d'être, mais je dis aussi qu'ils peuvent et qu'ils doivent être réformistes. Nous sommes obligés d'employer quelquefois les moyens que nous avons et non ceux que nous voudrions. Bourchet dit que sa méthode est d'attendre ; mais je vous citerai un de ses articles qui me donnera raison. Le voici :

Un voleur m'a tout pris ce que je suis en droit de posséder — mettons 100 francs — et je le poursuis pour lui faire rendre gorge,

Devant mon attitude, celui-ci s'arrête et m'offre de me rendre une partie de la somme, de parlementer.

Je ne discute pas avec toi, lui dis-je.

Tu es, me répond-il, un partisan *du tout ou rien*, à ton aise.

Je m'élance alors à sa poursuite. Serré de près, mon voleur, pour gagner du temps, laisse tomber dans sa course, et de loin en loin, une pièce de 5 francs. Je la ramasse chaque fois, et, sans répit, voyant que mon adversaire a peur et se lasse, je continue la poursuite jusqu'au moment enfin où je puis lui faire rendre gorge.

Il ressort donc de cela la nécessité de prendre de temps à autre une réforme qui nous conduira enfin à notre émancipation définitive. Je suis heureux de constater qu'on laisse au moins les camarades libres de suivre la voie qu'ils voudront.

Bousquet. — Je demande la parole pour une motion d'ordre. Discute-t-on oui ou non le droit de coalition? Si oui, qu'on ne s'écarte pas de la question, nous verrons après de discuter la méthode réformiste ou révolutionnaire.

Niel, président. — Je ne peux pas, à la faveur d'un moyen indirect, laisser greffer sur la question du droit de coalition une large discussion sur le point de savoir laquelle des deux tactiques : réformiste ou révolutionnaire est la meilleure. Si vous voulez discuter cette intéressante question, il faudra le dire expressément, car alors j'en aurai, moi aussi, long à dire là-dessus.

Bourchet. — Je ferai remarquer seulement au camarade Guérard que, lorsqu'on se sert d'un article pour appuyer une thèse, il faut le citer en entier et ne pas dénaturer l'esprit de cet article par une simple coupure. Guérard me présente en défenseur de la propriété et s'arrête là. Il oublie de dire, ce qui a sa valeur, que la propriété que je défends, c'est la propriété de la liberté! De tels moyens de discussion sont au moins étranges!

Lelorrain. — Je crois qu'il y aurait un inconvénient à demander purement et simplement la suppression de l'article 1382. Si, d'un côté, il est nuisible par son application au prolétariat organisé, d'un autre, c'est lui qui nous garantit pour les accidents du travail. Il faudrait simplement qu'on déclarât qu'il n'est pas applicable aux organisations syndicales dans des conditions à déterminer ; mais demander son abrogation, ce serait faire le jeu de la classe bourgeoise. Je voudrais que le camarade Bourchet veuille bien conclure à quelque chose ; il me semble que j'ai compris qu'il ne voulait pas s'adresser aux pouvoirs publics. Vous me permettrez de dire, et cela au nom du prolétariat dont je fais partie depuis plus de trente ans, que quand on veut être réellement socialiste-révolutionnaire ou libertaire, il ne faut pas faire de propositions qui nous obligent à aller trouver les parlementaires.

Luquet. — Je demande qu'on élargisse le débat et qu'on s'explique sur ce point.

Bourchet. — En soulevant ce débat sur une incidence, Guérard savait que nous ne pouvions lui donner l'ampleur nécessaire. Nous ne refusons pas la discussion, mais nous la voulons complète et nous sommes à la disposition de ceux qui veulent préconiser la participation aux mesures légales. Ils montreront aux travailleurs leur méthode, nous montrerons nous le chemin que nous voulons suivre et dans lequel il n'y a ni place, ni titre, ni gloire, ni satisfaction à obtenir. (Applaudissements.) Nous demanderons au peuple de choisir entre l'émancipation par mandataires, moyen aussi illusoire que simple, ou de s'émanciper par la seule action virile, directe et révolutionnaire. Les deux routes sont ouvertes. Nous choisissons celle où nous serons le plus calomniés, le plus déchirés, parce que, en dépit des dangers, elle nous apparaît la meilleure pour arriver au but.

Nous voulons apprendre aux travailleurs à se dresser contre leurs maîtres et non à se prosterner devant eux.

Mais si nous sommes prêts, si nous désirons même le débat, je dis que ce n'est ici ni le lieu, ni la place de le faire. Nous avons trouvé un terrain d'entente : la défense ouvrière ; nous l'avons dégagé de toutes les divisions politiciennes et vous voudriez que, renouvelant d'anciennes divisions, le Congrès se prononce entre deux formules et aboutisse à un nouveau déchirement. Non, cela ne se peut pas. (Applaudissements.) Luttez avec vos tempéraments, mais n'essayez pas de nous modifier le nôtre. Unis sur le terrain syndical, ne scindez pas les forces du prolétariat. Nous qui aurions ici une majorité écrasante, nous vous demandons de ne pas clore ce débat par un acte d'exclusivisme et je conclus en indiquant dans un ordre du jour nos tendances et nos moyens d'action directe :

Le Congrès engage toutes les organisations confédérés à entreprendre un vaste mouvement d'agitation pour faire respecter le droit de coalition dans son intégralité.

La clôture demandée avec les orateurs inscrits est votée.

Lauche. — Nous sommes d'accord avec Bourchet sur sa proposion, mais elle est incomplète et il faut que nous nous prononcions sur les moyens à employer pour que cette proposition aboutisse. Quelle sanction donnerez-vous à cette proposition une fois votée ? Si nous adoptons la proposition Bourchet, comment la feronsnous appliquer ? Ce n'est pas là une question de méthode seulement. Ne savons-nous pas que les syndicalistes sont les ennemis acharnés des grèves ? Et pourquoi les empêchons-nous de se produire ? Pourquoi ? C'est parce que tout est coalisé contre nous, que tous les moyens employés n'ont pas été bons, que les grèves particulières sont néfastes et qu'il faut arriver, pour obtenir un résultat, à la grève générale. C'est parce que nous pensons cela que nous ne sommes pas partisans des petites grèves. Qu'allons-nous faire si vous adoptez le projet Bourchet ? Sera-t-il soumis au Parlement par le Comité confédéral ? Le déposerons-nous ou bien dirons-nous au parlement: voici la volonté du prolétariat devant laquelle vous devez vous incliner. Il faut que le Congrès prenne une décision. Et la seule qui s'impose, c'est que nous remettions nous-mêmes cette pétition au parlement, en le mettant en demeure de s'y conformer. Bourchet ne nous a pas apporté la tactique à suivre.

Dans la situation actuelle nous devons remettre ce projet à des députés ouvriers qui auraient à honneur de faire aboutir une revendication du prolétariat. Il faudrait faire de l'agitation autour de cela et l'on dirait au peuple : vous voyez ces lois, au lieu de vous protéger, elles se retournent contre vous. On lui montrerait que les améliorations ne peuvent sortir que de sa volonté. Nous considérons que toutes les lois qui ont pour but d'améliorer la situation ouvrière, n'atteindront jamais le maximum de ce qu'elles peuvent produire. Au lieu d'attendre que le parlement vote une loi qui limite la durée du travail, nous voudrions que les ouvriers, sans aucun système politique, s'unissent, qu'ils disent au patronat : nous voulons la journée de huit heures, nous n'avons pas besoin ni de lois, ni de ministres pour nous la donner, c'est à vous qu'on s'adresse et il faut répondre. Si nous acceptons la motion Bourchet, quelle sera, je le demande encore une fois, la conduite à tenir et quels moyens emploiera-t-on pour arriver à sa réalisation ?

Niel. — Je ferai remarquer que la question se place sur un autre terrain ; j'ai reçu un amendement déposé par le citoyen Maurice ainsi conçu :

Cet article ne peut être appliqué aux différends survenus entre salariants et salariés.

Bourchet. — Lauche et Lelorrain tiennent absolument à ce que j'indique un moyen. Je ne veux pas plus longtemps refuser de citer un exemple en faveur de l'action directe du peuple et je m'excuse d'être obligé de le prendre en dehors de la question ouvrière.

Il y a quelques années, un capitaine au nom fameux fut condamné, paraît-il, pour une faute qu'il n'avait pas commise. La famille, qui disposait de millions, mit tout en œuvre pour faire reviser le procès. Tous les moyens légaux — les fameux moyens — furent employés. Ce fut en vain. Alors, on eut recours à l'agitation dans le pays. On créa des ligues, on fit des réunions, on fit des manifestations dans la rue, on employa, en un mot, les moyens révolutionnaires.

Et alors ce que la légalité n'avait pu obtenir fut obtenu et le capitaine est aujourd'hui en liberté !

On pourrait citer d'autres exemples. Alors quoi ? Ce que le peuple a fait pour la cause d'un millionnaire, il ne pourrait le faire pour lui-même et il se contenterait éternellement de rester hypnotisé par le pouvoir ? Nous ne le croyons pas et voudrions que les syndicats, au lieu de se confiner dans un esprit étroit, montrent résolument aux travailleurs la grande voix qui doit les conduire à la Révolution libératrice.

Niel. — La discussion est close. Camarades, voici une preuve irréfutable qu'ici tout le monde est animé de l'esprit d'unité le plus grand. Bourchet et Lauche, qui viennent de soutenir avec acharnement une cause différente, viennent, sans s'en douter, de déposer un ordre du jour identique. Si les mots sont différents, l'idée est pareille. J'ai déjà donné connaissance de l'ordre du jour Bourchet, voici celui de Lauche:

Pour que notre désir devienne une réalité, les délégues au Congrès s'engagent à faire une vive agitation dans le pays sur le droit de coalition et ce, jusqu'à complète satisfaction.

J. Lauche.

Le Président. — Je mets aux voix ces deux ordres du jour, différents dans la lettre mais confondus dans leur esprit.

Mis aux voix, ces deux ordres du jour sont adoptés à l'unanimité.

Maurice. — Je demande à donner lecture de mon amendement.

Luquet. — Si on accepte le dépôt de cet amendement, il faudra le discuter.

Maurice. — Il est impossible de voter le texte produit par le camarade Bourchet, mais si le Congrès votait que l'article devait ou ne devait pas être applicable, il y aurait eu confusion. Je demande au camarade Bourchet s'il se déclare satisfait, alors je ne dis plus rien.

Bourchet.— Maurice m'a fait observer que ma proposition formulée à la hâte présentait un inconvénient de forme. Il me suffit qu'elle soit comprise au fond et que l'article 1382 ne soit plus applicable aux syndicats. Tel est mon vœu, et je déclare avoir satisfaction s'il devient réalité.

Niel déclare que les débats sont ouverts sur

Le Prolétariat Agricole

Milhaud, de Mèze :

Camarades congressistes,

Modeste cultivateur, recrue nouvelle de l'armée syndicaliste, j'ai rêvé pour mes frères de misère un peu de bien-être qui viendrait calmer les douleurs par trop vives des éternels délaissés, les travailleurs terriens.

Parmi les corporations dignes du plus grand intérêt, celle des ouvriers des champs mérite de beaucoup tous les égards.

Cependant, le paysan courbé vers le sol, peinant sous le soleil torride ou le ciel maussade des hivers, est — pour les capitalistes au cœur de roc — quantité négligeable.

Aux travailleurs rustiques les intempéries : la neige, la pluie et le dénûment complet en perspective ; aux gros propriétaires fonciers toutes les douceurs d'une vie paradisiaque rendue facile à ces thésauriseurs.

Les pouvoirs publics, comme de juste, eux aussi, se sont totalement désintéressés de l'amélioration du sort des humbles et sympathiques paysans.

Mais, la propagande bienfaisante aidant, les ouvriers agricoles, tardivement, il est vrai, se sont rangés sous la bannière syndicale, décidés à défendre leurs intérêts méconnus, à relever leurs salaires de famine.

Hâtons-nous de le dire, les syndicats corporatifs agricoles sont relativement nombreux dans l'Hérault.

Il n'en est pas moins vrai que ces groupements économiques végètent péniblement, voués à l'impuissance, le plus souvent appelés à disparaître, tant la lutte est âpre et au-dessus de leurs maigres efforts.

Certes, les travailleurs agricoles des Pyrénées-Orientales sont fédérés ainsi que ceux de l'arrondissement de Béziers, mais c'est notoirement insuffisant.

Le lien fédéral devrait embrasser toutes les organisations rurales, et de la cohésion des forces éparpillées naîtrait un tout puissant et dont la voix formidable aurait un grand retentissement dans les sphères gouvernementales et patronales.

Le paysan de France, éloigné des centres intellectuels de nos grandes villes, longtemps berné par des promesses alléchantes et mensongères, est devenu d'une défiance extrême. Toutes ces conceptions d'un avenir meilleur lui semblent vouées à l'insuccès et en cela peut-être on ne saurait le taxer d'exagération.

Avec l'organisation embryonnaire des syndicats agricoles, le manque de culture intellectuelle de nombreux ruraux, la soumission passive des gens de ferme, le Prolétariat agricole ne saurait de longtemps secouer son apathie, briser ses chaînes, clamer hautement, lui, le producteur de toutes les richesses, ses légitimes revendications.

Je conclus. La présence d'une camarade russe m'autorise à faire allusion aux moujiks, ces serfs de son pays. Je désire que la situation précaire du paysan français soit résolue par l'évolution syndicale, prélude de son affranchissement intégral.

Farras, d'Agde. — Je confirme les paroles que le camarade Milhaud vient de prononcer. Les organisations agricoles peuvent rendre de grands services au prolétariat. Dans les grands centres, l'organisation a été facile, mais dans nos campagnes il n'en a pas été de même. Nous avons demandé aide et protection aux organisations existantes. Mais pendant bien longtemps on nous a délaissés et on ne nous a aidés qu'insuffisamment. On a eu tort, car les capitalistes et les bourgeois le savent bien, lorsqu'on leur montre les Syndicats des grands centres faisant de l'agitation en faveur de la Grève générale, ils savent répondre qu'ils n'ont rien à craindre, car derrière eux ils savent qu'ils ont la majeure partie des ouvriers de la campagne. Et cependant, nous souffrons et nous endurons peut-être plus que vous, ouvriers des villes. Il y a quelques jours à peine, non loin d'ici et chez un patron que je ne nommerai pas, avait lieu un commencement de grève provoquée par l'imposition d'une journée de dix heures. Devant l'attitude des vendangeurs, le patron céda, mais voici ce qu'il leur dit : « Cet hiver je vous paierai la journée vingt sous et je me rattraperai ». Ils n'étaient pas organisés, le patron le savait bien.

Je compte, camarades, que maintenant que vous nous connaissez, vous nous soutiendrez et soyez sûrs que nous marcherons avec vous. En ce moment-ci j'organise plusieurs syndicats qui sous peu, je l'espère, formeront une Fédération et je pense que bientôt notre action sera plus vive et que, quoique les derniers arrivés dans la grande famille syndicaliste, nous ne serons pas les derniers à soutenir haut et ferme les revendications du prolétariat.

Bousquet. — Cette question a son importance. Le prolétariat des villes ne peut arriver à son émancipation sans avoir avec lui la masse des travailleurs agricoles. J'en parle avec connaissance de cause parce que les camarades qui font partie de l'Alimentation sortent tous ou presque tous du prolétariat de la campagne. Poussés sur le pavé de la ville par l'impérieuse nécessité de vivre, ils n'ont pas perdu les souvenirs de leur enfance ni oublié les souffrances dont ils ont été témoins. Il y a donc utilité à aider leurs revendications. Malgré leur éloignement des centres d'action, malgré quelquefois l'ignorance dans laquelle on semble vouloir les entretenir, ils ont accompli un mouvement de révolte que nous devons aider de toutes nos forces. Rappelons-nous qu'en 1789 ce sont eux qui ont brûlé des fermes et des châteaux, enlevant à la classe noble le plus clair de son revenu. Eduquons les paysans au point de vue syndicaliste, aidons-les; et à leur tour ils marcheront avec nous pour la Grève générale.

Deslandres. — Je suis très heureux qu'une discussion de ce genre s'établisse. C'est une grosse question que celle des travailleurs agricoles. Ils ont raison de déclarer que jusqu'ici ni du côté gouvernemental ni même de notre côté, il faut l'avouer, rien n'a été fait pour améliorer leur sort. Il ne faut pas oublier qu'il y a à côté de nous une classe dont nous sommes séparés par un fossé qui n'est pas infranchissable. Oui, la propagande agricole est nécessaire, elle ne passionnera peut-être pas le Congrès, mais c'est précisément parce que ce sont des faibles, presque des inconnus pour nous, que nous devons les défendre jusqu'au bout par une propagande incessante, tout comme nous le faisons pour nous-mêmes. Il y a une raison majeure de leur apporter des secours de lutte, et par cela leur faire voir l'idéal que nous entrevoyons les uns et les autres. Il faut voir dans quel état vivent les camarades des campagnes. Il faut que des organisations se créent dans certains centres et c'est pour cela que j'essaie d'attirer votre attention sur les travailleurs agricoles. Nous nous sommes préoccupés d'eux à Paris, mais pas suffisament. Je vous supplie, camarades, de venir en aide à ces travailleurs, parce que maintenant, partisans de la lutte contre les patrons et le salariat, ils pourraient demain se retourner contre nous. Pour éviter cela, il faut que la Confédération générale du travail prenne en main la défense de ces malheureux travailleurs de terre et nous vous prions de voter la proposition que nous déposons.

Bourderon. — J'abonde dans le sens indiqué par le camarade Deslandres. J'aurais cru, depuis que la question a été portée en 1900 au Congrès de Paris, que toutes les organisations auraient fait une propagande plus active et j'adresse ici à tous le reproche le plus sévère qu'on puisse adresser. C'est que là-bas, à côté de Paris même, à quelques kilomètres à peine, il y a un milieu agricole exploité qu'on a négligé. Il nous faudra nous y attaquer résolument. Je conclus sur ce terrain que, puisque les villes ne grossissent qu'avec la venue des habitants de la campagne, nous devons en échange aller à eux pour les défendre et je demande qu'on fasse en leur faveur tout ce qu'il est possible de faire.

Camy. —. On a voulu faire croire que dans l'agriculture il n'y avait pas d'hommes. Il faut l'avouer, nous avons besoin d'instruction et nous la demandons. Nous demandons au Congrès et aux militants de nous aider surtout à former la fédération des agriculteurs.

Messiet. — Quoique ouvrier de la ville, je suis sorti de la campagne, je me suis livré à une petite enquête qui m'a permis d'observer ceci : nous ne sommes pas organisés, m'a-t-on dit partout, et ce n'est guère possible de le faire. J'ai demandé pourquoi et voici la réponse que j'ai obtenue. Les ouvriers de n'importe quelle corporation, dans leur période de chômage, travaillent à un moment donné à la campagne ; il aurait donc fallu envisager un projet dans lequel tous les syndiqués adhèreraient moralement aux syndicats des travailleurs de la terre. Ils n'auraient pas ainsi des ennemis chez eux. Je leur conseillerai aussi comme moyen de résistance au patronat le sabotage de la vigne, j'ai vu chez des valets de ferme qui n'étaient même pas syndiqués employer ce système. Pourquoi ceux qui seraient déjà groupés ne le pratiqueraient-ils pas ? Il y a là un excellent moyen de résistance à l'avidité des capitalistes.

Niel. — La clôture m'étant demandée, je la mets aux voix avec les orateurs inscrits. (La clôture est prononcée).

Christine. — Je suis heureux que les syndicats agricoles soient venus apporter des desiderata. Il existe aussi une classe ouvrière qui est bien délaissée, quoique cependant nombreuse, c'est celle des marins du commerce. Il existe peu de syndicats parmi eux. Il faudrait que la Confédération générale du Travail prenne la défense de leurs intérêts et fasse une propagande pour créer des syndicats parmi cette catégorie de travailleurs.

Auzer. — Vous avez entendu les critiques formulées par Bourderon et Deslandres sur le délaissement envers les travailleurs agricoles. Il y a cependant des Bourses du Travail qui ne sont pas restées en dehors de l'action, ce sont celles de Béziers, Agde et Montpellier. Nous avons fait des réunions et des conférences, nous avons groupé les travailleurs en syndicats, nous les avons mis en relation et nous faisons maintenant tous nos efforts pour les fédérer et les faire adhérer à la Confédération générale du Travail. Certes, la besogne est ardue, mais nous avons bon espoir d'y parvenir.

La meilleure des méthodes pour organiser les travailleurs agricoles consiste en ce que les militants des Bourses du Travail, des Fédérations se rendent à des époques déterminées dans les campagnes et dans les salles de mairies, de cafés ou autres, qu'ils parlent aux travailleurs terriens du rôle et des avantages de l'organisation syndicale, qu'ils groupent ensuite ces ouvriers en syndicats et qu'ensuite, lorsque plus nombreuses seront ces organisations, qu'ils les fondent en une vaste Fédération nationale qui sera rattachée aux autres organisations industrielles par le lien de la Confédération générale du Travail.

En faisant ainsi, vous aurez travaillé à l'affranchissement de toute une classe de travailleurs, qui, incontestablement, doit marcher de pair avec les autres corporations pour la solution finale et l'affranchissement de l'humanité.

Bourchet. — Mon organisation a l'habitude de faire avant le Congrès une étude sur toutes les questions qui doivent être traitées et j'ai là un rapport très complet sur l'organisation du prolétariat agricole, mais je me contenterai de le résumer.

La question est grave et nous avons eu le tort jusqu'ici de trop la négliger. Nos adversaires plus habiles ont su s'emparer de l'élément rural et voici un extrait d'un livre publié sous le patronage de l'Union des Syndicats agricoles de France, par le comte de Rocquigny, qui montre la portée de la campagne entreprise contre nos principes :

« Les syndicats agricoles peuvent servir de contre-poids à l'action menaçante des syndicats ouvriers. Ce sont ces syndicats qui constituent la meilleure ligue antisocialiste. C'est le cœur du pays qu'il nous faut conquérir, l'armée rurale qu'il faut amener à nous pour en faire la plus solide réserve dans la lutte qui se prépare. »

Nous devons méditer sur cela et ne pas éluder le danger. Les syndicats agricoles constituent une véritable puissance. En 1884, leur nombre était de 5, il est de 214 en 1887, de 750 en 1890 et arrive, en 1900, à 2.204 comprenant 533.454 adhérents.

Il est vrai que ces syndicats englobent tout, gros propriétaires, fermiers, métayers et que les véritables travailleurs n'y sont que minorité, mais la besogne n'en est pas moins rude. La population rurale forme 47,8 p. 100 de la population totale et il y a en France 3.500.000 ouvriers agricoles journaliers et domestiques qui ne possèdent absolument rien. Il y a à côté d'eux un grand nombre de petits propriétaires qui sont tout aussi misérables. La petite propriété paye 90 p. 100 des côtes foncières et tandis que la grande possède plus de 35 p. 100 du sol, les cotes qui la frappent sont à peine de 1 p. 100. La population rurale, de plus en plus misérable, fuit la terre, et son émigration dans les villes est cause en partie du malaise qui règne dans certaines corporations.

La campagne, hostile à la Révolution, peut créer de graves difficultés. Il est urgent d'aviser. Que faut-il faire ?

Certes, l'œuvre est difficile et elle n'est pas de celles qui doivent donner de l'éclat à ceux qui s'y attacheront. C'est peut-être un peu pour cela qu'on l'a trop négligée jusqu'ici. On a aussi commis des fautes. Des camarades plus zélés qu'adroits n'ont pas peu contribué à effrayer l'élément rural qui, par nature, se méfie de l'inconnu et est, par-dessus tout, routinier et conservateur.

Il faut que la Confédération s'attelle résolument à la besogne et commence sans retard le siège des consciences agricoles. Nos ennemis nous ont donné l'exemple. Comme eux il faut inonder les campagnes de brochures écrites en style simple et concis. Il faut que dans des almanachs — par exemple — on donne à côté des renseignements agricoles, les leçons de principes qui peu à peu s'infiltreront dans ces milieux. On a accumulé contre nos doctrines toutes les inepties, tous les racontars, toutes les trames. Il faut détruire l'erreur, et si la tâche est dure, c'est une raison de plus pour ne pas retarder plus longtemps d'y consacrer une partie de nos efforts.

Je conclus : La Confédération devra s'occuper immédiatement de la propagande agricole et par tous les moyens amener l'élément rural à nos idées d'union; les exploités de la terre ou de l'usine ayant les mêmes droits et devant être unis et solidaires.

Pour le jour de la libération définitive, il ne faut pas que nous abandonnions la partie du travail qui est la partie misérable et la plus exploitée.

Le Président donne lecture de la proposition ci-après, qui, mise au voix, est adoptée :

Les délégués ouvriers agricoles, réunis au Congrès de Montpellier, demandent que les congressistes prennent la résolution de soutenir dans leurs luttes les syndicats agricoles confédérés et de les aider dans toutes leurs revendications par les conférences et la propagande incessante.

FARRAS, B. MILHAUD.

Pour permettre la propagande syndicale dans les milieux ruraux, les syndicats ont l'impérieux devoir d'aider la Confédération et de lui donner les éléments indispensables; nous proposons donc qu'une caisse spéciale soit faite à ce sujet, et les syndicats devront l'alimenter suivant leurs ressources.

LELORRAIN.

Reisz. — La proposition Lelorrain ne peut pas être prise en considération et je demande que dans toutes les contrées où il y a des travailleurs agricoles, les syndicats existants les invitent à leur réunion, afin de faire leur éducation. Cette besogne peut être accomplie sans qu'il y ait besoin de caisse spéciale.

Niel. — Je mets aux voix la proposition Lelorrain.

La proposition n'est pas prise en considération.

Le Président donne lecture du vœu ci-après :

Nous proposons que dans l'ordre du jour du prochain Congrès une large place soit réservée pour la question des syndicats agricoles et qu'un rapport soit présenté sur la question par le Comité Confédéral.

JAMET, de la Fédération du Cher ; HERVIER, Bourse du Travail de Bourges ; MARATON, Bourse du Travail de Châteauroux ; HENRY, Bourse du Travail de Tours.

Mis aux voix, cet ordre du jour est adopté.

Le Congrès demande à la Confédération du Travail de faire tous ses efforts pour organiser, dans sa propagande syndicale, les travailleurs agricoles dans la défense de leurs revendications.

E. DESLANDRES, BOURDERON, GÉNIE.

Adopté.

Niel. — J'ai reçu du camarade Christine la proposition suivante :

Le Congrès demande au Comité Confédéral d'aider le plus possible l'organisation des syndicats des marins du commerce et d'accorder à ces organisations tout son appui.

Henri CHRISTINE.

Je la mets aux voix. (Adoptée).

Niel. — Je donne la parole au rapporteur de la Commission des vœux.

Rapport de la Commission des Vœux.

Tous les membres ont assisté aux séances de la Commission. Je demanderai, au nom de cette Commission, que tous les vœux présentés soient pris en considération. Il serait trop long de les porter tous à votre connaissance, ils sont au nombre de 28. Nous avons cru que quelques-uns, revêtant un caractère propre à faire intervenir les pouvoirs publics, nous devions les écarter. Un vote du Congrès étant absolument opposé à l'intervention de toute ingérence de ce genre. Je signalerai les autres au Congrès afin qu'il les prenne en considération et nous souhaitons qu'ils soient réalisés.

Divers vœux étaient relatifs à la discussion sur la Grève générale, mais le Congrès, tout en maintenant le principe, ayant décidé de ne pas discuter faute du temps nécessaire cette partie de l'ordre du jour, nous avons écarté ces vœux qui n'avaient plus leur raison d'être.

D'autres ont été aussi écartés comme étant contraires aux décisions de nos Congrès.

Pour certains, le Comité Confédéral aura à s'occuper de la suite à leur donner, sans que cela puisse entraîner une décision du Congrès.

Nous vous demandons de prendre en considération un vœu en faveur de la paix et de l'arbitrage. Ce vœu est communiqué vraisemblablement par des organisations ouvrières anglaises. Mais je dois faire remarquer que les documents parvenus à la Commission ne portent le timbre d'aucune organisation adhérente au Congrès. *Le Rapporteur :* JUTHY.

Juthy.— Je ne crois pas utile, vu la perte de temps que cela occasionnerait, de donner lecture de tous ces vœux. De plus, certains peuvent se fondre ensemble. Ils paraîtront tous dans la brochure du Congrès et chaque organisation aura ainsi satisfaction.

Bousquet.— Je proteste ; j'ai un mandat ferme en ce qui concerne un certain nombre de vœux et je demande à en donner lecture au Congrès. J'entends aussi que ces vœux soient discutés.

Plusieurs délégués. — S'il en est ainsi, nous demandons nous aussi à donner lecture de nos vœux et à les discuter.

Niel. — Le camarade Bousquet devrait se rendre compte cependant qu'il est impossible de discuter et de statuer sur les 28 vœux que la Commission a examinés.

Bousquet.— J'ai un mandat à remplir.

Niel.— La parole est à Bousquet.

Bousquet.— Au nom de la Fédération de l'alimentation et de divers syndicats de cette corporation, nous demandons au Congrès de prendre en considération les vœux suivants :

La Chambre syndicale des limonadiers et assimilés de Paris réclame énergiquement la suppression du pourboire qui avilit l'homme libre ; réclame en même temps le port de la moustache, considérant qu'aucun citoyen ne peut laisser porter atteinte à sa personne.

Et quoique ne considérant pas la juridiction prud'homale comme l'idéal de l'équité humaine, demande la juridiction des Conseils de prud'hommes au même titre des autres corporations.

BOUSQUET.

Chambre syndicale des ouvriers limonadiers et assimilés de Paris ; Fédération nationale des Travailleurs de l'alimentation ; Chambre syndicale ouvrière de la Boucherie parisienne ; Chambre syndicale des ouvriers boulangers de la Seine.

VŒU. — Considérant que les corporations de l'Alimentation, par une anomalie inexplicable, sont exclues par le gouvernement capitaliste de toutes les améliorations que réclame impérieusement la classe ouvrière;

Le Congrès émet le vœu que le Prolétariat doit être égal dans les résultats comme dans les luttes et souffrances et exige énergiquement le même traitement pour les corporations de l'Alimentation que pour l'autre partie du Prolétariat ;

Considérant que cette façon d'agir mettra en pratique notre belle devise : Tous pour un, Un pour tous.

BOUSQUET,
Fédération de l'Alimentation.

Le camarade **Rigaud** dépose le vœu suivant :

Chambre Syndicale des Ouvriers coiffeurs de Montpellier.

La Chambre Syndicale des ouvriers coiffeurs émet le vœu que la juridiction prud'homale soit applicable aux ouvriers coiffeurs au même titre que dans les autres corporations qui jouissent déjà de cette institution.

Pour le syndicat, le délégué :

RIGAUD Edmond.

Une discussion s'engage entre les congressistes relativement à divers vœux, dont quelques-uns ne peuvent pas être pris en considération.

Niel. — Le Congrès a manifesté sa confiance à la Commission des vœux en ratifiant la décision qu'elle avait prise de rejeter en bloc certains vœux sans discussion. Il n'a qu'à lui compléter cette confiance en adoptant en bloc et sans discussion les vœux qu'elle nous propose de voter, et ce sera fini.

Bousquet. — Je demande que tous les vœux viennent en discussion.

Pouget. — Je propose que tous les vœux soient insérés au rapport du Congrès, chacun aura ainsi satisfaction.

Niel. — En présence de l'obstination de certains camarades, atteints du préjugé des vœux et qui s'acharnent à ne pas reconnaître que l'adoption d'un vœu est la manifestation la plus platonique que l'on puisse faire, je fais la ferme proposition suivante sur laquelle je prie le Congrès de se prononcer :

« Tous les vœux qui ont été déposés seront insérés sans discussion dans la *Voix du Peuple* : mais désormais, il ne sera plus déposé de vœux dans les Congrès de la Confédération. »

Bousquet. — Je proteste contre cette manière de faire. Si vous ne prenez pas les vœux en considération, permettez au moins de les lire, sans cela vous m'empêcherez de remplir mon mandat. Je demande que les vœux déposés soient discutés.

Coupat. — J'estime que les vœux déposés au Congrès sont platoniques. Les vœux doivent être déposés par les Fédérations dans les Congrès corporatifs. Ils auraient plus de chance d'aboutir, il faut qu'à l'avenir le Congrès n'accepte plus de vœux.

Amélio. — Je suis de cet avis, mais pour les Congrès à venir seulement.

Juthy, rapporteur. — La Commission des vœux vient de décider d'admettre tous les vœux, et de les faire figurer dans la brochure, cela donnera satisfaction à tous.

Tabard. — Je proteste contre cette manière d'opérer. Nous devons avoir connaissance des vœux déposés.

Le Président donne lecture de la proposition suivante :

Nous, basant sur la proposition faite au Congrès de Lyon 1901 par les délégués des organisations syndicales des ouvriers municipaux de la Ville de Paris disant que : tous les travailleurs du département, de la commune et de l'Etat, peuvent jouir de la loi de 1884 sur les syndicats, nous demandons de nouveau avec insistance que le Congrès de Montpellier prenne une décision ferme pour faire cesser cet état de choses qui paralyse complètement la marche en avant de ces syndicats, marche que le Congrès vient de préconiser avec tant de force.

Signé : Dutreil, Fédération des Travailleurs municipaux de Paris, — Chantiers et ateliers, — jardiniers, Ville de Paris.

Batias, Cantonniers ouvriers et ouvrières des services réunis de la Ville de Paris.

Laporte. — Je demande au Congrès national ouvrier de Montpellier, de voter une approbation morale aux efforts tentés par les mineurs des Petits-Châteaux pour arriver à leur émancipation intégrale par l'expropriation de la propriété capitaliste.

Laporte,
Délégué de la Fédération de Saône-et-Loire.

Après lecture, ces deux questions sont renvoyées à la Commission des vœux.

Duteil proteste contre cette décision, en disant que sa proposition n'est pas un vœu mais bien une question qui a été déposée sur le bureau pour que le Congrès prenne une décision.

Niel. — Plusieurs camarades m'invitent à mettre aux voix la proposition que j'ai faite tout à l'heure tendant à insérer tous les vœux dans la *Voix du Peuple* et à les supprimer à l'avenir. Je la mets aux voix.

Mise aux voix, cette proposition est adoptée.

Tillet. — Je demande l'appui moral du Congrès pour la céramique ouvrière de Limoges.

Siège du prochain Congrès

La discussion est ouverte sur le lieu où devra se tenir le prochain Congrès.

Le camarade **Hervier** propose la ville de Bourges.

Lauche. — On a formulé des critiques au Congrès de Montpellier d'avoir été obligé de recourir aux ressources municipales et départementales pour organiser le Congrès. Nous demandons au camarade de Bourges sur quel argent il compte pour organiser le prochain Congrès.

Hervier. — Je déclare que si Bourges est accepté ce sera avec ses propres ressources que la Fédération organisera le Congrès.

Gangloff. — Je propose Clermont-Ferrand pour le cas où Bourges viendrait à faire défaut.

Le délégué de Marseille a le mandat ferme de proposer cette ville.

Vancenbrouck. — Quoique ayant mandat de demander le

siège du Congrès pour une ville du Nord où il ne s'en est jamais tenu, je me rallie dans l'intérêt général à une ville du Centre, puisque la majorité des congressistes est de cet avis.

Le Président, après une observation de Deslandres, qui fait remarquer que Marseille serait de la même région que cette année et le délégué de cette ville s'étant désisté en faveur de Bourges, met aux voix cette ville.

A l'unanimité, la ville de Bourges est désignée comme siège du prochain Congrès.

CLOTURE DU CONGRÈS

Niel. — Au moment où se terminent les travaux de cet important Congrès, je ne saurais trop, encore une fois, au nom de la Commission d'organisation, remercier les congressistes d'être venus aussi nombreux de tous les points de la France. Mais je les remercie surtout du sang-froid, de la dignité et de la courtoisie qu'ils ont toujours su conserver au milieu de discussions parfois passionnées et qui risquaient d'être irritantes. Cette courtoisie et ce mutuel respect de toutes les opinions sont la preuve la plus flagrante que le Prolétariat organisé s'élève chaque jour en conscience et en force et nous permettent maintenant de jeter avec confiance nos regards vers l'avenir.

La discussion sur l'Unité, qui eût pu aboutir à une douloureuse catastrophe si des camarades trop inconscients se fussent obstinés à ne point faire de concessions, à ne vouloir regarder les choses que par l'angle trop étroit de leurs conceptions personnelles, est au contraire une preuve indéniable de ce désir unanime d'entente qui anime aujourd'hui tous les militants du syndicalisme, sans distinction, et nous affirmons sans prétention que là réside le secret de toute la force morale du Prolétariat.

Maintenant, camarades, vous pouvez rentrer chez vous, fiers de la besogne accomplie ; allez dans vos ateliers, dans vos syndicats, vos organisations diverses, chacun dans son entourage, communiquer à tous un peu de ces sentiments de solidarité que vous avez puisés dans ce Congrès ; allez comme une mer débordante qui fertilisera le terrain de la Révolution, répandre aux quatre coins les principes de justice et de liberté dont nous sommes tous pénétrés, et vous aurez bien travaillé pour l'émancipation des travailleurs. (Applaudissements unanimes.)

Niel déclare close les assises ouvrières de 1902.

La séance est levée aux cris de : Vive l'émancipation des travailleurs par les travailleurs eux-mêmes.

Les congressistes sortent de la salle au chant de l'Internationale. Au dehors, une manifestation aussi grandiose qu'improvisée a lieu ; 2.000 personnes accompagnant les congressistes font le tour de la ville au chant de l'Internationale, et la manifestation prend fin sans incident sur la place de la Comédie au cri de : Vive la Révolution sociale !

LA JOURNÉE DU SAMEDI 27

LA PROMENADE

Après les rudes journées du Congrès, où durant dix séances bien remplies les délégués avaient fait preuve d'une endurance et d'une bonne volonté admirables, il n'était pas inutile de consacrer une journée au repos et à de saines distractions.

La Commission d'organisation avait eu la sage précaution de tracer un programme des plus heureux pour l'emploi de la journée du samedi 27 septembre.

Le matin, dès 8 heures, cent cinquante délégués étaient réunis sur l'un des points les plus coquets de la ville, la promenade du Peyrou. Après avoir, pendant demi-heure, observé jusque dans ses plus petits détails les beautés de cette magnifique promenade et joui de la perspective incomparable qui se déroule du haut du Château d'eau, les congressistes se groupaient dans un coin pittoresque, et le photographe, qui avait déjà dressé ses appareils, se mettait en mesure de préparer le souvenir, que chaque délégué aura à cœur de conserver, d'un si agréable séjour et d'une si cordiale collaboration commune à l'œuvre de l'émancipation ouvrière.

C'est par la visite du Jardin des plantes, qui se trouve tout à côté du Peyrou, que commençait proprement dit, la promenade du samedi.

Il n'est pas possible de donner en détail un long compte rendu sur toutes les curiosités et les richesses botaniques que renferme ce jardin historique.

Néanmoins, empressons-nous de reconnaître que, grâce à l'amabilité de M. Planchon, professeur à l'Université de Montpellier et président de l'Université populaire de notre ville, dont tout le monde connaît et admire le dévouement pour toutes les belles causes, cette visite, aride pour les profanes de la botanique et de l'horticulture, fut pour tous les délégués des plus instructives et des plus intéressantes.

A la sortie du jardin, la promenade se continua par la visite de notre vieille et réputée École de Médecine, où toujours M. Planchon, notre infatigable ami, voulut bien nous accompagner. Les richesses que contiennent les musées de cette École sont à peu près incomparables, et le souvenir sera profond, chez les congressistes, de cette visite qui fut une leçon de choses...

A la sortie de l'Ecole, les congressistes se rendent par les rues pittoresques et tortueuses du vieux Montpellier, au musée Fabre.

Ici, c'est une merveille. M. Martin Dupont, l'artiste si distingué le critique si juste, l'homme si bon et si amoureux de la nature, fait, pour ainsi dire, aux nombreux congressistes qui se pressent autour de lui, un véritable cours comparé de peinture et de sculpture.

La plupart des délégués avaient déjà vu des musées de peinture ou des galeries de tableaux. Mais nul n'avait jamais si bien senti la vie et l'esprit de ces toiles peintes que sous la magistrale critique, parfois acerbe, de notre distingué et sympathique ami Martin Dupont.

Nous sommes heureux de lui adresser ici, ainsi qu'à M. Planchon, nos meilleurs remerciements et nos plus sincères félicitations.

En sortant du musée de peinture, où tout le monde eût bien voulu demeurer davantage, l'admiration pour les richesses artistiques, littéraires et scientifiques de notre vieille cité était générale, mais chacun s'accordait à dire, — et c'est peut-être la meilleure philosophie qui se soit dégagée de ces visites — qu'il importait de substituer au plus tôt une société communiste et fraternelle à la société criminelle et égoïste d'aujourd'hui, afin que ces merveilleuses richesses ne soient pas l'apanage de quelques bourgeois parasites, mais qu'elles constituent au contraire un objet de jouissance et de réjouissance pour tous les travailleurs qui, le travail étant enfin libéré, voudront y consacrer leurs loisirs et leurs moments de repos.

Mais il est midi, et il faut se hâter, car les minutes sont comptées.

En se rendant au restaurant où doit être servi un modeste mais substantiel banquet, quelques délégués s'arrêtent au Grand-théâtre pour visiter le foyer, qui est en effet d'une rare élégance.

Enfin, tout le monde se retrouve à table et durant le repas, qui se fait sans discours et sans chansons, la plus cordiale camaraderie ne cesse de régner parmi les congressistes.

Cependant, la journée n'est pas finie. Il faut se hâter, car à 2 heures 20 minutes, part de la gare de l'Esplanade le train spécial commandé par la Commission d'organisation, qui doit transporter les délégués à Palavas, sur les bords de la grande bleue.

On s'y rend en cortège et au chant de l'Internationale ; la marche est ouverte par le drapeau rouge de la Bourse du Travail de Montpellier, que la foule acclame par des applaudissements enthousiastes.

Grâce à l'abstention de la police — ceci est à noter — tout se passe dans l'ordre le plus parfait et nul incident ne se produit. C'est admirable d'ordre et de dignité, et nous avons la preuve maintenant, que la bannière rouge d'une organisation ouvrière peut sortir sans incident, quand la police veut bien avoir la prudence de s'abstenir, et sans que « l'ordre public » en soit le moindre peu troublé.

L'entrée à Palavas s'opère dans les mêmes conditions, et nous ne sommes pas peu surpris de voir, dans une ville où l'intransigeance religieuse a fait ses preuves, la population applaudir et acclamer des ouvriers qui chantent l'Internationale, sous les plis d'un drapeau rouge.

C'est dans la gaîté générale que se passe l'après-midi. Quelques-uns, profitant de la clémence de notre ciel méridional, se baignent dans la « grande tasse ». D'autres, — ce sont les plus nombreux — vont faire une promenade en mer sur les frêles embarcations des pêcheurs réjouis; enfin, les plus graves restent sur la plage et recherchent quelques épaves de la mer pour enrichir leurs collections.

C'est l'heure du retour. A 6 heures, tout le monde se retrouve à Montpellier.

Une dislocation momentanée a lieu pour permettre à chacun d'aller se restaurer un peu; quelques camarades, obligés de s'en aller, nous quittent à ce moment, mais tous ceux qui restent vont se retrouver dans quelques instants à la

GRANDE RÉUNION PUBLIQUE

Dès 8 heures, la vaste salle des Concerts, où se sont tenues les séances du Congrès et qui, par un véritable tour de force, a été rapidement remise dans son état normal, regorge de monde.

Près de 2.000 personnes sont là, entassées, attendant avec gaieté l'ouverture de la réunion. Aussi, est-ce devant une salle archi-comble, resplendissante de lumière et de beauté, qu'à 8 heures 1/2 précises prend place le bureau aux applaudissements unanimes.

Le camarade Niel préside, ayant à ses côtés les camarades Maille, de Marseille ; Mathieu, de Paris, et Bertrand, de Perpignan.

Sans autre préambule, la parole est donnée au premier orateur, le camarade Raynaud, de Toulouse, qui déclare traiter plus spécialement la question des retraites ouvrières.

Avec beaucoup de précision et de chiffres à l'appui, il démontre que déjà, n'était la veulerie des pouvoirs publics, les ouvriers pourraient jouir à un âge raisonnable d'une retraite suffisante pour éviter les hontes de la mendicité ou de l'hôpital.

Il se déclare adversaire résolu de tout versement fait, soit par les ouvriers, soit par les patrons: par les ouvriers, parce que le chômage qu'ils subissent et leurs salaires incertains ne leur permettent pas de prélever une part quelconque pour leur retraites ; par les patrons, parce que ceux-ci, obligés de verser pour les retraites de leurs ouvriers, ne manqueraient pas de se rattraper sur les salaires déjà insuffisants qu'ils payent.

Il croit préférable une retraite alimentée par un impôt général sur le revenu, par un impôt sur le pari mutuel et par le monopole de l'assurance entre les mains de l'Etat.

Il combat avec vigueur le mutualisme émousseur d'énergies, incapable d'assurer des retraites aux travailleurs, ainsi que les caisses patronales, qui n'ont pas d'autre objet que d'attacher pour longtemps l'ouvrier à l'atelier et conclut en disant que l'ouvrier ne pourra recouvrer sa dignité que le jour où il aura le pain de ses vieux jours assuré par une retraite sans versement spécial des ouvriers ou des patrons.

Ce discours a été fréquemment interrompu par de nombreux applaudissements.

La parole est ensuite donnée au camarade Guérard, de Paris; qui, dès le début, élève le débat en le plaçant sur un autre terrain.

« L'idéal poursuivi par le Syndicalisme, dit-il, est bien plus élevé aujourd'hui que jadis. Après s'être usé contre les réformes partielles et toujours aléatoires, il déclare aujourd'hui que ce qu'il faut obtenir, c'est la disparition même du Patronat. »

Allant au-devant de l'objection prévue, Guérard explique comment on doit écarter de l'expropriation fatale de la classe capitaliste toute idée de spoliation. Non, en présence de la ferme volonté du Prolétariat, qui veut entrer en possession de ce qui lui est dû, la bourgeoisie n'a pas le droit de se poser en victime et de crier au voleur. C'est elle la première qui jouit de privilèges plusieurs fois séculaires, privilèges qui prennent leur source dans le principe faux et criminel de la Propriété individuelle.

Jean-Jacques Rousseau n'a-t-il pas dit que « le premier individu qui, s'emparant d'un morceau de terre, l'entoura d'une barrière et dit : ceci m'appartient ! fut le premier spoliateur » ? Proud'hon n'a-t-il pas déclaré que « la Propriété, c'est le vol » ?

Nous ne pouvons donc pas, nous, qui voulons revenir à des principes plus naturels et plus moraux, être traités de voleurs ni de spoliateurs.

Le Patronat, ajoute Guérard, a changé de forme, mais il n'a pas disparu, il est peut-être devenu plus terrible.

Jadis, c'était le petit patron, l'artisan presque, vivant de la vie commune de son ou de ses quelques ouvriers. Aujourd'hui, le patron n'est pas connu de ses ouvriers ; c'est l'anonyme, c'est l'actionnaire, c'est l'obligataire, d'autant plus à craindre qu'on ne le voit jamais. Et pour montrer l'injustice flagrante qui résulte de ce nouveau mode d'exploitation capitaliste, il dit qu'au dernier exercice de la verrerie ouvrière d'Albi, après avoir, ainsi et mieux que les capitalistes, payé les frais d'exploitation et les salaires aux ouvriers, il restait un bénéfice net de 96.000 fr. qui serviront à créer d'autres institutions ouvrières, tandis que dans une entreprise capitaliste, ils fussent restés entre les mains du patron anonyme.

Pour renverser cette société d'iniquité, pour établir celle où chacun produira selon ses forces et consommera selon ses besoins, l'Unité ouvrière, qui a débuté au Congrès de Montpellier et qui se poursuivra par la suite, est indispensable.

Déjà le Peuple pourrait jouir en paix du fruit de son travail, s'il n'avait maintes fois commis la sottise de faire des révolutions politiques au lieu de faire des révolutions économiques. Il faut que, loin de faire le jeu de quelques politiciens ambitieux, la prochaine révolution du Peuple soit économique, si l'on veut voir disparaître à tout jamais la dernière forme d'esclavage qu'est le salariat.

Cette disparition du salariat est certaine et proche. Deschanel lui-même, qui est loin d'être un farouche révolté, a prédit que le salariat moderne n'était pas immuable et qu'il serait susceptible de profondes modifications. « Travaillons donc sans relâche pour ce noble idéal et vive la Révolution sociale ! »

De frénétiques applaudissements accompagnent ce magnifique discours, pendant que le président donne la parole au camarade Bourchet, de Lyon.

Bourchet a déjà conquis toutes les sympathies du public montpelliérain, aussi est-ce par des applaudissements unanimes que son arrivée à la tribune est saluée.

Il s'excuse tout d'abord de ce qu'une grande fatigue causée par les travaux du Congrès l'empêche d'être aussi long et aussi clair qu'il eût désiré l'être. Ceux qui ont suivi les séances du Congrès savent combien est grande la part qu'y a prise notre ami Bourchet et comprennent toute la valeur de cette excuse.

Bourchet croit, et c'est l'avis unanime, que, sans être parfaite, l'Unité que vient de voter le Congrès est un pas gigantesque fait vers l'émancipation des travailleurs.

Il n'y a que là, dit-il, sur le terrain économique, que l'Union de tous les travailleurs peut et doit se faire en dehors de toute préoccupation politique,

Il montre la nécessité de cette union de tous les travailleurs pour conquérir une à une les réformes indispensables à l'affranchissement du prolétariat, réformes qui n'ont jamais été concédées généreusement par les pouvoirs publics et qui ont dû être arrachées de haute lutte par le peuple en révolte.

Aujourd'hui, le Prolétariat se trouve en présence de deux routes devant lesquelles se trouvent placés des hommes également dévoués, également sincères. Toutes deux aboutissent au même point ; mais l'une doit y conduire plus rapidement que l'autre.

Quelle est la bonne ? L'article premier des statuts de l'Unité ouvrière semble fournir la réponse à cette question. Oui, c'est la route économique, mettant en garde les travailleurs contre tous les travers politiques, qui est la plus courte et la plus droite.

Les ouvriers doivent, par leur force et leur union, imposer directement leurs desiderata et leurs volontés à leurs maîtres de toutes couleurs, comme le peuple sut naguère, par la seule agitation dans la rue et dans les réunions, sans s'adresser à tel ou tel parti politique, imposer la revision d'un procès désormais célèbre. Le peuple s'est sacrifié pour un martyre millionnaire ; il saura bien maintenant se sacrifier pour lui-même.

Très sincèrement, Bourchet croit à la supériorité de l'action strictement syndicaliste révolutionnaire sur l'action mi-syndicaliste mi-politique. Du reste, dit-il, ne voyez-vous pas une certaine inconséquence chez des militants qui, au Syndicat, disent à leurs camarades qu'il ne faut point faire de politique et qui, dehors, conseillent à ces mêmes camarades de choisir le bon candidat pour lequel il faudra voter pour obtenir de bonnes lois ouvrières?

Mais, quelle que soit la tactique employée par des camarades qui veulent s'émanciper, il affirme que la plus étroite amitié et la plus grande courtoisie ne doivent cesser de régner entre militants d'une même cause, laissant aux événements le soin d'éclairer la route qu'en dernier lieu le Prolétariat devra se décider à suivre.

Des bravos enthousiastes accueillent cette belle péroraison et la réunion prend fin par un discours du camarade Niel.

Dès ses premières paroles, le camarade Niel déclare que ce qui se dégage le plus clairement des débats du Congrès aussi bien que de cette magnifique réunion, c'est une leçon de respect et de dignité pour nos dénigreurs systématiques. Le propre de l'éducation syndicale, c'est que sur le terrain économique toutes les opinions peuvent s'émettre librement, et c'est ainsi que, sans que nul se soit senti froissé, des orateurs aux opinions les plus diverses ont pu émettre leurs conceptions propres sur les meilleurs moyens d'émancipation.

Parlant ensuite de l'Unité ouvrière, Niel dit qu'il est heureux que cette question, qui a pour ainsi dire vu le jour à Montpellier il y a un an, soit revenue à Montpellier pour y recevoir le baptême. L'Unité votée par le Congrès n'est pas encore l'idéale Unité. Mais il ne faut désespérer de rien. Sous l'influence de l'éducation et des événements, nous avons l'espoir de voir sous peu se réaliser cette Unité que nous rêvons depuis l'origine de la discussion, c'est-à-dire cette puissante Union de tous les travailleurs de tous pays, de tous les exploités sans distinction d'opinion politique ou philosophique; en un mot, de toutes les victimes du salariat, pour attaquer et détruire l'autre Unité, l'Unité capitaliste d'oppression patronale et d'exploitation bourgeoise.

Pour cela, l'organisation ouvrière telle que la comprend le syndicalisme de nos jours est indispensable.

Il faut des Syndicats pour défendre pied à pied les maigres avantages obtenus et résister par tout aux multiples attaques du Patronat.

Il faut des Fédérations pour assurer le succès d'une corporation en lutte pour une revendication nouvelle.

Il faut des Bourses du Travail pour compléter l'éducation morale des travailleurs par le contact permanent des salariés de tout ordre et pour l'action commune d'une ville ou d'une région.

Il faut une Confédération générale du Travail, synthétisant, matérialisant, dans chaque nation, l'organisation et les aspirations de toute une classe de malheureux, en attendant que, par une action analogue et méthodique dans les autres pays, nous puissions reconstituer cette fois sur des bases indestructibles la grande Association Internationale des Travailleurs.

Pour mieux préciser sa pensée et pour conclure, le camarade Niel compare le mouvement ouvrier qui se dessine partout au mouvement des eaux dans la Nature.

« Les gouttes d'eau, réunies, forment des ruisseaux ; les ruisseaux à leur tour en se groupant forment les rivières qui, jointes les unes aux autres, constituent des fleuves. Enfin, les fleuves, ne connaissant ni bornes ni frontières, viennent de tous les pays se jeter et se confondre dans le grand océan.

« Suivant la leçon que nous donne la nature, il faut que chaque ouvrier, chacun de nous soit la goutte d'eau ; que tous les ouvriers d'un même atelier forment déjà un petit ruisseau syndical qui, ajouté aux autres, constituera la rivière professionnelle. Il faut ensuite que ces rivières en se réunissant fassent le fleuve de la Fédération et que tous ces ruisseaux, toutes ces rivières, tous ces fleuves viennent se retrouver et se confondre dans la Confédération générale du Travail, c'est-à-dire dans le grand océan de la fraternité humaine ».

Un tonnerre d'applaudissements accueille ces paroles, et c'est dans l'enthousiasme général que se termine la série des discours.

Avant de lever la séance, le président donne lecture de l'ordre du jour suivant, qui est voté à l'unanimité et par acclamation :

Ordre du jour :

« Les ouvriers montpelliérains, réunis à l'issue du Congrès corporatif dans la salle des Concerts au nombre de 1500, remercient et félicitent leurs camarades de travail venus des quatre coins de la France pour étudier en commun les intérêts supérieurs du Prolétariat.

« Ils espèrent que les belles assises ouvrières de 1902 qui viennent de se tenir à Montpellier marqueront une étape avancée dans les annales syndicales ; prennent l'engagement de faire tous leurs efforts pour compléter, sur le terrain de l'organisation corporative, l'Unité d'action et de lutte ouvrière, et lèvent la séance aux cris pleins d'espoir de

Vive la grève générale !

Vive l'émancipation des travailleurs par les travailleurs eux-mêmes !

La sortie de la réunion s'effectue sans incident et ainsi se terminent, au chant de l'*Internationale* et à la satisfaction générale, ces belles assises ouvrières dont le souvenir restera impérissable.

PIÈCES ANNEXES

RAPPORTS

SUR

L'ORGANISATION DE LA SOCIÉTÉ AU LENDEMAIN DE LA GRÈVE GÉNÉRALE

ET SUR

LE PROLÉTARIAT AGRICOLE (1)

I

LA SOCIÉTÉ FUTURE

(Rapport présenté par le Camarade BOURCHET de la Fédération du cuivre)

COMMENT ORGANISERONS-NOUS :

1° Le Travail. — 2° La Consommation. — 3° L'Echange.

Le grand drame social vient de se dérouler... Violemment les travailleurs organisés, minorité audacieuse entraînant à sa suite la masse moutonnante, viennent de libérer le travail.

Les exploiteurs morts, en fuite ou devenus conciliants, ont vu la formidable poussée populaire briser la société capitaliste que les « crosses en l'air » ont refusé de protéger.

Un nouveau monde vient de naître. Il faut en tracer les grandes lignes. Et ici, devant ce troublant, ce passionnant, ce magnifique et redoutable problème, saisis par la gravité du débat, faisons immédiatement des réserves.

(1) Conformément à la décision du Congrès, nous informons nos lecteurs que nous ne pouvons insérer dans cette brochure qu'une partie des Rapports qui furent déposés au Congrès, les autres devant être publiés par la *Voix du Peuple*.

Si le plaisir de nous complaire dans notre idéal illumine nos cerveaux, il n'en est pas moins vrai que toutes les conceptions que nous pouvons établir à distance sont essentiellement perfectibles, modifiables et qu'elles n'enferment pas dans un cadre étroit un débat que chaque jour doit rendre plus clair, plus précis. Nous serons toujours avec ce qui améliore, réservant nos résistances pour tout ce qui nous maintiendrait indolents ou qui serait un recul.

Pourquoi alors, dira-t-on, cette vision vers ces devenirs nuageux et pourquoi ne point attendre que l'horizon s'éclaircisse pour distinguer plus nettement les grandes lignes de cette société de justice, de liberté, de bonheur?

Objection de partisans craignant les erreurs, d'adversaires craignant le travail des cerveaux, d'indifférents se laissant aller lâchement à vivre, il faut indiquer pourtant pourquoi, malgré tout et quoi qu'on en dise, le problème est d'actualité.

A la suite d'un chômage épouvantable, entraîné par une grève d'une corporation de premier ordre, ou profitant de troubles politiques quelconques, le prolétariat a réussi, disons-nous, à se débarrasser de ses maîtres.

La masse, habituée à être dirigée, gouvernée et à se tourner sans cesse vers l'Etat-Providence, ressemblerait bientôt, si nous n'y prenions garde, à un navire désemparé, et quelques pilotes payant d'audace pourraient faire tourner une fois encore au bénéfice de quelques-uns le grand mouvement.

Le peuple incurable dans son indolence, son grand geste accompli, ne serait pas à l'abri des retours offensifs si on ne prenait soin de réduire au minimum la période révolutionnaire transitoire.

Il ne s'agira pas de demander sans cesse des devoirs, il faudra aussi et surtout faire face aux besoins.

Ah ! certes, le lendemain de la grève générale il y aura assez de produits manufacturiers pour parer aux premières nécessités. Les magasins d'habillement, de chaussures, de meubles sont suffisamment garnis en notre époque de surproduction sans cesse aggravée pour qu'il n'y ait de ce côté aucune inquiétude. Il y a assez de logements confortables inoccupés pour que, descendant de leurs galetas, les travailleurs puissent respirer enfin l'air vivifiant. Là n'est point le danger.

Plus sérieuse est la question de l'alimentation. Voilà pourquoi l'organisation des travailleurs agricoles mérite notre attention et une étude spéciale. Ceux-là doivent être des nôtres. Leurs intérêts d'ailleurs le leur commandent. Il suffit de le leur faire comprendre.

C'est parce que nous avons conscience du trouble qu'amènerait le prolongement de cette période d'agitation, c'est parce que nous ne voulons pas qu'à la faveur de ce trouble renaissent les instincts plus ou moins mauvais des foules que nous jetons les bases de ce que sera la société au lendemain de la grande révolte, bases, nous le répétons, perfectibles à l'excès.

Donc il faut se mettre à l'œuvre. Démolir est bon, mais il faut reconstruire. Comment organiserons-nous le travail ?

Ah ! la conception ici apparaît simple. Voyez l'atelier, voyez l'usine de notre société égalitaire. Larges, vastes, clairs, propres, séduisants, au lieu de sales, malsains, étroits qu'ils sont à l'heure actuelle. Pas de cloches, pas de sifflets, pas de règlements, pas de défenses. L'entrée et la sortie libres, le repos au gré de tous, et le travail s'effectuant en même temps que s'échangeraient les idées et qu'on se rappellerait les temps à jamais bannis où l'homme travaillait au bénéfice du maître, sous la férule du garde-chiourme, tous disparus dans la grande tourmente.

Partout des hommes se classant par affinités, par goûts, par sympathies, sans contrainte ni contrôle, donnant à la société avec joie, avec plaisir le produit de leurs bras et de leurs cerveaux, cherchant à produire vite, beau et bon. Le contraire, en un mot, de tout ce qui existe à l'heure actuelle.

Mais la rétribution va-t-on demander ?

Et la question amène à un point capital du débat. La société capitaliste est odieuse parce qu'elle est basée sur le salariat. Nous réclamons et clamons que celui-ci doit disparaître. La transformation sociale doit accomplir cette réforme, ou elle ne sera qu'une duperie. Oui, pas de salaire sous quelle étiquette qu'on veuille le qualifier. On ne fait pas une révolution pour changer des étiquettes ! Non, pas de bons de travail, pas de jetons de présence ou de service.

Le travail libre, la consommation libre, la théorie de la valeur s'effondrant, voilà le superbe spectacle auquel nous devons convier l'humanité.

Et alors surgit la première objection : on ne travaillera pas s'il n'y a ni contrainte ni profits !

Nous en sommes à la théorie du travail forcé, du travail-peine et avons gardé comme une tare originelle, le fameux jugement : «Tu gagneras ton pain à la sueur de ton front» !

Quoi, il serait vrai que pour travailler il faut le fouet et le maître, et, lorsque travaillant pour eux, les ouvriers n'auraient plus à fournir que quelques heures de travail, ils refuseraient cette obligation ? Allons donc ! Nos idées tarées par la misère et par la rude lutte pour la vie peuvent nous suggérer de tels blasphèmes !

Les cerveaux libérés qui auront accompli l'œuvre émancipatrice n'auront pas de ces réticences et nous pourrons alors voir

Le travail récréation au lieu d'être peine ;

Ah ! nous voudrions pouvoir élargir cette discussion et tracer la constitution d'une cité, d'une ville, d'un district comme nous les voyons à travers notre rêve. Chacun apportant sa libre part dans l'œuvre commune, tous trouvant dans leur bonheur un stimulant à le grandir encore, partout la lumière, l'air et la joie. Et dire qu'un tel rêve pourrait être demain une réalité !

Mais revenons au débat. Incontestablement la réorganisation du travail sur les bases communistes transformerait nos organisations syndicales et fédérales. Organisations de défense et d'éducation à l'heure présente, elles ne seraient plus que des organismes de production.

L'aristocratie des métiers aurait disparu et je ne crois pas qu'il y ait alors besoin de centralisation soit administrative, soit de production et, fatalement, syndicats et fédération auront disparu, n'ayant plus aucun rôle à jouer, ou se seront considérablement transformés.

Donc, c'est entendu : travail libre, salariat disparu. Comment organiserons-nous la consommation ?

Nous l'avons dit déjà plus haut : librement, comme le travail. *De chacun suivant ses forces, à chacun suivant ses besoins*, voilà notre doctrine. Et là nous sommes bien tranquilles.

Si nous examinons dans la situation présente toutes les non-valeurs sociales, tous ceux qui ne produisant rien consomment beaucoup : armée de protection capitaliste, prêtraille de toutes robes, magistrats debouts, assis et couchés, policiers de tout acabit, rentiers et exploiteurs de tous ordres, législateurs de toutes nuances, nous savons par des statistiques officielles qu'il y a à peine 30 pour cent de producteurs pour donner à tous ce qui leur est nécessaire.

Et encore, ce tiers de producteurs connaît de plus en plus les longs chômages, et il arrive cependant ce phénomène étrange qui, à lui seul, est la condamnation du régime capitaliste : surproduction de produits aboutissant à surcroît de misère et de privation.

Alors que la science elle-même ne peut se développer librement et que de multiples simplifications peuvent demain aboutir à une production plus intense, alors qu'en régime communiste tous les bras employés à des travaux inutiles, armes de guerre, fortifications, etc., le seront à des travaux d'utilité, on conçoit que, si actuellement il suffirait que chaque membre de la Société fournisse trois heures de travail pour arriver à la production nécessaire, ce même nombre d'heures de travail, grâce à une meilleure organisation, grâce au progrès, aboutira à une surabondance de produits qui permettra de laisser consommer à tous sans compter, sans autre limite que la conscience des individus.

Des esprits très gouailleurs qualifient cela de ce mot stupide qu'on veut rendre ironique : la prise au tas. Prise au tas, si vous voulez, nous ne nous soucions pas des mots, même lorsqu'ils veulent être méchants.

Il y a assez longtemps qu'une portion de l'humanité — la moins intéressante — pratique le système. Nous croyons qu'il est possible de le généraliser.

Mais quoi, dira-t-on encore — et nous allons volontiers au devant des objections — celui qui ne travaillera pas, qui ne produira pas, aura-t-il donc, lui aussi, la faculté de consommer à outrance?

Je ne sais s'il y aura à ce moment des hommes refusant de collaborer à l'œuvre commune, mais on peut admettre qu'au début tout au moins, par phénomène d'atavisme, par tare cérébrale, il se peut qu'un certain nombre très restreint d'individus se refusent à être des producteurs. Faudra-t-il donc pour ceux-là voir réapparaître le bicorne du gendarme et la robe noire du juge?

Heureusement non. Ceux-là mangeront, boiront tout à leur aise et si les peines corporelles manquent, si on ne les condamne ni à la prison, ni à mourir de faim, dans un régime où les consciences seront droites, je crois que l'opprobre qui pèsera sur ces parasites sera un moyen suffisant pour en éteindre rapidement la race.

Si au début nous étions tenus d'en entretenir quelques-uns, supportons-les dans la crainte de maux bien pires, en songeant qu'à l'heure actuelle les parasites forment les deux tiers de l'humanité !

Voici donc, aussi succinctement que possible, établies les conditions du travail-production et du besoin consommation.

Sans salaire, la valeur disparue conséquemment, il s'agit de définir maintenant la troisième point, l'aboutissant des deux autres : le moyen d'échange.

Ici le problème s'élargit et nous voyons entrer en ligne l'institution qui, au lendemain de la grève générale, semble devoir être le centre de l'activité humaine et qu'à l'heure actuelle on dénomme Bourse du Travail. Nous avons déjà déclaré que nous n'avions qu'une considération légère pour les étiquettes.

Y aura-t-il une Bourse par commune, par région, par district? Il serait prématuré de le dire, car les groupements se faisant par affinités seront surtout et heureusement, ajouterons-nous, de nature variable et indéfinie. Cela d'ailleurs importe peu, l'essentiel étant de décentraliser à outrance et de s'éloigner le plus possible de la forme Etat.

Donc, une agglomération s'est constituée. Les uns se livrent à tels travaux, d'autres, donnant libre cours à leurs goûts, se lancent dans telle ou telle branche d'industrie ou d'alimentation. D'autres, enfin, se chargent des travaux de voirie et d'embellissement de la commune. Que vont devenir les produits? Produits par la communauté et pour la communauté, ils seront, semble-t-il à la fois simple et naturel, amenés dans les magasins communaux, où chacun viendra prendre suivant ses besoins. Ces magasins, faut-il le dire, seront aussi nombreux et divisés en autant de spécialités qu'il sera nécessaire pour que tout se passe avec le moins de perte de temps possible.

Pour ce qui est produit par la commune, cela paraît donc assez simple, mais il n'est pas possible d'admettre que tout ce qui sera nécessaire à la vie, et par ce mot vie nous englobons à la fois les besoins de nutrition et de plaisirs, pourra être produit dans chaque section.

Il y aura trop de telle ou telle marchandise, insuffisance ou manque total de telle ou telle autre. Et alors le rôle de ce que nous appelons Bourse du Travail se précise.

Chaque Bourse aura son Bulletin de production et d'échange qui sera expédié à toutes les Bourses existantes. Ces bulletins contiendront la liste des produits en excédent et ceux manquants, et il sera facile d'établir alors les rapports aboutissant à l'échange. Ces bulletins contiendront, en outre, toutes les découvertes, perfectionnements, simplifications devant aboutir à moins de fatigue et à plus de loisir.

Mais la valeur d'échange, demandera-t-on en insistant ! Les communes, les sections, les provinces, sur quelle base opèreront-elles entre elles l'échange des produits ? Et souriant sans doute, nos adversaires, s'imaginant que les divisions que nous qualifions ainsi aboutiront à créer une profusion de petits peuples égoïstes cherchant à spéculer le plus possible, croient nous acculer à une difficulté insurmontable.

Nous n'avons jamais voulu dire que chaque section se cantonnerait chez elle et c'est justement ce qu'on croit être un obstacle : l'échange, qui va apporter à tous les rapports d'amitié, de solidarité qui, loin de diminuer, seront, au contraire, poussés à un degré inconnu jusqu'ici.

Les chemins de fer sillonneront tous les coins du territoire, les moyens de communication de toutes sortes que la science aura mis à la disposition de l'humanité seront multiples et, soit par goût, soit par fantaisie, les êtres humains fréquemment iront chercher un peu partout les plaisirs et l'exemple. Et alors il arrivera ceci — et je vais pousser jusqu'à l'extrême l'exemple pour mieux le faire saisir. La commune de Lyon, par exemple, ayant des machines à vapeur en excédant et manquant de pain, échangera au besoin une machine valant actuellement 100.000 francs, pour une quantité de pain ayant aujourd'hui une valeur cent fois moindre.

Et il n'y aura ni service rendu, ni reconnaissance à avoir, ce sera logique, naturel, la solidarité humaine étant devenue autre chose qu'un mot, et les maîtres susciteurs de haine ayant disparu.

Pour employer les termes usités actuellement, les Bourses du Travail rempliront le triple rôle de magasins généraux des communes, de Bourses du commerce et d'administration communale.

Certes, tout cela demanderait à être longuement complété. Nous aurons d'ailleurs l'occasion de le faire, et comme nous tenons à répondre encore à certaines craintes, il nous faut résumer les points principaux de cette étude qui aboutit :

1° Travail libre sans contrainte, sans salaire d'aucune nature ;
2° Consommation libre suivant les goûts et les besoins ;
3° Suppression absolue de la théorie de la valeur ;
4° L'échange établi suivant les besoins ;
5° La Bourse du Travail, centre de l'activité et de la vie humaine.

« Ni monarchie, ni aristocratie, ni même démocratie en tant que ce dernier terme implique un gouvernement quelconque, agissant au nom du peuple, et se disant peuple, disons-nous avec Proudhon, dont nous sommes loin d'ailleurs d'accepter toutes les théories.

Point d'autorité, point de gouvernement, la Révolution est là.

LES OBJECTIONS

Elles sont de deux sortes, les unes enfantines, les autres plus sérieuses.

Nous ne sommes pas prêts, déclarent ceux que tout mouvement affole et inquiète. Cela ne se verra jamais, disent les sceptiques qui arrêtent leur vue à la durée de leur existence.

Nous avouons, sans hésiter, que certes la mentalité de la masse est loin d'être ce que nous voudrions qu'elle soit. Les siècles de servitude accumulés ont bien fait les choses. La lutte pour la vie a créé parmi les travailleurs tous les vices, jalousies, rancunes sur lesquels s'étaye la domination capitaliste. Nous ne sommes pas prêts, c'est possible, et la Grève générale libératrice ne sera peut-être pas l'œuvre de demain.

Mais il ne faut pas que cet aveu serve à nous rendre indifférents et à justifier une inaction désastreuse. C'est entendu, nous ne sommes pas mûrs pour la grande œuvre, mais au moins, si nous comprenons sa portée, mettons-nous les uns et les autres à la propagande, multiplions nos efforts, par la parole, par la brochure, dans les réunions, dans les conversations particulières, cherchons à faire dans les cerveaux l'infiltration de nos idées. Le jour où enfin le syndicalisme sortira de la voie étroite dans laquelle on voudrait le cantonner, nous pourrons, regardant en face la société capitaliste, lever la tête et déclarer sans crainte : nous sommes prêts ! Et cela arrivera, camarades. Il n'est pas possible de croire qu'en présence du bonheur possible général, universel, les foules grandissant en conscience, en intelligence et en éducation courberont éternellement l'échine. Il n'est pas possible d'admettre que les leçons des dures grèves, que les épouvantables crises de chômage devenant chroniques n'ouvriront pas enfin les yeux, même à ceux dont la cécité apparaît comme incurable.

Le peuple sera libre quand il le voudra. Travaillons à sa libération.

La transformation sociale en tout cas, disent quelques camarades, ne pourra se faire qu'internationalement, car voyez-vous une nation, la France, par exemple, faisant seule la révolution et s'isolant ainsi dans le monde capitaliste. J'avoue voir cela sans crainte ni terreur, et je crois même qu'il en sera ainsi. Une nation quelconque: France, Allemagne, Russie, secouera tout d'abord le joug et d'un rude mouvement d'épaules jettera bas le régime du capital. Mais je crois aussi que l'exemple s'étendra rapidement et qu'une telle transformation aura sur l'univers un tel rayonnement, sera d'un tel exemple que dans un délai relativement court la transformation sera universelle.

Mais, mettons les choses au pire et supposons que la grande tourmente n'ait balayé qu'un pays, celui que nous habitons. Croit-on que nous serions dans une situation inférieure ? Moralement non, nous concède-t-on assez volontiers. Mais si nous nous trouvions en face d'une coalition des pays à domination capitaliste mettant en quarantaine la portion territoriale émancipée ! Si d'autre part, ayant supprimé la valeur et le moyen d'échange, nous manquions de produits, comment trouveriez-vous l'issue de cette difficulté ?

Si on veut parler des produits du sol, nous renverrons nos contradicteurs aux exposés si concluants, si lumineux d'Emile Gauthier, de Kropotkine, démontrant par des exemples et par des chiffres que l'isolement ne saurait être un danger et que la science et la chimie nous fournissent tous les éléments nécessaires pour aboutir à l'alimentation générale. L'objection devient plus grave s'il s'agit des produits que la nature a mis des milliers de siècles à former, minerais de toutes sortes, charbon, métaux, etc. Admettons même que pour tout cela nous soyons obligés d'être tributaires des pays environnants ou lointains. Comment nous les procurerons-nous ?

S'il en était ainsi, il est incontestable que le rôle de la Confédération générale du Travail, institution d'échange international, se trouverait justifié et qu'alors serait nécessaire un moyen de se procurer les matériaux manquant à notre section. Alors, et dans ce cas, et pour ce besoin spécial, il y aurait nécessité de conserver une valeur d'échange, mais le danger serait supprimé en limitant cette entorse aux principes aux seuls besoins internationaux, et d'ailleurs cela ne serait que momentané.

Une dernière objection et nous en aurons fini avec les principales tout au moins, que nous sommes obligés d'examiner seules dans ce court résumé.

Votre société est idéale, et certes nous voudrions de tout cœur la voir se réaliser, nous disent amis et aussi adversaires, mais comme nous croyons à la fatalité des étapes, les uns se disent partisans d'un socialisme d'Etat plus ou moins étendu, d'autres d'une période transitoire où le travail serait devenu collectif et où le salariat aurait changé de forme en s'améliorant considérablement.

Nous ne croyons pas au coup de baguette féerique. Il est possible que la lutte pour la liberté, pour le bonheur soit rude et difficile et que la citadelle capitaliste ne soit prise d'assaut que par portions successives.

Tout cela est possible, mais de même que nous ignorons les phases de l'évolution, de même nous ne voulons pas avoir à nous prononcer sur tel ou tel système transitoire. Nous montrons au prolétariat le but idéal et nous lui disons : voilà sur quoi doivent se tendre toutes les espérances, et nous faisons son éducation dans ce but.

Si en cours de route, des étapes s'imposent, nous les subirons avec la joie du chemin parcouru, avec l'impatience d'aboutir à ce qui nous restera à atteindre.

Tel, le soldat en route vers le but ne s'inquiète que superficiellement des cantonnements d'étape.

Nous ne sommes pas des excommunicateurs, et à ceux qui, voyant trop longue la route à parcourir ne croient avoir la force, le courage ou le temps que d'en parcourir une partie, à tous les sincères demandant, non à changer de maîtres ou à le devenir eux-mêmes, nous disons : marchons ensemble la main dans la main. Nous saurons bien vous entraîner le moment venu et vous faire brûler vos étapes.

Cela viendra, camarades, travaillons-y de toutes nos forces. Le travail brisera un jour ses chaînes, la liberté ne sera plus une vaine formule, l'homme sera heureux et libre dans une humanité faite d'harmonie, et la terre n'en continuera pas moins à tourner, base inerte d'un monde tant de fois transformé.

A. Bourchet.

RAPPORT

PRÉSENTÉ PAR

Le Syndicat des Ouvriers de l'Orfèvrerie de Paris

Nous avons pensé répondre aux desiderata de tous en répondant au questionnaire émanant de la Confédération générale du Travail et du Comité de la Grève générale de la façon suivante, la question étant très importante au point de vue de l'organisation du prolétariat en général et principalement de la corporation au lendemain de la Révolution.

Avant de répondre à chaque question, nous nous placerons au point de vue général.

Dès qu'éclatera la Révolution, les corporations fabriquant les objets de première nécessité et principalement celles de l'alimentation, devront être aptes à fonctionner, et cela à seule fin d'assurer la nourriture à tous les producteurs, et à amener à nous la masse moutonnière des inconscients et des indifférents qui ira du côté où elle se sentira le plus de bien-être. C'est donc à nous, travailleurs organisés, à nous efforcer de procurer le bien-être à cette masse, non pas théoriquement mais pratiquement.

Etant donné que, dans la société future de bien-être et de liberté que nous rêvons tous, tout le monde devra y apporter sa part de travail soit manuel, soit intellectuel, les fainéants, c'est-à-dire ceux composant la société bourgeoise, capitaliste et exploiteuse d'aujourd'hui, se nourriront de leurs billets de banque et de leur or, dont nous n'aurons que faire à ce moment, et s'ils veulent vivre, ils devront travailler, sinon ils crèveront devant leurs coffres-forts.

Ayant dit que tout chacun devrait apporter sa part de travail, il s'agit donc de savoir ce que nous ferons dans la corporation de l'Orfèvrerie.

Fabriquant des objets de luxe que seule la classe exploiteuse peut se procurer à l'heure actuelle, nous pourrons donc nous en dispenser tout d'abord, c'est pourquoi, dès le début de la société nouvelle, nous apporterons notre part soit en travaillant la terre, soit en fabriquant des machines agricoles ou industrielles.

Mais, plus tard, lorsque la société sera établie et fonctionnera selon la logique naturelle, nous ne voyons pas pourquoi les déshérités d'aujourd'hui ne pourraient pas profiter du luxe comme les fainéants de l'heure actuelle ; et nous dirons au mineur et au paysan :

« Voilà assez longtemps que tu manges dans une écuelle en bois, prends cette vaisselle d'argent en échange de la pomme de terre et du charbon que tu nous donnes ».

Ayant établi que notre corporation devrait disparaître momentanément pour ne se réveiller qu'au moment où la société fonctionnerait avec bien-être, liberté et égalité, notre tâche se trouve donc très simplifiée et nous n'en répondrons pas moins au questionnaire de la façon suivante :

1° *Comment agirait votre Syndicat pour se transformer de groupement de lutte en groupement de production ?*

N'ayant pas à nous transformer immédiatement, nous nous rendrions dans les groupements agricoles ou mécaniques, mais n'en conserverions pas moins des relations entre nous pour nous former au moment désirable. Nous deviendrons donc un Syndicat d'éducation et d'instruction sociale, ce que nous sommes déjà du reste.

Techniquement, une pièce d'orfèvrerie passant par plusieurs mains durant le cours de sa fabrication, le rôle d'organisation reviendrait à notre Fédération existant à l'heure actuelle et nous, spécialement, ne formerions qu'une des sections du « groupement de production des objets de luxe ».

2° *Comment opèreriez-vous pour prendre possession de l'outillage vous afférent ?*

Puisque nous supposons la grève générale triomphante, l'outillage nous appartient. C'est pendant la période révolutionnaire que nous nous en emparerons.

Pour nous, Grève générale ou Révolution est identique ; mais nous considérons que, pour être efficace, le mouvement révolutionnaire devra être universel.

3° *Comment concevez-vous le fonctionnement des usines et ateliers réorganisés ?*

Il ne peut être répondu à cette question qu'une fois qu'elle aura été discutée fédéralement au point de vue général.

4° *Si votre Syndicat est un groupement de voirie, de transport de produits, de transport de voyageurs, de répartition de produits, etc., comment concevez-vous son fonctionnement ?*

Cette question ne nous vise pas.

5° *Quelles seraient, une fois la réorganisation accomplie, vos relations avec votre Fédération de métier ou d'industrie ?*

Nous avons vu que nos relations seraient continuelles avec la Fédération de par la fabrication au point de vue technique et pratique.

6° *Sur quelles bases s'opèreraient la distribution des produits et comment les groupes productifs se procureraient les matières premières ?*

Les objets de luxe une fois terminés seraient centralisés à la Fédération qui, elle, par son accointance avec les Bourses du Travail ou tout autre organisme établi dans la société future et à qui incomberait justement le rôle de répartition, la Fédération, disons-nous, y porterait les produits fabriqués.

Pour les matières premières, ce serait justement par le groupement fédéral d'industrie que nous nous les procurerions.

7° *Quel rôle joueraient les Bourses du Travail dans la société transformée et quelle serait leur besogne au point de vue de la statistique et de la répartition des produits ?*

Les Bourses du Travail deviendraient, à notre point de vue, des Comités régionaux et centraux où les délégués feraient connaître les besoins et la production de leurs districts respectifs et ils apporteraient à ces comités les produits fabriqués et remporteraient ceux qui leur seraient nécessaires.

Chaque district étant bien entendu organisé, ayant des délégués mandatés par les sections productives, lesquelles seraient composées de producteurs qui feraient connaître leurs besoins.

Nous n'entrerons pas dans les détails de ce système d'organisation qui devra être envisagé au point de vue général et qui devra faire l'objet d'une discussion spéciale, mais nous pensons être compris dans l'explication sommaire que nous donnons.

Le Délégué, NOYON.

RAPPORT

PRÉSENTÉ PAR

“ Les Egaux ”, Syndicat des Ouvriers Maçons, Aides et similaires de la Seine

N'est-il pas honteux de voir à l'aurore du vingtième siècle, au milieu de tant de produits, des êtres allant, traînant les chemins, sans pain, sans vêtements et sans gîte, pendant que d'autres individus gaspillent le produit de ceux-ci, en se prélassant dans l'oisiveté, par l'exploitation de l'homme par l'homme ou pour mieux dire des êtres en exploitant d'autres.

Considérant que dans une société où tous les êtres naissent de la même manière, il est inadmissible qu'il y en ait une partie qui vive au détriment de l'autre, nous répondons à l'enquête et voici comment nous comprenons notre devoir au lendemain de la Grève générale triomphante.

1° Comment agirait votre Syndicat pour se transformer de groupement de lutte en groupement de production ?

Réponse. — Dans la société actuelle, il semble encore aux travailleurs non groupés que, s'il n'y avait pas de patrons et surtout de capitaux, l'on ne pourrait rien faire. Cependant le contraire est la vérité, le numéraire étant la cause de l'égoïsme et le seul moyen qui facilite l'accaparement. Résultat : l'exploitation de l'homme par l'homme (terme courant). Donc, l'égalité des êtres humains ne pourra avoir sa pleine efficacité qu'avec la disparition de la monnaie (métal ou papier) et remplacée par le travail de chacun selon ses forces et la répartition suivant ses besoins.

Examinons comment nous comprenons notre rôle dans l'avenir. Tout d'abord, il faudra que notre fédération crée dans chaque arrondissement, canton ou commune, selon l'importance et suivant les besoins, où il n'en existe pas, et selon la facilité, un Syndicat de métier ou d'industrie, de manière à éviter le dérangement le plus possible et bien faire connaître la localité pour ces besoins.

Notre corporation étant de celles qui doivent assurer un abri à tous les membres de la société aussi confortable que possible, nous ne disons pas que d'un coup de baguette magique chacun aura un palais à sa disposition, mais nous pourrons, dans un bref délai, transformer les immeubles actuels, ceux qui sont trop vastes pour leurs occupants et qui se répètent plusieurs fois pour les mêmes individus qui possèdent hôtels en ville, châteaux ou maisons de campagne, pavillons aux bords de la mer. Ces locaux transformés au nom de la société serviront à un plus grand nombre de ses membres.

Pas besoin d'avoir dans chaque logement salle de billard, de jeux, de salon et de fumoir (pour ces sortes de divertissements, le tout peut se faire en commun) pendant que les producteurs logent dans des taudis infects. Voilà pour le plus pressé.

Maintenant, comment savoir si nous aurons suffisamment de locaux pour satisfaire à tous les besoins ? La statistique en main, nous pouvons dès maintenant savoir le nombre d'habitants par arrondissement, par canton et par commune, le nombre de maisons, combien de logements dans chacune d'elles, le nombre de familles, leur composition, ainsi que la valeur locative de chacun des logements. Voilà de quoi nous renseigner pour la répartition, car nous devons considérer qu'il faut un minimum de deux pièces par ménage et une pièce par sexe d'enfant, cuisine, water-closet et cabinet de toilette, le tout selon l'hygiène. Il est certain que pour faire ce travail nous aurons besoin du concours de toutes les corporations qui sûrement ne nous manquera pas. Aujourd'hui, bien des travailleurs perdent un temps précieux par le chômage que la société bourgeoise nous impose de par son avarice, et au milieu de tant de travaux de salubrité qui sont à faire (toujours la question monétaire).

De ce système naît l'antagonisme des travailleurs. Résultat : soumission.

Moyen d'en faire la répartition : Chaque Syndicat local déléguera un membre qui formera le conseil local et qui aura comme attributions la répartition des locaux, en commençant par les plus mal logés, ainsi que la répartition de toutes sortes de produits, et de décider de la production, d'accord avec le Conseil départemental, constitué par l'union des Syndicats, dénommée actuellement Bourse du Travail, qui de son côté recevra les renseignements de la Confédération générale du Travail.

2° Comment opéreriez-vous pour prendre possession de l'outillage vous afférant ?

Réponse. — La classe ouvrière étant par la logique des choses créatrice de tous les outils, nous n'avons qu'à nous emparer de tout ce qui nous sera nécessaire pour la construction des immeubles et dire à nos camarades à qui incombe le rôle d'en faire, de nous en fournir selon les progrès de la science et de la mécanique.

3° Comment concevez-vous le fonctionnement des usines et des ateliers réorganisés ?

Réponse. — Les usines ou ateliers devront fonctionner sous la surveillance d'un administrateur et de syndics selon les besoins, remplaçant les contre-maîtres actuels, le tout choisi par le Syndicat dont dépend l'industrie de la localité, dans les mêmes conditions qu'à la première question, car toutes les corporations s'organiseront dans les mêmes formes ou à peu près.

4° Si votre Syndicat est un groupement de voirie, de transport, de production, de transport de voyageurs, de répartition de produits, comment concevrez-vous son fonctionnement ?

Réponse. — Notre Syndicat n'est pas dans ce cas. Mais néanmoins nous considérons que la voirie sera sous le contrôle du Conseil local et de la Bourse du Travail, son organisation par service ; le Syndicat désignera son administration dans les mêmes formes, voir la troisième question ; pour les transports, il en sera de même, mais alors sous le contrôle de la Confédération, pour les services nationaux.

5° Quelles seraient, une fois la réorganisation accomplie, vos relations avec votre Fédération de métier ou d'industrie ?

Réponse. — Nous considérons que nos relations avec notre Fédération de métier doivent être constantes pour nous renseigner sur les points où il manquerait de bras et les endroits qui peuvent en disposer. Mais réellement les Fédérations nationales sont appelées à disparaître dans la société future, pour faire place aux Fédérations régionales ou Syndicats départementaux, qui nommeront leur délégué à l'Union des Syndicats, Bourses du Travail qui à leur tour réunies ensemble par délégation formeront la Confédération générale du Travail.

6° Sur quelle base s'opèrerait la distribution des produits et comment les groupes productifs se procureraient-ils la matière première ?

Réponse. — La distribution des produits se fera d'une part, par les soins du Conseil local, selon les demandes des groupes chargés d'en faire la distribution (système coopérateur), d'autre part, selon les données de la statistique énumérant la production de chaque localité et la consommation, soit en moins, soit en plus.

Par la Confédération générale du Travail, pour les matières premières, mêmes conditions.

7° Quel rôle joueraient les Bourses du Travail dans la société transformée et quelle serait la besogne au point de vue de la statistique et de la répartition des produits ?

Réponse. — Les Bourses du Travail ont comme devoir de relever l'état des produits et des besoins suivant les données de chaque localité, ainsi que nous le disons aux questions précédentes pour éviter l'anarchie dans la production et dans la consommation. En un mot, être le lien qui doit unir toute la société humaine, être aussi l'intermédiaire d'accord avec la Confédération générale pour assurer les moyens d'échange de nos produits nationaux avec les produits internationaux, soit par la monnaie ou tout autre moyen d'échange, en attendant l'avènement de la République sociale universelle.

Conclusion. — Bien des travailleurs ont peur du bien-être de la société future parce qu'ils craignent d'avoir à nourrir ceux qui ne voudraient pas travailler. Qu'ils se rassurent.

En raison même que pour avoir des droits il faut avoir des devoirs (et le devoir de chacun ne sera pas grand quand on aura supprimé les oisifs et les parasites, tels que magistrature, policiers, armée et différents emplois inutiles ainsi que les intermédiaires de toutes sortes), ce danger n'est pas à craindre.

Venant par la force des choses vous prêter la main à produire s'ils veulent avoir droit à la consommation, ces parasites ou inutiles, formant le tiers de la population, viendront diminuer nos fatigues d'autant et à ce moment la science viendra encore nous aider dans la production ; de par ce fait aucun membre de la société ne doit être délaissé dans ses besoins intellectuels et matériels.

Le Syndicat des Egaux, ouvriers maçons, aides et similaires de la Seine, demande au Congrès de faire paraître une brochure à 10 centimes, sous forme de catéchisme, relatant les réponses les plus en harmonie avec la société future, et de là, si les organisations comprennent bien leur rôle, nous pourrons, dans un laps de temps très rapproché, tenter le mouvement de la grève générale qui doit être la délivrance du Prolétariat !

Approuvé par le Syndicat, dans la séance du 3 et du 10 septembre 1902.

La Commission de rédaction : CHARLES DUTEIL, FORESTIER, BAILLERON.

Le Rapporteur, PÉCHARD.

RAPPORT

PRÉSENTÉ PAR

La Bourse du Travail de Nimes

Comment assurer la Production, l'Echange et la Consommation ?

Les Bourses du Travail sont tout indiquées, par leurs services organisés, avec leur amplification, à jouer ce rôle prépondérant à l'avènement de la Société future. Par l'offre et la demande d'emplois elles établissent d'une façon précise le niveau du marché du travail. Si tous les travailleurs comprenaient l'importance de ces institutions, ils sauraient toujours le nombre exact, et pour chaque profession, des ouvriers non employés. Chaque perfectionnement dans l'outillage, chaque perturbation dans les professions, la concurrence des femmes, des enfants, des prisonniers, des sans-travail, et tant d'autres causes d'avilissement des salaires et de la misère des ouvriers auraient de suite leur répercussion à la Bourse, en augmentant les demandes d'emplois et diminuant l'offre.

Par le service de statistique, chacune devrait connaître le coût de l'entretien de chaque individu (hommes, femmes et enfants), comparativement aux salaires accordés; le nombre de professions de travailleurs dans chacune d'elles, de produits fabriqués ou extraits ou récoltés et par réciproque la totalité des produits nécessaires à l'alimentation et à l'entretien de la population dans toute la région, sur laquelle elle rayonne. Elle connaîtrait ainsi la somme des produits en excédent dans cette région, et des produits employés et consommés dont elle s'approvisionne, soit dans d'autres régions, dans d'autres pays, dans d'autres continents.

Les Bourses étant fédérées nationalement et internationalement, de la centralisation de leurs documents résulterait la statistique exacte du travail dans tous les pays civilisés et corporativement organisés, c'est-à-dire de leur puissance de production et de leur faculté de consommation. Les produits en excédent dans certaines régions ou dans certains pays donnent la connaissance de l'échange et du négoce puisque ce sont ces excédents qui alimentent de ces produits les régions où ils ne se fabriquent ou ne se récoltent pas, ou bien insuffisamment.

La propriété n'est plus individuelle, la terre, les mines, les usines, les ateliers, les moyens de transport sont devenus propriétés sociales, (et non propriétés exclusives et inaliénables) des travailleurs qui les mettent en valeur, si l'on ne veut voir s'élever entre les corporations les conflits qui s'élevaient entre les capitalistes, et la Société être de nouveau victime de la concurrence — concurrence des collectivités corporatives au lieu des individualités capitalistes.

La terre, les industries, les moyens de transport n'appartiendraient pas davantage aux agriculteurs qu'aux métallurgistes, aux cheminots, que n'appartiendrait aux verriers la verrerie ouvrière d'Albi. C'est-à-dire que chacun travaillerait pour tous, tous travaillant pour chacun.

L'échange des produits de la terre se ferait contre les produits de l'industrie, chaque travailleur consommant les produits fabriqués par d'autres travailleurs et réciproquement. Voilà sur quelles bases doit être organisé le travail, pour que la Société soit vraiment égalitaire, car les hommes ne pourront jouir des mêmes droits que par l'égalité des conditions.

Les Bourses, connaissant la quantité de produits qui doivent être fabriqués, en avisent les Conseils professionnels des Syndicats corporatifs, qui emploient à la fabrication des produits nécessaires tous les membres de la profession. De la sorte, nul ne peut refuser du travail à celui qui en demande, tout le monde doit être occupé.

Par leurs statistiques, les Bourses connaissent la production excédente ou manquante de leurs milieux ; elles déterminent donc l'échange des produits entre les territoires doués par la nature, pour une production spéciale. Ainsi le Creusot pour la métallurgie, Limoges pour les porcelaines, Elbeuf pour les draps, nos pays pour les vignobles, produisent et produiront des produits d'échange, moyennant lesquels leurs populations devront s'approvisionner de tout ce qui est nécessaire à leur entretien et à leur développement intellectuel.

La statistique rétablit l'équilibre pour la répartition du travail et de la richesse.

Dans les pays où la civilisation ne sera pas développée et où l'on devra pourtant s'approvisionner des produits exotiques, des agents commerciaux seront délégués à l'échange et aux transactions.

Hâtons-nous d'ajouter que les Bourses du Travail ainsi conçues ne peuvent être ni dangereuses ni parasitaires, puisqu'elles sont l'émanation directe des Syndicats qui sont les maîtres, qu'elles ne sont que des bureaux de centralisation, de renseignements et de statistique, et que les fonctionnaires sont nommés par eux, toujours contrôlables et révocables.

Le Secrétaire.

RAPPORT

PRÉSENTÉ PAR

Le Syndicat des Ouvriers agriculteurs de Mèze

Notre adhésion aux grandes assises prolétariennes de Montpellier devait nous permettre de présenter avec force arguments la situation précaire et digne de vos sympathies, du Prolétariat agricole.

Respectueux cependant des décisions du Congrès de Lyon, invoquées par la Commission d'organisation, nous avons applaudi de tout cœur à l'intelligente initiative qui limita à deux questions — à la fois primordiales et passionnantes — l'ordre du jour du 13e Congrès corporatif ; l'étude qui s'attache à chacune d'elles n'en sera que plus mûrie.

Ceci dit — exclusivement cantonnés sur le terrain agricole — essayons de répondre à la première question de l'enquête sur la grève générale.

1° a) Quel est le meilleur moyen d'organiser les syndicats pour renverser et remplacer la classe capitaliste ?

A notre avis, la réponse à cette question — en ce qui nous concerne — nous paraît peu embarrassante. Les coopératives agricoles créées par nos syndicats, en dehors des coopérations existantes, nous ont déjà tracé la voie à suivre, montré qu'elles seules étaient le complément indispensable de nos organismes, le levier puissant qui hâtera notre émancipation économique.

La lutte incessante, sans trêve, entre le Capital et le Travail, nous a permis de constater l'impuissance des syndicats isolés.

Dans cet ordre d'idées, il est de toute évidence que l'organisation du Prolétariat agricole en vue des luttes futures est incomplète.

L'instauration de la société communiste répondant à notre soif de bien-être, d'idéal pur, ne saurait être tentée qu'avec l'appui des paysans, des humbles ouvriers de la terre.

Nous aimons à croire que, d'ici peu, grâce aux efforts de la Bourse de Montpellier et de la Confédération, nos forces syndicales par trop éparses seront unies par le lien fédératif et viendront renforcer le bloc formidable qu'est la Confédération nationale du Travail.

2° b) Comment assurer la production, l'échange et la consommation ?

La deuxième question est intimément subordonnée à l'existence de la Fédération, appelée à combler la lacune qui nous met en état d'infériorité vis-à-vis des travailleurs de l'industrie.

La production, l'échange et la consommation dans la société communiste revêtiraient un caractère primordial, nos produits étant de première nécessité, notre organisation la plus fondamentale du bon fonctionnement de tous les rouages de la société à venir.

En prévision de la Grève générale et dès la constitution de la Fédération agricole, cette dernière devrait — d'ores et déjà — nouer des relations avec les Bourses du Travail qui comptent dans leur sein des syndicats agricoles, afin que ces derniers, en dehors de leurs bibliothèques, puissent compléter leur instruction professionnelle par l'audition de conférences-causeries, mi-partie syndicales, mi-partie agricoles.

Il nous paraît utile d'insister sur ce point, de vulgariser les meilleurs procédés de culture intensive en vue de la prise de possession des biens terrestres par nos associations syndicales ; produire le plus possible ne saurait nous effrayer. Les richesses du sol, les produits de nos vignobles et de nos champs en plus grande abondance, les accaparements supprimés — n'est-ce pas le bien-être, la vie matérielle assurée à tous les travailleurs, la disette écartée ?

Certes, l'étude soumise aux organisations économiques ne saurait, ne doit point être complexe ; il ne s'agit pas de prévoir dans la société future des rouages multiples appelés à entraver la marche du communisme bienfaisant.

Bien au contraire, limiter les efforts administratifs pour la diffusion du bien-être, restreindre le nombre des Commissions qui empiéteraient sans cela sur les attributions afférentes à chacune d'elles, nous paraît la sagesse même.

Nous admettons donc deux Commissions seulement dans la Fédération nationale agricole :

1° Commission de statistique et de répartition du travail ;

2° Commission d'études (chimie agricole, laboratoires œnologiques, etc.).

La Commission de statistique, comme préparation à la Grève générale, dresserait, d'après les renseignements fournis par les syndicats locaux — un tableau signalétique des fermes, métairies et autres exploitations foncières, du personnel agricole (domestiques ou journaliers occupés), de l'outillage existant, des dépendances (granges, hangars, bergeries, caves, magasins et celliers, distilleries, etc., etc.) ; en outre le même tableau comprendrait la contenance approximative (d'après les données cadastrales) des terrains complantés en vignes, des prairies, cultures maraîchères, etc., ainsi que la superficie des terrains non productifs susceptibles d'être cultivés.

Tous ces renseignements, soigneusement classés par région ou localité, serviraient de base à la répartition égalitaire du travail et permettraient de diriger sur les lieux — où les terres non productives sont nombreuses — le trop plein des ouvriers agricoles de certaines régions mieux favorisées ; appel pourrait être fait aussi aux travailleurs de l'industrie inoccupés qui auraient un penchant pour l'Agriculture, l'une des mamelles de l'humanité.

L'outillage mécanique — source de Progrès et de bien être — aujourd'hui cause originelle de la diminution des salaires, appelé à un perfectionnement incessant — grâce aux efforts combinés de la Fédération métallurgique — rendrait des services évidents à la production agricole ; on ne saurait le nier.

Partout où la chose serait faisable et surtout pour les produits liquides, le matériel existant serait utilisé en attendant la construction des grandes caves coopératives destinées à créer un même type de vin, cidre ou poiré pour toute une localité.

De plus, des fermes-modèles à la fois exploitées comme champs d'expériences, d'essais de cultures nouvelles et comme terrains de rapport immédiat, seraient installées progressivement.

Voyons maintenant les attributions de la Commission d'études.

Cette dernière devrait assurer la vitalité de l'organe corporatif de la Fédération « le Paysan ». Ce dernier devrait paraître hebdomadairement en attendant la possibilité de devenir quotidien.

L'organe des travailleurs ruraux publierait des renseignements agricoles et commerciaux sur tous les pays civilisés, afin de faciliter l'échange et la consommation des produits du sol. Les colonnes du journal seraient également ouvertes à tout ce qui a trait à l'élevage des bestiaux, aux conditions climatériques des centres agricoles et les cultures assimilables à telles ou telles contrées.

Conclusion.— Le rôle des Bourses du Travail dans la répartition des travaux agricoles (que notre oubli soit excusé) nous paraît prépondérant par cela même que les Bourses sont situées le plus près des travailleurs syndiqués dont elles sont l'appui et le conseiller immédiat.

Comme diversion à ce sujet fait hélas ! de visions... lointaines, nous nous permettrons de faire remarquer que toute Révolution est suivie d'une réaction, que tout mouvement populaire sera forcément étouffé par la force armée et qu'au lendemain de la Grève générale la question qui s'impose est celle-ci : Comment pourvoir à la subsistance des grévistes en présence de la résistance du Capital, ce dernier étant décidé à lutter quand même ?

Travaillons donc à briser ces trois ennemis du Prolétariat : le capital, le militarisme et le cléricalisme, et la Révolution, que nous appelons de tout cœur, sera désormais possible.

Le Rapporteur, B. MILHAUD.

RAPPORT

PRÉSENTÉ PAR

La Bourse du Travail de Montpellier

CAMARADES,

La Commission de propagande, convoquée pour étudier le questionnaire de la Confédération générale du Travail relatif au rôle des Syndicats, Fédérations et Bourses du Travail au lendemain de la grève générale, afin d'assurer la Production, l'Echange des produits et la Consommation dans la société future, a adopté sur chaque question les conclusions suivantes qu'elle soumet à votre approbation :

PREMIÈRE QUESTION. — *Comment agirait votre syndicat pour se transformer de groupement de lutte en groupement de production?*

Votre Commission, en réponse à cette question, est d'avis que sitôt la grève générale triomphante, chaque syndicat ou groupement corporatif doit se rendre dans sa Bourse du Travail respective, y convoquer *tous* les ouvriers de la corporation, pour leur expliquer les bases sur lesquelles doit fonctionner la nouvelle société.

Exemple : si vous êtes tailleurs d'habits, vous prenez note du nombre d'habitants à vêtir que compte votre localité ainsi que du nombre d'ouvriers tailleurs qu'elle possède. Si la population a besoin de vingt mille vestes, et qu'avec le nombre d'ouvriers dont vous pouvez disposer ainsi qu'avec le puissant concours de la machine-outil vous puissiez satisfaire aux besoins de votre agglomération, tant mieux ! Mais supposez un instant le contraire : que le nombre d'ouvriers ainsi que l'outillage soient insuffisants et qu'au lieu de produire 20,000 vestes en un an vous ne puissiez en confectionner que 15,000, c'est donc 5,000 vestes qui vous manquent pour satisfaire aux besoins de la population locale.

Dans ce cas, vous écrivez au secrétaire de votre Fédération qui, par des relations constantes se tient au courant du rendement de la production, de même que par des demandes analogues à la vôtre il se trouve fixé sur les besoins de la consommation dans les diverses régions ; vous lui expliquez qu'il y a chez vous pénurie d'ouvriers de votre corporation et que, vu le manque de bras, vous ne pouvez satisfaire aux besoins de votre population. Le Comité fédéral, faisant droit à votre demande, vous envoie le nombre d'ouvriers nécessaire ou bien le chiffre de vestes qui vous manquent et que l'on trouve en plus dans une autre région plus fortunée au point de vue de cette spécialité.

Si c'est l'inverse qui se produit, vous en informez de même votre secrétaire fédéral, qui répartit alors les produits ou les travailleurs dans les centres où ils font défaut et où l'on a à lutter contre l'imperfection de l'outillage.

Cet exemple peut s'appliquer aux diverses corporations ainsi qu'à tous les groupements de producteurs.

Deuxième Question. — *Comment opèreriez-vous pour prendre possession de l'outillage vous afférant?*

Sur ce sujet nous adoptons la solution suivante : Dans chaque branche d'industrie, après réunion de la corporation locale, l'on doit procéder au recensement de l'outillage que l'on connaît, on réunit alors les outils par fractions que l'on attribue à chaque groupe de producteurs, en tenant compte des ateliers, chantiers, usines que l'on veut créer, qui, par leur activité, doivent répondre aux besoins de la consommation du centre intéressé; l'on doit aussi, dans un proche avenir, se procurer tout l'outillage mécanique nécessaire à la production locale. L'on supprime, par la centralisation de l'outillage, les petites industries qui ne répondent plus aux besoins du moment, et on leur substitue de vastes ateliers, usines ou chantiers, répondant mieux aux lois du confort et de l'hygiène.

De la concentration du travail et de l'œuvre commune doit découler, dans la société future, le bonheur commun.

Troisième Question. — *Comment concevez-vous le fonctionnement des usines et ateliers réorganisés?*

Nous estimons que chaque corporation sera appelée à régler elle-même la marche du travail qui lui est propre selon l'outillage dont elle disposera ainsi que de par les besoins de la population qu'elle aura charge d'approvisionner. Etant donné la diversité du travail, chaque corporation sera amenée à se donner un règlement spécial.

Quatrième Question. — *Si votre syndicat est un groupement de voirie, de transport de produits, etc., comment concevez-vous son fonctionnement?*

Nous émettons l'avis de laisser chaque corporation libre de régler son fonctionnement selon les données de sa profession. Si, par exemple, il s'agit d'une usine à feu continu, le travail ne peut être le même que dans un atelier d'horlogerie. Pour ces diverses raisons nous concluons à l'autonomie de chaque groupement de producteurs, dans le mode de travail, comme dans le mode de fonctionnement.

Cinquième Question. — *Quelles seraient, une fois la réorganisation accomplie, vos relations avec votre fédération de métier ou d'industrie ?*

Votre commission, en réponse à cette question, estime qu'elle a suffisamment développé sa pensée dans la première question, qu'elle considère se compléter l'une par l'autre, dans les relations suivies par les groupes corporatifs avec les camarades chargés de s'occuper de la statistique, équivalence de la production, de la consommation de la répartition des produits.

Sixième Question. — *Sur quelles bases s'opèrerait la distribution des produits, etc., comment les groupes productifs se procureraient-ils les matières premières ?*

Nous sommes d'avis que la première des besognes à accomplir est la suppression du facteur intermédiaire qu'est le numéraire ; l'on doit dresser ensuite une statistique du nombre d'habitants, de la production et des besoins de la consommation. S'il y a surproduction, elle est répartie dans les régions moins fortunées, qui, à leur tour, envoient les produits spéciaux à leur industrie, à la nature de leur sol.

Le Midi envoie ses vins, la région Lyonnaise ses textiles, le bassin du Nord sa houille, la région de la Beauce ses blés, et ainsi, par l'échange des produits, chaque région se trouvera admirablement pourvue de ce qui lui est nécessaire pour les besoins de l'existence.

Connaissant, au premier abord, les rapports de la production avec la consommation, les groupes productifs utiliseraient les matériaux produits ou extraits par leurs membres. Si telle matière leur manque, ils se la procureront par le Libre-Echange. Il sera créé dans chaque zone de vastes entrepôts de vivres et d'approvisionnements, où tous les produits groupés par nature et catégories, faciliteront les statistiques nécessaires à la répartition entre associés, à la commodité de l'échange de région à région et, si besoin était, au rationnement des produits insuffisants.

Septième Question. — *Quel rôle joueraient les Bourses du Travail dans la Société transformée, et quelle serait leur besogne au point de vue de la statistique et de la répartition des produits ?*

Nous reconnaissons que les Bourses du Travail, qui jouent un si grand rôle dans le mouvement social actuel, auront, dans un proche avenir, à s'occuper de la statistique concernant la production, les besoins de la consommation, la répartition des produits dans leur centre d'action. Elles deviendront, au sens propre du mot, de véritables maisons communes où s'élaboreront toutes les questions intéressant les producteurs, aussi bien au point de vue matériel de l'existence qu'au point de vue éducatif. Elles organiseront des cours professionnels, afin de développer les capacités techniques des ouvriers, et donneront à leurs membres toutes les connaissances utiles qui feront qu'en même temps qu'il sera ouvrier manuel, l'homme pourra se livrer aux études intellectuelles. Elles seront le creuset où s'élaboreront toutes les questions intéressant le Travail nécessaire à toute société humaine.

CONCLUSIONS :

Camarades, de l'étude approfondie à laquelle s'est livrée votre Commission, il résulte que par ses Syndicats, ses Bourses du Travail, ses Fédérations, le travailleur conscient a bien suivi la voie qui doit le conduire à sa complète émancipation. En vertu de ces diverses raisons nous devons, plus que jamais, engager nos camarades ouvriers à venir grossir nos Syndicats et combattre à nos côtés pour l'avènement d'une société plus harmonique, répondant mieux à nos besoins, à toutes nos aspirations.

Pour la Commission de Propagande :

Le Rapporteur,

H. AUZER.

RAPPORT

PRÉSENTÉ PAR

La Bourse du Travail de Tours.

S'il appartient aux Congrès ouvriers de s'occuper d'une façon sérieuse de la situation du prolétariat agricole, ne serait-ce que par esprit de solidarité, un autre sentiment les pousse, le sentiment des propres intérêts des ouvriers des villes intimément liés à ceux de leurs camarades des champs.

L'émigration incessante des paysans dans nos villes influe sur nos salaires d'une façon regrettable, force nous est donc de traiter la question agricole.

Si nous examinons la situation des paysans, qu'il s'agisse des domestiques, des fermiers, des métayers ou même des petits propriétaires, il nous faut bien reconnaître qu'en général, elle est bien inférieure à la nôtre. Nous ne pouvons donc les blâmer de venir nous faire concurrence à la ville, mais nous avons le droit et le devoir de leur ouvrir les yeux et de nous en faire des alliés dans la conquête de nos droits communs.

Les ouvriers des villes ont partout reconnu les avantages de l'association. Isolés, ils sont presque à la merci de ceux qui les emploient. Associés, au contraire, ils sont une force dont il faut tenir compte. Dans toutes les professions les ouvriers des villes ont formé des syndicats pour discuter leurs intérêts communs et défendre leurs droits. Il devrait en être de même dans les campagnes.

Les ouvriers agricoles d'un côté, les fermiers et métayers de l'autre, auraient tout avantage à se syndiquer pour discuter et faire valoir, au besoin, les revendications qu'ils croient légitimes au sujet de leurs salaires ou des conditions de leurs contrats.

De leur côté, les petits propriétaires auraient grand intérêt à former des associations syndicales pour leur permettre de tirer de leurs terres tout le parti possible et de lutter contre les grands propriétaires.

Ne considérons-nous pas que les domestiques sont mal nourris, mal payés ? Les fermiers payent toujours une location trop élevée, car ils ne sont pas sûrs de récolter ce qu'ils ont semé, ayant à compter avec les gelées et la grêle, et même, lorsqu'ils récoltent, ils ne peuvent pas toujours vendre un prix rémunérateur. Les métayers sont obligés d'abandonner une grande partie de leurs produits à des gens n'ayant, ni de près ni de loin, mis la main à la pâte. Les petits propriétaires sont obligés de grever leurs propriétés dans les mauvaises années, et, une fois pris dans l'engrenage, ayant à subir les exigences des usuriers, ils ne tardent pas à être acculés à l'expropriation.

Enfin, faits honteux, il est permis aux propriétaires de faire saisir les instruments aratoires, c'est-à-dire le gagne-pain du paysan. De plus, la terre devient la propriété des parasites actuels ; le douzième seulement du territoire, soit 4 millions d'hectares, sont la propriété de ceux qui la cultivent ; à ce sujet je rappellerai les dernières statistiques, que les terres n'appartenant pas à ceux qui les cultivent, représentent une superficie de 44 millions d'hectares, tandis que celles appartenant à ceux qui les cultivent pour leur propre compte ne représentent que 4 millions d'hectares, soit seulement un douzième du territoire. La petite culture comprend 4,700,000 exploitations cultivant 12,450,000 hectares, la moyenne culture comprend 747.000 propriétaires, possédant environ 13 millions d'hectares ; enfin, la grande culture en comprend 142,000 possédant plus de 22 millions d'hectares, c'est-à-dire à peu près la moitié du sol de la France dans ses parties les plus fertiles, de telle sorte que la moyenne, pour chaque exploitation, s'établit ainsi par tête : pour la petite culture, 2 hectares 60 ares ; pour la moyenne culture, 17 hectares 40 ares ; pour la grande culture, 155 hectares.

Eh bien, camarades, dans notre propagande d'organisation ouvrière, nous ne devons pas oublier les travailleurs des campagnes. Nous devons les amener à reconnaître, avec nous, que ce qui fait leur mal, c'est l'organisation capitaliste qui les écrase d'impôts et ne leur donne rien en échange. Les lois faites en faveur de l'agriculture ne profitent qu'aux gros propriétaires, au préjudice de ceux qui travaillent le sol.

Nous devons les amener à secouer le joug qui les opprime, à se grouper dans les syndicats agricoles en dehors des gros propriétaires, leurs plus grands ennemis économiques, à se liguer tous ensemble, domestiques, fermiers, métayers et petits propriétaires ; ils n'auront alors qu'à vouloir pour améliorer leur condition, en attendant que la transformation de la société fasse cesser toutes les inquiétudes dont ils se plaignent avec juste raison.

Depuis quelques années les syndicats agricoles se sont très rapidement créés et développés dans les régions où ils ont pris naissance. Il en existe beaucoup aujourd'hui et à peu près partout, mais la plupart d'entre eux sont des syndicats mixtes composés de mi-propriétaires, mi-ouvriers, encore faut-il entendre, par ouvriers, les petits propriétaires, les fermiers et les métayers qui retirent de leurs associations un bénéfice proportionnel au rendement de la récolte. Très exceptionnellement, les ouvriers payés à la tâche se sont constitués en véritables syndicats.

Nous pouvons jeter un regard sur ces associations mixtes et surtout savoir si elles ont rapporté les bénéfices que l'on était en droit d'attendre d'elles et, dans la négative, le progrès que l'on pourrait réaliser.

Certes, nous ne songeons pas un seul instant à nier les progrès qu'ont pu amener ces institutions et l'on peut dire qu'elles sont la cause des développements pratiques de la culture et des relations pratiques de syndicats à syndicats, qui peuvent se concerter entre eux pour l'achat en commun à des prix en gros dont ils bénéficient ; mais, est-ce là tout leur rôle. Les Syndicats agricoles doivent élargir leur cercle, faire croître le nombre de leurs membres et ne pas chercher à considérer ces organisations comme de simples coopératives et en faire un but privé. Il ne suffit pas seulement d'acheter des machines agricoles et des engrais chimiques, il faut aussi organiser la vente au public des denrées de consommations récoltées par le Syndicat, il faut organiser non seulement des syndicats communaux, mais aussi des syndicats départementaux reliés entre eux par des fédérations régionales adhérentes à la Confédération générale du Travail. Les Syndicats agricoles ne doivent pas se cantonner dans une union d'ailleurs utile pour l'achat des marchandises nécessaires à la production et à la vente de la marchandise produite, ils doivent prendre la tête du mouvement d'économie politique et du mouvement de réformes fiscales qui se dessine depuis quelque temps ; ils doivent prendre l'initiative de la suppression des octrois qui ferait que les gens de la ville achèteraient de préférence les produits naturels des campagnes aux produits sophistiqués fabriqués dans les villes. L'octroi, c'est l'empoisonnement des travailleurs qui ne peuvent se payer le luxe de produits de premier choix. Les propagandistes, dans les campagnes, devront bien faire comprendre aux paysans qu'au moyen du syndicat, ils pourront reconquérir la terre dont ils ont été dépossédés ; il faudra également secouer leur fatalisme qui les fait s'imaginer que les abus séculaires sont abus consacrés par le temps et qu'ils deviennent nécessaires ; il faut leur faire comprendre l'étroite liaison qui existe entre les travailleurs des villes et ceux des campagnes et que si les premiers se mettent à la disposition des seconds, ce n'est absolument que pour les réunir tous ensemble et pour obtenir tous ensemble aussi, plus de justice, plus d'égalité et plus de liberté. Il faudra leur dire que c'est par le syndicat qu'ils obtiendront les réformes depuis si longtemps demandées ; la suppression de l'article 2,102 du Code civil, donnant au propriétaire un privilège sur la récolte, la création de conseils de prud'hommes agricoles et de bourses agricoles, la révision du cadastre, la suppression de la dette hypothécaire. Il faudra aussi leur parler de l'exploitation de la femme dans les campagnes, leur faire comprendre que le rôle de la femme dans la société civile devrait être tout autre que celui qu'elle remplit.

Les paysans, gens naïfs mais intelligents, comprendront enfin que devant l'inertie de la classe dirigeante, qui ne fait rien pour la classe travailleuse, ils doivent suivre les conseils donnés, s'assembler entre eux, discuter leurs intérêts et prouver que la productivité humaine n'a plus pour effet d'enrichir scandaleusement quelques possesseurs en accroissant la détresse des humbles. Lorsqu'ils auront compris cela, sans efforts, sans luttes, tout naturellement, règnera pour tous, la justice sociale, l'égalité complète.

Le Rapporteur,
L. LAMBERT.

Le Délégué de Tours,
FLEURY.

RAPPORT

DU

Comité de propagande de la Grève Générale, nommé par le douzième Congrès national corporatif.

Aux Syndicats, Fédérations et Bourses du Travail.

Le prolétariat, organisé en syndicats, ne soulevant, pour ainsi dire, presque plus d'objections contre le puissant levier d'émancipation intégrale qu'est la grève générale révolutionnaire, nous ne nous étendrons pas à démontrer à nouveau la nécessité et la fatalité du seul moyen de lutte efficace qu'ont, pour le moment, les travailleurs.

Malgré que, au cours de sa gestion, le Comité ait eu à subir les assauts du chef de l'un des partis socialistes français, il n'en a pas moins continué sa lutte opiniâtre et a su répondre à ces attaques, coups par coups; il suffit, pour s'en rendre compte, de consulter les numéros 43 et 44 du journal la *Voix du Peuple* (Réponse à Jaurès).

L'idée de libération intégrale que représente la grève générale a pénétré non seulement parmi tous les cerveaux des travailleurs français, mais elle s'est encore répandue et a été mise en pratique par ceux-là mêmes qui riaient, autrefois, de son action salutaire.

Ainsi qu'elles en avaient reçu le mandat du Congrès de Lyon, les organisations suivantes : Fédération de l'industrie textile, Fédération de l'ameublement, Fédération de la chapellerie, Fédération de la voiture, Fédération des cuirs et peaux, Fédération culinaire, Fédération des employés, Fédération du cuivre, Fédération de la métallurgie, Fédération des mouleurs, Union des Syndicats de la Seine, Union des maçons, Union du bronze, Syndicat des ouvriers en instruments de précision, Syndicat des mouleurs en cuivre, Syndicat des cordonniers cousu-main, Syndicat des ferblantiers, Syndicat des garçons de magasin et cochers-livreurs, Syndicat des correcteurs, se réunirent à l'issue de ce Congrès et crurent bon de maintenir l'ancien bureau : H. Girard, secrétaire ; H. Galantus, trésorier.

Aussitôt ces formalités remplies, le Comité, s'inspirant des résolutions nouvelles que lui avait dictées le Congrès de 1901, rédigea et envoya à tous les syndicats la circulaire suivante :

COMITÉ DE PROPAGANDE DE LA GRÈVE GÉNÉRALE

Nommé par le Congrès de Lyon

CITOYEN SECRÉTAIRE,

Le Congrès national corporatif de Lyon s'est encore une fois affirmé pour la Grève Générale et a donné mandat au Comité et aux Sous-Comités de poursuivre la propagande, laquelle a fait grand progrés depuis quelque temps en France et même à l'étranger.

Mais, pour que cette propagande soit efficace, il faut que des Sous-Comités soient constitués dans toutes les Bourses du Travail, et par les Fédérations et Syndicats où il n'y a pas de Bourse.

Pour permettre que l'action du Comité général et des Sous-Comités ne soit pas inutile, le Congrès a décidé que, conformément aux décisions prises par le Congrès national corporatif, la cotisation mensuelle des organisations soit fixée par le Congrès, au taux suivant :

Pour les Syndicats n'ayant pas plus de :

Jusqu'à 100 membres: 25 centimes par mois ; au-dessus de 100 membres; 25 centimes par 100 membres et par mois.

1° Chaque Bourse du Travail a pour devoir de constituer un Sous-Comité de propagande. Ces Sous-Comités percevront les cotisations des Syndicats de la localité ou de la région. Un prélèvement de 50 % sur les versements sera affecté au Comité central et les autres 50 % resteront à la Caisse des Sous-Comités pour leur propagande ;

2° Le Comité publiera des brochures pour la propagande, qui seront délivrées gratuitement ; il organisera des tournées de conférences, et, quand les ressources le permettront, il enverra, dans les grèves ayant un caractère de grève générale, un délégué.

Les Sous-Comités seront chargés de la distribution gratuite des brochures qui seront éditées.

Ils organiseront des conférences avec le concours du Comité central ; en un mot, ils feront toute la propagande nécessaire pour développer l'idée de la grève générale et la faire pénétrer jusque dans les hameaux les plus reculés. Ils devront, tous les trois mois, adresser au Comité central, à Paris, un rapport sur le mouvement ouvrier dans leur région.

CAMARADES,

Il est indispensable que nous sortions du domaine théorique, où nous sommes confinés, pour rentrer résolument dans l'action.

La grève générale, arme pacifique, serait le seul moyen efficace à opposer à nos adversaires de classe.

L'arrêt du travail, qui placerait le pays dans l'immobilité de la mort, serait nécessairement de très courte durée : ses conséquences, terribles et incalculables, amèneraient aussitôt le gouvernement à capituler. S'il s'y refusait, le prolétariat révolté d'un bout à l'autre de la France, saurait l'y contraindre, car les forces dont disposent les dirigeants, éparpillées, émiettées sur tout le territoire, seraient sans consistance et ne pourraient opposer la moindre résistance aux volontés des travailleurs, enfin maîtres de la situation.

Nous comptons donc, Camarades, sur toute votre énergie et votre solidarité pour mettre à exécution la décision du Congrès de Lyon 1901, et nous vous présentons nos salutations fraternelles.

LE COMITÉ DE LA GRÈVE GÉNÉRALE.

Une fois la question administrative liquidée, le Comité, constatant que la grève générale des mineurs devenait de plus en plus imminente, jugea urgent de lancer un énergique appel à tous les travailleurs. Ce manifeste, reflet exact de la situation, signalait les avantages que le prolétariat retirerait du mouvement, s'il se rendait solidaire des mineurs. Il mérite d'être rappelé et nous le donnons ci-dessous :

CAMARADES,

L'heure est grave. Depuis longtemps nos camarades mineurs réclament des revendications on ne peut plus modestes et qui ont pour but de leur assurer un peu moins de souffrance et de misère. Après avoir, longtemps et patiemment sollicité les pouvoirs publics et, lassés par la criminelle inertie de ces derniers, les mineurs sont sur le point d'agir par eux-mêmes et énergiquement.

Après un referendum qui a donné une majorité pour la Grève générale, le Comité fédéral va peut-être donner le signal de la cessation du travail. S'il donnait ce signal, à la date qu'il fixerait la presque totalité des mineurs de France cesserait ou serait entraînée à cesser le travail.

Ce serait une crise sociale formidable ! Et, comme toujours et comme partout, le raisonnement des Lebel serait, en cette occurrence, l'ultime argument des dirigeants pour accueillir les revendications de nos frères de misère.

Camarades de toutes les corporations, exploités de tous les métiers, pourrions-nous nous désintéresser du conflit ? Serions-nous excusables de rester indifférents ? S'abstenir devant une telle levée en masse des mineurs ne serait-il pas un crime ?

Le Congrès corporatif de Lyon, à la grande majorité de 355 voix, a affirmé ses sympathies pour la cause des mineurs et indiqué que la grève générale doit cesser d'être un mythe et entrer dans le domaine des réalités.

Aussi, ce qu'il faut, camarades des sous-comités, qui propagandez pour la grève générale, c'est que, dans tous les milieux, se manifeste une recrudescence d'agitation, afin de bien faire comprendre à tous les travailleurs qu'ils ne doivent pas rester inertes si les mineurs se mettent en mouvement.

Travailleurs des syndicats, soyons en éveil ! L'heure décisive va peut-être sonner. Si l'occasion se présente, ne la laissons pas échapper, car la grève des mineurs, isolée, risquerait d'échouer, comme trop de grèves partielles.

Est-il possible que le prolétariat organisé reste immobile, au cas où les mineurs se soulèveraient ? Leurs revendications ne sont-elles pas les nôtres ? Devant le chômage, toujours grandissant, qui jette des milliers de travailleurs à la rue, n'avons-nous pas, comme eux, besoin de réduire la journée de travail à huit heures ?

Donc, même sans faire appel à l'esprit de solidarité — rien que par intérêt bien compris, — il serait de notre devoir de ne pas laisser les mineurs isolés.

Et alors, en généralisant la grève, en l'étendant à toutes les corporations, nous n'engagerions plus la lutte pour des revendications partielles, mais pour celles de tous les exploités et de toutes les victimes de la société.

Ce serait alors la grève générale pour l'émancipation humaine par le triomphe de la Révolution sociale.

LE COMITÉ.

Malheureusement, le mouvement éventuel de grève générale des mineurs échoua, à la suite de promesses fallacieuses que firent les pouvoirs publics aux représentants des ouvriers mineurs.

Cet échec fut doublement regrettable. D'abord parce que ce mouvement avait créé un tel état d'âme chez les producteurs qu'il n'est pas exagéré de dire que le soulèvement se serait certainement propagé aux principales industries et, ainsi, aurait amené, sinon notre émancipation intégrale, mais — tout au moins — aurait jeté une perturbation profonde au sein des classes dirigeantes.

D'autre part, malgré — ou plutôt à cause de leur calme — nos camarades mineurs n'ont reçu aucune sanction à leurs revendications et ce, malgré les nombreuses séances et les promesses de la fameuse Commission instituée par le gouvernement à l'effet de réfréner la légitime colère des mineurs.

Pendant qu'en France le beau mouvement des mineurs subissait une si triste fin, nos camarades espagnols remontaient le courant révolutionnaire et démontraient au monde entier — par la grève générale de la Catalogne — ce que lorsqu'ils le veulent, peuvent les prolétaires.

Les différents épisodes des événements qui se sont déroulés à Barcelone et dans toute la Catalogne, ayant été narrés en leur temps, dans la *Voix du Peuple*, il serait superflu de les rééditer.

Cependant, ce qui est caractéristique et bon à noter, pour l'idée de grève générale, c'est que les paysans de la région où se donnait libre cours la révolte généreuse de nos camarades espagnols, ont fait cause commune avec les ouvriers grévistes.

Il est bon aussi d'ajouter que les initiateurs du mouvement révolutionnaire espagnol ont déployé, en l'occurrence, une activité incomparable :

Venus, quelques mois avant, à Paris, en délégation auprès du Comité de propagande de la grève générale, pour prendre des renseignements sur son fonctionnement, ils ont mis en œuvre, en quelques jours, une partie du programme que nous cherchons à réaliser depuis plusieurs années.

Comme il était à prévoir, leur mouvement était trop spontané pour qu'en pussent être retirés des avantages en rapport avec les sacrifices qu'ils ont faits, car nul n'ignore que, tout comme sous la République française, la monarchie espagnole répond par des fusillades aux serfs de la glèbe qui osent réclamer leur droit et un peu plus de bien-être !

Néanmoins, nous devons profiter de la leçon de choses que nous a donnée l'Espagne ouvrière, surtout en deux points : l'utilité de connaître et d'esquisser — malgré que ce ne peut être qu'une hypothèse — la façon dont nous assurerons la production et la répartition des produits, puis en esquisser plusieurs plans.

C'est ce qu'a fait dernièrement la Confédération générale du Travail, en lançant un questionnaire à cet effet; aussi, le Comité ne peut que louer cette initiative, qui nous empêchera de tomber dans les errements, dont nos camarades espagnols ont fait la triste expérience.

Ensuite, il nous a été permis de constater qu'une fois de plus les politiciens à la Iglesias ont trahi la cause ouvrière. A nous d'en garder le souvenir pour notre prochaine bataille.

Quelques jours après le mouvement révolutionnaire espagnol, c'étaient les Belges qui, à leur tour, recouraient à l'arme économique par excellence, à la grève générale, pour obtenir le suffrage universel.

Au même moment, les Suédois, pour le même motif que les Belges, emboîtaient le pas à ceux-ci et, comme eux, suspendaient la vie économique de leur nation.

Malgré qu'il n'y ait aucune connexité entre le mouvement de grève générale des travailleurs espagnols, qui faisaient grève pour leur affranchissement économique, alors que les Belges et les Suédois ne revendiquaient que l'égalité politique, nous n'en concluons pas moins que ceux-là mêmes (les théoriciens du socialisme politique) qui, au Congrès International de Londres, en 1896, et au Congrès International de la salle Wagram de Paris, en 1900, s'étaient prononcés contre l'idée de grève générale et l'avaient même condamnée, en proclamant que ce n'était qu'un enfantin et impuissant moyen de lutte, ont été obligés de recourir à cette arme révolutionnaire, dont ils avaient proclamé l'inanité, et ce, pour tâcher de faire aboutir des réformes politiques.

La Confédération, d'accord avec le Comité, voulut profiter de cet enseignement et rédigea, à cet effet, un manifeste que nos lecteurs peuvent lire dans le compte-rendu des travaux du Comité confédéral.

Pendant que ces événements se déroulaient, notre dévoué et regretté camarade Girard, secrétaire du Comité, rongé par la maladie, faisait des efforts surhumains pour que la propagande de la grève générale — idée qui lui était si chère — puisse profiter des renseignements narrés plus haut.

Malheureusement, le mal le terrassa; le vendredi 30 mai, une congestion cérébrale l'enleva à l'affection des siens et à l'amitié de la pléiade de militants sincères qui le portait en estime. Rarement, la vie d'un militant a été aussi active, probe et droite que celle d'Henri Girard.

Syndiqué depuis son plus jeune âge, il n'avait cessé, durant son existence et avec un désintéressement qui le faisait admirer de tous, de répandre les idées d'émancipation sociale.

Comme l'ont dit les camarades qui ont prononcé des paroles d'adieu sur sa tombe, H. Girard était l'apôtre de la grève générale. Osons espérer que nombreux seront ses imitateurs ; c'est là le plus profond désir des membres du Comité de propagande de la Grève générale, dont Girard n'avait cessé d'être le devoué secrétaire.

Le Comité, pensant qu'il était urgent de désigner un nouveau secrétaire afin que les travaux du Comité n'aient à subir de retard, chargea le camarade H. Galantus, trésorier du Comité, de convoquer d'urgence ce dernier.

Le camarade Jean Latapie fut désigné, à l'unanimité des membres présents, comme secrétaire du Comité.

Sur ces entrefaites, et dès l'inauguration de la nouvelle législature, M. Millerand, ex-ministre du commerce, crut bon de proclamer non seulement son modérantisme, — lequel nous importe peu — mais encore sa réprobation de la grève générale. Voici ce qu'il disait :

Je reviens, disait-il dans sa petite allocution, convaincu que notre devoir est de mettre au service de nos idées tous les moyens d'action légaux, au premier rang desquels je place la participation de notre parti au gouvernement ; nettement opposé à tous les procédés violents, sans en excepter la grève générale, je n'ai rien à ajouter.

Le Comité de la grève générale, désireux de savoir si la déclaration de Millerand avait eu l'approbation de tous les membres du groupe parlementaire, afin d'éclaircir les situations, adressa la lettre suivante au citoyen Marius Devèze, secrétaire du groupe socialiste parlementaire :

Aux membres du Groupe socialiste parlementaire de la Chambre des députés.

Citoyen secrétaire,

La publicité donnée par certains quotidiens à une déclaration faite hier en cours de séance du Groupe parlementaire par M. Millerand, indiquant son esprit d'opposition à la grève générale, laisserait supposer au monde des travailleurs organisés que les élus du peuple (!) partagent cette thèse.

Cela nous surprend d'autant plus que l'un des plus ardents défenseurs de la grève générale fait partie de ce groupe et que, depuis le Congrès de 1892, tenu à Marseille, chacun des Congrès nationaux corporatifs, où sont représentés tous les syndicats rouges, a toujours reconnu, à l'unanimité, ce moyen de lutte comme étant le plus efficace.

Nous croyons de notre devoir de vous demander si cette déclaration est l'opinion personnelle d'un membre de votre groupe ou la manière de voir de tous les adhérents.

Comptant sur vous pour une prompte réponse, qui nous fera connaître les sentiments du groupe dont vous êtes le secrétaire, recevez, citoyen, l'assurance de nos meilleurs sentiments.

Pour le Comité et par mandat :

Le Secrétaire, Jean LATAPIE.

Quelques jours après, le secrétaire du Comité recevait la réponse suivante :

J'ai eu, tout d'abord, l'intention de répondre à votre lettre du 11 juin avant de convoquer le groupe socialiste. Je connaissais assez ses idées au sujet de la grève générale et vous les connaissez assez. J'ai cru mieux faire en le convoquant.

Eh bien ! non, l'opinion de Millerand n'est pas partagée par le groupe. Tous ses membres, sauf Millerand et peut-être un autre, acceptent comme une règle de conduite les déclarations et les principes du Congrès de Tours, qui n'ont pas exclu, ainsi que vous le savez, d'ailleurs, la grève générale des moyens d'action qui sont à la disposition du Prolétariat.

Je suis bien heureux de pouvoir vous fournir ces renseignements, qui diminueront à vos yeux l'importance des déclarations faites par le citoyen Millerand et publiées par la presse.

Veuillez agréer, cher citoyen, l'assurance de ma solidarité socialiste et ouvrière.

Le Secrétaire du groupe, Marius DEVÈZE.

Le Comité ayant reçu satisfaction, en ce sens que ce n'étaient que des individualités, et non le groupe parlementaire, qui s'étaient prononcées contre la grève générale, jugea bon de ne pas entreprendre la série de meetings qu'il avait décidé de faire en l'occurrence. L'incident était clos.

La propagande du Comité n'a pas, cette année, donné les résultats que l'on pouvait en attendre ; comme toujours, c'est le nerf de la guerre — c'est-à-dire les ressources — qui manquaient.

Dans les Congrès corporatifs, la grève générale est toujours votée à d'immenses majorités ; mais il n'en est pas de même en ce qui concerne le versement des cotisations.

Malgré cela, une brochure de propagande rédigée par le camarade G. Yvetot et intitulée : « Vers la Grève générale », a été éditée par le Comité.

Celle-ci a été bien accueillie et l'écoulement en a été facile. Faite spécialement pour propager cette idée révolutionnaire parmi la corporation des typographes qui, jusqu'ici, s'en est toujours montrée l'adversaire, nous ne pouvons que nous réjouir du résultat obtenu.

Une deuxième brochure, contenant, entre autres, la réponse faite à Jaurès par le Comité, en raison des attaques qu'il avait faites par une série d'articles contre ce puissant moyen d'action économique, est, à l'heure actuelle, sous presse et sera distribuée d'ici peu.

Enfin, notre camarade E. Girault ayant sous sa responsabilité propre entrepris de faire une grande tournée de propagande et d'agitation en faveur de la grève générale révolutionnaire, notre Comité n'a pu que se réjouir d'une telle initiative, qui ne peut manquer d'être féconde, vu que cette idée sera répandue à travers toute la France et une partie de la Suisse. A ce sujet, voici la communication qu'il fit parvenir à la presse quotidienne et corporative :

Par suite de nombreuses demandes émanant de Sous-Comités de la grève générale et avisant le Comité central qu'ils seraient très désireux que celui-ci appuie et prenne une décision en ce qui concerne la tournée de propagande qu'entreprend le camarade E. Girault, ouvrier typographe syndiqué, le Comité a, dans sa réunion du 19 juillet, et après avoir entendu ce camarade, décidé : qu'en ce qui concerne la partie financière de cette tournée, tant pour les voyages que pour les frais de publicité et la location de salles, il tient à se dégager de toutes responsabilités, le camarade Girault ayant déclaré que telle était son intention.

Quant à la partie propagande, le Comité mandate le camarade E. Girault et engage tous les Sous-Comités, Syndicats, Fédérations et Bourses du Travail à faire le plus d'agitation possible et à faciliter, par tous les moyens, la tâche du conférencier, pour que l'idée de grève générale que va répandre notre camarade, soit féconde en résultats et puisse ainsi faire pénétrer de plus en plus parmi les masses, bernées depuis cinquante ans, par les politiciens, cette vérité du jour : la grève générale révolutionnaire est le seul moyen qui libérera intégralement les travailleurs du joug capitaliste.

En conséquence, le Comité fait savoir aux organisations ouvrières des localités désignées ci-dessous que le camarade E. Girault sera à Troyes le 18 août; Auxerre, le 20 : Bourges, le 21 ; Fourchambault, le 23 ; Montceau-les-Mines, le 24 ; Châlon-sur-Saône, le 27 ; Mâcon, le 30 ; Villefranche, le 31 ; Lyon, du 1er au 7 septembre ; Vienne, le 8 ; Saint-Etienne, les 10 et 11 ; Saint-Chamond, les 13 et 14 ; Nimes, le 15 ; Montpellier, les 17 et 18 ; Arles, les 20, 21 et 22 ; Marseille, du 24 au 30 septembre.

L'itinéraire de la direction Marseille-Bordeaux sera donné ultérieurement.

Pour le Comité de propagande de la grève générale et par mandat.

Le Secrétaire, Jean Latapie.

Il nous revient, et la *Voix du Peuple* le mentionne chaque semaine, que, partout, la classe ouvrière acclame ce moyen libérateur qu'est la grève générale. Tant mieux, car, ainsi, malgré ses dénigreurs, cette tournée portera ses fruits.

CONCLUSIONS

Ne voulant pas anticiper sur les décisions que prendra le Congrès de Montpellier au sujet du Comité de propagande de la grève générale, nous n'en persistons pas moins à engager les délégués qui seront présents à ces assises du travail à bien envisager cette question.

Les travailleurs étant unanimes à reconnaître qu'actuellement la grève générale est leur meilleur moyen de combat, il y a donc nécessité pour eux que l'idée en soit le plus répandue.

Pour ce faire, il y aurait grande utilité à ce que les organisations fassent les sacrifices nécessaires pour qu'un délégué permanent puisse consacrer tout son temps à l'administration que comporte cette propagande et la diffusion de l'idée. Jusqu'ici, il y a eu impossibilité matérielle de réaliser et de mettre en pratique tous les moyens de propagande qui nous avaient été ou signalés ou édictés par les Congrès. Il est donc temps de passer de la théorie à la pratique. Si nous considérons le pas de géant que nous avons parcouru, malgré nos minimes ressources, qu'en serait-il si les conclusions que nous déposons et demandons que le Congrès adopte étaient acceptées et mises en œuvre ?

D'autre part, l'enquête faite par la Confédération, sur « le lendemain de la grève générale», et «que faire, au cas où elle serait triomphante », va préciser notre tactique.

Ainsi, de plus en plus, notre action directe prend consistance; elle se précise, et nous en sommes satisfaits.

Tout en n'ignorant pas que, pour assurer le bon fonctionnement de la société communiste, à laquelle nous aspirons, il est nécessaire que l'éducation soit de plus en plus répandue, afin de ne pas faire le jeu d'un parti ou d'une caste quelconque, nous n'en prétendons pas moins qu'à l'heure actuelle, les organisations économiques ont en main le moyen le plus sûr pour s'affranchir du joug capitaliste et que, dorénavant, elles ont une conception précise, ne relevant d'aucune faction politique, sur la besogne de désagrégation du vieux monde et de la réorganisation sociale.

A nous tous, camarades, de lutter haut et ferme, malgré et contre tous ceux qui nous combattent, sous différents masques.

Montrons que nous sommes énergiques et virils, et bientôt, malgré les dénigreurs de la grève générale, nous saurons leur prouver de quel côté sont les véritables amis des travailleurs.

Vivent les Syndicats ! Vive la Grève générale révolutionnaire !

Pour le Comité de la grève générale et par mandat.

Le Secrétaire, Jean Latapie.

RAPPORT FINANCIER

ÉTAT DES VERSEMENTS EN 1902

Cotisations.

Sous-Comité de Bourges :

Les syndicats suivants ont payé leurs cotisations jusques et y compris le mois indiqué immédiatement après :

Magasin central, juin 1902; Toiles cirées, juin 1902 ; de l'Essieu, juin 1902; de l'Habillement, juin 1902; des Charpentiers, juin 1902; des Couvreurs, juin 1902; de l'Ameublement, juin 1902 ; des Menuisiers, juin 1902 ; des Métaux, septembre 1901 ; des Travailleurs municipaux, juin 1902; Cuirs et Peaux, juin 1902 ; Tailleurs d'habits, juin 1902; Terrassiers journaliers, juin 1902; Peintres en bâtiment, juin 1902 ; Tailleurs de pierre, septembre 1901 ; Maçons, juin 1902 ; Ouvriers en voitures, juin 1902; Chaussures militaires, juin 1902; Boulangers, septembre 1901; Etablissements militaires, juin 1902; Employés réunis, septembre 1901.

Ensemble	170 fr. 20	
Déduction faite de 50 0/0..........................		85 10

Sous-Comité de Montpellier :

Les syndicats suivants ont payé leurs cotisations jusques et y compris le mois indiqué après :

Balladeurs, septembre 1902; Bourreliers, septembre 1902; Cordonniers, septembre 1902 ; Tailleurs de pierres, maçons, septembre 1902; Terrassiers, septembre 1902; Limonadiers, septembre 1902; Travailleurs de terre, septembre 1902 ; Tonneliers, foudriers, septembre 1902; Tailleurs d'habits, septembre 1902; Serruriers, septembre 1902; Carriers, septembre 1902; Boulangers, septembre 1902 ; Commis et employés, février 1902; Menuisiers, septembre 1902 ; Bouchers, septembre 1902; Cuisiniers, septembre 1902; Ebénistes, septembre 1902; Travailleurs de terre de Mèze, septembre 1902; Peintres en bâtiment, septembre 1902 ; Litho-Typos, septembre 1902; Coiffeurs, juin 1902; Hommes de peine, septembre 1902; Tramways électriques, octobre 1901.

Ensemble	104 fr. 20	
Déduction faite de 50 0/0..........................		52 10

Sous-Comité d'Albi :

Les syndicats suivants ont payé leurs cotisations jusques et y compris le mois indiqué après :

Plâtriers, décembre 1901 ; Verriers, septembre 1902; Boulangers, mars 1902 ; Bâtiment, septembre 1902 ; Chapeliers fouleurs, septembre 1902.

Ensemble	29 fr. 50	
Déduction faite de 50 0/0..........................		14 75
A reporter.........		151 95

Sous-Comité de Rennes :

Report............ 151 95

Les syndicats suivants ont payé leurs cotisations jusques et y compris le mois indiqué après :

Cordonniers, décembre 1901 ; Menuisiers, décembre 1901 ; Couvreurs, décembre 1901.

Ensemble.................................. 9 francs.

Déduction faite de 50 0/0.......................... 4 50

Sous-Comité d'Elbeuf :

Les syndicats suivants ont payé leurs cotisations jusques et y compris le mois indiqué après :

Menuisiers, décembre 1901 ; Maçons, décembre 1901 ; Industrie lainière, décembre 1901 ; Métallurgistes, décembre 1901 ; Tisseurs, décembre 1901 ; Charpentiers, décembre 1901.

Ensemble.................................. 36 francs.

Déduction faite de 50 0/0.......................... 18 »

Sous-Comité de Tours :

Versements de cotisations pour 1901.................... 30 »

Maçons limousinants et aides ; Maçons et tailleurs de pierre de France ; Maçons d'Asnières ; Maçons et P. S. de Boulogne.

Ensemble.. 52 50

Fédération nationale du cuivre :

Les syndicats suivants ont payé leurs cotisations jusques et y compris le mois de juillet 1902 :

Tourneurs, Robinetiers, Paris ; Chaudronniers cuivre, Paris ; Repousseurs sur métaux, Paris ; Chaudronniers sur cuivre Lyon ; Bronziers, Lyon ; Polisseurs, Lyon ; Repousseurs, Lyon ; Bijoutiers, Lyon ; Chaudronniers sur cuivre, Roubaix-Tourcoing ; Travailleurs sur cuivre, Le Vimeu ; Chaudronniers sur cuivre du Hâvre ; Chaudronniers sur cuivre de Bordeaux ; Chaudronniers sur cuivre, de Marseille ; Travailleurs sur cuivre de Mâcon ; Horlogers de la Haute-Savoie ; Horlogers de Saint-Nicolas-d'Aliermont ; Tourneurs, Robinetiers de Nantes.

Ensemble.. 40 »

Union fédérale des Métallurgistes de France :

Les syndicats suivants ont payé leurs cotisations jusques et y compris le mois indiqué après :

Instruments de précision, juillet 1902 ; Union du bronze, juillet 1902 ; Ferblantiers de la Seine, septembre 1902 ; Métallurgistes de Reims, mars 1902 ; Métallurgistes de Moulins, juillet 1902 ; Métallurgistes du Boucau, septembre 1902 ; Métallurgistes de Fumel, juin 1902 ; Métallurgistes de La Rochelle, août 1902 ; Métallurgistes du Mans, janvier 1902 ;

A reporter......... 296 95

Report.......... 296 95

Cartouchiers de Seine et Seine-et-Oise, mars 1902 : Métallurgistes d'Orléans, juillet 1902 ; Métallurgistes du Vimeu, août 1902 ; Mécaniciens de Saint-Quentin, mai 1902 ; Chaudronniers fer du Hâvre, août 1902 ; Métallurgistes de Saint-Chamond, juillet 1902 ; Métallurgistes d'Auxerre, août 1902 ; Métallurgistes de Monthermé, juillet 1902 ; Horlogers de Badevel, février 1902 ; F. M. d. P. d. M., Beaulieu, juillet 1902 ; F. M. d. P. d. M., Audincourt, juillet 1902 ; F. M. d. P. d. M., Valentigney, juillet 1902 ; F. M. d. P. d. M., Saint-Roche, juillet 1902 ; Ajusteurs-Serruriers, St-Nazaire, août 1902 ; Métallurgistes de Firminy, juillet 1902 ; Métallurgistes de l'Oise, août 1902 ; Chaudronniers en fer, Nantes, août 1902 ; Ebarbeurs, St-Quentin, décembre 1901 ; Métallurgistes, Rochefort-sur-Mer, juillet 1902 ; Chaudronniers, Saint-Quentin, août 1902 ; Métallurgistes, Deville-les-Rouen, juillet 1902 ; Métallurgistes d'Argenteuil, août 1902 ; Chaudronniers en fer, Roubaix, août 1902 ; Tisseurs en métaux, La Couronne, juin 1902 ; Métallurgistes Commentry, avril 1902 ; Métallurgistes, du Chambon, décembre 1901 ; Métallurgistes, Vendôme, mai 1902 ; Forgerons de Marseille, juin 1902 ; Métallurgistes de la Seine, juin 1902 ; Mécaniciens en O. à déc. et Déc. S. août 1902 ; Métallurgistes d'Ivry, septembre 1902 ; O. Forgerons, Lamineurs, Bessèges, août 1902 ; Ferblantiers de Lyon, août 1902.

Ensemble.................................. 292 45

Fédération nationale des Chapeliers :

Versements pour tous les syndicats adhérents jusqu'à fin août 1902.................................. 30 »

Fédération de l'Alimentation :

Cette fédération est constituée depuis juin. — Versement jusqu'à fin août 1902.................................. 11 25

Syndicats divers :

Les syndicats suivants ont payé leurs cotisations jusques et y compris le mois indiqué après :

Jardiniers municipaux, Seine, décembre 1901..............	15 »
Coupeurs de poils, Seine, décembre 1902..............	4 75
O. Cannes, Manches de parapluies, mars 1902..............	2 50
Correcteurs de la Seine, mai 1902..............	8 »
Coupeurs ch., f.-c. Seine, septembre 1902..............	8 50
Garçons mag., Coch.-Liv., S., septembre 1902..............	5 »
Bijoutiers, or, doubl. arg., S., septembre 1902..............	7 »
Mouleurs en cuivre, Seine, août 1902..............	19 25
Confiseurs, Seine, juin 1902..............	8 50
Casquetiers, Seine, août 1902..............	2 75
O. Miroitiers, Seine, décembre 1901..............	2 50
S. nat. des Chemins de fer, août 1902..............	120 »
Paveurs de la Seine, août 1902..............	3 »

A reporter.......... 937 40

Report............	937 40
Orfèvres de la Seine, août 1902............................	12 75
Travailleurs du Gaz, décembre 1901.........................	30 »
Tapissiers, Seine, août 1902...............................	5 50
Bijout. dorée, deuil, acier, mai 1902......................	6 50
Union Mécaniciens, Seine, août 1902........................	90 »
Serruriers bâtiments, Seine, août 1902.....................	7 75
Sculpteurs bâtiments, Seine, août 1901.....................	3 »
Fondeurs de la Seine, août 1902............................	23 »
Empl. Manut. Mont-de-Piété, mai 1902.......................	3 »
Electriciens, Seine, août 1902.............................	5 50
Union Syndicale de la Voiture. S., août 1902...............	37 50
Passementiers à la main, Seine, décembre 1902..............	3 75
Passementiers à la barre, Seine, août 1902.................	5 50
Cordonnerie parisienne, septembre 1902.....................	3 50
Ebénistes en photographie, décembre 1901...................	4 75
Boulangers de la Seine, août 1902..........................	2 25
Bourrellerie parisienne, Seine, août 1902..................	2 75
Margeurs-Pointeurs, Seine, mars 1902.......................	3 »
Papeterie, Seine, août 1902................................	5 50
Peintres en bâtiment, Seine, août 1902.....................	1 50
C. amic. des Empl., Seine, août 1902.......................	3 »
Teinturiers-Dégraisseurs, Seine, août 1902.................	18 50
TOTAL..................................	1.129 65

Versements pour la propagande :

Syndicat des Miroitiers de la Seine........................	5 »
Syndicat des Margeurs-Pointeurs, Seine.....................	5 »
Syndicat de la Réparation, Seine...........................	» 50
Le Sou de Grève du XVe, Paris.............................	40 »
Citoyen Counet...	3 »
Citoyen Lochard..	5 »
TOTAL..................................	58 50

Brochures :

Congrès des Maçons, Marseille..............................	7 50
Citoyen Pennelier..	» 50
Fédération syndicale, Seine-Inférieure.....................	7 »
Vendu par le citoyen Braun.................................	5 »
Union syndicale textile, Vienne............................	7 90
Charpentiers de la Seine...................................	7 »
Bourse du Travail, Narbonne................................	7 »
— Rennes..................................	7 »
— Perpignan...............................	2 50
— Béziers.................................	7 »
— Alger...................................	8 10
— Marseille...............................	8 »
A reporter.........	72 50

Report........	72 50
Bourse du Travail, Angers........................	8 »
— Angoulême....................	15 70
— Saintes......................	7 85
— Creil........................	2 10
— Saint-Etienne................	15 70
Fédération syndicats de Suisse..................	21 »
Métallurgistes d'Ivry............................	7 50
Fédération de l'Ameublement.....................	7 »
Citoyen Lajarrige................................	2 »
Citoyen Lévy.....................................	1 »
Fédération des Coiffeurs........................	1 »
Citoyen Baumé....................................	5 »
Syndicats des Selliers, Seine...................	7 »
Vendu par Yvetot à divers.......................	4 90
Syndicat métallurgiste de l'Oise................	7 »
TOTAL..............................	187 25

ÉTAT FINANCIER

Recettes du 10 septembre 1901 au 10 septembre 1902 :

Cotisations mensuelles..........................	1.129 65
Versements pour la propagande..................	58 50
Vente de brochures..............................	187 25
TOTAL..............................	1.375 40

Dépenses du 10 septembre 1901 au 10 septembre 1902 :

Frais d'impression : Imprimerie Allemane........	281 »
— Imprimerie Nouvelle........	300 »
Frais de délégations............................	30 »
Versé à la *Voix du Peuple*......................	16 35
Versé au sous-comité de Bourges.................	5 85
Mensualités du secrétaire (13 mois).............	325 »
Mensualité du trésorier (13 mois)...............	325 »
Versé à Girard (délégation au Congrès de Lyon)..	25 »
Frais de correspondance et expédition de circulaires.......	120 60
Indemnité au citoyen Girard pour temps passé pour expédition de circulaires et travaux supplémentaires...........	103 60
Frais de bureau..................................	2 80
TOTAL..............................	1.535 20
Recettes générales...............................	1.375 40
Restait en caisse au 10 septembre 1901..........	357 48
TOTAL..............................	1.732 88
Dépenses générales...............................	1.535 20
Reste en caisse au 10 septembre 1902............	197 68

Le Trésorier, GALANTUS.

Le chapitre Allemane comprend les circulaires et imprimés divers faits dans l'exercice 1901-1902, ainsi que les frais d'impression de la brochure *Vers la Grève générale*, éditée cette année.

Le chapitre Imprimerie Nouvelle comprend la liquidation du compte de l'année dernière pour brochures de propagande.

La réunion de contrôle, réunie le 10 septembre, certifie que les comptes arrêtés à ce jour sont exacts et qu'il reste la somme de cent quatre-vingt-dix-sept francs soixante-huit centimes entre les mains du trésorier.

Pour la Fédération des Mouleurs, PRADAL ; pour la Fédération du Textile, DESJARDINS ; pour la Fédération de la Voiture, HONECKER.

RÉSULTATS

DES

DIVERS VOTES PAR MANDATS

Vote sur le Rapport et les Actes du Comité Confédéral

Votants......... 391 — Majorité absolue.... 196

Pour..............................	353
Contre..............................	1
Blancs..............................	37

ONT VOTÉ POUR :

Cercle amical des employés de commerce, Paris.
Ferblantiers-lampistes, Lyon.
Ouvriers en limes, Nancy.
Forgerons, Marseille.
Union des métallurgiste, Le Mans.
Union du bronze, Paris.
Métallurgistes, Fumel.
Tôliers-fumistes, Orléans.
Ferblantiers, Pau.
Ferblantiers-ornemanistes, Seine.
Balanciers, Seine.
Bourreliers, Béziers.
Peintres, Béziers.
Mouleurs de fer, Mâcon.
Chemin de fer, Mâcon.
Sparterie, Mâcon.
Jardiniers-fleuristes, Montpellier.
Métallurgistes, Châteauroux.
Typographes, Montpellier.
Typographes, Alger-Mustapha.
Typographes, Marseille.
Tonneliers, Montpellier.
Bois du Nord et sapins, Cette.
Cochers, Seine.
Ouvriers agriculteurs, Mèze (Hérault).
Mineurs, Epinac.
Mineurs, Montceau.
Mineurs, Montchanin.
Maçons et cimentiers, Cannes.
Tailleurs de pierres et maçons, Rochefort.
Maçons, plâtriers, tailleurs de pierres, Auxerre.
Chaudronniers en cuivre, Paris.
Chaudronniers en cuivre, Roubaix-Tourcoing.
Ouvriers sur cuivre, Vimeu-Scarbotin.
Chaudronniers en cuivre, Lyon.
Ouvriers en instruments de musique, Lyon.

Serruriers, Montpellier.
Tailleurs de pierres et maçons de France, Paris.
Fédération culinaire, Paris.
Syndicat des cuisiniers, Carcassonne.
Travailleurs du cuivre, Mâcon.
Syndicat des ouvriers réunis du bâtiment, Mâcon.
Porcelainiers, Mehun sur-Yèvre.
Céramistes, Limoges.
Céramistes, Paris.
Potiers, Lyon.
Fédération nationale de la céramique, Limoges.
Ouvriers boulangers, Saint-Etienne.
Cuisiniers, Montpellier.
Chais et entonneurs, Béziers.
Tonneliers, Cette.
Tonneliers, Béziers.
Fédération du Cher.
Charpentiers, Bourges.
L'Ameublement, Bourges.
Ouvriers en voitures, Bourges.
Chambre syndicale des maçons d'Asnières et banlieue, Seine.
Union syndicale des maçons limousins et aides, Paris.
Fédération des tabacs, Paris.
Travailleurs du chiffon, Paris.
Papiers peints, Paris.
Ouvriers sur toiles cirées, Bourges.
Ouvriers en bâtiment, Mehun-sur-Yèvre.
Ouvriers municipaux, Bourges.
Union des ouvriers mécaniciens, Denain.
Chambre syndicale des ouvriers tourneurs-décolteurs de France, Paris.
Union des ouvriers en coffres-forts, Paris.
Union ouvrière de Montmartre, Paris.
L'Ameublement, Saint-Etienne.
Façonneurs de manches de couteaux, Thiers.
Mécaniciens, Lure.
Ouvriers en limes, Seine.
Emouleurs-polisseurs en ciseaux, Thiers.
Métallurgistes, Seine.
Cuirs et peaux, Auxerre.
Chaussures, Dreux.
Cordonnerie parisienne, Paris.
Fédération des cuirs et peaux, Paris.
Mégissiers polisseurs, Paris.
Cuirs et peaux, Rennes.
Chèvre, maroquin, mouton, Paris.
Chaussures, Blois.
Fédération des bûcherons, à la Guerche.
Cuirs et peaux, Clermont-Ferrand.
Métallurgistes, de l'Oise.
Tisseurs en métaux, Angoulême.
Métallurgistes, Moulins.
Chaudronniers, Nantes.
Fédération nationale des carriers, Nantes.
Postes et télégraphes, Nantes.
Médailles et monnaies, Nantes.
Ouvriers en limes, Arnay-le-Duc.
Chaudronniers fer et cuivre, St-Nazaire
Métallurgistes, Hennebeau.
Ouvriers armuriers, Loire.
Métallurgistes, Deville-lès-Rouen.
Métallurgistes, Dunkerque.
Cuisiniers-pâtissiers, Cette.
Chocolatiers, Cette.
Fédération des syndicats ouvriers, Indre-et-Loire.
Marchands balladeurs, Montpellier.
Métallurgistes, Clermont-Ferrand.
Peintres en bâtiment, Grenoble.
Métallurgistes, Grenoble.
Maçons et similaires, Grenoble.
Typographes, Constantine.
Typographes, Toulouse.
Typographes, Nice.
Typographes, Laval.
Imprimeurs sur étoffes, Lyon.
Travailleurs en peinture, similaires, Lyon.
Manœuvres et journaliers, Lyon.
Couturières, Lyon.
Apprêteurs sur étoffes, Lyon.
Ouvriers carriers, Montpellier.
Cordonniers, Avignon.
Tailleurs d'habits, Avignon.
Métallurgistes, Castres.
Métallurgistes, Montluçon.
Métallurgistes, Rochefort-sur-Mer.
Chantiers et ateliers, Ville de Paris.
Jardiniers, Ville de Paris.
Fédération des travailleurs municipaux, Paris.
Ouvriers en métaux, Calais.
Métallurgistes, Sens.
Chaudronniers en fer, Seine.
Mouleurs, Persan.
Mouleurs, Saint-Nazaire.
Mouleurs, Romans.
Mouleurs, Noyon.

Mouleurs, Saint-Quentin.
Ajusteurs, Alais.
Ouvriers en scies, Seine.
Mécaniciens, Rouen.
Métallurgistes, Vierzon.
Horlogerie, Badevel.
Saboliers, Châlon-sur-Saône.
Mariniers, Châlon-sur-Saône.
Piqueurs de grès, Gengoux-le-National
Agriculteurs-vignerons, St-Gilles.
Métallurgistes, Châlon-sur-Saône.
Coiffeurs, Béziers.
Cultivateurs, Narbonne.
Ferblantiers, Béziers.
Garçons limonadiers, restaurateurs et similaires, Montpellier.
Métallurgistes, Firminy.
Zingueurs, Moulins.
Ouvriers chaudronniers, Roubaix.
Polisseurs en couteaux, Thiers.
Métallurgistes, Amiens.
Instruments de précision, Paris.
Tailleurs de pierres, Agde.
Gainiers, Paris.
Bijouterie or, doublé, argent, Paris.
Orfèvrerie, Paris.
Fédér. bijouterie-orfèvrerie, Paris.
Tailleurs d'habits, Béziers.
Confiseurs, Paris.
Boucherie, Paris.
Carriers, Savonnière en Perthois (Meuse).
Ébénistes, Marseille.
Courtiers et représentants, Paris.
Charcuterie parisienne, Paris.
Ouvriers en salaison, Paris.
Limonadiers et restaurateurs, Paris.
Boulangers, Boulogne.
Professeurs de l'enseignement libre, Paris.
Employés, section épicerie coopérative, Paris.
Mineurs, Decazeville.
Employés de commerce, Rouen.
Cuirs et peaux, Saint-Junien.
Cuirs et peaux, Issoudun.
Mégissiers, Seine.
Corroyeurs cuir noir, Paris.
Chevreau glacé, Paris.
Fédération nationale des ouvriers ports et docks.
Chapeliers, Oise.
Boulangers, Montpellier.
Tailleurs de pierres, Bourges.
Maçons, taill. de pierres, Bordeaux.
Maçons, Toulouse.
Tailleurs de pierres, Troyes.
Maçons, Draguignan.
Métallurgistes, Monthermé-Laval-Dieu
Métallurgistes, Auxerre.
Métallurgistes, Le Boucau.
Découpeurs-estampeurs, Lyon.
Métallurgistes, Yvry-sur-Seine.
Tailleurs d'habits, Montpellier.
Métallurgistes, Havre.
Mécaniciens, outils, découpeurs estampeurs, Seine.
Métallurgistes, Vimeu.
Métallurgistes, La Rochelle.
Forgerons, St-Nazaire.
Mouleurs, Tourcoin.
Ebénistes, Lyon.
Passementiers à la barre et à la main, Lyon.
Ouvriers en voitures, Lyon.
Coupeurs chemisiers, Lyon.
Coupeurs tailleurs d'habits, Lyon.
Charbonniers, Cette.
Typographes, Rochefort-sur-Mer.
Coiffeurs, Montpellier.
Laminoirs et forges, Bessèges.
Ebénistes, Montpellier.
Union métallurgique, Toulouse.
Union syndicale des ouvriers de la voiture, Toulouse.
Fédération nationale des syndicats et groupes de la voiture.
Mouleurs, Vivier-au-Court.
Fédération mouleurs en métaux.
Fondeurs en fer, Seine.
Mouleurs, Firminy.
Mécaniciens, Tarbes.
Mécaniciens, Evreux.
Typographes, Bourges.
Maçons, Limoges.
Mouleurs, Montluçon.
Mouleurs, Bessèges.
Mouleurs, Mont-de-Marsan.
Mouleurs, Chauny.
Mouleurs, St-Chamond.
Mouleurs, St-Michel.
Fondeurs et similaires, Le Havre.
Mouleurs, Lille.
Mouleurs, Roubaix.
Mouleurs, Etampes.
Mouleurs en cuivre, Paris.
Mouleurs, Roanne.
Mouleurs, Firminy.
Mouleurs, Essonnes.
Ameublement, St-Loup.

Fédération de l'ameublement.
Veloutiers ouvriers de St-Etienne.
Travail de l'indust. textile, St-Etienne
Papeterie et similaires, Paris.
Reliure et dorure, Paris.
Cartonnages, Paris.
Papetiers, Essonnes.
Tailleurs de pierres, Montpellier.
Bourreliers, Montpellier.
Chaufourniers, La Guerche.
Papetiers, Thiers.
Piqueurs de grès, St-Emiliant Pont-d'Argent.
Maçons, Châlon-sur-Saône.
Menuisiers, Châlon-sur-Saône.
Bijouterie dorée, Paris.
Mouleurs, Vrigne-aux-bois.
Groupe corporatif indépendant des tailleurs d'habits, Paris.
Tanneurs-corroyeurs, Château-Renault.
Union synd. tailleurs de pierres, Seine
L'Amical (maçons et connexes), Paris.
Les égaux (maçons et aides, similaires), Paris.
Piqueurs de grès, Sylla (Saône-et-Loire).
Menuisiers, Montceau.
Ouvriers du bâtiment, Noisy-le-Sec.
Tailleurs de pierres, cimentiers, Seine
Fédération des peintres, Seine.
Chaudronniers en fer, Lyon.
Métallurgistes, Argenteuil.
Métallurgistes, St-Uze.
Fédération des industries du papier.
Cuirs et peaux, Amiens.
Tanneurs-corroyeurs, Château-du-Loir.
Tanneurs-corroyeurs, Roanne.
Sabotiers-galochiers, Brienon (Yonne)
Maçons, Nevers.
Maçons, Marseille.
Maçons-plâtriers, Cette.
Fédération des syndicats de Vichy.
Ouvriers champagniseurs, Saumur.
Chaudronniers sur cuivre, Le Havre.
Fédération des syndicats de Rive-de-Gier.
Fédération du cuivre.
Employés de commerce, Lyon.
Travailleurs sur cuivre, Lyon.
Fédération régionale du Sud-Est.
Cordonniers similaires, Lyon.
Chocolatiers, Lyon.
Filatures, Villefranche (Rhône).
Chevriers maroquiniers, Lyon.
Mouleurs, Armentières.
Bâtiment, Narbonne.
Union des syndicats, Vaucluse.
Mouleurs et similaires, Monthermé-Laval-Dieu.
Mouleurs, Nouzon.
Biscuitiers, Paris.
Chambre syndicale des ouvriers boulangers, Seine.
Tailleurs d'habits, Lyon.
Fédération lyonnaise chauffeurs-mécaniciens-électriciens, Lyon.
Brodeuses et similaires, Lyon.
Maçons, Lyon.
Lithographes, Reims.
Fédération du Textile, Reims.
Tisseurs-fileurs, Ourscamp,
Passementiers à la barre, Paris.
Ouvriers métallurgistes, Orléans.
Ouvriers en voitures, Orléans.
Employés, Orléans.
Menuisiers en bâtiment, Toulouse.
Ouvriers et ouvrières de la Ville de Paris.
Sculpteurs, Montpellier.
Mécaniciens, Flers.
Mécaniciens, Chauny.
Mécaniciens, Meaux.
Métallurgistes, Calais.
Mineurs-terrassiers, Marseille.
Maçons tailleurs de pierres, plâtriers, Arles.
Fédération nationale des maçons.
Maçons tailleurs et scieurs de pierres, Seine.
Maçons et similaires, Reims.
Horlogers de St-Nicolas (Seine-Inf.).
Mouleurs et fondeurs en cuivre, Lyon.
Tourneurs robinetiers, Paris.
Tourneurs robinetiers, Nantes.
Mécaniciens, Lyon.
Balanciers, Lyon.
Mécaniciens, Caen.
Chapeletiers, Saumur.
Fédération de l'Alimentation.
Mécaniciens de Persan-Baumont.
Mécaniciens, Bessèges.
Mécaniciens, Limoges.
Ajusteurs-tourneurs, Bordeaux.
Mécaniciens, Dreux.
Bateliers du centre, Montceau-les-Mines.
Maçons et similaires, Montceau-les-Mines.

Menuisiers, Montpellier.
Fédération des syndicats de la bourrellerie, Paris.
Garçons de magasin, cochers-livreurs, Paris.
Travailleurs manouvriers de Neuville-sur-Saône.
Tanneurs-corroyeurs, Sens.
Hongroyeurs, Seine.
Tanneurs, Seine.
Tanneurs-corroyeurs, Nantes.
Mégissiers du mouton, Paris.
Coiffeurs, Paris.
Fédération des coiffeurs.
Manouvriers, St-Léger.
Coupeurs et brocheurs en chaussures, Paris.
Coupeurs et brocheurs en chaussures, Limoges.
Coupeurs en chaussures, Paris.
Coupeurs et cambreurs, Lyon.
Mécaniciens, Albert.
Mécaniciens, Nouzon.
Mécaniciens, Chartres.
Mécaniciens, Paris.
Mécaniciens, Angers.
Union fédérale des métallurgistes de France.
Métallurgistes, Decazeville.
Ameublement, Autun.
Mineurs, La Chapelle-sous-Dun.
Métallurgistes, Chambon-Feugerolles
Service génér. des dames réunies, Lyon
Fédération des mécaniciens.

ONT VOTÉ CONTRE :

Typographes, Orléans.

ONT VOTÉ BLANC :

Employés, Grenoble.
Tramways, compagnie Lyonnaise.
Ouvriers de la navigation, Lyon.
Fédération syndicale, Bourg (Ain).
Ouvriers du port de Dunkerque.
Ouvriers maréchaux, Seine.
Chemins de fer, Seine.
Fédération de la maréchalerie.
Typographie parisienne, Paris.
Fédération du livre.
Fondeurs typographes, Paris.
Fédération typographique, Paris.
Commis en écritures, Abbeville.
Chambre syndicale des employés, Rouen.
Typographie, Rouen.
Métallurgistes, Saint-Etienne.
Clercs d'huissiers, Paris.
Employés, Paris.
Travailleurs de terre de Mudaison.
Typographes, Dunkerque.
Typographes, Reims.
Typographes, Bordeaux.
Imprimeurs et conducteurs, Paris.
Typographes, Le Havre.
Typographes, conducteurs, Evreux.
Typographes, Saint-Quentin.
Typographes, Nevers.
Typographes, Valence.
Typographes, Meaux.
Typographes, Alençon.
Chaudronniers, Saint-Quentin.
Fédération nationale des employés.
Fédération des transports parisiens.
Fédération des omnibus et tramways, Lyon.
Charbons et manouvriers, Saint-Quentin.
Mécaniciens, Saint-Quentin.
Femmes sténographes, Paris.

Vote sur le Principe de la Représentation proportionnelle

Nombre de votants : 454 — Majorité absolue : 228

Pour 74
Contre 379
Blancs 1

Ont voté pour :

Mouleurs, Etampes.
Mouleurs, d'Essonnes.
Mouleurs, Firminy.
Mouleurs en cuivre, Paris.
Mouleurs, Roanne.
Ouvriers mécaniciens, Denain.
Mécaniciens, Marseille.
Tourneurs décolleurs de France, Paris.
Ouvriers en coffres-forts, Paris.
Maçons et tailleurs de pierres, Reims.
Typographes, Alençon.
Employés du gaz, Paris.
Fondeurs-typographes, Paris.
Bourse du Travail, Alençon.
Typographes, Nevers.
Métallurgistes, Saint-Etienne.
Clercs d'huissiers de la Seine.
Employés, Nantes.
Employés, Troyes.
Femmes sténographes, Paris.
Fédération des maréchaux, Paris.
Typographes, Meaux.
Fédération du Livre.
Fédération lithographique.
Typographie parisienne.
Mécaniciens, Calais.
Fédération des mécaniciens.
Mécaniciens, Flers.
Mécaniciens, Meaux.
Typographes, Chartres.
Typographes, Lyon.
Fédération nationale des groupes et syndicats de la voiture.
Fédération des tabacs.
Ouvriers en voitures de la Seine.
Chemins de fer (National).
Mécaniciens, Evreux.
Mécaniciens, Tarbes.
Mécaniciens, Nouzon.
Mécaniciens, Albert.
Employés, Paris.
Mécaniciens, Chartres.
Fédération nationale des employés, Paris.
Typographes, Toulouse.
Employés, Saint-Etienne.
Bourse du travail, Saint-Etienne.
Employés, Abbeville.
Typographes, Laval.
Fédération des transports parisiens.
Typographes, Nice.
Typographes, Constantine.
Fédération des mouleurs en métaux.
Ouvriers fondeurs en fer de la Seine.
Mouleurs, Vivier-au-Court.
Mouleurs, Fumay.
Mouleurs, Vrigne-aux-Bois.
Mécaniciens, Chauny.
Employés, Grenoble.
Mécaniciens, Bessèges.
Typographes, Bourges.
Ouvriers du port, Dunkerque.
Typographes, Amiens.
Mécaniciens, Limoges.
Mécaniciens, Paris.
Mécaniciens, Persan.
Typographes, Dunkerque.
Mécaniciens, Dreux.
Ouvriers maréchaux de la Seine.
Mécaniciens, Bordeaux.
Bourse du travail, Versailles.
Mécaniciens, Angers.
Mécaniciens, Caen.
Typographes, Rouen.
Imprimeurs-conducteurs, Paris.
Typographes, Le Havre.
Typographes, Bordeaux,
Typographes, Reims.
Bourse du Travail, Saumur.

Ont voté contre :

Fédération des syndicats, Vichy.
Chaudronniers cuivre, Paris.
Bijouterie, or, doublé, argent, Paris.
Bourse du Travail du Havre.
Bijouterie dorée de Paris.
Bourse du Travail, Clermont-Ferrand
Chapeliers, Aix-en-Provence.
Bourse du travail, Aix-en-Provence.
Bourse du travail, Marseille.
Typographes, Marseille.
Bourse du travail, Cholet.
Bourse du travail, Angers.
Fédération des syndicats du Sud-Est.
Chaudronniers en cuivre, Le Havre.
Fédération du cuivre.
Travailleurs sur cuivre, Lyon.
Cultivateurs, Narbonne.
Biscuitiers, Paris.
Ouvriers boulangers, Montpellier.
Ouvriers tailleurs d'habits, Montpellier.
Bourreliers, Montpellier.
Charbonniers, Port de Cette.
Cuisiniers, Cette.
Bourse du travail, Cette.
Bourse du travail, Angoulême.
Fédération syndicats, Bourg (Ain).
Tramways, Compagnie Lyonnaise.
Zingueurs, Moulins.
Union syndicale maçons limousinants et aides, département de la Seine.
Chambre syndicale maçons, Asnières et banlieue Ouest.
Métallurgistes, Orléans.
Ouvriers façonneurs en manches de couteaux, Thiers.
Mécaniciens, Lure.
Emouleurs, polisseurs ciseaux, Thiers
Métallurgistes, Seine.
Métallurgistes, Port-de-Bouc.
Menuisiers, Montceau.
Piqueurs de grès, Sylla.
Typographes, Albi.
Ameublement, St-Loup.
Bourse du travail, Limoges.
Maçons, Limoges.
Ouvriers bâtiment, Noisy-le-Sec.
Tanneurs-corroyeurs, Château-Renault.
Sabotiers et galochiers, Brienon (Yonne).
Maçons, Toulouse.
Tailleurs de pierre, Bourges.
Bourse du travail, Carcassonne.
Cuirs et peaux, Reims.
Chèvre, maroquin, mouton, Paris.
Menuisiers, Châlon-sur-Saône.
Chauffourniers, De la Guerche.
Piqueurs de grès, St-Emilient Pont-d'Argent.
Papetiers, Thiers.
Maçons, Châlon-sur-Saône.
Balanciers, Lyon.
Chaussures, Blois.
Fédération bûcherons, La Guerche.
Mécaniciens, Lyon.
Manouvriers, St-Léger.
Polisseurs couteaux, Thiers.
Chantiers, ateliers municipaux, Paris
Mouleurs, Roubaix.
Fédération bijouterie, orfèvrerie.
Bourreliers, Béziers.
Gainiers, Paris.
Orfèvrerie, Paris.
Bâtiment, Narbonne.
Mouleurs métaux, Clermont-Ferrand.
Mouleurs métaux, Vierzon.
Médailles et monnaies, Paris.
Postes et télégraphes (syndicat national).
Mouleurs et similaires, Marquise.
Instruments de musique, Lyon.
Chaudronniers cuivre, Lyon.
Chaudronniers cuivre, Roubaix.
Ouvriers sur cuivre, Vimeu-Escarbotin.
Typographes-conducteurs, Evreux.
Travailleurs chiffonniers, Pau.
Travailleurs chiffonniers, Paris.
Service général, dames réunies, Lyon.
Métallurgistes, Monthermé - Laval-Dieu.
Fédération ports et docks de France.
Employés section épicerie, coopératives, Paris.
Fédération travailleurs municipaux. Paris.
Métallurgistes, Vierzon.
Mouleurs, Persan.
Mouleurs, Romans.
Mouleurs, St-Quentin.
Mouleurs, Noyon.

Mouleurs, Saint-Nazaire.
Typographes, Orléans.
Mécaniciens, St-Quentin.
Union des syndicats, Vaucluse.
Bourse du travail, Thiers,
Typographes, Constantine.
Union des syndicats, Seine.
Ouvriers coiffeurs, Montpellier.
Fédération nationale des coiffeurs.
Laminoirs et forges, Bessèges.
Menuisiers, Montpellier.
Ebénistes, Montpellier.
Fédération ameublement.
Cochers, Seine.
Syndicat international maçons, Marseille.
Maçons-Plâtriers, Cette.
Lithographes, Reims.
Coiffeurs, Béziers.
Fédération du textile.
Passementiers à la barre, Paris.
Tisseurs-fileurs, Ourscamp.
Bourse du travail, Reims.
Bourse du travail, Narbonne.
Bourse du travail, Orléans.
Mouleurs, Mont-de-Marsan.
Fédération nationale maçons, tailleurs de pierres, etc.
Maçons, tailleurs de pierres et scieurs, département de la Seine.
Tonneliers, Montpellier.
Ouvriers réunis bâtiment, Mâcon.
Mouleurs, Chauny.
Ouvriers métallurgistes, Orléans.
Employés, Orléans.
Ouvriers en voitures, Orléans.
Maçons, tailleurs de pierre, Arles.
Mineurs et terrassiers, Marseille.
Coupeurs et brocheurs, chaussures, Paris.
Ouvriers instruments précision, Paris
Typographes, Alger-Mustapha.
Ouvriers chaudronniers en fer, Roubaix.
Métallurgistes, Amiens.
Jardiniers municipaux, Paris.
Ouvriers en limes, Arnay-le-Duc.
Bourse du travail, Lyon.
Métallurgistes, Châteauroux.
Ferblantiers, Pau.
Bourse du travail, Agen.
Ouvriers tailleurs d'habits, Agen.
Apprêteurs, Lyon.
Couturières, Lyon.
Ferblantiers-lampistes, Lyon.
Syndicat des forgerons, Marseille.
Union du bronze, Paris.
Union des métallurgistes, Le Mans.
Ouvriers en limes, Nancy.
Typographes, St-Quentin.
Typographes, Valence.
Métallurgistes, Le Havre.
Métallurgistes, La Rochelle.
Ouvriers en salaisons, Paris.
Charcuterie parisienne.
Limonadiers, Paris.
Boulangers, Boulogne.
Bourse du travail, Béziers.
Ferblantiers, Béziers.
Garçons-limonadiers restaurateurs et similaires, Béziers.
Ouvriers cordonniers, Avignon.
Manœuvres, Lyon.
Fédération des chapeliers.
Chais et entonneurs, Béziers.
Typographes, Montpellier.
Mouleurs en fer, Mâcon.
Bois du Nord et sapins, Cette.
Bourse du travail, Mâcon.
Sparterie, Mâcon.
Mouleurs, Le Havre.
Mouleurs, Tourcoing.
Mouleurs, Lille.
Mouleurs, St-Michel.
Bourse du travail, Bourges.
Ouvriers municipaux, Bourges.
Ouvriers en bâtiments, Mehun-sur-Yèvre.
Ouvriers sur toiles cirées, Bourges.
Bourse du travail, Bagnères-de-Bigorre.
Cuirs et Peaux, Saint-Junien.
Chevreau glacé, Paris.
Corroyeurs de cuir noir, Paris.
Menuisiers en bâtiment, Toulouse.
Balanciers de la Seine.
Toliers-fumistes, Orléans.
Ferblantiers de la Seine.
Coiffeurs, Paris.
Coiffeurs, Nice.
Bourse du travail, Levallois-Perret.
Bourse du travail de Romans et Bourg-de-Péage.
Agriculteurs, Mèze.
Ouvriers en voitures, Bourges.
Ameublement, Bourges.
Ouvriers charpentiers, Bourges.
Fédération des syndicats du Cher.
Ouvriers du bâtiment, Mâcon.
Chaudronniers, Saint-Nazaire.

Bourse du travail, Saint-Nazaire.
Boulangers, Saint-Etienne.
Bourse du travail, Châteauroux.
Coupeurs-tailleurs, Lyon.
Carriers, Montpellier.
Métallurgistes, Fumel.
Fédération des syndicats ouvriers d'Indre-et-Loire.
Bourse du travail, Tours.
Employés de commerce, Lyon.
Fédération de Rive-de-Giers.
Mineurs, Epinac.
Tourneurs robinettiers, Nantes.
Tourneurs robinettiers, Paris.
Mineurs, Montchanin.
Mineurs et similaires, Lachapelle-sous-Dun.
Typographes, Cette.
Ameublement, Autun.
Maçons et similaires, Montceau-les-Mines.
Fédération nationale de la céramique.
Potiers, Lyon.
Céramistes, Limoges.
Céramistes, Paris.
Bateliers du Centre, Montceau-les-Mines.
Teinturiers, Lyon.
Bourse du travail, Perpignan.
Métallurgistes, Firminy.
Horlogers, Saint-Nicolas.
Brodeuses et similaires, Lyon.
Maçons, Lyon.
Garçons de magasin, cochers-livreurs, Paris.
Fédération des bourreliers, selliers.
Typographes, Nice.
Coupeurs et cambreurs, Lyon.
Chaudronniers, Saint-Quentin.
Carriers, Savonnière-en-Perthois.
Ebénistes, Marseille.
Mouleurs, Bessèges.
Mouleurs, Montluçon.
Mouleurs, Saint-Chamond.
Mineurs, Decazeville.
Employés, Rouen.
Cordonniers, Paris.
Cuirs et peaux, Auxerre.
Mégissiers palissonniers, Paris.
Bourse du travail, Alais.
Bourse du travail, Rochefort.
Typographes, Rochefort.
Bourse du travail, La Rochelle.
Bourse du travail, Cognac.
Bourse du travail, Saintes.
Services réunis, Paris.
Métallurgistes, Toulouse.
Jardiniers-fleuristes, Montpellier.
Tailleurs d'habits, Avignon.
Chapeliers fantaisie, Paris.
Chapeliers fouleurs, Aix.
Ouvriers et ouvrières en chapellerie, Paris.
Casquetiers, Paris.
Horlogers, Badevel.
Bourse du travail, Valence.
Ouvriers en outils à découper, découpeurs-estampeurs, Paris.
Forgerons, Saint-Nazaire.
Métallurgistes, Vimeu.
Mécaniciens, Rouen.
Ouvriers en scies de la Seine.
Ajusteurs, Alais.
Ouvriers en limes de la Seine.
Coupeurs et brocheurs Limoges.
Tanneurs corroyeurs, Sens.
Mégissiers du mouton, Paris.
Hongroyeurs de la Seine.
Tanneurs corroyeurs, Nantes.
Tanneurs de la Seine.
Ameublement, Saint-Etienne.
Ameublement de Montmartre, Paris.
Métallurgistes, Auxerre.
Manouvriers, Neuville-sur-Saône.
Bourse du travail, Le Mans.
Bourse du travail, Rennes.
Tailleurs d'habits, Béziers.
Professeurs libres, Paris.
Groupe corporatif des tailleurs d'habits, Paris.
Fédération des coupeurs en chaussures de France, Limoges.
Employés de la navigation, Lyon.
Cuirs et peaux, Issoudun.
Marchands ambulants, balladeurs et balladeuses, Montpellier.
Ouvriers en métaux, Calais.
Maçons, plâtriers et tailleurs de pierres, Auxerre.
Maçons et cimentiers, Cannes.
Tailleurs de pierres, Agde.
Tailleurs de pierres, maçons, Rochefort.
Métallurgistes, Deville-les-Rouen.
Bourse du travail, Grenoble.
Peintres en bâtiment, Grenoble.
Maçons et similaires, Grenoble.
Métallurgistes, Clermont-Ferrand.
Tailleurs de pierres et maçons de France, Paris.

Métallurgistes, Argenteuil.
Métallurgistes, St-Uze.
Métallurgistes, Decazeville.
Chaudronniers fer, Lyon.
Union fédérale ouvriers métallurgistes de France.
Ebénistes, Lyon.
Coupeurs chemisiers, Lyon.
Chapeliers, Lyon.
Passementiers à la barre, Lyon.
Ouvrières en voitures, Lyon.
Armuriers de la Loire.
Métallurgistes, Dunkerque.
Métallurgistes, Grenoble.
Bourse du travail, Toulouse.
Maçons, tailleurs de pierres, Montpellier.
Imprimeurs, Lyon.
Fédération lyonnaise, chauffeurs-mécaniciens.
Fédération des syndicats de la Gironde
Métallurgistes; Hennebeau.
Métallurgistes, Chambon-Feugerolles
Fédération des peintres.
Fédération de l'alimentation.
Chapelletiers, Saumur.
Boulangers, Seine.
Champagniseurs, Saumur.
Courtiers, représentants de commerce, Paris.
Sculpteurs, Montpellier.
Sculpteurs, Bâtiment, Paris.
Fédération du papier.
Papeterie et réglure, Paris.
Cartonnage, Paris.
Papeterie, Essonnes.
Dorure, reliure, Paris.
Chaussures, Dreux.
Fédération des cuirs et peaux.
Ouvriers imprimeurs sur papiers peints, Paris.
Bourse du travail, Montpellier.
Bourse du travail, Roanne.
Bourse du travail, Amiens.
Tailleurs pierres de cimetières, Seine.
Maçons, Bordeaux.
Tailleurs de pierres, Troyes.
Maçons, Draguignan.
(Les Egaux) Maçons, Paris.
Tailleurs de pierres, Paris.
Maçons, Paris.
Métallurgistes, Rochefort-sur-mer.
Papetiers, St-Junien.
Métallurgistes, Montluçon.
Métallurgistes, Castres.
Tanneurs, corroyeurs, Château-du-Loir.
Cuisiniers, Narbonne.
Fédération culinaire.
Métallurgistes, Moulins.
Chaudronniers, Nantes.
Fédération des carriers, Creil.
Tisseurs en métaux, Angoulême.
Métallurgistes de l'Oise.
Bourse du travail, Rouen.
Employés de commerce et industrie, Paris.
Agriculteurs, St-Gilles.
Piqueurs de grès, St-Gengoux-le-National.
Bourse du travail, Agde.
Bourse du travail, Arles.
Mouleurs en cuivre, Lyon.
Métallurgistes, Le Boucau.
Métallurgistes, Ivry-sur-Seine.
Découpeurs estampeurs, Lyon.
Mariniers, Châlon-sur-Saône.
Métallurgistes, Châlon-sur-Saône.
Sabotiers, Châlon-sur-Saône.
Mouleurs, Armentières.
Chaudronniers en fer de la Seine.
Cuirs et peaux, Amiens.
Tanneurs corroyeurs, Roanne.
Mouleurs, Bordeaux.
Cuirs et peaux, Clermont-Ferrand.
Mouleurs, Caen.
Mouleurs, Nouzon.
Mouleurs et parties similaires de Monthermé-Laval-Dieu.
Métallurgistes, Sens.
Omnibus, tramways, Lyon.
Confiseurs, Paris.
Bouchers, Paris.
Bourse du travail, St-Quentin.
Ebarbeurs, St-Quentin.
Serruriers, Montpellier.
Mégissiers de la Seine.
Travailleurs du textile, St-Etienne.
Veloutiers, St-Etienne.
Cuisiniers, Montpellier.

ONT VOTÉ POUR :

Chemin de fer, section de Mâcon.

Vote sur le Texte de la Commission d'Unité ouvrière

PROPOSANT DE PRÉLEVER LE 5 % SUR LES RECETTES DES DEUX SECTIONS DE LA CONFÉDÉRATION GÉNÉRALE DU TRAVAIL POUR ALIMENTER LA CAISSE DE LA COMMISSION DES GRÈVES ET DE LA GRÈVE GÉNÉRALE.

Votants......... 440 — Majorité absolue.... 221

Pour........................... 358
Contre......................... 66
Blancs......................... 16

ONT VOTÉ POUR :

Boulangers, Boulogne.
Charcutiers, Paris.
Menuisiers en bâtiments, Toulouse.
Ouvriers en limes, Paris.
Emouleurs, polisseurs de ciseaux, Thiers.
Chapeliers, fouleurs, Aix.
Fédération des chapeliers.
Chapeliers en fantaisie, Paris.
Ouvriers et ouvrières en chapellerie, Paris.
Casquetiers, Paris.
Industrie textile, Saint-Etienne.
Veloutiers, Saint-Etienne.
Mouleurs, Mont-de-Marsan.
Coupeurs en chaussures, Paris.
Coupeurs et brocheurs, Paris.
Coupeurs et brocheurs, Limoges.
Coupeurs et cambreurs, Limoges.
Manœuvres et journaliers, Lyon.
Ouvrier municipaux, Bourges.
Ouvriers sur toiles cirées, Bourges.
Reliure, dorure, Paris.
Papetiers, Paris.
Papetiers, Essonnes.
Chaudronniers sur cuivre, Paris.
Fédération du papier.
Fédération des syndicats, Indre-et-Loire.
Bourse du travail, Tours.
Façonneurs de manches de couteaux, Thiers.
Bijouterie dorée, Paris.
Métallurgistes, Decazeville.
Chaudronniers, Lyon.
Métallurgistes, Saint-Uze.
Métallurgistes, Argenteuil.
Union fédérale des métallurgistes de France.
Mouleurs, Armentières.
Mouleurs, Caen.
Mécaniciens, Lure.
Mouleurs, Noyon.
Typographes, Constantine.
Bâtiment, Narbonne.
Mécaniciens, Evreux.
Mécaniciens, Tarbes.
Bourse du travail, Thiers.
Bourse du travail, Limoges.
Maçons, Limoges.
Agriculteurs, Mèze.
Instruments de musique, Lyon.
Cuisiniers, Montpellier.
Mécaniciens, Calais.
Bourse du travail, Cette.
Typos-lithographes, Cette.
Forgerons, Saint-Nazaire.
Métallurgistes, Le Havre.
Métallurgistes, Le Vimeu.
Métallurgistes, La Rochelle.
Bourreliers, Montpellier.
Découpeurs estampeurs, Paris.
Métallurgistes, Saint-Etienne.
Métallurgistes, Toulouse.
Jardiniers-fleuristes, Montpellier.
Bourse du travail, Grenoble.

Ouvriers en chaussures, Dreux.
Bourse du travail, Clermont-Ferrand.
Fédération des travailleurs municipaux, Paris.
Fédération des cuirs et peaux.
Confiseurs, Paris.
Carriers, Savonnière-en-Perthois.
Tailleurs d'habits, Béziers.
Bourreliers, Béziers.
Mécaniciens, Caen.
Typographes, Toulouse.
Typographes, Nice.
Typographes, Laval.
Typographes, Constantine.
Bourse du travail, Toulouse.
Boulangers, Saint-Etienne.
Métallurgistes, Sens.
Boulangers, Montpellier.
Ouvriers en voitures, Orléans.
Métallurgistes, Firminy.
Métallurgistes, Orléans.
Employés, Orléans.
Métaux, Calais.
Mouleurs de Monthermé-Laval-Dieu.
Mouleurs, Bordeaux.
Chaudronniers en fer, Paris.
Cordonniers, Avignon.
Tailleurs d'habits, Avignon.
Chaussures, Blois.
Métallurgistes, Châteauroux.
Chèvre, maroquin, mouton, Paris.
Fédération nationale des bûcherons.
Tanneurs et corroyeurs, Nantes.
Tanneurs de la Seine.
Hongroyeurs de la Seine.
Cuirs et peaux, Rennes.
Mouleurs, Paris.
Mouleurs, Etampes.
Métallurgistes de Monthermé-Laval-Dieu.
Imprimeurs sur étoffes, Lyon.
Laminoirs et forges, Bessèges.
Coiffeurs, Montpellier.
Mécaniciens, Flers.
Fédération des mécaniciens.
Fédération nationale de la céramique.
Tisseurs et fileurs, Ourscamp.
Tourneurs décolteurs de France.
Ouvriers sur coffres-forts, Paris.
Mécaniciens, Denain.
Chevreau glacé, Paris.
Céramistes, Limoges.
Céramique, Mehun-sur-Yèvre.
Syndicat des potiers, Lyon.
Céramistes, Paris.
Peintres en bâtiment, Grenoble.
Métallurgistes, Grenoble.
Métallurgistes, Clermont-Ferrand.
Maçons et similaires, Grenoble.
Ferblantiers, Béziers.
Services réunis, Paris.
Ouvriers en limes, Arnay-le-Duc.
Balanciers, Seine.
Ferblantiers, Pau.
Toliers fumistes, Orléans.
Chantiers et ateliers, Paris.
Maçons, Lyon et Rhône.
Ferblantiers ornemanistes, Seine.
Maçons (les Egaux), Paris.
Cuirs et peaux, Clermont-Ferrand.
Tailleurs de pierres, maçons de France, Paris.
Serruriers, Montpellier.
Union du bronze, Paris.
Fédération des syndicats de Rive-de-Giers.
Fédération du cuivre.
Menuisiers, Montpellier.
Tourneurs corroyeurs, Roanne.
Chaudronniers sur cuivre, Le Havre.
Travailleurs sur cuivre, Lyon.
Employés de commerce, Lyon.
Charbonniers, Cette.
Cuirs et peaux, Amiens.
Métallurgistes, Auxerre.
Métallurgistes, Le Boucau.
Découpeurs estampeurs, Lyon.
Métallurgistes, Yvry-sur-Seine.
Tanneurs-corroyeurs, Sens.
Métallurgistes de l'Oise.
Mégissiers du mouton, Paris.
Fédération des coiffeurs.
Coiffeurs, Paris.
Manouvriers, Saint-Léger.
Coiffeurs, Nice.
Employés du gaz, Paris.
Jardiniers, Ville de Paris.
Mouleurs, Montluçon.
Mouleurs, Saint-Chamond.
Mouleurs, Chauny.
Fédération des mécaniciens chauffeurs électriciens, Lyon.
Apprêteurs sur étoffes, Lyon.
Travail de la teinture, Lyon.
Maçons limousinants et aides, Seine.
Métallurgistes, Orléans.
Bourse d'Angoulême.
Cartonnage, Paris.
Ameublement, Saint-Etienne.
Syndicat du bâtiment, Saône-et-Loire.

Groupe des tailleurs d'habits, Paris.
Professeurs libres, Paris.
Empl. sect. épic. coopérative, Paris.
Employés, Rouen.
Fédération de la bijouterie et orfèvrerie, Paris.
Chaudronniers en fer, Roubaix.
Typographes, Montpellier.
Orfèvrerie, Paris.
Gainiers, Paris.
Métallurgistes, Port-de-Bouc.
Bourse du Travail, Mâcon.
Sparterie, Mâcon.
Chemins de fer, Mâcon.
Mécaniciens, Limoges.
Mécaniciens, Bessèges.
Mécaniciens, Persan-Baumont.
Union métallurgiste, Le Mans.
Mécaniciens, Dreux.
Mécaniciens, Bordeaux.
Ouvriers en limes, d'Arnay-le-Duc.
Chemins de fer (Syndicat national).
Bourse du Travail, Arles.
Bourse du Travail, Carcassonne.
Chaudronniers, Saint-Nazaire.
Bourse du Travail, Saint-Nazaire.
Tourneurs robinetiers, Nantes.
Horlogers, Saint-Nicolas.
Scieurs tailleurs de pierre, Paris.
Mouleurs et fondeurs cuivre, Lyon.
Tourneurs robinetiers, Paris.
Ouvriers du Cuivre, Mâcon.
Mineurs, Decazeville.
Ameublement, Saint-Loup.
Fédération de l'ameublement.
Courtiers représentants, Paris.
Limonadiers restaurateurs, Paris.
Ouvriers en salaisons, Paris.
Bourse du Travail, Agde.
Typographes, Nice.
Garçons de magasins, cochers livreurs, Paris.
Travailleurs manouvriers, Neuville-sur-Saône.
Fédération bourrellerie, sellerie.
Union des mécaniciens, Paris.
Mécaniciens, Chartres.
Mécaniciens, Angers.
Filature, Villefranche.
Mouleurs, Bessèges.
Mouleurs, Roanne.
Mécaniciens, Albert.
Mécaniciens, Nouzon.
Fédération des syndicats du Sud-Est.
Cordonniers et similaires, Lyon.
Chevriers maroquiniers, Lyon.
Chocolatiers, Lyon.
Chaudronniers sur cuivre, Roubaix-Tourcoing.
Métallurgistes, Dunkerque.
Chaudronniers sur cuivre, Lyon.
Ouvriers sur cuivre, Vimeu-Escarbotin.
Employés de commerce et d'industrie, Paris.
Ajusteurs, Alais.
Métallurgistes, Vierzon.
Horlogers, Badevel.
Mécaniciens, Rouen.
Ouvriers en scies, Paris.
Sculpteurs, Montpellier.
Fédération des peintres.
Fédération de l'alimentation.
Chapelletiers, Saumur.
Ouvriers champagniseurs, Saumur.
Bijouterie, or doublé, argent, Paris.
Polisseurs en couteaux, Thiers.
Instruments de précision, Paris.
Typographes, Alger-Mustapha.
Tailleurs de pierres, Seine.
Maçons (l'Amical), Paris.
Syndicat du bâtiment, Noisy-le-Sec.
Tailleurs de pierre, cimentiers, Seine.
Coiffeurs, Béziers.
Ouvriers en bâtiment, Mehun-sur-Yèvre.
Métallurgistes, Chambon-Feugerolles (Loire).
Mouleurs, Macon.
Bourse du Travail, Alais.
Tailleurs d'habits, Lyon.
Bourse du Travail, Saint-Etienne.
Bourse du Travail, Bagnères-de-Bigorre.
Bourse du Travail, Bourges.
Typographes, Orléans.
Bourse du Travail, Valence.
Bois du Nord et sapins, Cette.
Imprimeurs sur papier peint, Paris.
Doreurs sur cuivre, Paris.
Travailleurs du chiffon, Paris.
Fédération du tabac.
Ouvriers en voitures, Bourges.
Métallurgistes, Deville-les-Rouen.
Maçons tailleurs de pierre, Arles.
Métallurgistes, Hennebeau.
Bourse du Travail, La Rochelle.
Bourse du Travail, Cognac.
Bourse du Travail, Rochefort-sur-Mer

Bourse du Travail, Saintes.
Mécaniciens, Saint-Quentin.
Ebarbeurs, Saint-Quentin.
Mouleurs, Saint-Michel.
Fédération des syndicats du Cher.
Chaudronniers, Saint-Quentin.
Charpentiers, Bourges.
Ameublement, Bourges.
Fédération des syndicats et groupes ouvriers de la voiture.
Armuriers, Loire.
Chambre syndicale des ouvriers champagniseurs, Saumur.
Bourse du Travail, Béziers.
Boulangers, Seine.
Cuirs et peaux, Issoudun.
Coupeurs et tailleurs, Paris.
Tanneurs-corroyeurs, Château-du-Loir.
Saboliers-galochiers, Brienon (Yonne)
Tourneurs-corroyeurs, Château-Renault.
Tailleurs d'habits, Montpellier.
Bourse du Travail, Rouen.
Cultivateurs, Narbonne.
Maçons, Toulouse.
Maçons, Bordeaux.
Marchands et marchandes balladeurs, Montpellier.
Ferblantiers-lampistes, Lyon.
Forgerons, Marseille.
Métallurgistes, Amiens.
Typographes, Valence.
Typographes-conducteurs, Evreux.
Bourse du Travail de Romans et Bourg-de-Péage.
Métallurgistes, Rochefort-sur-Mer.
Métallurgistes, Montluçon.
Papetiers, Saint-Junien.
Métallurgistes, Castres.
Biscuitiers, Paris.
Typographes, Saint-Quentin.
Mouleurs, Essonnes.
Service général des dames réunies, Lyon.
Mouleurs, Firminy.
Brodeuses et similaires, Lyon.
Mouleurs, Vrigne-aux-Bois.
Mouleurs, Vivier-au-Court.
Mouleurs, Fumay.
Fédération nationale des Mouleurs.
Fondeurs en fer de la Seine.
Ebénistes de Montmartre, Paris.
Ebénistes de Montpellier.
Bourse du Travail, Angers.
Bourse du Travail, Cholet.
Bourse du Travail, Le Havre.
Bourse du Travail, Narbonne.
Sculpteurs du bâtiment, Paris.
Cuisiniers, Carcassonne.
Chapeliers, Aix.
Fédération culinaire.
Mégissiers de la Seine.
Balanciers, Lyon.
Zingueurs, Moulins.
Ouvriers de la voiture, Paris.
Bourse du Travail, Reims.
Mégissiers-palissonneurs, Paris.
Cordonnerie parisienne, Paris.
Cuirs et peaux, Auxerre.
Maçons, tailleurs de pierre, Montpellier.
Bourse du Travail, Orléans.
Bourse du Travail, Lyon.
Chaufourniers, La Guerche.
Couturières, Lyon.
Limonadiers-restaurateurs, Montpellier.
Papetiers, Thiers.
Métallurgistes de la Seine.
Passementiers à la barre, Paris.
Lithographes, Reims.
Fédération du textile.
Mécaniciens, Marseille.
Mécaniciens, Lyon.
Fédération des syndicats de la Gironde.
Bourse du Travail, Châteauroux.
Cochers de la Seine, Paris.
Mouleurs, Roubaix.
Mouleurs, Tourcoing.
Mouleurs, Lille.
Maçons, tailleurs de pierre, Reims.
Fédération nationale des maçons, tailleurs de pierre, etc.
Mineurs et terrassiers, Marseille.
Chais et entonneurs, Béziers.
Mouleurs, Le Havre.
Mécaniciens, Chauny.
Mécaniciens, Meaux.
Boucherie, Paris.
Ebénistes, Marseille.
Carriers, Montpellier.

ONT VOTÉ CONTRE :

Bourse du Travail, Montpellier.
Agriculteurs vignerons, Saint-Gilles.
Employés, Abbeville.
Bourse du Travail, Agen.
Employés, Paris.
Typographes, Bourges.
Travailleurs du Livre, Alençon.
Travailleurs du Livre, Meaux.
Travailleurs du Livre, Nevers.
Ameublement, Autun.
Tailleurs de pierre, Agde.
Maçons, Montceau-les Mines.
Typographes, Dunkerque.
Bateliers du Centre, Montceau.
Mineurs de La Chapelle-sous-Dun.
Ports et docks, Dunkerque.
Typographes, Albi.
Typographes, Lyon.
Typographes, Amiens.
Maréchaux, Seine.
Typographes, Le Havre.
Typographes, Reims.
Typographes, Bordeaux.
Typographes, Rouen.
Sabotiers, Châlon-sur-Saône.
Imprimeurs-conducteurs, Paris.
Employés, Nantes.
Femmes sténographes, Paris.
Union des syndicats de la Seine.
Typographes, Paris.
Bourse du Travail, Saumur.
Bourse du Travail, Versailles.
Bourse du Travail, Alençon.
Fédération de la maréchalerie.
Fondeurs-Typos, Paris.
Fédération lithographique.
Fédération du Livre.
Mineurs de Montchanin.
Piqueurs de grès, Saint-Gengoux-le-National.
Bourse du Travail, Roanne.
Métallurgistes, Chalon-sur-Saône.
Mariniers, Chalon-sur-Saône.
Employés, Grenoble.
Bourse du Travail, Levallois-Perret.
Typographes, Rochefort-sur-Mer.
Piqueurs de grès, Sylla.
Menuisiers, Montceau-les-Mines.
Employés, Troyes.
Clercs d'huissiers, Paris.
Fédération nationale des employés.
Employés, Saint-Etienne.
Mineurs, Epinac.
Bourse du Travail, Marseille.
Bourse du Travail, Le Mans.
Bourse du Travail, Rennes.
Bourse du Travail, Nimes.
Mineurs, Montceau.
Maçons, Chalon-sur-Saône.
Menuisiers, Chalon-sur-Saône.
Piqueurs de grès, Saint-Emilient-Pont-d'Argent.
Coupeurs chemisiers, Lyon.
Ouvriers en Voitures, Lyon.
Passementiers, Lyon.
Ebénistes, Lyon.
Tonneliers, Montpellier.
Chapeliers, Lyon.

ONT VOTÉ BLANC :

Fédération des Transports parisiens.
Maçons, plâtriers, tailleurs de pierre, Auxerre.
Union des syndicats de Vaucluse.
Maçons cimenteurs, Cannes.
Maçons, Draguignan.
Tailleurs de pierre, Bourges.
Tailleurs de pierre, Troyes.
Cuirs et peaux, Saint-Junien.
Tailleurs de pierre, maçons, Rochefort
Bourse du Travail, Saint-Quentin.
Fédération des syndicats, Vichy.
Bourse du Travail, Perpignan.
Maçons, plâtriers, Cette.
Maçons (syndicat international), Marseille.
Maçons, Nevers.
Bourse du Travail, Amiens.

Vote sur l'ensemble du Projet d'Unité ouvrière

Votants.......... 450 — Majorité absolue.... 226

Pour.............................. 445
Contre............................. 1
Blancs............................. 4

Ont voté pour :

Union des tailleurs de pierres de la Seine.
Mécaniciens, Lyon.
L'*Amical*, Maçons-piqueteurs, Paris.
Bourse du travail, Le Mans.
Ouvriers en Cuivre, Mâcon.
Métallurgistes, Calais.
Chèvre, maroquin, Paris.
Fédération nationale des ports et docks.
Cordonniers, Dreux.
Fédération des cuirs et peaux.
Mégissiers palissonneurs, Paris.
Coupeurs-tailleurs, Lyon.
Métallurgistes, Le Boucau.
Métallurgistes, Grenoble.
Métallurgistes, Ivry-sur-Seine.
Fédération des syndicats de Rive-de-Giers.
Chaudronniers sur cuivre, Le Havre.
Bourse du travail, Saumur.
Bourse du travail, Versailles.
Travailleurs sur cuivre, Lyon.
Sculpteurs de Montpellier.
Sculpteurs du bâtiment, Paris.
Employés de commerce, Lyon.
Fédération du cuivre.
Métallurgistes, Chambon-Feugerolles
Métallurgistes d'Hennebeau.
Menuisiers, Châlon-sur-Saône.
Papetiers, Thiers.
Chaufourniers, La Guerche.
Piqueurs de grès, Saint-Emilient-Pont-d'Argent.
Maçons, Châlon-sur-Saône.
Chaudronniers sur cuivre, Paris.
Maçons-plâtriers, Cette.
Maçons, Nevers.
Maçons (international), Marseille.
Fédération des syndicats de Vichy.
Chaudronniers sur cuivre, Lyon.
Instruments de musique, Lyon.
Ouvriers en Cuivre du Vimeu-Escarbotin.
Chaudronniers sur cuivre, Roubaix.
Métallurgistes, Castres.
Métallurgistes, Dunkerque.
Armuriers de la Loire, Saint-Etienne.
Métallurgistes, Deville-les-Rouen.
Métallurgistes, Toulouse.
Métallurgistes, Rochefort-sur-Mer.
Papetiers, Saint-Junien.
Chapeliers, Saumur.
Fédération des peintres.
Boulangers de la Seine.
Fédération des coiffeurs.
Coiffeurs de Paris.
Coiffeurs de Nice.
Manouvriers de Saint-Léger.
Façonneurs sur manches de couteaux, Thiers.
Mécaniciens de Lure.
Emouleurs-polisseurs de ciseaux, Thiers.
Ouvriers en limes de la Seine.
Métallurgistes de la Seine.
Groupe corporatif des tailleurs, Paris
Employés des épiceries coopératives, Paris.
Chaudronniers, Saint-Nazaire.
Bourse du travail, Saint-Nazaire.
Forgerons de Marseille.
Ouvriers en limes, Arnay-le-Duc.
Métallurgistes, Vierzon.
Mouleurs, Saint-Nazaire.
Mouleurs, Romans.

Mouleurs, Persan.
Mouleurs, Noyons.
Sabotiers, Châlon-sur-Saône.
Mariniers, Châlon-sur-Saône.
Agriculteurs-vignerons, Saint-Gilles.
Mineurs, La Chapelle-sous-Dun.
Cuisiniers, Montpellier.
Cuisiniers, Carcassonne.
Fédération des syndicats de Bourg.
Navigation, Compagnie générale, Lyon.
Tramways, Compagnie lyonnaise, Lyon.
Ebénistes, Montpellier.
Omnibus et tramways, Lyon.
Serruriers, Montpellier.
Mécaniciens, Bessèges.
Mécaniciens, Persan.
Mécaniciens, Dreux.
Mécaniciens, Limoges.
Mécaniciens, Bordeaux.
Fédération nationale des métallurgistes.
Maçons-limousinants et aides, Paris.
Bourse du travail, Saint-Etienne.
Maçons-tailleurs de pierres, Montpellier.
Bourse du travail, Cholet.
Lithographes - papetiers - relieurs, Reims.
Passementiers à la barre, Paris.
Tonneliers et foudriers, Montpellier.
Ajusteurs-serruriers, Saint-Nazaire.
Ouvriers en limes, Nancy.
Ferblantiers-lampistes, Lyon.
Union du bronze, Paris.
Métallurgistes, Clermont-Ferrand.
Bourse du travail, Grenoble.
Maçons et similaires, Grenoble.
Peintres en bâtiment, Grenoble.
Typos-lithos, Cette.
Mineurs-terrassiers, Marseille.
Maçons, tailleurs de pierres, Arles.
Fédération nationale des maçons, tailleurs de pierres, etc.
Bourse du travail, Nîmes.
Chemins de fer (syndicat national).
Fédération lithographique.
Bourse du travail, Alençon.
Typographes, Paris.
Fédération du Livre.
Fondeurs typographes, Paris.
Industrie textile, St-Etienne.
Tisseurs-veloutiers, St-Etienne.
Mécaniciens, Paris.
Biscuitiers, Paris.
Maçons, Draguignan.
Mécaniciens, Nouzon.
Tailleurs de pierres, Troyes.
Tailleurs de pierres des cimetières de la Seine.
Maçons, Toulouse.
Mécaniciens, Albert.
Maçons, Bordeaux.
Tailleurs de pierres, Bourges.
Ouvriers en sparterie, Mâcon.
Chemins de fer (section de Mâcon).
Bourse du travail, Mâcon.
Cuirs et peaux, Rennes.
Ouvriers en chaussures, Blois.
Mécaniciens, Angers.
Mécaniciens, Chartres.
Cuirs et peaux, Clermont-Ferrand.
Fédération des bûcherons.
Ouvriers du bâtiment, Noisy-le-sec.
Fédération des syndicats de la Gironde
Métallurgistes, Monthermé-Laval-Dieu
Métallurgistes, Auxerre.
Découpeurs-estampeurs, Lyon.
Cuirs et peaux, Auxerre.
Union des syndicats de Vaucluse.
Bâtiment, Narbonne.
Typographes, Constantine.
Bourse du travail, Thiers.
Fédération de la bourrellerie-sellerie.
Mouleurs, Armentières.
Garçons de magasin, cochers, livreurs, Paris.
Manouvriers, Neuville-sur-Saône.
Métallurgistes, Le Mans.
Tailleurs, scieurs de pierres de la Seine.
Fédération nationale de la voiture.
Ouvriers en voitures de la Seine.
Typographes, Nice.
Maréchaux-ferrants de la Seine.
Jardiniers de la Ville de Paris.
Chantiers et ateliers de la Ville de Paris.
Bateliers du centre, Montceau-les-Mines.
Ouvriers en métaux, Calais.
Cuirs et peaux, St-Junien.
Cuirs et peaux, Issoudun.
Chevreau glacé, Paris.
Corroyeurs cuir noir, Paris.
Mégissiers de la Seine.
Postes-télégraphes-téléphones (syndicat national).

Médailles et monnaies, Paris,
Mouleurs et similaires, Marquise.
Mouleurs en métaux, Vierzon.
Mouleurs en métaux, Clermont-Ferrand.
Mouleurs, Roubaix.
Mouleurs, Lille.
Tanneurs de la Seine.
Employés, Rouen.
Mineurs, Decazeville.
Bourse du travail, Arles.
Mouleurs en fer, Mâcon.
Typographes, Montpellier.
Fédération nationale du textile.
Tisseurs-fileurs, Ourscamp.
Cordonnerie parisienne, Paris.
Tailleurs d'habits, Montpellier.
Tailleurs d'habits, Avignon.
Cordonniers, Avignon.
Bourse du travail, Rochefort-sur-Mer
Bourse du travail, La Rochelle.
Bourse du travail, Saintes.
Bourse du travail, Cognac.
Typographes, Rochefort-sur-Mer.
Tanneurs, corroyeurs, Roanne.
Tanneurs, corroyeurs, Château-Renault.
Sabotiers, galochiers, Briennon.
Tanneurs, corroyeurs, Château-du-Loir.
Cuirs et peaux, Amiens.
Tourneurs, robinettiers, Paris.
Horlogers, Paris.
Mouleurs fondeurs en cuivre, Lyon.
Tourneurs robinettiers, Nantes.
Bourse du travail, Angers.
Bourse du travail, Le Hâvre.
Ouvriers bâtiment, Mehun-sur-Yèvre.
Limonadiers restaurateurs, Paris.
Ouvriers en salaisons, Paris.
Charcuterie parisienne, Paris.
Boulangers, Boulogne.
Bourreliers, Béziers.
Ameublement, St-Loup.
Courtiers-représentants, Paris.
Cultivateurs, Narbonne.
Typographes, Bourges.
Bourse du travail, Limoges.
Mécaniciens, Tarbes.
Mécaniciens, Evreux.
Bourse du travail, Toulouse.
Maçons, Limoges.
Cochers de la Seine.
Limonadiers, restaurateurs, Montpellier.
Mégissiers du mouton, Paris.
Mouleurs, Tourcoing.
Menuisiers en bâtiment, Toulouse.
Ouvriers municipaux, Bourges.
Bourse du travail, Bourges.
Bourse du travail, Rennes.
Mécaniciens, Chauny.
Mécaniciens, Meaux.
Fédération nationale des mécaniciens.
Mécaniciens, Flers.
Tailleurs d'habits, Béziers.
Bourse du travail, Béziers.
Mouleurs, Bessèges.
Mouleurs, Saint-Chamond.
Balanciers, Lyon.
Mouleurs, Montluçon.
Mouleurs, Chauny.
Mouleurs, Mont-de-Marsan.
Cercle amical des employés, Paris.
Typographes, Albi.
Typographes, Marseille.
Bourse du travail, Marseille.
Ebénistes, Marseille.
Carriers, Savonnière-en-Pertois.
Confiseurs, Paris.
Boucherie, Paris.
Ameublement, Saint-Etienne.
Outils à découper, estampeurs-découpeurs, Paris.
Charpentiers, Bourges.
Ameublement, Bourges.
Métallurgistes de France.
Chaudronniers, Lyon.
Métallurgistes, Saint Uze.
Métallurgistes, Firminy.
Ferblantiers, Béziers.
Bourse du travail, Orléans.
Bâtiment, Mâcon.
Jardiniers-fleuristes, Montpellier.
Employés, Orléans.
Métallurgistes, Orléans.
Chapeliers, Aix.
Typographes, Orléans.
Tailleurs de pierres et maçons, Paris.
Fédération des syndicats d'Indre-et-Loire.
Employés du gaz, Paris.
Typographes, Lyon.
Typographes, Dunkerque.
Typographes, Amiens.
Typographes, Chartres.
Ouvriers du port, Dunkerque.
Cultivateurs, Mèze.
Mouleurs, Saint-Michel.
Mouleurs, Etampes.

Mouleurs, Firminy.
Union des syndicats de la Seine.
Tanneurs-corroyeurs, Sens.
Tanneurs-corroyeurs, Nantes.
Hongroyeurs de la Seine.
Mouleurs et similaires, Monthermé-Laval-Dieu.
Bourreliers, Montpellier.
Mouleurs, Nouzon.
Coupeurs et cambreurs, Lyon.
Coupeurs et brocheurs, Paris.
Fédération des syndicats de coupeurs-brocheurs.
Coupeurs-brocheurs, Limoges.
Couturières, Lyon.
Manœuvres-journaliers, Lyon.
Imprimeurs sur étoffes, Lyon.
Apprêteurs sur étoffes, Lyon.
Travailleurs de la teinture, Lyon.
Les Egaux, maçons, aides et similaires, Paris.
Mouleurs, Caen.
Mouleurs, Bordeaux.
Mécaniciens, Marseille.
Mécaniciens, Caen.
Bourse du travail, Reims.
Mécaniciens, Saint-Quentin.
Chaudronniers, Saint-Quentin.
Ebarbeurs-manouvriers, St-Quentin.
Bourse du travail, Saint-Quentin.
Maçons, plâtriers, tailleurs de pierres, Auxerre.
Maçons, Asnières et banlieue, ouest.
Mouleurs sur cuivre, Paris.
Mouleurs, Roanne.
Mouleurs, Essonnes.
Métallurgistes, Châteauroux.
Mouleurs, Le Havre.
Bourse du travail, Amiens.
Bourse du travail, Châteauroux.
Bourse du travail, Valence.
Bourse du travail, Romans.
Cantonniers des services réunis, Paris
Cuisiniers, Cette.
Ouvriers et ouvrières en chapellerie, Paris.
Bourse du travail, Cette.
Tailleurs de pierres, Agde.
Ouvriers en voitures, Bourges.
Bourse du travail, Montpellier.
Bourse du travail, Roanne.
Bourse du travail, Agen.
Fédération des travailleurs municipaux, Paris.
Tourneurs-décollet. de France, Paris.
Ouvriers en coffres-forts, Paris.
Fédération de la maréchalerie.
Mécaniciens, Denain.
Fédération nationale du tabac.
Imprimeurs sur papiers peints, Paris.
Doreurs sur cuivre, Paris.
Travailleurs du chiffon, Paris.
Ouvriers coiffeurs, Montpellier.
Typographes, Alger-Mustapha.
Mécaniciens, Rouen.
Filatures de Villefranche (Rhône).
Chevriers-maroquiniers, Lyon.
Chocolatiers, Lyon.
Cordonniers et similaires, Lyon.
Tailleurs d'habits, Lyon.
Chauffeurs-mécaniciens, Lyon.
Maçons de Lyon et du Rhône.
Brodeuses et similaires, Lyon.
Service général des dames, Lyon.
Horlogers, Badevel.
Ajusteurs, Alais.
Ouvriers en scies de la Seine.
Typographes, Nevers.
Typographes, Alençon.
Typographes, Meaux.
Métallurgistes, Saint-Etienne.
Typographes, Toulouse.
Métallurgistes, Châlon-sur-Saône.
Piqueurs de grès, Saint-Gengoux-le-National.
Fédération culinaire.
Bourse du travail, Levallois-Perret.
Ouvriers en voiture, Orléans.
Bourse du Travail, Narbonne.
Ouvriers sur toiles cirées, Bourges.
Métallurgistes, Argenteuil.
Bourse du Travail, Agde.
Bijouterie dorée, Paris.
Céramistes, Paris.
Céramistes, Mehun-sur-Yèvre.
Potiers, Lyon.
Céramistes, Limoges.
Bourse du Travail, Aix.
Chais et entonneurs, Béziers.
Fédération nationale de l'ameublement.
Zingueurs, Moulins.
Bourse du Travail, Angoulême.
Bijouterie or doublé, argent, Paris.
Orfèvrerie, Paris.
Gainiers, Paris.
Fédération de la bijouterie, orfèvrerie, Paris.
Papetiers, Essonnes.
Bourse du Travail, Carcassonne.

Coiffeurs, Béziers.
Bourse du Travail, Alais.
Reliure, dorure, Paris.
Fédération du papier.
Papeterie, Paris.
Cartonnage, Paris.
Bourse du Travail, Perpignan.
Fédération des Syndicats du Cher.
Métallurgistes, Sens.
Typographes, Valence.
Typographes-conducteurs, Evreux.
Typographes, Saint-Quentin.
Fédération des chapeliers.
Chapeliers en fantaisie, Paris.
Casquetiers, Paris.
Chapeliers-fouleurs, Aix.
Mineurs, Montchanin-les-Mines.
Menuisiers, Montceau-les-Mines.
Mineurs, Epinac.
Mineurs, Montceau-les-Mines.
Piqueurs de grès, Sylla.
Métallurgistes du Vimeu.
Métallurgistes de La Rochelle.
Forgerons, Saint-Nazaire.
Bois du Nord et sapins, Cette.
Tailleurs de pierre, maçons, Rochefort-sur-Mer.
Maçons et cimentiers, Cannes.
Métallurgistes, Le Havre.
Forges et laminoirs, Bessèges.
Ameublement, Autun.
Maçons, Montceau-les-Mines.
Menuisiers, Montpellier.
Chaudronniers-fer, Paris.
Boulangers, Montpellier.
Bourse du Travail, Tours.
Bourse du Travail, Bagnères-de-Bigorre.
Mouleurs, Vrigne-aux-Bois.
Métallurgistes de l'Oise.
Fédération nationale des carriers.
Métallurgistes, Moulins.
Chaudronniers, Nantes.
Tisseurs en métaux, Angoulême.
Typographes, Nice.
Typographes, Laval.
Ferblantiers, Pau.
Tôliers et fumistes, Orléans.
Champagniseurs, Saumur.
Professeurs libres, Paris.
Fédération des mouleurs en métaux.
Mouleurs, Vivier-au-Court.
Métallurgistes, Amiens.
Chaudronniers-fer, Roubaix.
Bourse du Travail, Clermont-Ferrand.
Typographes, Le Havre.
Typographes, Reims.
Imprimeurs conducteurs, Paris.
Chapeliers, Lyon.
Ebénistes, Lyon.
Boulangers, Saint-Etienne.
Balanciers de la Seine.
Métallurgistes, Montluçon.
Ferblantiers-ornemanistes de la Seine.
Métallurgistes de Fumel.
Fédération nationale de l'alimentation.
Fondeurs en fer de la Seine.
Mouleurs, Fumay.
Instruments de précision, Paris.
Polisseurs en couteaux, Amiens.
Métallurgistes, Port-de-Bouc.
Fédération nationale de la céramique.
Typographes, Rouen.
Typographes, Bordeaux.
Coupeurs-chemisiers, Lyon.
Ouvriers en voiture, Lyon.
Passementiers à la barre, Lyon.

ONT VOTÉ CONTRE :

Maçons-tailleurs de pierre de Reims.

ONT VOTÉ BLANC :

Fédération des syndicats ouvriers du Sud-Est.
Fédération des transports parisiens.
Bourse du Travail de Rouen.
Union ouvrière de l'ameublement, Montmartre.

Nota. — Il est certain que, dans l'énumération de ces divers votes, quelques erreurs — certainement sans gravité — se seront produites. Ces erreurs s'expliquent par la multiplicité des bulletins de vote et par la diversité des écritures des votants, dont quelques-unes étaient difficilement lisibles.

Pour ces raisons, la Commission d'organisation s'excuse d'avance et fait appel à l'indulgence des camarades et des lecteurs. L. N.

STATUTS

DE LA

CONFÉDÉRATION GÉNÉRALE DU TRAVAIL

Votés au Congrès de Montpellier

LORS DE LA DISCUSSION SUR L'*UNITÉ OUVRIÈRE*

CHAPITRE PREMIER

But et Constitution

ARTICLE PREMIER. — La Confédération générale du travail, régie par les présents statuts, a pour objet :

1° Le groupement des salariés pour la défense de leurs intérêts moraux et matériels, économiques et professionnels ;

2° Elle groupe, en dehors de toute école politique, tous les travailleurs conscients de la lutte à mener pour la disparition du Salariat et du Patronat.

Nul ne peut se servir de son titre de Confédéré ou d'une fonction de la Confédération dans un acte électoral politique quelconque.

ART. 2. — La Confédération générale du Travail est constituée par : 1° Les Fédérations nationales (à leur défaut, les Fédérations régionales) d'industries et de métiers, et les Syndicats nationaux ;

2° Les Bourses du Travail considérées comme Unions locales, départementales ou régionales de corporations diverses et sans qu'il y ait superfétation.

3° Elle admet en outre les Syndicats dont les professions ne sont pas constituées en fédérations d'industrie ou de métier, ou dont la fédération n'est pas adhérente à la Confédération générale du travail.

Les Syndicats admis isolément seront groupés par industrie ou métier dès qu'ils seront trois syndicats adhérents à la Confédération générale du travail.

ART. 3. — Nul syndicat ne pourra faire partie de la Confédération s'il n'est fédéré nationalement et adhérent à une Bourse du Travail ou à une Union de syndicats locale, départementale ou régionale de corporations diverses.

Toutefois, la Confédération générale du travail examinera le cas des syndicats qui, trop éloignés du siège social de leur union locale, régionale, ou départementale, demanderaient à n'adhérer qu'à l'un des deux groupements nationaux cités à l'article 2.

Elle devra en outre, dans un délai d'un an, engager et ensuite mettre en demeure les syndicats, les Bourses du Travail, Unions locales, départementales, régionales, les Fédérations diverses de suivre les clauses stipulées au paragraphe 1 du présent article.

Nulle organisation ne pourra être confédérée si elle n'a au moins un abonnement au journal *La Voix du Peuple.*

Art. 4. — Chaque organisation adhérente à la Confédération générale du Travail sera représentée par un délégué.

L'ensemble de ces délégués constitue le Comité confédéral.

Le même délégué pourra représenter au maximum trois organisations.

Les délégués doivent remplir les conditions stipulées à l'article 3 et être syndiqués depuis au moins un an. Cette condition de stage n'aura pas d'effet rétroactif et ne sera pas applicable aux organisations n'ayant pas un an d'existence.

Art. 5. — La Confédération générale du Travail se divise en deux sections autonomes :

La première prend le titre de : *Section des Fédérations d'industries ou de métiers et des Syndicats isolés ;*

La deuxième prend le titre de : *Section de la Fédération des Bourses du Travail.*

En outre, elle nomme trois Commissions permanentes ainsi qu'il suit :

1° *Commission du Journal ;*

2° *Commission des Grèves et de la Grève générale;*

3° *Commission de contrôle.*

CHAPITRE II

Composition et attributions des Sections et des Commissions.

Première Section.

Art. 6. — La section des Fédérations d'industries ou de métiers et des syndicats isolés est formée par les représentants de ces Fédérations et par les représentants des syndicats qui pourraient être admis isolément.

Elle nomme son bureau, composé : d'un secrétaire, d'un secrétaire adjoint, d'un trésorier, d'un trésorier adjoint, d'un archiviste et fixe les attributions de chaque membre du bureau.

Elle perçoit les cotisations des Fédérations d'industries ou de métiers et des syndicats isolés et en dispose selon les besoins de ses attributions.

La réunion de ses délégués prend le nom de Comité des Fédérations d'industries ou de métiers et des syndicats isolés.

Art. 7. — La section des Fédérations d'industries ou de métiers et des syndicats isolés a pour objet de créer ou de provoquer la création de Fédérations d'industrie ou de métier et de grouper en branches d'industrie ou de métier les syndicats de même profession ou de même industrie, pour lesquels il n'existe aucune Fédération.

Elle décide à adhérer aux Bourses du Travail ou Unions locales ou régionales de syndicats divers les syndicats de ses organisations qui en sont en dehors, afin de compléter l'Union syndicale.

Elle entretient des relations entre les Fédérations de métiers ou d'industries pour coordonner l'action spéciale de ces organisations et prend toutes les mesures nécessaires pour soutenir l'action syndicale sur le terrain de la lutte économique.

Art. 8. — La section des Fédérations de métier ou d'industrie et des syndicats isolés se réunit, quand c'est nécessaire, sur la convocation de son secrétaire et prend toutes les mesures indispensables à la bonne marche des fonctions qui lui sont dévolues.

Deuxième Section

Art. 9. — La section de la Fédération des Bourses du Travail est formée par les représentants des Bourses du Travail ou Unions locales, départementales, régionales de syndicats divers.

Elle nomme son bureau, composé de : un secrétaire, un secrétaire adjoint, un trésorier, un trésorier adjoint, un archiviste et fixe les attributions de chaque membre du bureau.

Elle perçoit les cotisations des éléments qui la composent et en dispose selon les besoins de ses attributions.

La réunion de ses délégués prend le nom de Comité des Bourses du Travail.

Art. 10. — La section des Bourses du Travail a pour objet d'entretenir des relations entre toutes les Bourses dans le but de coordonner et de simplifier le travail de ces organisations ; de créer ou de provoquer la création de nouvelles Bourses ou Unions de syndicats divers dans les centres, villes ou régions qui en sont dépourvues ; de décider les syndicats de ses organisations, non fédérés par métier ou industrie, d'adhérer à leurs Fédérations respectives.

Elle dresse périodiquement, avec les renseignements fournis par les Bourses du Travail ou toute autre organisation syndicale, des statistiques de la production en France, de la consommation, du chômage, des statistiques comparées des salaires et du coût des vivres par région, ainsi que du placement gratuit qu'elle généralise aux travailleurs des deux sexes et de tous les corps d'état.

Elle surveille avec attention la marche de la juridiction ouvrière pour en signaler les avantages ou les inconvénients aux organisations confédérées.

Elle s'occupe de tout ce qui a trait à l'administration syndicale et à l'éducation morale des travailleurs.

Art. 11. — La section de la Fédération des Bourses du Travail se réunit selon les besoins sur convocation de son secrétaire et prend toutes les mesures qui sont nécessaires à la bonne marche des fonctions qui lui sont dévolues.

Commission du Journal

Art. 12. — La Commission du Journal est composée de douze membres pris à raison de six dans chacune des deux sections de la Confédération.

Elle nomme son secrétaire chargé de la convoquer et de rédiger les procès-verbaux. Le secrétaire de cette Commission est, en outre, spécialement chargé de l'administration proprement dite du journal : abonnements, vente, expédition, correction des articles et correspondance y afférente.

Le gérant du journal fait partie de droit de cette Commission.

ART. 13. — La Commission du Journal a pour objet de recevoir, de classer et de vérifier les articles et communications.

Le journal, étant l'organe officiel de la Confédération générale du Travail, ne peut être rédigé que par des ouvriers confédérés.

La Commission du journal veille à ce qu'en aucun cas l'organe de la Confédération ne devienne la tribune publique de polémiques injurieuses, de querelles personnelles ou politiques ou entre syndicats.

Au cas où un article demanderait rectification, elle en aviserait l'auteur.

Les délibérations officielles de la Confédération, de ses Sections ou de ses Commissions sont insérées dans le journal.

Les dépenses et recettes de cette Commission sont communes aux sections de la Confédération.

ART. 14. — La Commission du Journal se réunit sur convocation de son secrétaire avant l'apparition de chaque numéro et prend toutes les dispositions nécessaires pour assurer le succès et la prospérité du journal.

COMMISSION DES GRÈVES ET DE LA GRÈVE GÉNÉRALE

ART. 15. — La Commission des grèves et de la Grève générale est composée de douze membres pris à raison de six dans chacune des deux sections de la Confédération.

Elle nomme son secrétaire chargé de la convoquer et de rédiger les procès-verbaux.

ART. 16. — La commission des grèves et de la grève générale a pour objet d'étudier le mouvement des grèves dans tous les pays.

Elle recueille les souscriptions de solidarité et en assure la répartition aux intéressés.

Elle s'efforce, en outre, de faire toute la propagande utile pour faire pénétrer dans l'esprit des travailleurs organisés la nécessité de la Grève générale. A cet effet, elle crée ou provoque la création, partout où il est possible, de Sous-Comités de Grève générale.

ART. 17. — La commission des grèves et de la grève générale se réunit sur convocation de son secrétaire et envoie si possible, aux organisations en grève qui en feraient la demande, des camarades pour soutenir leur action.

ART. 18. — Le fonctionnement de la Commission des grèves et de la Grève générale est assuré par un prélèvement :

1° De 50 % sur les cotisations perçues par les Sous-Comités de Grève générale ;

2° De 5 % sur les cotisations perçues par chacune des Sections de la Confédération.

COMMISSION DE CONTROLE

ART. 19. — La Commission de Contrôle est formée par douze membres pris à raison de six dans chacune des deux sections de la Confédération. Elle nomme son secrétaire chargé de la convoquer et de rédiger les procès-verbaux.

Art. 20. — La Commission de Contrôle a pour objet de veiller à la bonne gestion financière des divers services de la Confédération. Chaque année, au mois de juin, elle procède à la vérification des comptes financiers, dépenses et recettes, de la Section de la Fédération des Bourses du travail, de la Section des Fédérations d'industries et de métiers, de la Commission des grèves et de la Grève générale, et du Journal.

Le résultat de ses opérations est consigné dans un rapport d'ensemble qui est soumis au Comité confédéral et publié, s'il y a lieu, dans le journal de la Confédération.

Comité confédéral

Art. 21. — Le Comité confédéral est formé par la réunion des deux Sections. Il se réunit tous les trois mois pour permettre à chaque Section d'exposer les observations qu'elle pourrait avoir à présenter, et les modifications qu'elle pourrait proposer dans l'intérêt supérieur du prolétariat organisé. Il peut se réunir extraordinairement en cas de besoin ou d'urgence, sur la décision du Bureau. Il est l'exécuteur des décisions des Congrès nationaux ; il intervient dans tous les événements de la classe ouvrière et prononce sur tous les points d'ordre général.

Art. 22. — Etant donné que tous les éléments qui constituent la confédération doivent se tenir en dehors de toute école politique, les discussions, conférences, causeries organisées par le Comité confédéral ne peuvent porter que sur des points d'ordre économique ou d'éducation syndicale et scientifique.

Bureau

Art. 23. — Le Bureau de la Confédération est formé par la réunion des bureaux des deux Sections et du secrétaire de chaque Commission.

Il prépare la réunion du Comité confédéral et veille à l'exécution des décisions prises en assemblée générale. Le secrétaire de la section des Fédérations d'industries ou de métiers aura le titre de Secrétaire général de la Confédération.

Art. 24. — Le bureau des Sections est renouvelé après chaque Congrès national des Syndicats ; les membres sortants sont rééligibles.

Le Comité confédéral avisera les organisations adhérentes au moins un mois avant ce renouvellement afin qu'elles puissent se réunir et désigner les candidats, pour que les noms de ceux-ci puissent être publiés quinze jours avant l'élection.

Art. 25. — Les indemnités des fonctionnaires qui, en raison de l'importance de leurs fonctions, pourront être rétribués, seront fixées par le Comité confédéral.

Les fonctionnaires de la Confédération pourront être envoyés en délégation au nom de la Confédération.

CHAPITRE III

Cotisations

Art. 26. — Pour permettre à la Confédération d'assurer ses divers services, les organisations confédérées sont tenues de verser des cotisations comme suit :

1° Les Bourses du Travail ou Unions de Syndicats-divers : 35 centimes par syndicat les constituant et par mois ;

2° Les Fédérations d'industrie ou de métier et les Syndicats nationaux: 40 centimes par cent membres ou fraction de cent membres et par mois ;

3° Les Syndicats isolés : 5 centimes par membre et par mois.

CHAPITRE IV

Règlement intérieur

Art. 27. — Seules, les organisations remplissant les conditions prescrites à l'article 3 des présents statuts, auront droit à la marque distinctive des éléments de lutte appelée *Label confédéral*.

Pendant la période transitoire le Label sera accordé aux organisations confédérées qui ne rempliraient qu'une des conditions prévues au paragraphe 1 de l'article 3.

Art 28. — Toute organisation en retard de trois mois de ses cotisations est considérée comme démissionnaire, après une lettre d'avis restée sans effet. Si cette organisation demandait sa réadmission, elle serait tenue de payer les cotisations depuis son dernier versement.

Art. 29. — Pour tous les cas autres que ceux prévus à l'article précédent, la radiation ne pourra être prononcée que par un Congrès. Toutefois, dans une circonstance grave, le Comité confédéral peut prononcer la suspension de l'organisation incriminée jusqu'au Congrès suivant, qui prononcera définitivement. Les cotisations versées par les organisations démissionnaires ou radiées resteront acquises à la Confédération.

Art. 30. — Les délégués du Comité confédéral sont tenus d'assister régulièrement aux séances pour lesquelles ils sont convoqués dans l'intérêt même des organisations qu'ils représentent.

Lorsqu'un délégué aura manqué à plus de trois réunions sans excuse, le bureau de la Section respective en avisera l'organisation intéressée.

CHAPITRE V

Congrès et divers.

Art. 31. — La Confédération organise, pour le mois de septembre, tous les deux ans, un grand Congrès national du Travail auquel sont invitées à prendre part les organisations qui, directement ou par intermédiaire, sont adhérentes à la Confédération.

L'ordre du jour de ces Congrès sera établi par les soins du Comité confédéral et adressé au moins trois mois à l'avance aux organisations confédérées après les avoir consultées.

Le Comité confédéral peut déléguer partie de ses pouvoirs aux organisations confédérées ayant leur siège dans la ville où se tiendra le Congrès, sous réserve qu'il se sera assuré que les villes possèdent les éléments nécessaires.

Ne pourront assister au Congrès que les organisations ayant rempli leurs obligations financières envers la Confédération générale du Travail au moment où le rapport financier à présenter au Congrès sera établi et qui auront donné leur adhésion à la Confédération au moins trois mois avant l'époque fixée pour le Congrès.

N'ont voix délibérative au Congrès que les unités syndicales; les Bourses du Travail et les Fédérations n'y ont que voix consultative.

A l'ouverture de chaque Congrès, une Commission de contrôle prise parmi les délégués de province sera chargée d'examiner les comptes du trésorier de la Confédération.

Art. 32. — La Confédération générale du Travail préparera pour chaque Congrès un rapport général sur sa gestion qui sera soumis à l'approbation du Congrès.

Art. 33. — Le compte-rendu du Congrès sera publié sous la responsabilité de la Confédération générale du Travail.

Un duplicata de la minute sténographique, les rapports des organisations et des commissions, ainsi que les propositions déposées sur le Bureau seront versés aux archives de la Confédération.

Art. 34. — Chaque organisation représentée au Congrès n'aura droit qu'à une voix ; chaque délégué ne pourra représenter que dix syndicats au maximum.

Les mandats arrivés au Congrès après le premier jour seront déclarés nuls. Un règlement spécial des Congrès fixera les autres détails d'organisation des Congrès.

Art. 35. — Les deux Sections pourront tenir, si elles le jugent utile, des Conférences particulières qui auront lieu à l'issue du Congrès général du Travail.

Art. 36. — Dans le but de favoriser la création d'une Entente internationale du Travail, la Confédération entretiendra des relations avec les organisations ouvrières et Bourses du Travail des autres pays.

La Confédération est adhérente au Secrétariat International Corporatif.

Art. 37. — La Confédération générale du Travail, basée sur le principe du fédéralisme et de la liberté, assure et respecte la complète autonomie des organisations qui se seront conformées aux présents statuts.

Art. 38. — Le siège social de la Confédération générale du Travail est fixé à Paris.

Art. 39. — Les présents statuts ne peuvent être modifiés que par un Congrès, à la condition que le texte des propositions de modification ait été publié dans l'ordre du jour de ce Congrès.

Art. 40. — Les présents statuts entreront en vigueur à partir du 1er janvier 1903.

TABLE DES MATIÈRES

PIÈCES ANNEXES

Montp. — Impr. Delord-Boehm et Martial.

Contraste insuffisant

NF Z 43-120-14

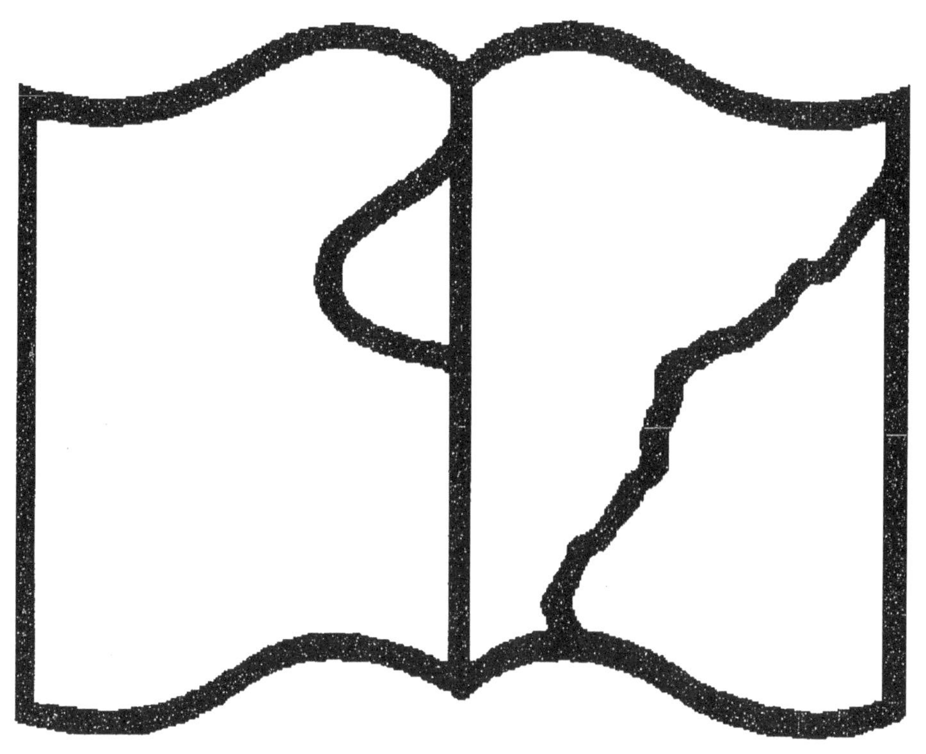

Texte détérioré - reliure défectueuse

NF Z 43-120-11

www.ingramcontent.com/pod-product-compliance
Lightning Source LLC
Chambersburg PA
CBHW070240200326
41518CB00010B/1635
* 9 7 8 2 0 1 1 2 5 7 0 2 4 *